崇州年鉴

2017

崇 州 市 人 民 政 府　主办
崇州市地方志办公室　　编

方志出版社
Publishing House of Local Records

图书在版编目（CIP）数据

崇州年鉴. 2017 / 崇州市地方志办公室编. —北京：方志出版社，2017.11

ISBN 978-7-5144-2773-8

Ⅰ. ①崇… Ⅱ. ①崇… Ⅲ. ①崇州—2017—年鉴 Ⅳ. ①Z527.14

中国版本图书馆CIP数据核字（2017）第296772号

崇州年鉴（2017）

编　　者： 崇州市地方志办公室

责任编辑： 刘　珊

出 版 人： 冀祥德

出 版 者： 方志出版社

地址　北京市朝阳区潘家园东里9号（国家方志馆4层）

邮编　100021

网址　http://www.fzph.org

发　　行： 方志出版社图书经销中心

电话（010）67110500

经　　销： 各地新华书店

印　　刷： 四川胜翔数码印务设计有限公司

开　　本： 889×1194　1/16

印　　张： 20.25

字　　数： 536千

版　　次： 2017年11月第1版　2017年11月第1次印刷

印　　数： 001～800册

ISBN 978-7-5144-2773-8　**定价：** 260.00元

《崇州年鉴（2017）》编审领导小组

顾　　问　赵浩宇

组　　长　欧　昭

副 组 长　骆良云　冯卫康

办公室主任　雷庆龄（兼）

成员单位

市委办公室　市人大常委会办公室　市政府办公室

市政协办公室　市纪律检查委员会　市人民法院

市人民检察院　中国人民解放军崇州市人民武装部

市委组织部　市委宣传部　市委统战部

市委政法委员会　市委机构编制委员会办公室

市委统筹城乡工作委员会　市委直属机关工作委员会

市委、市人民政府信访和群众工作局　市委、市人民政府目标管理督查办公室

市委机要保密局　市外台侨事务办公室　市民族宗教事务局

市委政策研究室　市委党史研究室（市地方志办公室）

市委老干部局　市委党校（市行政学校）　成都崇州经济开发区管理委员会

市监察局　市发展和改革局（市粮食局）　市经济科技和信息化局

市教育局　市公安局　市民政局（市社会组织管理局）

市司法局　市财政局　市人力资源和社会保障局

市国土资源局　市环境保护局　市住房和建设局

市城乡规划管理局	市城乡管理局	市交通运输局
市水务局	市农村发展局	市商务和投资促进局
市文化体育旅游局	市新闻中心	市卫生和计划生育局
市审计局	市安全生产监督管理局	市市场和质量监督管理局
市市场服务中心	市供销联社	市档案局（馆）
市政务服务管理办公室	市法制办公室	市防震减灾局
市统计局	市综合执法局	市沼气办公室
市街子景区管理局	市公共资源交易服务中心	市总工会
中国共产主义青年团崇州市委员会		市妇女联合会
市科学技术协会	市残疾人联合会	市红十字会
市社会科学界联合会	市文学艺术界联合会	市关心下一代工作委员会
市工商业联合会	蜀兴投资有限公司	兴蜀投资开发有限责任公司
蜀州城市建设投资有限责任公司		琉璃旅游投资开发有限责任公司
中小企业融资担保有限公司		崇中展业投资有限公司
成都市蜀州兴宇城市建设有限责任公司		四川国网崇州市供电有限责任公司
市国家税务局	市地方税务局	市气象局
中国邮政集团四川省崇州市分公司		公积金中心崇州管理部
四川省烟草公司成都市公司崇州分公司（市烟草专卖局）		
中国人民银行崇州支行		四川省银监会驻崇州办事处
崇阳街道办事处	羊马镇政府	崇平镇政府
梓潼镇政府	廖家镇政府	三江镇政府
江源镇政府	大划镇政府	王场镇政府
白头镇政府	道明镇政府	济协乡政府

隆兴镇政府	桤泉镇政府	集贤乡政府
燎原乡政府	元通镇政府	观胜镇政府
锦江乡政府	公议乡政府	怀远镇政府
街子镇政府	三郎镇政府	文井江镇政府
鸡冠山乡政府		

《崇州年鉴（2017）》编辑部

主　　编　雷庆龄

副 主 编　谢东强　周　莉

责任编辑　高　雅　林　雯

编　　辑　周继红　王海江

图片编辑　袁　建

编辑说明

一、《崇州年鉴》旨在按年度全面、系统地记录崇州政治、经济、社会、文化和生态文明建设发展情况，真实反映崇州社会主义现代化建设历程，为各级党政机关、研究部门和社会各界人士及中外投资者认识、了解和研究崇州提供基本资料。

二、《崇州年鉴（2017）》采取分类编辑法，按类目、分目、条目的结构组成内容体系，以不同字体、字号区别不同层次。2017卷主要记载崇州地区2016年度的基本情况、发展变化及年度大事要闻，内文设综述、特载、专文、大事记、中共崇州市委员会、崇州市人民代表大会、崇州市人民政府、政协崇州市委员会、中共崇州市纪律检查委员会、民主党派、社会团体、法治、国防、对外开放与合作、城乡建设与管理、资源与环境保护、工业、农业、商贸与服务业、能源、财政·税务、综合管理、社会事业、人民生活、乡镇（街道）和附录、人物共27个类目，50幅内文照片。

三、《崇州年鉴（2017）》按照“市委领导、政府主持、单位供稿、志办总纂”的修志编纂体制编著，统计资料由市统计局提供，内文条目中的数据由各供稿单位提供，图片由相关单位和宣传部门提供，稿件主要由市级各部门、各乡镇（街道）、部分驻崇州单位提供，全稿的组织编写、初纂、总纂与送审后的修改、校订以及后期出版发行工作由市地方志办公室负责。

10月27日–29日，中共崇州市第十三次代表大会召开

11月29日–12月2日，崇州市第十八届人民代表大会第一次会议召开

11月28日–12月1日，政协崇州市第十四届委员会第一次会议召开

2月24日，崇州市2015年基层宣传优秀案例评选展演决赛

崇州市廉洁文化教育基地

10月9日，成都市应急备用水源——李家岩水库工程开工

12月3日，李家岩水库工程项目搬迁户举办邻居告别坝坝宴

图为向绿色高端转型的崇州工业

智能化的“崇州制造”家具车间

8月30日，第十届成都青年创业大赛农业专场在崇州举办

10月，崇州土而奇公共电商平台开启“崇州造”农产品网购时代，当月成交上千单

7月5日，“西蜀粮仓·崇州味道”农产品O2O销售平台开通仪式

6月5日，以“双创引领升级 数据创造未来”为主题的“创业天府 菁蓉汇·崇州”大数据创新发展专场活动在崇州举行

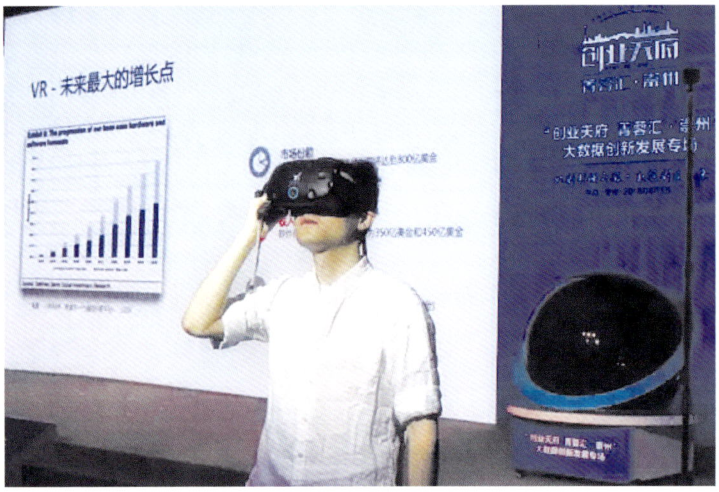

成都新闻实业有限公司在街子古镇建设以VR技术研发与体验为主题的“R+孵化器”

12月25日，成都市考评区（市）县特色创新工作，崇州市大数据创新工作跃居远郊市县第二

4月8日，崇州市人民政府与成都陇海企业管理集团有限公司签订崇州三郎国际旅游度假区项目投资框架协议

10月29日，位于街子古镇的成都文创标地“青城文创硅谷”正式开园

11月3日，成都制造融入“一带一路”专场推介会在崇州举行，图为与会代表参观崇州优势产能企业

11月10日，全友、明珠家具产品，道明竹编、怀远藤编以及崇州智能制造特色产业等亮相第十六届西部国际博览会

9月6日-7日，市委书记赵浩宇赴马尔康市对接对口帮扶工作

5月25日，崇州市新村建设管理现场会与会人员参观集贤乡铁溪澜庭小区

7月6日-7日，全国农村产业融合发展试点示范县专题培训班学员在隆兴镇黎坝村参观

11月25日，羊马湿地公园正式开园

3月3日，2016四川花卉（果类）生态旅游节分会场第四届四川自驾赏花节开幕

3月18日，中国成都第七届自行车车迷健身节（崇州站）暨第五届公路自行车精英赛在崇州举行

3月18日，公路自行车精英在重庆路激烈角逐

3月26日，乐动蓉城惠民音乐会在重庆路油菜花田举行

4月22日–5月21日，鸡冠山乡举办首届“野菜香”厨艺大赛

9月28日，大型婚俗实景剧《蜀歌 蜀嫁》正式开演

建设中的万达广场

4月，琴鹤大桥动工开建

崇州市被农业部确定为全国首批、西南唯一基本实现主要农作物生产全程机械化示范市

农民新村内联外通，图为白头镇五星村

山村户户通路网，图为文井江镇大坪村

羊马湿地公园

鸡冠山白银沟雪景

国家AAAA级景区元通古镇

3月29日，崇州市人民政府与四川省优质教育促进会签订教育战略合作框架协议

5月19日，崇州市多家医疗机构与成都市级医疗机构联姻成立医疗联合体，推进分级诊疗

5月4日，崇州市召开第二届青年五四奖章表彰会

5月15日国际家庭日，崇州市2016年最美家庭表彰现场

5月31日，崇州市举行庆“六一”暨“美德少年”颁奖典礼

破解养老难题，崇州市大力建设养老服务机构

4月25日，崇州市举行首届残疾人运动会

"新荷人家"农村家庭发展项目入选全国首届百强"最具影响力社工项目"

余旭烈士公祭现场自发祭奠的群众

11月20日，余旭烈士骨灰安放仪式在崇州烈士陵园举行

中国空军航空兵部队余旭烈士

CHONGZHOU YEARBOOK

目　录

综　述

特　载

专　文

大事记

中共崇州市委员会

崇州市人民代表大会

崇州市人民政府

政协崇州市委员会

中共崇州市纪律检查委员会

民主党派

社会团体

法　治

国　防

对外开放与合作

城乡建设与管理

资源与环境保护

工 业

农 业

商贸与服务业

能　源

财政・税务

综合管理

社会事业

人民生活

乡镇（街道）

人 物

附 录

CHONGZHOU YEARBOOK

综　述

市情概貌

【位置·区划】 崇州市位于四川省岷江中上游川西平原西部，坐落于北纬30°30′—30°53′之间，东经103°07′—103°49′，面积1090.17平方千米。东邻温江、双流，西与大邑相接，南同新津毗连，北与都江堰相依，西北部与汶川接壤。全市辖18镇6乡1街道，共188个行政村、65个社区。市人民政府所在地为崇阳街道。

【建置沿革】 地域政区建置，始于古蜀国时期。距今4300年前的6座新石器时代成都平原城址中，有双河、紫竹、宝墩、芒城4座城址在古江原县（今崇州市）境内，证实崇州地域其时为古蜀国中心。常璩所著《华阳国志》记载，崇州为蜀王杜宇“移治郫邑”前的古蜀国故都。秦灭蜀后筑城置县，先后为郡、州、军、府及其部分辖县治地。崇州市历史文化源远流长，是四川省1991年公布的首批省级历史文化名城之一。

【地形·地貌】 崇州市地处四川省岷江中上游川西平原西部边缘，地势自西北向东南倾斜，呈西北高、东南低之势。地质构造属九顶山华夏系和青城—青霞新华夏系构造。西北部为龙门山褶断带的强上升区，褶皱、断裂构造发育；东南部处于成都凹陷区，沉积了浓厚的第四系冰水堆积、冲洪积的松散堆积物。属山地、丘陵、平原兼有地貌，海拔1000米以上的高中山区占全市总面积的38.4%，低山和丘陵占8.7%，平坝占52.9%。境内主要山峰有六顶山、令牌山、鸡冠山、凤栖山等，均与青城山脉相连。西北部多有海拔2000米以上的山峰，海拔最高处为鸡冠山乡境内极西处之火烧营峰，为3868米。丘陵和平原地区平均海拔高度为560米，最低点为三江镇境内之蒙渡，海拔高度仅480米。

【气候特征】 属亚热带季风气候，四季分明，气候温和，春秋短，冬夏长，雨量充沛，日照偏少，无霜期较长。2016年，崇州市年平均气温16.7℃，比常年平均值16.2℃偏高0.5℃。极端最高气温36.2℃，比历年极端最高气温36.8℃偏低0.6℃。极端最低气温－6.7℃，比历年极端最低气温－4.7℃偏低2℃。年日照时数为1064.7小时，比历年平均值967.5小时偏多97.2小时，8月中旬开始到下旬前期高温酷热天气明显，出现连续大于33℃的高温天气。降雨量802.1毫米，较历史平均值977.8偏少175.7毫米，总降水量总体呈震荡下降趋势，无极端降水现象，但强对流天气频发。年内出现两次寒潮天气。全年气候特点是降雨量偏少，气温偏高，日照偏多，有夏旱和伏旱，无暴雨天气过程。气象年景偏好年，对农业生产利大于弊。

【矿产·植被·珍稀动物】 境内已探明地下矿藏有15种，其中探明储量的有5种：煤、铅、锌、石灰石和泥炭；尚未查明储量的有10种：硫铁矿、砖瓦用页岩矿、银、金、云母、雄黄、石膏、铝、盐和天然气。矿点分布于鸡冠山、文井江、三郎、怀远、街子、公议、王场、道明和隆兴等乡镇，煤和石灰石储量最多。煤矿已于2006年全部关闭，主要分布在鸡冠山乡、文井江镇和三郎镇，地质储量为5783.7万吨。铅锌矿主要分布在鸡冠山乡小坪沟、银厂沟，已查明地质储量约20万吨。石灰石矿主要分布于鸡冠山乡大偏岩以上至公安站一带，地质储量为5亿吨；已经开发的石灰石矿（332+333），位于鸡冠山乡岩峰村，矿区面积0.0699平方千米，地质储量653.05万吨，年产量18万吨；已经开发的石灰石矿（331+333），位于鸡冠山乡涂家山，矿区面积6.64平方千米，地质储量8066万吨。砖瓦用页岩矿主要分布于王场、道明、怀远、公议、三郎一带，储量十分丰富。此外，境内还有较丰富的地热水资源。境内植物繁多茂盛，乔、灌树木遍布全境，药用植物120余种。属国家保护的珍稀树木有5种：珙桐、紫檀、水杉、红豆树和罗汉松。野生动物有哺乳类、鸟类、鱼类、两栖类、爬行类、昆虫类以及软体类、节肢类、环节类等数百种。珍稀动物有金丝猴、岩驴、扭角羚（野牛）、大熊猫、小熊猫和大鲵；名贵珍禽有相思鸟、百灵鸟、野雉、鹦鹉、贝母鸡等。崇州市于1993年成立鞍子河大熊猫自然生态保护区。

【历史文化】 崇州有着4300多年的悠久历史，是古蜀文明的源头之一，是长江上游农耕文化的发祥地，“江源女子”朱利辅助杜宇建国称帝，教民务农，既是古蜀帝妻第一人，又是崇州人有史可溯的先祖。崇州是中国地方志的发祥地，常璩所著《华阳国志》被称为“中国地方志的初祖”，为中外史学界所高度重视，是中国地方志中的一颗灿烂的明珠。崇州是诗人唐求的故乡，在唐诗史上占有一席之地。杜甫、高适、裴迪、赵抃、陆游等，都曾写下不少歌咏蜀州山水的诗篇，流传至今。崇州是宋代名医唐慎微的故里，唐慎微所著《证类本草》是李时珍《本草纲目》成书的蓝本，比其早500年。近现代崇州也涌现出许多仁人志士和英雄人物：有官封“一等昭勇侯”的陕甘总督清代名将杨遇春，有鸦片战争抗英英雄王国英，有反袁护国先驱任重远、保路风云豪杰孙泽沛，有红军首架飞机驾驶员龙文光，有红岩英烈张露萍，有为中国航天事业奉献生命的试飞员刘永忠，有中国首个歼十战斗机女飞行员余旭。国家级重点文物保护单位有：州文庙、陆游祠、罨画池、上元双河古遗址、燎原紫竹村古遗址。

经济和社会发展

【综合经济】 2016年，崇州市紧扣“产业新城、品质崇州”发展定位，围绕“两区一基地”建设，积极应对内外环境新变化，全市呈现经济发展活力不断增强，社会事业健康稳定发展的良好态势。全市实现地区生产总值254.04亿元，按可比价计算（下同），比上年增长

11.3%，其中：第一产业实现增加值33.64亿元，增长4.5%；第二产业实现增加值123.40亿元，增长13.1%；第三产业实现增加值96.998亿元，增长11.5%。一、二、三产业结构为13.2∶48.6∶37.2，三次产业对经济增长的贡献率分别为5.5%、56.3%、38.2%。按常住人口计算，人均地区生产总值38237元，增长11.3%。全市非公经济实现增加值164.28亿元，增长11.6%，非公经济占GDP的比重为64.7%，对经济增长的贡献率达66.2%。年末全市社会从业人员54.25万人，其中第一产业从业人员11.44万人，第二产业从业人员28万人，第三产业从业人员14.81万人。城镇新增就业人数9578人、就业困难人员再就业744人、农村富余劳动力新增转移就业8002人，城填登记失业率为3.2%。

【农业】 2016年，崇州市农林牧渔服务业总产值达到58.31亿元，增长4.2%。其中：农业总产值25.55亿元，增长5.6%；林业总产值9090万元，增长3.5%；牧业总产值28.36亿元，增长3.1%；渔业总产值1.41亿元，增长1.2%；农业服务业总产值2.08亿元，增长4.5%。全年粮食播种面积达到4.13万公顷，粮食总产量27.32万吨，油料种植面积1.11万公顷，总产量2.47万吨。蔬菜种植面积7786公顷，产量30.92万吨。肉牛出栏2.2万头、肉羊出栏2.05万只，牛奶产量达到7237吨。全市生猪出栏87.88万头、生猪存栏48.77万头。全年肉类总产量7.88万吨，其中：猪肉产量5.97万吨。农业机械总动力达40.9万千瓦，拥有大中型拖拉机1219台，小型拖拉机5048台，联合收割机901台；全年机耕作业面积4.03万公顷，机电灌溉作业面积8000公顷，机播面积3.07万公顷，机收面积4.16万公顷，全市农机化率达80%。深化“农业共营制”改革，探索实践“林业共营制”。农民合作社1100家，家庭农场175家，全市土地适度规模经营率达60%以上，粮食适度规模经营率达70%以上；全市建成粮油烘储中心20个、粮食加工中心5个；搭建“土而奇”公用电商平台、“龙门山里来”和“蜀禾采”等本土电商平台，推出“崇耕”“稻虾藕遇”电商品牌，上线销售农产品品类达20多个，被中华全国供销合作总社评为电子商务示范县。

【工业和建筑业】 2016年，全市规模以上工业企业160家，年平均从业人数达5.55万人，完成规模以上工业总产值287.22亿元，实现工业增加值75.34亿元，增长17.9%；规模以上工业实现主营业务收入284.03亿元，实现利税总额30.48亿元，利润总额15.95亿元；规模企业实现总资产贡献率为12.2%，成本费用利润率为6.2%，资本保值增值率为103.8%，资产负债率为53.1%。全市建筑业实现增加值32.42亿元，增长5.1%。资质内建筑企业47家，完成建筑业总产值94.23亿元，增长9.9%。

【固定资产投资】 2016年，崇州市完成固定资产投资253.86亿元，增长17.6%，其中：技术改造投资64.34亿元，增长32.8%；全市工业完成投资96.60亿元，增长54.3%；民间投资完成129.49亿元，增长23.3%。分产业看：第一产业完成固定资产投资12.49亿元，增长254%，第二产业完成固定资产投资96.60亿元，增长54.3%，第三产业完成固定资产投资144.77亿元，下降3.3%。一、二、三产业投资占总投资比重分别为4.9%、38.1%、57.0%。全年房地产开发共完成投资27.28亿元，增长30.0%。全年商品房竣工面积为31.77万平方米，其中住宅竣工21.4万平方米；商品房销售面积62.32万平方米，增长20.8%；商品房销售额33.23亿元，增长33.6%。

【国内贸易·对外开放和旅游】 2016年，唐人街、金都汇、河之洲等商业综合体投入运营，沃尔玛、永辉超市、国美电器、苏宁易购等大型超市、家电企业开门营业。全年实现社会消费品零售总额76.46亿元，增长9.0%，其中批发和零售业实现营业额63.47亿元，增长8.7%；住宿餐饮业营业额12.98亿元，增长11.0%。城镇实现消费品零售额71.02亿元，增长8.8%，农村实现消费品零售额5.43亿元，增长11.6%。全市引进到位内资124.27亿元。全年实际利用外资8554万美元。进出口总额1.88亿美元，其中出口9887万美元，进口8915万美元。全市拥有A级景区4处，其中AAAA景区2处。街子成功创建省级旅游度假区。高水平举办第四届四川自驾赏花节和10万亩稻乡金秋旅游季。全年接待游客980.68万人次，旅游收入29.86亿元，比上年增长5.0%。

【交通运输】 2016年，成（都）温（江）邛（崃）快速路崇州段建成通车；崇王路西段、王东路，街安路隆兴段、桤泉段等全面完工；建设村组道路131.8千米；城区公交站台改造完成。2016年末，全市公路里程为1892千米，其中等级公路1703千米，高速公路49千米。全年公路运输客运量1208.6万人次、货运量1563万吨，比上年分别增长12.3%和13.5%；出租汽车日均客运量达1.95万人次，公交车日均客运量达2.12万人次。新增纯电动公交车11台。

【财政·金融】 2016年，全市完成财政总收入42.85亿元，增长22.7%，其中：地方财政收入完成28.55亿元，增长24.4%，其中地方一般公共预算收入完成16.99亿元，增长16.3%，地方一般公共预算收入中税收收入13.11亿元，增长14.6%。财政总支出51.48亿元，增长9.2%，其中一般公共预算支出37.13亿元，增长1.3%，一般公共预算支出中农林水事务支出5.89亿元、科学技术支出5828万元、医疗卫生支出2.95亿元、教育支出7.09亿元。全市金融机构各项存款余额达到440.54亿元，增长11.1%，其中居民储蓄存款余额314.18亿元，增长10.0%。各项贷款余额194.64亿元，增长10.5%。

【科学技术和教育】 2016年，崇州市建成成都市级科技信息服务示范站1个、试点信息站2个。全市新增科技企业52家，规模以上工业企业研究与应用经费达2.04亿元，科技进步率达65%。全市专利申请量完成2848件，其中发明专利566件。保持“全国义务教育发展基本均衡县”荣誉。崇庆中学成功创建省一级示范校。全市公办和公益性幼儿园达到56所，每个乡镇（街道）至少有一所公办或公益性幼儿园。全市小学31所，九年制学校6所，特殊教育学校1所，中学12所，中等职业教育学校2所，高等院校3所；小学在校学生2.9万人，中学在校学生2.12万人，中等职业学校在校学生972人，普通高等学校在校生1.93万人；中小学专任教师4155人，普通高等学校专任教师926人。学龄儿童入学率100%。

【文化·体育·卫生】 2016年，崇州市深入开展文化院坝建设，探索形成“文化管家”新模式。新增“公共文化服务标准化建设”和“基层综合性文化服务中心建设”示范点位20个。崇州市图书馆、文化馆成功创建国家一级馆。建立两个以非物质文化遗产保护为内涵的成都市版权服务工作站。元通清明春台会成功申报为成都市级非物质文化遗产项目。以国家级非物质文化遗产“道明竹编”为核心内容的“蜀州艺进”项目荣获第二届武汉国际家具展览会“黄鹤杯”最佳创意奖。成功举办中国·成都第七届自行车车迷健身节（崇州站）暨第五届公路自行车精英赛、2016年全国动力悬挂滑翔国家集训队选拔赛。建成登山健身步道 40 千米。成功创建四川省妇幼健康优质服务示范县。完成城北社区卫生服务中心和三江镇卫生院示范中医馆、示范社区卫生服务中心建设。完成怀远镇、街子镇急救站和鸡冠山乡、文井江镇急救点建设。全市有医疗卫生机构 56 所，床位 4971 张，卫生技术人员 3957 人，其中执业（助理）医师 1312 人。

【城市建设和环境保护】 2016 年，崇州市城市建成区面积达 35 平方千米。打通龙门街、兴盛路。完成上南街棚户区改造项目，启动向荣街、龙门街高家巷、永安中路片区等棚户区改造。被环境保护部授予国家生态市荣誉称号。街子镇建成省级生态文明示范乡镇。桤木河湿地公园湖区水环境治理项目建成。全年完成减排项目 9 个，削减化学需氧量 75 吨、氨氮 5 吨、二氧化硫 269 吨、氮氧化物 124 吨。城区空气质量优良以上天数达 191 天。

【人民生活和社会保障】 2016 年，崇州市城镇居民人均可支配收入 30105 元，比上年增加 2511 元，增长 9.1%；城镇人均消费性支出 19000 元，城镇居民恩格尔系数 36.0%。农村居民人均可支配收入 17896 元，比上年增加 1627 元，增长 10.0%；农村居民人均生活消费支出 11981 元，农村居民恩格尔系数 39.2%。全市养老机构 19 所，城乡日间照料中心 101 个，各类养老机构床位约 6000 张。城乡养老保险参保人数 29.65 万人；城镇职工基本养老保险参保人数 17.44 万人。新型农村合作医疗参保人数 45.26 万人。城镇最低生活保障人数 874 人，农村最低生活保障人数 8557 人。

【人口】 2016 年末，全市户籍总户数 25.62 万户，总人口 67.03 万人，其中男性 33.49 万人，女性 33.54 万人。城镇人口 20.04 万人，乡村人口 46.99 万人。全市常住人口 66.38 万人。

高标准打造产业新城品质崇州
努力为建设国家中心城市贡献更多力量

——在中国共产党崇州市第十三次代表大会上的报告

（2016年10月27日）

赵浩宇

同志们：

现在，我代表中国共产党崇州市第十二届委员会向大会作报告，请予审议。

中国共产党崇州市第十三次代表大会，是在“十三五”征程全面开启，高标准全面建成小康社会进入决胜阶段召开的一次十分重要的会议。会议的主题是：高举中国特色社会主义伟大旗帜，深入学习贯彻习近平总书记系列重要讲话精神，全面贯彻党的十八届六中全会、省委十届八次全会和成都市委十二届七次全会精神，回顾总结我市第十二次党代会以来的工作，进一步明确今后五年我市经济社会发展和党的建设目标任务，动员号召全市各级党组织、全体共产党员和广大干部群众，站位新起点、担当新使命、展现新作为，高标准打造“产业新城、品质崇州”，努力为建设国家中心城市贡献更多力量！

一、过去五年的工作

过去五年，在省委、成都市委的坚强领导下，市委团结带领全市广大党员和干部群众，主动适应经济发展新常态，一心一意谋发展，聚精会神抓党建，圆满完成十二次党代会确定的目标任务。预计，2016年全市地区生产总值从2011年的140.7亿元增长到252亿元，年均增长12.3%；地方一般公共预算收入从8.8亿元增长到16.8亿元，年均增长13.9%；固定资产投资五年累计完成995.1亿元，是上一个五年的2.2倍；城乡居民人均可支配收入分别实现30080元、18060元，是2011年的1.7倍和2倍。

过去五年，我们加快转型升级，产业结构逐步优化。坚持把调结构、促升级作为主攻方向，初步构建以先进制造业为主要支撑的现代产业体系。三次产业结构比重由2011年的18：47：35优化为2016年的13：50：37。工业实现较快发展。预计2016年，全市规模以上工业主营业务收入由2011年176.5亿元增长到290亿元，经开区规划面积拓展至19.8平方千米，建成区面积达17平方千米，主导产业由家具、建材为主调整为电子信息、家具为主。积极培育大数据产业，引进微软、百度等企业73家，获批四川省信息安全（大数据）产业示范园区。加速发展电子信息产业，引进美国捷普、南平铝业等企业81家，成链发展、集群发展态势逐步显现，预计2016年将成为崇州首个百亿级产业。家具产业实现“个性化定制、智能化制造”，建成全省首批家居产业知名品牌创建示范区。农业实现创新发展。以国家现代农业示范区建设为引领，探索实践“三统筹一主体”建设机制，建成高标准农田19.6万亩。积极推进农村土地“三权分置”，探索构建“农业共营制”新型农业经营方式，推动农业适度规模经营，成为全国新型职业农民培育试点县、全国农村产业融合发展试点示范县、全国电子商务示范县、全国主要农作物全程机械化示范县，连续三年被评为全省“三农”工作先进县。服务业实现加速发展。成功创建鸡冠山国家森林公园、元通古镇国家AAAA级景区、街子·三郎省级旅游度假区、街子古镇全球低碳生态景区，建成百平方公里“川西坝子·田园记忆”幸福美丽新村示范片、桤木河省级湿地公园，举办四川自驾赏花节等系列节会活动，全市接待游客和旅游收入较上一个五年实现翻番。沃尔玛、永辉等知名商贸企业先后入驻，万达广场、普洛斯物流园等重大项目加快建设，现代服务业呈现蓬勃发展态势。

过去五年，我们深化改革开放，动力活力更加强劲。坚持“对内靠改革、对外靠开放、转型靠创新”，不断激活经济社会发展新动能。全面深化改革扎实推进。组织领导机制更加健全，路线图、时间表、任务书更加明确。争取到改革试点29项，实施具体改革425项，统筹城乡、行政管理、投融资等重点领域和关键环节取得阶段性成果。全国转变农业发展方式等5个国家级现场会来崇州参观考察，基层社会协商获中央统战部表彰。全面创新改革有序推进。组建2.5亿元大数据产业发展基金和5亿元文创基金，形成“基金+基地”产业创新方式。与四川大学等10家高校院所合作共建“协同创新走廊”。新增国家级工程实验室1个、企业技术中心1个，国家级高新技术企业达14家。引进倪光南、李乐民院士参与组建信息产业研究院。获批国家级专家服务基地。建设“互联网+”众创空间等5个创新创业载体，培育孵化创业企业274家。连续两年成功举办“菁蓉汇·创业天府”崇州专场活动。专利申请总量连续五年领跑远郊县市，创建为国家知识产权试点城市。对外开放不断深化。全力打造新“九通一平”发展环境，建成政务、市民、规划“三中心”。突出抓好招商引资，引进中兴通讯、四川德仁堂、山东鲁能、江苏润恒等一批知名企业。积极发展外向型经济，预计2016年实现外贸进出口总额2.4亿美元，是2011年的2.9倍。与马来西亚古晋南市结为国际友好合作关系城市。

过去五年，我们致力统筹发展，城乡建设扎实推进。坚持城乡一体、产城融合，努力做美城乡环境、做强城乡功能、做大城市品牌。城乡形态逐步优化。编制实施《崇州市主体功能区规划》，推动区域间差异化发展。加快崇阳新城建设，城市建成区面积拓展到35平方公里，重点镇、特色乡镇加快建设，一般场镇竞相发展，城镇化率达47%。集中连片推进“小组微生”幸福美丽新村建设，实施农民集中居住区138个，安置群众13.5万人。城乡功能更加完善。二绕崇州段建成投用，成温邛快速路崇州段主体完工，成蒲铁路崇州段基本建成，与成都中心城区“半小时交通网”基本成型。智慧城市建设深入推进，IPC云计算中心建成投运，智慧医疗、智慧政务、智慧综合执法上线运行，成为全省首批光网和4G城市。统筹地下管网等市政设施建设。国家重点水利工程李家岩水库项目动工建设。获批省级海绵城市试点。城乡治理持续改进。深入推进“四改六治理”，实施老旧院落更新改造80个，棚户区改造12个19万平方米。25个乡镇（街道）全部建成国家级生态乡镇，成功创建国家级生态市。稳步推进综合行政执法改革，全面建成网格化服务管理体系。深化法治崇州、平安崇州建设，积极实施“六五”普法规划，深入开展“平安创建”等专项行动，务实推进“为民解忧、依法信访”工作，社会大局保持和谐稳定。城市知名度明显提升。人民日报、光明日报、中央电视台《新闻联播》《焦点访谈》等栏目，对崇州报道126次，道明竹编列入国家非遗名录，崇州的知名度和美誉度持续提升。

过去五年，我们坚持民生优先，社会事业协调发展。坚持“保基本、兜底线、促公平”，大力保障和改善民生，人民群众获得感不断增强。脱贫攻坚精准推进。累计投入扶贫资金5.6亿元，推动第二轮第二批24个相对贫困村、第三轮第一批17个相对贫困村、518户相对贫困户“脱贫摘帽”。圆满完成甘孜州白玉县、稻城县对口帮扶任务。民生实事扎实推进。五年来，累计在民生领域投入资金120亿元，占一般公共预算支出的72.4%。累计完成民生项目436个、村级公共服务和社会管理改革项目10597个，完善涉农社区及村“1+8+N”标准化设施配置，新建保障性住房25万平方米。怀远20万吨水厂基本建成。深入开展群众性精神文明创建活动。打造“罨画崇州”等公共文化品牌，探索形成“文化管家”基层公共文化服务供给新方式，图书馆、文化馆成功创建国家一级馆，档案馆晋升国家二级综合馆，新媒体建设加速推进。民生保障水平稳步提升。城镇登记失业率控制在3.7%以内。完成机关事业单位养老保险制度改革，全市社会保险参保规模较2011年增长59.2%，城乡居民基本医疗保险参保率达98%以上。城乡低保标准和覆盖面逐年提高，累计发放城乡低保金和五保供养金2.3亿元。社会事业全面进步。义务教育均衡发展，被评为“全国义务教育发展基本均衡县”，崇庆中学成功创建“省一级示范校”，25个公办幼儿园加快建设，基本完成金鸡小学迁建工程。医联体建设成效明显，完成市人民医院新一轮托管，市人民医院、市妇幼保健院成功创建“三级乙等”医院，启动中医院迁建工程。建成养老机构19所，城乡日间照料中心61个，养老服务点位实现乡镇（街道）全覆盖。

过去五年，我们全面从严治党，党的建设不断加强。始终把抓好党建作为最大政绩，认真落实两个责任，持续巩固风清气正、干事创业的政治生态。思想政治建设持续加强。扎实开展党的群众路线教育实践活动、“三严三实”专题教育、“两学一做”学习教育，持续加强领导班子思想政治建设，党员干部“四个意识”不断强化，党性修养全面提升，理想信念更加坚定。作风建设持续深化。严格贯彻落实中央“八项规定”精神，严格执行省委和成都市委“十项规定”，深化拓展“走基层”活动，扎实开展“结对心连心·我们在一起”联系服务群众主题活动，推动党员干部作风转变、能力提升。组织建设创新推进。创新干部选拔任用、监督管理、年轻干部递进培养等举措，干部“能上能下”取得实质性突破，重品行、重实干、重公认成为鲜明用人导向。整顿提升一批软弱涣散基层党组织，基本完成村（社区）活动场所提档升级工程，形成“红色引领绿色”

等基层党建新方法，基层党组织政治功能和服务功能持续增强。党风廉政建设常抓不懈。层层压紧压实党风廉政建设主体责任，不断完善制度机制，坚决把纪律和规矩挺在前面，认真践行监督执纪“四种形态”，党员干部纪律意识、规矩意识持续强化。深化廉洁文化建设，建成“荷风廉韵”廉洁文化教育基地，推出“骆学林讲堂”廉洁文化品牌，形成廉政教育新亮点。全力支持纪委履行监督责任，支持纪检监察机关转职能、转方式、转作风，加强廉政风险防控体系建设，不断加大案件查处力度，严肃查处一批违纪违法案件，持续保持正风肃纪、惩贪治腐高压态势。

过去五年，我们坚持统揽全局，广泛汇聚发展合力。市委坚持民主集中制，全力支持人大、政府、政协充分发挥职能作用，支持法检两院依法独立公正行使审判权和检察权。爱国统一战线不断巩固发展，各民主党派、工商联、无党派人士履职充分，工会、共青团、妇联、科协等群团组织作用有效发挥，老干部、老龄、关心下一代、民宗、史志、侨台、残疾人和防震减灾各项工作迈上新台阶。国防动员、“双拥”共建活动扎实推进，实现全国双拥模范城“三连冠”。

同志们，五年来的奋斗体现了一种执著，就是科学发展不动摇；五年来的奋斗彰显了一种精神，就是改革攻坚不停步；五年来的奋斗诠释了一种追求，就是改善民生不懈怠；五年来的奋斗体现了一种责任，就是管党治党全面从严不放松。五年来的成绩，离不开省委、成都市委的坚强领导，离不开历届市委班子的接力奋进，离不开全市各级党组织和广大党员干部的共同努力，同时也凝聚着广大离退休老领导、老同志，各民主党派、无党派人士、人民团体、驻崇单位、驻崇部队，以及社会各界人士的智慧和心血。在此，我代表中共崇州市第十二届委员会，向所有为崇州发展做出贡献的同志们、朋友们，表示衷心感谢和崇高敬意！

五年的成绩来之不易、令人振奋，但我们也必须清醒看到发展中的不足和差距。对标国家中心城市建设宏伟目标，发展不够仍然是崇州面临的最大问题。综合经济实力和产业竞争力亟待提升，以创新驱动经济转型的任务还十分艰巨，城市功能仍需完善、城市品质仍需提升，干部群众的思想不够解放、眼界不够开阔等等。对此，我们务必高度重视，在今后的工作中认真加以解决。

二、未来五年的形势和奋斗目标

未来五年，是高标准打造“产业新城、品质崇州”的攻坚期，更是努力为建设国家中心城市贡献力量的关键期。站在承前启后的时代节点，崇州面临三个根本性、全局性的重大课题。

当前，发展新背景是国家中心城市建设，校准坐标、找准定位，是我们必须面对的首要课题。成都市委审时度势、高瞻远瞩，科学确立了“一个目标、五维支撑、十大任务”的发展总体思路，这是我们必须始终遵循的坐标体系。在这个体系下，成都市委作出了“繁荣在主城、实力在新城”的生产力布局。根据这一布局，成都市委提出要建设一批产城融合、功能完整、职住平衡、配套完善、相对独立的卫星城。这是成都市委对我们的殷切期许，也是崇州主动担当发展重任的光荣使命。置身国家中心城市发展大局，崇州建设卫星城，核心在于打造“产业新城、品质崇州”，关键在于增强功能承载力、要素集聚力、产业竞争力和区域影响力，根本在于构建以工业为主导的经济结构。崇州建设卫星城的努力方向是：加快发展现代产业，提升参与国家中心城市产业协作和产业承载力，建设成都重要的先进制造业基地、都市现代农业发展样板区、国家级全域旅游示范区；加快建设现代城市，坚持“独立成市”

理念，推动崇州加速向卫星城转变，成为中等规模的现代化城市；加快创造现代生活，全面优化人文环境、生态环境、投资环境、创业环境，创建国家历史文化名城。

当前，发展新机遇是建设国家中心城市，抢占先机、乘势而进，是我们必须面对的重大考验。被赋予国家中心城市使命，将会有更多政策向成都倾斜、更多资金向成都汇聚、更多产业向成都布局，这些多重叠加的重大机遇对崇州未来具有全方位、深层次和历史性的影响。成都建设西部经济中心，有利于我们抓住成都工业空间布局调整和发展电子信息等优势产业的机遇，加快拓展工业发展新空间，加速形成全链产业和产业集群；有利于我们抓住国家大力发展通用航空、成都布局航空航天等新兴产业的机遇，培育经济增长新支撑；有利于我们抓住世界旅游目的地城市建设的重大机遇，发挥崇州自然资源丰富、生态环境优美、文化底蕴深厚的资源优势，加速发展高端旅游业。尤其是成都建设西部金融中心持续释放的政策红利，有利于我们加速推动成都西南农产品交易所建设，把崇州打造为全国综合性农产品交易中心。成都建设西部科技中心，有利于我们充分发挥高校院所的协同优势、大数据产业的先行优势、农业科技的领先优势和国家级专家服务基地的平台优势，加速释放大众创业、万众创新的新动能。成都建设西部文创中心，有利于我们传承涵养城市精神，保护城市文化根脉，激活沉睡的文化资源。崇州，既有双河、紫竹史前文化遗址，又有罨画池、州文庙、陆游祠等历史文化资源，还有街子文化创客小镇的平台优势。只要我们不懈努力，就一定能加速形成与卫星城相适应的软实力。成都建设西部对外交往中心和西部综合交通枢纽，有利于全市乡镇通过网格状的大通路，直接进入成都平原经济圈大循环，拓展经济发展半径。有利于崇州向东加速对接中心城区、天府新区和两个航空港，向北加快对接铁路港，向西向南加快形成辐射力，在更高层次、以更高水平融入“一带一路”，参与国际产业分工和城市协作。机遇千载难逢，机遇稍纵即逝。我们必须顺势而为、谋势而动、乘势而上，奋力开创“产业新城、品质崇州”建设的崭新局面，真正不负时代所赋、不负群众所盼、不负使命担当。

当前，发展新任务是献力国家中心城市建设，保持定力、扬鞭奋蹄，是我们必须面对的根本问题。精神区位决定行动摆位。担负国家中心城市建设的新使命，迫切需要我们站高谋远，跳出崇州看崇州，突破圈层心态、打破“盆地桎梏”，在国家中心城市建设中高点起步、高位切入；迫切需要我们秉持钉子回脚、锲而不舍的工作态度，从做大做强产业支撑这个核心问题入手，找准适应经济发展新常态的“金钥匙”，在国家中心城市建设中主动作为、勇挑重担；迫切需要我们培育兢兢业业、精益求精的工匠精神，苦练内功、增强本领，把事业做实、把工作做精，在国家中心城市建设新征程中再创新业、再立新功；迫切需要我们打造雷厉风行、真抓实干的作风品牌，面对艰难险阻敢担当，遇到困难挑战善作为，卯足干劲、开足马力，争当加快发展的“实干家”，在国家中心城市建设的实践中干得主动、走在前列。

未来五年全市工作的指导思想是：高举中国特色社会主义伟大旗帜，以邓小平理论、“三个代表”重要思想、科学发展观为指导，深入学习贯彻习近平总书记系列重要讲话精神，紧紧围绕“四个全面”战略布局，自觉践行“五大发展理念”，深入贯彻省委“三大发展战略”和成都市委“157”发展总体思路，紧扣“产业新城、品质崇州”发展定位，坚持以项目为中心组织经济工作，加快打造成都重要的先进制造业基地、都市现代农业发展样板区、国家级全域旅游示范区，聚焦民共富、民共享、民共乐，着力建设现代产业、现代城市、现代生活充分融合的卫星城，努力为建设国家中心城市贡献更多力量。

围绕这一指导思想，未来五年的奋斗目标是：

——经济发展更具竞争力。现代产业体系更加完备，形成以工业为主导的经济结构。地区生产总值年均增长9.5%以上，到2021年，地区生产总值突破400亿元。

——城乡发展更具协调性。四大主体功能区集聚发展能力不断增强，城市空间不断拓展，城市功能进一步完善，形成中心城区、特色市镇、美丽新村协调发展的城镇体系。到2021年，城镇化率达到60%。

——创新驱动更具引领性。全面深化改革重要领域和关键环节取得显著性成果，农业农村改革继续保持领先态势，经济体制改革有力有效推进，创新发展能力持续增强，外向型经济强劲发展，开放型城市建设成效显著，城市知名度和影响力大幅提升。

——人民生活更有幸福感。公共服务体系日益完善，民生保障体系更加健全，社会就业更加充分，教育、医疗等社会事业全面进步，人民生活质量明显提高，社会公平正义进一步实现，城乡居民人均可支配收入与经济同步增长。

——城乡环境更加生态化。城乡环境综合治理成效明显，经济生态、生态经济富有成效。生态环境持续改善，生态涵养能力逐步加强，生态本底进一步夯实，森林覆盖率达到43%。

三、今后五年的主要任务和工作重点

践行新理念，建设卫星城，必须紧紧围绕指导思想和奋斗目标，把握“产业新城、品质崇州”发展全局，抓住“两区一基地”关键支撑，以新举措落实新目标，以新作为担当新使命。

（一）突出产业支撑，加快构建以工业为主导的现代产业体系。城市的支撑是产业，产业的核心在工业。未来五年，必须突出产业发展这个主支撑，强基础、扩规模、优结构，为卫星城建设打下坚实经济基础。

加快打造千亿级先进制造业基地。树牢工业“一业定乾坤”理念，围绕“量质并举”主线，分层推进产业梯次发展，努力把崇州建设为成都重要的先进制造业基地。坚持“成链发展、集群发展”，突出发展电子信息产业。加速引进全球著名智能终端、网络通讯产品研发、生产及配套企业，做大计算机、智能手机等终端产品，培育智能可穿戴设备、智能家居产品，到2021年，电子信息实现产值500亿元，形成工业“一业定乾坤”的中坚力量。坚持“应用主导、重点突破”，加快发展新兴产业。坚定不移发展大数据产业，围绕智慧城市建设、信息安全服务、智能制造三大重点，加快平台建设、企业引进和应用开发，加速把先发优势转化为产业领先优势。到2021年，建成大数据产业园和四川电信产业园，吸纳3万人就业、建成30万平方米载体、实现300亿产值。抓住国家推动军民融合发展的战略机遇，发挥我市低空空域资源优势，规划建设通用航空机场，大力培育通用航空产业集群。积极发展增材制造、医疗设备制造等高成长性产业，形成工业“一业定乾坤”的新兴力量。坚持“转型升级、提质增效”，优化发展传统优势产业。按照“空间换地、机器换人、电商换市、腾笼换凤、服务换活力”的理念，鼓励传统制造业大力发展数字化设计、智能化生产和网络化营销，打造智慧家居、绿色建材两个百亿级产业集群，形成工业“一业定乾坤”的稳固力量。坚持“以产兴城、产城融合”，加速提升工业承载能力。按照“一主两翼”的工业空间布局，高标准推进新增15.2平方公里工业空间规划建设，优化提升崇阳—大划组团，加快建设羊马—江源组团、三江组团。改进经开区管理运行体制，争创国家级经开区，到2021年，把经开区建成主业突出、支撑有力、产城一体的千亿级产业园区。坚持“政府服务、企业主体”，加速壮大企业集群。企业是经济发展的生力军、财政收入的主渠道、综合实力的顶梁柱。实施“有根大企业培育”计划，培育一批西部有地位、全国有影响的有根大企业。实施“规模企业培育”计划，培育一批竞争力强、成长性好的“单科状元”。实施“上市企业培育”计划，推动“传统企业”向“现代企业”转型。实施“企业家队伍培育”计划，营造“亲近清爽”的政商关系，造就一支善于创新、勇于开拓的企业家队伍，成就更多的名企、名品、名家。到2021年，力争培育百亿级工业企业2家以上，上市企业5家以上，规上企业总数超过300家。

打造都市现代农业发展样板区。坚持用抓工业的理念抓农业，以创建国家级农业标准化示范区为引领，着力增强农业基础性、战略性、生态性功能，促进农业向集约式、经济型、现代化转变。注重生产、生活、生态“三生”统筹，持续推进“田园记忆、水木北部、绿色蔬菜、花果田园、山水崇州”五大区域建设，新建菜粮高标准农田8000公顷，构建支撑现代农业新“七网”体系，打造稻田综合种养、现代林业两个百亿级现代农业产业。注重三产融合，激活农业多种功能，突出发展创意农业、休闲农业、体验农业等新业态，大力发展农产品精深加工业，推动农区变景区、田园变公园、农房变客房、产品变商品，促进农业“接二连三”融合发展，拓展农业综合效益新空间。注重“三化”提升，加快培育壮大龙头企业，提升发展土地股份合作社、家庭农场等新型经营主体，培育农业职业经理人为重点的新型职业农民，提升农业组织化水平。实施“农业品牌培育三年行动计划”，大力培育“崇耕”公共品牌，支持企业建立“企业品牌”，不断提升品牌覆盖率。大力发展农业农村电子商务，推动“全民触网”“全民触电”，着力形成线上线下融合、农产品进城和工业品下乡双向流通网络格局，提升产品营销率；深入探索农村资源配置市场化改革，着力盘活农村资源、用活农村产权，提升农村资产、资源、资金的资本化水平，拓宽土地合作社、村级组织收入和农民财产性收入来源。

打造国家级全域旅游示范区。坚持“全域旅游、全业旅游、全域景区”理念，按照“一区四板块”发展布局，高质量编制全域旅游总体规划，加快推动旅游资源转化为旅游产品、休闲观光游转型为体验度假游、单点旅游开发转变为全域旅游综合开发。重点打造以鸡冠山国家森林公园、大熊猫公园为依托的国家级山地体验度假区，以李家岩环湖生态带、街子·三郎为核心的国际康养度假区，以“两基地两湿地”为重点的田园精品度假区，以“古镇金三角”、罨画池历史文化街区为重点的古蜀州历史文化旅游区，努力将崇州打造成集古镇山地旅游、美丽新村、生态农业观光、绿色运动、温泉度假、“互联网+”为一体的“国际休闲生活生态带”。到2021年，将崇州建设为全域共建、全域共融、全域共享的国家级全域旅游示范区。推动生产性服务业和生活性服务业精细化、高端化发展，加快建设成都崇州物流中心，建成成都西南农产品交易所，打造服务成都、面向西部、辐射全国的农产品物流集散地。

（二）强化创新驱动，加快提升城市创新力创业力创造力。创新是引领崇州发展的第一动力。未来五年，要坚持以创新强动力、以改革释潜力、以开放增活力，努力走出一条具有崇州特色的创新驱动之路。

以创新改革增强发展动力。依托现有产业基础，突出大数据和文创特色，深入推进全面创新改革试验，培育新动力、发展新经济。紧跟产业发展新趋势，实施“产业融合发展示范”工程，以重点产业关键核心技术研发和产业化为突破口，充分运用“互联网+”、云计算、大数据，大力发展智能制造、电子商务等新技术、新产业、新业态、新模式，全面加强技术创新、产品创新、管理创新、商业模式创新，全力重塑产业链、供应链、价值链，培育发展优势产业集群，推动形成互动融合的产业集群发展新格局。更加突出企业创新主体地位，实施“创新主体培育”工程，支持企业瞄准市场需求开展关键技术攻关、引进高端人才项目、对接技术转化成果，加快培育一批创新型、科技型企业，力争到2021年国家级高新技术企业总数达到20家。更加注重平台的承载作用，实施“创新平台建设”工程，高水平建设街子文化创客小镇、“互联网+”众创空间等创新平台，打造“孵化器+加速器+产业园区”接力式孵化体系。充分发挥国家级专家服务基地作用，高标准建设“协同创新走廊”、公共技术服务、科技中介服务等平台，促成微软创新杯、网安菁蓉杯等创新赛事长期落户崇州，到2021年新增一批国家级工程实验室、国家级企业技术中心、专家（院士）工作站。更加重视人才的引领作用，实施“创新创业人才引进”工程，以“大数据百人计划”为重点，集聚一批前沿型、科技型、创新型、技能型高端人才。更加关注环境的基础作用，实施“创新生态优化”工程，加快构建金融、人才、科技、平台、政务五位一体的创新生态，促进创业成本标准化、管理服务便捷化。

以深化改革释放发展潜力。坚持问题导向，大力推进改革攻坚，力争在重点领域和关键环节取得决定性成果。以经济体制改革为牵引，重点推进供给侧结构性改革，突出抓好降成本、补短板，深化行政管理、财政管理以及投融资、科技、商事等领域改革，加快形成有利于发挥市场决定性作用的制度环境。深化统筹城乡综合配套改革和农村改革试验区建设，持续深入推进农业共营制、林业共营制改革，突出抓好土地经营权抵押融资、农村房屋产权抵押融资、财政奖补资金撬动金融资本下乡等改革试点，争取再形成一批可复制、可推广的新典型、新做法、新模式，打造统筹城乡升级版。积极推进公共交通、医疗卫生、教育文化等领域改革，最大限度地释放发展潜力。

以扩大开放增添发展活力。建设卫星城，扩大有效投入是必由之路。现阶段扩大有效投入主要靠招商引资。未来五年，必须把招商引资作为对外开放的首要任务，始终保持招大项目、引新项目、上好项目的强攻态势。建强招商力量，完善招商机制，建立“出勤率+成功率”的招商考核办法，形成全民招商的浓厚氛围。持续实施“品牌企业业务增量引进计划”，瞄准世界500强、著名跨国公司和大型央企、知名国企、实力民企，加快引进一批投资超百亿的龙头项目、一批代表行业先进水平的重大项目、一批完善产业生态链的配套项目，每年至少引进一个投资30亿元以上的工业项目。大力发展开放型经济，全方位融入“蓉欧+”战略，支持企业主动沿着“一带一路”走出去，拓展国际市场，以国际产能合作促进我市与欧亚多个国家和地区之间的贸易、投资、人文交流，推动形成高水平的对内对外双向开放。力争用五年时间，实现年外贸进出口总额翻一番。主动学习复制自贸区经验，力争将经开区纳入四川自贸区辐射区范围。在全球寻找匹配的交流城市，缔结一批经济、文化、科技实力较强的国际友好关系城市。

（三）聚焦“独立成市”，为国家中心城市建设提供重要助推。主动融入成都“双核共兴、一城多市”格局，着力优化城市空间、完善城市功能、塑造城市文化、改进城市治理，把崇州建设为成都网络城市群的重要节点城市。

坚持高起点规划。加快对接成都城市总体规划，完成崇州城市总体规划修编。按照“以水定人、以地定城、以气定形”的城市布局要求，优化城乡宏观布局，推动微观空间治理，构建更加清晰的生产、生活、生态空间格局。统筹推进四大功能区建设，推动全市区域发展差异化、资源利用最优化、整体功能最大化。注重城市建筑“实用美、个性美、整体美”，加强城乡规划建设管控，建设一批承载文化记忆的历史文化街区和富有时代特色的地标性建筑，让高水平规划高品质落地。

建设高品质城区。按照“主城区+经开区+三大新城”的城市布局，加快提升城市品质，积极拓展量能体积，不断彰显崇州城市的生态之美、和谐之美、宜居之美。大力实施城市“互联网+”行动计划，基本完成智慧城市建设，争创产业互联网城市。积极实施城市水系、地下空间、地下管廊开发改造，打造一批海绵城镇、海绵小区、海绵道路。重点加快打造城市新中心和东西向中轴线，改造一批棚户区、城中村和老旧院落，实施一批小街区规制试点，建成一批公共配套设施，加快建设一批城市综合体，构建“15分钟生活圈”。用五年时间，实现崇阳新城见实效，羊马新城出形象，滨江新城打基础。

建设特色镇村。加快构建新型城镇体系，启动行政区划调整，推动形成中心城区、特色市镇、美丽新村，集约紧凑、疏密有致、科学有序的发展布局。坚持产城融合、功能完善、环境优美、独具特色的理念，把一批经济基础相对较好、产业发展相对较快的乡镇打造为宜居宜业宜游新市镇；坚持紧凑、精致、优美标准，按照小街区规制要求，打造一批文创、民宿、康养、电商等特色小镇。坚持新村带产业、产业带新村，以高速路和交通干道沿线为重点，以农业用地综合整理、川西林盘保护性改造为抓手，按照AAAA级景区标准，连片成带建设“小组微生”新农村综合体，到2020年全域基本建成幸福美丽新村。

构筑交通大通道。大力发展轨道交通，加快推进成蒲快铁崇州段、成青快铁崇州连接线、地铁12号线崇州段等重大轨道交通项目，完成快铁崇州站、羊马站等枢纽站建设，推动崇州早日进入“快铁时代”。加速骨干道路建设，重点抓好三绕崇州段、二绕三绕街子连接线、成温邛高速扩容改造等重大交通项目，把崇州建成成都西部地区的中枢节点和战略通道。加快改造提升城区道路，逐步实现城区外联通道节点立交化，打通城区“断头路”，畅通城市“微循环”。加快乡村公路提档升级，实现全域公交化。到2021年，基本形成“八纵八横两轨两站一中心”的交通网络，初步构建起轨道交通、高速公路、快速路、主次干路和支路布局合理、衔接顺畅的市域交通体系。

传承和繁荣城市文化。坚持以创建国家历史文化名城为统领，着力将崇州建设成崇文尚礼、民风尔雅的宜居之城、人文之地。积极塑造体现文化传承、时代要求、崇州特色的城市精神，提升与成都卫星城相适应的软实力。加快建设新体育公园、仁里公园等一批重大文体项目，推进历史文化名城名镇、历史文化村落保护利用，启动双河、紫竹等文化遗址保护性开发，保护城市文化根脉和历史发展年轮。以街子“文创硅谷”为重点，加快引进文创团体和文化创客，加强文艺精品创作、文化品牌塑造和特色文化资源开发，打响竹编、藤编等特色文化品牌，让崇州优秀历史文化看得见、摸得着，有温度、有记忆。

着力推进城市治理现代化。坚持依法治理，深入推进“法治崇州”建设，重点加强法治文化培育和社会信用体系建设，促进政府依法行政、企业合法经营、市民守法自律，努力形成“办事依法、遇事找法、解决问题用法、化解矛盾靠法”的良好法治氛围。突出系统治理，加快转变政府职能，建立完善B2G、R2G互动平台，构建互联网时代的新型政企、政民互动关系，深化社会协商，多渠道发挥市民参与城市治理的主动性，构建政府、社会、市民等多方参与、多元共治的现代治理体系。深入推进平安崇州建设，健全治安防控“五张网”，严厉打击各类违法犯罪活动，严密防范各类社会风险，切实加强和改进信访工作，健全社会稳定风险评估机制，完善矛盾纠纷调解机制，努力做到诉求合理解决到位、诉求无理教育到位、生活困难帮扶到位、违法上访依法处理。加大安全生产、食品药品安全风险排查和执法力度，确保城乡安全、社会安定、市民安宁。

（四）夯实生态本底，筑牢美丽中国典范城市绿色屏障。守护好崇州的绿水青山，既是全市人民的共同愿望，也是献力国家中心城市建设的重大责任。未来五年，必须牢固树立“绿水青山就是金山银山”理念，筑牢成都西部“绿色屏障”。

加快推进产业生态化。把绿色增长贯穿于产业发展始终，到2021年，基本形成节约资源和保护环境的产业结构。实施制造业绿色化改造，更大力度推进企业清洁生产。实施能源消耗、水资源消耗等总量和强度“双控”行动，刚性落实节能减排目标。大力发展循环经济，把经开区创建为国家级循环经济产业园区。

加快推进城乡优美化。在生态涵养保护区，全力以赴保障李家岩水库加快建设，协同推进库区、景区、园区、社区“四区联动”，保护好库区水陆生态，守护好用水安全屏障，建设好群众宜居家园，发展好富民增收产业。高标准建设生态、低碳、节约型城市，持续推进“四改六治理”，实施“两线三边三化”生态改善计划，统筹推进以“琴鹤大桥—桤木河湿地—白塔湖生态走廊”为重点的城市绿廊、公园绿地、道路绿网建设，构建点、线、面相结合的城乡绿化空间体系。用五年时间，基本实现“300米见绿、500米见园”，让市民享受更多“市桥官柳依依绿，东阁红梅朵朵鲜”的生态福祉。

加快推进生态保护常态化。实施最严格的生态环境保护制度，重点围绕“两山两湖十河两湿地”等区域，持续打好大气、水、土壤污染防治“三大攻坚战”。健全以生态红线规划、管控办法为重点的保护体系。推行绿色建设，倡导低碳生活，鼓励绿色出行。用五年时间，初步建成资源节约型、环境友好型社会。

（五）增进民生福祉，着力提升群众获得感和幸福感。人民对美好生活的向往就是我们的奋斗目标。未来五年，要把增进民生福祉摆在突出位置，着力兜牢底线民生、关注热点民生、改善基本民生、促进公平民生，让人民群众共享改革发展成果。

坚决打赢精准脱贫攻坚战。坚持把脱贫攻坚作为第一民生工程，锁定“两不愁、三保障”和“四个好”目标任务，创新精准扶贫机制，汇聚脱贫攻坚力量，大力推进相对贫困村新村建设、产业发展、品牌培育、集体经济壮大，持续增强“造血”功能，不断拓宽相对贫困户增收渠道，确保全面完成脱贫攻坚任务。到2020年，高标准全面建成小康社会。担当好对口援藏责任，全力支援马尔康市脱贫攻坚，确保脱贫不返贫、增收可持续。

加大就业和社会保障力度。深入实施就业优先战略，全面落实就业扶持政策，加大就业培训力度，动态消除“零就业”家庭。全力推进大众创业，健全创业培训、服务等政策体系，推动形成百姓创家业、老板创大业、能人创企业、回乡创新业、干部创事业的全民干事创业生动局面。积极推进全民参保，进一步扩大养老、医疗、失业、工伤、生育保险覆盖面。持续加大住房保障力度，切实解决低收入困难群众住房问题。加强和改进社会救助体系，逐步实现由低标准、保基本的民政保障向全覆盖、多层次、均等化的民生保障转变。

统筹社会事业发展。持续推进城乡公共服务均等化，不断增加优质公共产品和服务供给。坚持教育为本，实施“教育质量提升计划”，优化校园点布局，加快引进优质民办学校，加强教师队伍建设，推动教育高位优质均衡发展。推进医联体和分级诊疗建设，加快县级公立医院综合改革，提升基层医疗卫生机构的能力和水平，构建覆盖城乡的医疗卫生服务体系。实施“文化管家”等文化惠民工程，促进基本公共文化服务全覆盖。大力发展体育事业，争取国际性体育赛事落户崇州。积极探索新型养老模式，建立多层次、普惠制养老服务体系，让老年人“干干净净活出尊严、舒舒服服活出品质”。

四、推动全面从严治党迈上新台阶

事业成败，关键在党，关键在党要管党、从严治党，核心在于依规依纪管党治党。未来五年，必须以“党要管党丝毫不能松懈，从严治党一刻不能放松”的坚定政治态度，认真落实党建工作责任制，深入推进“强基兴党”行动，不断加强和改进党的建设，为崇州改革发展提供坚强的政治保证、组织保证和作风保证。

（一）全面加强思想政治建设。始终把思想政治建设摆在首位，以坚定的理想信念固本培元、引领方向。加强党性教育，以党章为根本遵循，深入开展“两学一做”学习教育，推动党员干部系统学习党章党规，系统学习习近平总书记系列重要讲话精神和治国理政新理念新思想新战略，切实增强政治意识、大局意识、核心意识、看齐意识，在思想上、政治上、行动上始终与以习近平同志为核心的党中央保持高度一致。深化学习型班子和学习型党组织建设，切实完善中心组学习制度，不断增强全市广大党员干部的“四个自信”，进一步增强广大党员干部“不忘初心、继续前进”的思想和行动自觉。同时，加强社会主义精神文明建设，用社会主义核心价值观凝心聚力。加速推动传统媒体与新媒体融合发展，强化舆论引导，把牢思想意识形态主导权，唱响主旋律，弘扬正能量，营造良好的社会环境。

（二）切实加强干部队伍建设。高标准选用干部，认真贯彻落实中央“好干部”标准、“三严三实”要求和省委“三重”导向、“三个六”用人要求，引导广大干部讲政治、讲科学、讲实干、讲团结、讲廉洁，真正把想干事、能干事、会干事、干成事、不出事的干部选出来、用起来。严要求培养干部，注重在发展实践中甄选干部、在工作一线中考察干部、在群众口碑中检验干部，不断提升干部推动改革发展、促进社会和谐、做好群众工作的能力，切实增强干部队伍活力和领导班子整体功能。全方位监管干部，健全完善干部管理监督体系，强化关键岗位重点管理、年轻干部源头管理，确保权力规范运行、干部健康成长；进一步完善干部考核评价体系，健全干部能上能下机制和容错机制，努力营造心齐、气顺、劲足的干事创业氛围。

（三）致力筑牢基层基础。扩大组织和工作覆盖面，统筹抓好村（社区）、机关、非公企业、社会组织、产业园区等领域党建工作，重点探索推进新型农业经营主体和村转社区党组织建设，全面深化完善以党组织为核心的“一核多元、合作共治”新型村级治理机制，实现党组织和党的工作从“有形覆盖”向“有效覆盖”转变。把严格党内政治生活作为锤炼坚强党性的重要平台，积极推进党内政治生活常态化、制度化，坚持贯彻民主集中制和议事决策规则，坚决落实“三会一课”“三重一大”等制度，着力增强党内政治生活的政治性、时代性、原则性、战斗性，着力增强自我净化、自我完善、自我革新、自我提高能力。认真做好党员发展、教育和管理工作，加强流动党员管理。深入开展“品质崇州·党员示范”行动，大力推进基层党组织“双强六好”示范建设，持续整顿软弱涣散基层党组织，推动基层党建工作全面进步、全面过硬。

（四）深入推进党风廉政建设。突出从严从实，切实担负起全面从严治党主体责任，着力提升广大干部精神区位，严格贯彻落实中央“八项规定”精神和省市作风建设要求，扎实开展三项整改“回头看”和巡视巡察反馈意见整改，坚决防止“四风”反弹回潮，推进作风建设常态化、长效化。自觉践行群众路线，持续开展“结对心连心·我们在一起”为载体的“走基层”活动，以优良的作风凝聚党心民心、带动政风民风，持续巩固风清气正、干事创业的政治生态。强化党内监督，完善权力运行制约和监督机制，形成有权必有责、用权必担责、滥权必追责的制度安排，推动管党治党向严紧硬转变。织密织牢制度笼子，把纪律和规矩挺在前面，把握运用好“四种形态”，全面加强监督执纪问责，全力支持纪委履行监督责任，坚决查处和整治侵害群众利益的不正之风和腐败问题，努力构建不敢腐、不能腐、不想腐的长效机制。深化廉洁崇州建设，持续强化廉政教育，教育引导党员干部坚持道德“高线”，严守纪律“底线”，不越法律“红线”。

今后的工作中，市委将始终发挥总揽全局、协调各方的领导核心作用，支持人大及其常委会依法履行职能，支持政府依法行政，支持人民政协发挥政治协商、民主监督、参政议政作用，支持法院、检察院依法独立公正行使审判权和检察权，切实加强人武双拥和国防人防工作，扎实做好新时期统战、老干部、关心下一代等工作，积极稳妥推进群团组织的改革创新，为高标准打造“产业新城、品质崇州”凝聚强大合力。

同志们，蓝图鼓舞人心，使命催人奋进，责任重于泰山。我们一定要紧密团结在以习近平同志为核心的党中央周围，在省委、成都市委的坚强领导下，团结带领全市人民，同心同德、奋发有为，不忘初心、继续前进，高标准打造“产业新城、品质崇州”，为建设国家中心城市贡献更多力量而努力奋斗！

崇州市人民代表大会常务委员会工作报告

——在崇州市第十八届人民代表大会第二次会议上

（2016 年 11 月 30 日）

柳　宁

各位代表：

我受崇州市第十七届人大常委会委托，向大会报告工作，请予审议。

一、过去五年主要工作回顾

市十七届人大常委会任期的五年，是崇州经济社会发展取得显著成就的五年，也是崇州人大工作取得重大进展的五年。五年来，市人大常委会在市委的坚强领导下，认真贯彻中共崇州市第十二次党代会精神，紧紧围绕“产业新城、品质崇州”发展定位，依法履行职能职责，积极开展工作，维护法律法规在我市的贯彻实施，促进市委各项重大决策部署的依法贯彻落实，助推崇州经济社会科学协调发展。

（一）扎实开展监督工作

人大监督是实现党的主张和人民意愿的重要保障。五年来，常委会坚持把贯彻落实市委决策部署作为人大工作的着力点，积极贯彻《监督法》，不断完善监督方式，增强监督实效，使人大工作始终与党心民意同频共振，与“一府两院”合力并进。

围绕市委发展大局，推动重大部署贯彻落实。五年来，市人大常委会积极组织视察、调研，深入到经开区、捷普、IPC 创业中心、南平铝业、全友、明珠等企业，调研我市工业发展状况。组织代表调研“10 万亩粮食高产稳产示范基地”、农村土地“三权分置”、“农业共营制”、农村电商平台等新型农业经营体系，助推我市现代农业示范区建设。深入调研我市城乡规划建设、智慧城市建设、环境保护、交通建设等，助推我市城乡基础设施建设和城乡治理工作。深入到幸福美丽新村示范片、桤木河省级湿地公园、元通、街子、怀远、三郎、道明等乡镇和罨画池、宫保府等，积极调研我市乡村旅游建设和文物保护工作。于 2015 年 6 月开展“幸福美丽新村建设”专题询问工作，人大代表同相关职能部门负责人现场面对面提问解答，进一步促进了我市幸福美丽新村建设。

强化法律监督，推动法治崇州建设。五年来，市人大常委会对《中华人民共和国中小企业促进法》、《中华人民共和国环境保护法》、《中华人民共和国行政监察法》、《中华人民共和国城乡规划法》、《中华人民共和国产品质量法》、《中华人民共和国预算法》、《中华人民共和国公路法》、《中华人民共和国职业教育法》等 25 部法律在我市的贯彻执行情况进行了监督审议。在监督审议过程中，常委会重程序和质量，做到事前深入视察调研，开展问卷调查，形成初审意见，再提交常委会议审议，最后将意见反馈到市政府相关部门，适时跟踪办理改进情况，确保法律法规在我市的顺利贯彻执行。

积极配合上级人大做好《成都市烟花爆竹燃放管理规定》、《成都市非机动车管理条例》、《成都市饮用水水源保护条例（草案）》等十余部条例的调研工作，为条例的修订颁布提供了相应的基础数据。

例行半年一次听取和审议市法、检两院、财政等单位的工作总结和全年工作报告。多次组织部分代表对涉及依法治市、公共安全、公正司法和法律保护等方面的视察活动，重点视察了公安派出所、法庭、乡镇检察室、司法所的工作开展情况，对审判公开、检务公开、严厉打击“两抢三盗一诈骗”及毒品犯罪提出要求，推进了依法治市和公正司法建设。积极开展对“六五普法”实施情况的调研工作，增强社会法制意识。

信访是社情民意的重要窗口，五年来共受理群众来信来访 1125 件（批、次），督促“一府两院”依法办理了一批涉法涉诉以及涉及征地拆迁、劳动社保、村务公开等反映强烈的群访性信访案件，督促办理了一批涉及个人切身利益的个案诉求，维护了人民群众合法权益和社会稳定。

关注民生，扎实开展精准扶贫。一是以解决“服务群众最后一公里”为突破口，坚持把人民群众普遍关心、反映强烈的热点、难点问题作为监督的重点。重点安排了对就业、教育、保障性住房、城市环境卫生、医疗卫生、食品安全、社保等情况的专题视察。调研了老旧院落改造和棚户区改造工程、公办民营养老机构、日间照料中心等与老百姓息息相关的民生实事。针对我市部分居民小区电梯安全存在隐患情况，督促相关部门开展电梯安全大检查。2013 年－2014 年，连续两年持续开展水环境综合治理和主要污染物总量减排工作，促进了我市生态文明建设进一步优化，生态环境持续改善。对我市民间融资、集资，草坪种植对土壤破坏等社会问题，持续跟踪，提出建议。2016 年上半年，我们专题调研了崇州市城乡供水，对崇州的水资源保护、水质监测、供水系统进行了调研和分析，为崇州城乡供水一体化的实施提出了有价值的参考意见，得到市委的充分肯定。二是积极做好精准扶贫，全力推动各项扶贫工作的贯彻落实。成都市人大常委会对口帮扶我市 9 个贫困村，崇州市人大常委会对口联系 6 个贫困村工作。常委会确保自身任务完成，主动服务衔接上级人大常委会深入帮扶单位，会同帮扶单位和镇村组干部、村民代表，召开见面会、座谈会，沟通思想，研究扶贫方案，制定了短、中、长期脱贫计划，各项工作正顺利开展。截止目前，会同相关乡镇和部门共同争取资金 1500 多万元。

（二）依法行使重大事项决定权

五年来，作出重大决议、决定 37 项，审查批准了市人民政府五年来的国民经济和社会发展计划执行情况报告、十三五规划纲要、财政预算调整方案，批准了财政决算报告，督促有关部门贯彻人大决议要求，压缩一般性支出，严控“三公经费”，加大对“产业新城、品质崇州”重点建设项目的投入，加大对为民办实事和民生工程的投入，切实把有限资金用在刀刃上。审议决定批准了市政府《关于崇州市智慧城市建设项目规划情况的报告》、《关于提请审议崇州市崇阳镇永安路片区一期棚户区改造项目相关事宜的报告》等一大批事关崇州发展、民生改善等的重大事项。

（三）认真做好人事任免工作

常委会始终坚持党管干部和依法行使人事任免权相结合，坚持人事任免工作程序，坚持任前法律知识考试制度。制定《崇州市宪法宣誓仪式实施办法》，实行任职干部向宪法宣誓制度。五年共任免国家机关工作人员和人民陪审员 171 人次，为地方国家机关运转提供了人事保障。

（四）积极做好代表工作

常委会高度重视代表工作，充分调动代表的积极性、主动性和创造性，发挥好代表的参与决策作用、桥梁纽带作用、模范带头作用和监督作用。

扎实抓好代表培训工作。始终把代表培训作为一项基础性工作来抓，按照总体筹划、阶段安排、层层开展的原则，分期分批组织实施。共组织代表参加各类培训2000人次，增强了代表大局意识和为民情怀，提升了依法履职能力。

认真督办代表建议、批评和意见。五年中，代表们紧紧围绕建设"产业新城、品质崇州"主题，认真履行代表职责。在走进基层，深入群众，了解社情民意，经过大量调查研究的基础上，就我市经济、社会、文化、环境保护、生态文明建设、医疗等各个方面的事务提出了"建议、批评和意见"347件。人大常委会将这些建议、批评和意见整理归类后，要求市政府进行办理答复，促进了政府与代表之间的沟通联系，推动了民生问题的解决，受到了群众的好评。

积极组织代表视察活动。先后62次组织省、成都市和本级人大代表分别对经开区建设、现代农业、旅游发展、生态文明建设、基础设施建设、食品药品安全等方面的工作以及代表建议、批评和意见办理工作等情况集中进行了专题视察调研，为代表履职行权创造了条件。组织代表参加精准扶贫工作，先后发出倡议书，召开座谈会，现场调研活动，运用"人大代表之家"平台，落实每一位代表帮助1－2户贫困户方案。

扎实开展代表向选民述职的工作。全市24个乡镇和崇阳街道先后共75人向选民作了述职，加强了代表与选民的联系，增进了代表的责任感。该项工作受到了省、成都市人大的肯定。继续开设《走近人大代表》专题栏目，宣传报道了本级30多名人大代表认真履行职责、发挥代表作用的事迹，起到了典型引路辐射一片的作用，激发了代表依法履职为民服务的工作热情，进一步扩大了人大代表的社会影响面。

指导乡镇人大主席团工作。要求各乡镇人大主席团要围绕市委市政府的中心工作，紧密联系本乡镇工作实际，认真履行职责，适时开展代表小组活动，创造性地做好人大各项工作。指导乡镇依法补选了乡镇人大主席、专职副主席，乡镇长、副乡镇长，加强了乡镇人大工作力量。

继续深化"人大代表之家"工作。要求乡镇、街道人大机构要充分利用"人大代表之家"这一平台，进一步做好人大工作。充分利用新媒体建立健全人大代表履职网络平台，实现人大代表履职的常态化、信息化、制度化运作，充分发挥人大代表桥梁和纽带作用，推动民生建议常态化办理。方便选民群众能及时了解人大制度，知晓工作动态，查看履职过程，将市人大的各项工作延伸至全市各个角落。

做好市、乡（镇）两级换届工作。按照省、成都市人大和崇州市委的安排部署，适时成立了全市选举委员会，在市委的领导下，加强协调指导、精心组织实施，调动多方力量，上下联动，形成合力，圆满完成全市24个乡镇、崇阳街道和各系统市、乡（镇）同步换届选举工作，依法选举产生崇州市第十八届人大代表248名，乡镇人大代表1318名。

（五）切实加强自身建设

加强政治建设，形成良好风气。扎实开展党的群众路线教育实践活动、"三严三实"专题教育和"两学一做"学习教育，切实加强思想政治建设，在人大常委会及机关形成了"风清气正、崇廉尚实、干事创业、遵纪守法"的良好政治生态。

坚持学习制度，提高履职能力。坚持人大常委会党组集体学习制度、主任会议会前集体学习制度，制订了《市人大常委会及机关学习计划》。在学习内容上，把开展调研视察、法律监督、工作监督、工作评议所涉及的法律法规，作为学习培训的重点。五年组织集中学习100余次，重点学习了中央十八大以来的历次全会精神，省、成都市和崇州市有关会议精神，以及习近平总书记系列重要讲话精神，加强了对列入审议的《环境保护法》《预算法》《审计法》《公证法》等25部法律法规的知识学习，提高了审议的针对性和实效性，保证了审议质量的提升。

围绕人大职能，完善常委会工作制度。围绕中央和上级人大以及市委关于全面深化改革的要求和中央18号文件《关于加强和改进县乡两级人大工作和建设的若干意见的通知》以及崇州市委《关于进一步加强人大工作和建设实施意见》精神，在市委的领导下，统一规范设置工作机构，增设相关的专门委员会和工作部门，增加人大常委会组成人员名额，加强乡镇人大建设和街道人大工作力度，配齐乡镇人大主席。对市人大常委会工作细则、机关机构职能、机关行政管理规则共42项进行了修订。重点完善《市人大常委会讨论决定重大事项制度》，新制定《市人大代表提名产生办法》《关于建立司法案件报告制度的若干规定》《人大代表履职保障办法》《关于政府规范性文件备案审查制度》4个工作规范文件。

采取有效措施，改进工作作风。一是坚持把中央八项规定和省委省政府十项规定，成都和崇州市委相关规定，贯彻在日常工作中，坚决反对“四风”，加强和改进工作作风。二是组织学习新修订的《中国共产党廉洁自律准则》《新形势下党内政治生活若干准则》《中共共产党党内监督条例》和《中国共产党纪律处分条例》。提高常委会及机关廉洁意识和纪律意识，严守党的政治纪律和政治规矩。三是精简会议、文件和简报，在机关办会、办文、采购以及后勤、车辆管理等方面，坚持节约从简，防止铺张浪费。四是深入基层，扎实开展调研工作，形成了《破解城乡发展难题，推动美丽新村建设》《加大环境保护力度，服务品质崇州建设》《打造古镇全域旅游》等74篇调研报告。五是按照“三视三问”群众工作法，深入开展“走基层、解难题、办实事、惠民生”“结对心连心·我们在一起”“聚力精准扶贫·人大代表在行动”等活动，牵头协调资金2160万元，对三合堰、桤木河、公议乡灵秀村进行水环境整治。协调资金1100万元，建设三郎镇、文井江镇、怀远镇、公议乡修建蓄水池和山坪塘等工程。协调资金5万元为王场镇东风村、莲花村解决健身设施。牵头筹资3万元，为王场镇东风村十组困难户修建安身工程。

回顾五年来的工作，常委会取得了一系列成绩，这些成绩的取得，离不开上级组织和崇州市委的正确领导，离不开市人民政府及其职能部门、市政协、市人民法院、市人民检察院支持配合，离不开历届老领导对我们的关怀、支持和指导，离不开人大代表、常委会组成人员、以及各乡镇党委、政府和人大主席团的配合与支持！在此，我谨代表市人大常委会向大家表示深深的感谢！向辛勤工作的人大机关和历次大会的工作人员表示深深的感谢！

在总结成绩的同时，也明显看到不足，主要体现在监督工作有待进一步深化，业务能力有待进一步提高，党的建设更需要进一步紧扣形势、长抓不懈，人大机关骨干队伍还需要进一步补充和加强。同时，我们还将虚心听取这次大会意见，在下一步的工作中加以综合研究改进。

二、五年工作的主要体会

五年来，完成任期使命的生动实践，使我们对新时期履行宪法和法律赋予地方人民代表大会及其常委会的职责有了更深刻的认识，对新时期加强和改进地方人大及其常委会的工作，探索和把握社会主义民主法治建设的内在规律有了更为深切的体会，对如何做好人大及其常委会的工作形成了一些共识。

（一）准确把握人大工作的政治方向。始终在政治上、思想上和行动上与以习近平同志为核心的党中央保持高度一致，坚持在市委领导下围绕中心、服务大局，依法履行人大职能，在依法监督决定重大事项和人事任免中，坚决贯彻党的理论和路线方针政策，坚定执行宪法和各项法律法规，坚持遵照民主集中制原则集体行权，充分发挥人民代表大会制度的特点和优势，广泛凝聚人民群众的政治意愿，调动各方面积极性，促进市委重大决策和部署顺利实施。坚持和完善重大事项向市委请示和报告制度，在市委的领导下开展工作。充分发挥人大常委会党组、常委会组成人员和代表中党员的作用，通过党组织的核心领导作用和党员的模范带头作用，积极贯彻党委决策部署，确保人大工作始终沿着正确的政治方向前行。

（二）正确处理与政府、法院、检察院的关系。在履行人大及其常委会对市人民政府、市法院、市检察院的法定监督职责中，寓监督于支持之中，坚持不越权不失职，严格依宪依法督查“一府两院”依法行政和公正司法，加强宪法和法律法规实施，提高各项工作法治化水平。

（三）切实加强与人民群众的血肉联系。在听取审议报告、组织执法检查、开展代表工作、深入走访调研和受理来信来访的过程中，坚持把实现好、维护好、发展好全市人民的根本利益作为人大工作的出发点和落脚点，“一枝一叶总关情”，真心倾听人民呼声，真诚反映人民意愿，真情关心群众疾苦，依法督促解决群众反映强烈的问题，认真实践全心全意为人民服务的根本宗旨。

三、今后工作思路

中国共产党崇州市第十三次代表大会，研判了崇州未来五年的发展形势和机遇，明确了崇州未来五年的主要任务是要紧扣高标准打造“产业新城、品质崇州”发展定位，始终坚持以项目为中心组织经济工作，加快打造成都重要的先进制造业基地、都市现代农业发展样板区、国家全域旅游示范区，聚焦民共富、民共享、民共乐，着力建设现代产业、现代城市、现代生活充分融合的现代卫星城。围绕这一宏伟蓝图，在未来的工作中，市人大常委会将在市委的坚强领导下，高举中国特色社会主义伟大旗帜，以马克思列宁主义、毛泽东思想、邓小平理论、“三个代表”重要思想、科学发展观为指导，深入学习贯彻习近平总书记系列重要讲话精神和党的十八届六中全会精神，紧紧围绕市第十三次党代会确定的目标任务，积极开展工作，依法履行职责，在服务大局中找准定位，提高履职能力，增强监督实效，助推各项目标任务的顺利落实。

（一）把握工作大局，依法履行职能职责。紧紧围绕市委确定的未来发展方向，积极支持“一府两院”工作。把监督重心放在贯彻市委的决策部署上来，加强对电子信息产业、大数据产业、智慧城市建设、信息安全服务的视察调研，促进我市工业产业转型升级；加强对都市现代农业发展样板区的调研，促进农业向节约式、经济型、现代化转变；加强对国家级全域旅游示范区建设的视察调研工作，促进崇州建设为全域共建、全域共融、全域共享的国家级全域旅游示范区。加强对崇州城市规划、交通建设、城乡环境治理、城市绿地等公共服务配套设施建设的调研，促进崇州城区承载功能的提升。积极推动崇州市“十三五”规划纲要贯彻实施，为科学实施“十三五”规划献计出力。

做好对法律法规贯彻实施的监督，确保宪法和法律法规在本行政区域的贯彻执行，提高崇州民主法制建设水平。继续加强对平安崇州建设的监督力度，确保群众安居乐业。继续做好精准扶贫工作，把攻坚脱贫与解决改善民生工作中的现实问题结合起来，依法促进城乡居民学有所教、劳有所得、病有所医、老有所养、住有所居。

（二）做好代表工作，发挥代表主体作用。依照《代表法》的相关规定，认真做好代表工作，充分发挥代表作用。一是以集体活动为主，以代表小组活动为基本形式，按照乡（镇）和系统为单位，划分代表小组，坚持每季度组织一次代表小组活动。二是以“代表之家”为平台，组织代表进行视察、调研、走访选民，提出对“一府两院”工作的建议意见，协助政府推进工作。三是抓好换届后对人大代表和乡（镇）人大主席、副主席的业务培训，提高代表履职能力和水平。四是坚持常委会组成人员联系人大代表制度。五是督办代表批评、建议、意见的办理。六是组织市、乡（镇）两级人大代表参与精准扶贫、脱贫工作。七是加强代表与人民群众的联系，关注群众的所思、所想、所盼，采取多种形式听取人民群众意见。八是继续做好对人大代表的宣传工作，激发代表履职积极性。九是联系本级人大代表的同时，密切联系崇州籍的省、成都市人大代表，邀请他们列席相关会议，参加相关审议活动。十是加强对乡镇人大主席团指导、帮助解决开展活动中的困难问题，指导乡镇人大主席团开展好工作。

（三）加强自身建设，着力提高履职能力。加强业务学习。组织新一届常委会组成人员及常委会机关干部深入学习党的十八届六中全会精神，牢固树立政治意识、大局意识、核心意识、看齐意识。学习《代表法》《地方组织法》《监督法》等重要内容，促进人大干部队伍尽快熟悉和掌握人大工作的程序和规则，学习列入工作范围内的审议内容，提高调研工作水平。学习中央、省、成都市委相关会议精神，提高围绕中心，把握大局的能力。加强思想建设，始终把思想政治建设摆在首位，坚定理想信念和政治立场，严守党的政治纪律和政治规矩。严格执行中央八项规定，巩固“三严三实”专题教育、“两学一做”学习教育成果，坚定不移推进党风廉政建设。加强作风建设，坚持重大事项向市委报告制度，严格执行常委会和机关工作制度、会议制度和管理制度，增强机关服务保障能力。

政府工作报告

——在崇州市第十八届人民代表大会第一次会议上

（2016 年 11 月 29 日）

欧　昭

各位代表：

现在，我代表市人民政府向大会作政府工作报告，请予审议，并请市政协委员和其他列席人员提出意见。

一、过去五年工作回顾

过去五年，在成都市委市政府和崇州市委的坚强领导下，在市人大、市政协的监督支持下，市政府按照中央“四个全面”战略布局、“五大发展理念”、省委“三大发展战略”和成都市委“改革创新、转型升级”总体战略部署，紧紧围绕“产业新城、品质崇州”发展定位，认真贯彻落实“稳增长、调结构、促改革、惠民生、防风险、保稳定”一系列部署，圆满完成了市十七届人代会确定的目标任务，全市经济运行平稳、社会和谐稳定。

预计 2016 年，实现地区生产总值 252 亿元，是 2011 年的 1.8 倍，年均增长 12.3%；全社会固定资产投资完成 255 亿元，是 2011 年的 1.8 倍，年均增长 12.5%；地方一般公共预算收入 16.8 亿元，年均增长 13.9%；实现城镇居民、农村居民人均可支配收入 3.01 万元、1.81 万元，分别是 2011 年的 1.7 倍和 2 倍；金融机构各项存款余额 431.7 亿元，各项贷款余额 191.4 亿元，分别是 2011 年的 1.9 倍和 1.8 倍。

五年来，我们全面实施“产业升级”战略，三次产业结构从 2011 年的 18∶47∶35 优化为 2016 年的 13∶50∶37，初步建成了以电子信息等先进制造业为支撑、都市现代农业为特色、休闲农业和乡村古镇旅游业为先导的可持续产业体系。

工业经济实现加快发展。坚持“工业强市”战略，树牢工业“一业定乾坤”理念，工业经济呈现速度逐年加快、结构持续优化、质量显著提高、后劲明显增强的良好发展态势。预计 2016 年，全市规上工业总产值由 2011 年的 174.8 亿元增加到 280 亿元，年均增速 9.9%；规上工业增加值年均增速 16.5%，成为拉动经济增长的主要动力，工业“挑大梁”作用凸显。经开区充分发挥工业主阵地作用，规划面积拓展至 19.8 平方公里，吸纳就业约 10 万人，规模以上工业总产值超过 215 亿元，税收突破 11 亿元大关。积极培育大数据产业，引进微软、百度等 73 家企业进驻，大数据产业实现“从无到有”的历史性突破。加速发展电子信息产业，引进美国捷普、领胜等企业 81 家，集群发展态势逐步显现，预计 2016 年成为崇州首个百亿级产业。全力优化提升家具、建材等传统产业，积极引导和支持全友、明珠等家具龙头企业开展“两化融合”，实施“互联网+”行动，家具产业向“个性化定制、智能化制造”转变，2016年实现总产值75亿元；建工建材产业发展迅速，成为中国西南地区最大的管材集散地，2016年实现总产值43亿元。

现代服务业实现加速发展。坚持“全域旅游、全业旅游、全域景区”理念，成功创建元通古镇国家AAAA级景区，高质量建成“川西坝子·田园记忆”幸福美丽新村示范片、桤木河省级湿地公园，高水平举办四川自驾赏花节等系列节会活动，街子古镇景区积极进行业态调整、形态塑造、文态提升、生态保护，旅游产业实现转型升级。全市初步形成了城市文化休闲中心、古镇、山地度假、乡村旅游四大旅游板块，接待游客和旅游收入较上一个五年实现翻番。沃尔玛、永辉等知名商贸企业先后入驻，万达广场、普洛斯物流园等重大服务业项目成功落户并加快建设。金都汇、中港城等一批城市综合体完工投运，以万达商圈、唐人街片区为主的城市商贸业多点布局加快形成。金融业保持快速发展势头，全市金融机构达13家，在四川省县域金融生态环境测评中位列第6名。

都市现代农业实现创新发展。坚持产业融合发展，积极推进国家现代农业示范区建设，成为全国主要农作物全程机械化示范县，连续三年被评为全省“三农”工作先进县。搭建“土而奇”“蜀禾采”等电商平台，培育“崇耕”“西蜀粮仓·崇州味道”等电商品牌，成为全国电子商务示范县。积极推进农村土地“三权分置”，探索构建“农业共营制”新型农业经营体系，建成高标准农田1.31万公顷，经营模式在全国推广。全市土地适度规模经营率60%以上，农民组织化率70%以上、农机化率80%以上。农村产业融合取得新进展，建成58千米稻乡旅游环线，荣获“全国农村一二三产业融合发展示范县”称号。

五年来，我们坚持“以城带乡、城乡一体”统筹发展，加强城乡建设和管理，城市总体规划获省政府批复，城市定位为四川省历史文化名城、山地度假旅游目的地和电子信息产业为主导的现代制造业基地，初步形成“中心城区—小城市—特色镇—一般场镇—农村新型社区”的新型城乡形态。

城乡形态不断优化。按照生产空间集约高效、生活空间宜居适度、生态空间山清水秀总体要求，编制实施《崇州市主体功能区规划》，推动区域间差异化发展。城市建成区面积达35平方公里，城镇化率达47%。加快旧城更新，形成以唐人街、中港城为代表的多个现代特色商业街区。金盆地大道、金带街等40条市政道路新改扩建工作全面完成，道路通行能力进一步提高。打通龙门街、兴盛路等断头路，畅通城市“微循环”。积极推进新城建设，崇阳新城道路骨架基本形成，各项工作有序推进。羊马镇获批国家级重点镇，为加速推进现代服务业小镇、会展副中心建设打下坚实的基础。稳步推进桤泉、元通等7个特色示范镇建设，承载功能进一步增强。16个一般乡镇竞相发展，完成第一轮小城镇改造。按照“四态合一”的理念，集中连片推进“小组微生”幸福美丽新村建设，实施建设农民集中居住区138个，白头镇五星村成为中国最美休闲乡村。

城乡功能更加完善。以优化网络、提升功能、支撑发展、服务民生为抓手，推进公路、轨道交通等多种交通运输方式协调发展。全面融入成都市中心城区“半小时交通圈”，二绕崇州段、光华大道延伸线、安仁连接线、崇双货运大道建成投用，成温邛快速路崇州段形成通车能力，成蒲铁路崇州段有序推进，成青快铁至崇州延伸线、天府新区至崇州城区轨道交通纳入成都市轨道交通总体规划。全市公路总里程达2073千米，新改建农村道路598千米。获批国家智慧城市和省海绵城市试点，成为全省首批光网和4G城市，IPC云计算中心建成投运，加快智慧医疗、智慧城管等5个智慧项目建设。累计实施农田水利工程389千米，配套建设农村饮水安全供水管网290千米，怀远20万吨水厂基本建成，完成4万吨污水处理设施和300千米截污管网建设，国家重点水利工程李家岩水库项目顺利动工。积极推进能源基础设施建设，五年累计投入15.6亿元，提前完成农村和城镇第一轮电网改造，新扩建35千伏及以上变电站11座，新增变电容量345万千伏安，崇州电网升级为以110千伏为主网架的智能电网。完成燃气管道建设239.1千米，新建调压站4个，富士康配气站建成投运，改变了全市单一用气格局。

城乡治理持续改进。着力推进“四改六治理”，更新改造老旧院落80个，调迁规范老旧市场4个，启动棚户区改造12个19万平方米。生活垃圾填埋场启用，城乡垃圾处理实现全覆盖。实施城区智慧照明升级改造工程，250条背街小巷路灯全面改造。完成中心城区、怀华路沿线等绿地节点提档升级，主城区绿地率达38%。鸡冠山森林公园成功创建为国家级森林公园，25个乡镇（街道）全部建成国家生态乡镇，成功创建国家生态市。

五年来，我们以成都获批全国第二批农村改革试验区为契机，坚持把改革创新作为推动发展的内生动力，加快在重点领域、关键环节上实现新突破，对外开放合作不断扩大，发展动能、市场活力不断增强。

全面深化改革扎实推进。成功争取农村金融综合服务、农民财产性增收等29项改革试点，实施具体改革425项，统筹城乡、行政审批、投融资、气象现代化等重点领域和关键环节取得新成效，全国转变农业发展方式等5个国家级现场会来崇州参观考察。实施不动产统一登记改革工作，整合不动产登记职责、建立统一登记制度。机关公务用车、机关事业单位养老保险等改革任务全面完成，综合行政执法等改革试点稳步推进。推进商事制度改革，市场主体快速发展，2016年新登记市场主体4598户、同比增长34.7%，其中内资企业3171户、增长37.1%，个体工商户1427户、增长29.6%。

全面创新创业有序推进。组建2.5亿元大数据产业发展基金和5亿元文创基金，形成“基金+基地”产业创新模式。与四川大学等10家高校院所合作共建“协同创新走廊”。新增国家级工程实验室、企业技术中心和院士（专家）创新工作站4个，国家级高新技术企业14家，成功创建现代农业和旅游业人才工作站国家级专家服务基地。专利申请总量连续五年领跑远郊市县，成为国家知识产权试点城市。连续两年成功举办“创业天府·菁蓉汇”崇州专场主题活动，培育孵化创业企业274家，建成“互联网+”众创空间等5个创新创业载体、总面积达25.8万平方米。累计扶持创业项目373个、培训城乡劳动者3.4万人次、新增就业人员4.2万人。

全面对外开放不断深化。全力打造新“九通一平”发展环境，建成政务、市民、规划“三中心”。突出抓好招商引资，五年累计引进中兴通讯、南平铝业、鹰诺实业、意德电子等重大项目78个，协议总投资近600亿元，实际到位省外资金520亿元，实际利用外资6亿美元。积极发展外向型经济，主动融入“一带一路”战略，组织家具、建材等优势企业与南亚国家开展产能合作。预计2016年实现外贸进出口2.4亿美元，是2011年的2.9倍。与马来西亚古晋南市结为国际友好合作关系城市。

五年来，我们坚持“保基本、兜底线、促公平”，扎实推进各项社会事业协调发展，教育、文化、社保、医疗、住房等公共服务体系更加健全，一批重大项目相继建成投运，全市民生福祉持续改善。

脱贫攻坚精准推进。坚持“三个导向”，全

面推进精准扶贫，累计投入扶贫资金 5.6 亿元，推动第二轮第二批 24 个相对贫困村、第三轮第一批 17 个相对贫困村、518 户相对贫困户“脱贫摘帽”；启动第三轮第二批 16 个相对贫困村、460 户相对贫困户精准扶贫工作。圆满完成甘孜州白玉县、稻城县对口帮扶任务，启动马尔康市对口帮扶工作。

民生保障稳步提升。五年来，科教文卫、社保就业等民生领域投入资金 120 亿元，占一般公共预算支出的 72.4%。累计完成民生项目 436 个，新建保障性住房 4280 套 25 万平方米。全市基本社会保险参保总规模比 2011 年增长 59.2%，城乡居民基本医疗保险参保率达 98% 以上。建立健全社会关爱援助体系，积极探索社会救助由户籍人口向常住人口延伸。城乡低保实现“应保尽保”，累计发放城乡低保金和五保供养金 2.3 亿元。配套完善 42 个村、涉农社区公共服务设施“1+8+N”标准化配置，完成 112 个村（社区）组织活动场所提档升级建设。

社会事业全面进步。学前教育加快发展，建成 9 所公办幼儿园，基本实现适龄儿童就近入学需求，加快推进 16 所公办幼儿园建设。义务教育进一步均衡，被评为“全国义务教育发展基本均衡县”。全市高考本科上线率从 2011 年的 35.9%上升到 45.9%，崇庆中学成功创建“省一级示范校（国重）”。职业教育水平不断提高，成都市技师学院完成对职教中心的托管。医联体建设初见成效，市人民医院、市妇幼保健院、市中医院分别与省医院、成都妇儿中心医院、成都大学附属医院建立医疗联合体，并覆盖全市所有乡镇卫生院和社区卫生服务中心。市人民医院、市妇幼保健院成功创建“二级乙等”医院，市中医院迁建项目加快推进。计划生育政策得到全面落实，连续五年保持了“全国计划生育优质服务先进县”荣誉。建成养老机构 19 所、城乡日间照料中心 61 个，养老服务基本实现乡镇（街道）全覆盖。全民健身活动蓬勃发展，实现村（社区）体育设施全覆盖。完成登山健身步道建设 40 千米，成为串联乡村历史、文化、旅游资源的纽带。打造“罨画崇州”等公共文化品牌，探索形成“文化管家”基层公共文化服务供给新方式，图书馆、文化馆成功创建国家一级馆，档案馆晋升为国家二级综合档案馆，以宫保府为依托建成崇州市博物馆，道明竹编列入国家非遗名录。

平安崇州切实加强。推进立体化治安防控体系建设，严厉打击各类违法犯罪，社会治安综合治理进一步加强。积极实施“六五”普法宣传教育，务实推进“为民解忧、依法信访”工作，信访问题大幅下降。认真落实安全生产责任制，狠抓隐患排查和安全监管，安全形势持续向好。进一步强化源头监管，筑牢食品药品安全防线，成功创建成都市食品安全示范市和国家药品安全示范县。“双拥”共建活动和防震减灾工作扎实推进，实现全国双拥模范城（县）“三连冠”，连续三年被评为“全国县级防震减灾工作综合考核先进单位”。侨台、气象、保密、人防、民宗、地方志、残疾人、妇女儿童、红会、物价、邮政、沼气、粮食、通讯、科协、目标管理等工作取得新成效。

五年来，我们认真执行市人大及其常委会各项决议决定，自觉接受市人大法律监督和工作监督，主动接受市政协民主监督，累计办结人大代表、政协委员建议、提案 1141 件，满意和基本满意率达 99%以上。不断加强政府自身建设，扎实开展党的群众路线教育实践活动、“三严三实”专题教育、“两学一做”学习教育，持续加强领导班子思想政治建设，干部“四个意识”不断强化。严格落实中央“八项规定”、省委省政府十项规定和成都市委市政府十项措施，“四风”问题整改取得明显成效。深化拓展省委“走基层”活动，扎实开展“结对心连心·我们在一起”联系服务群众主题活动，持续推动干部作风转变。全面落实党风建设主体责任，法治政府、廉洁政府、效能政府和服务型政府建设取得新成绩。

各位代表，这些成绩的取得，是上级党委、政府和市委正确领导的结果，是市人大、市政协监督支持的结果，是全市人民共同努力的结果。在此，我代表市人民政府，向辛勤工作在各条战线的广大干部群众，向给予我们支持与监督的人大代表、政协委员、各民主党派、工商联和无党派人士、各人民团体、社会各界人士，向为崇州发展做出贡献的省市驻崇单位、解放军和武警驻崇部队，向所有关心、支持和参与崇州发展的同志们、朋友们，表示衷心的感谢，并致以崇高的敬意！

看到成绩的同时，我们也清醒地认识到，工作中仍存在一定的差距和不足，主要表现在：经济总量依然偏小，调整产业结构、转变发展方式的任务还十分艰巨；城市建设、管理还存在薄弱环节，城市品质还有待进一步提升；群众在社会保障、就医就学、居住就业等方面的需求还需进一步满足。对这些问题，我们将高度重视，用改革和发展的办法，在今后的工作中加以解决。

二、今后五年政府工作

今后五年，是崇州献力国家中心城市建设的关键期，也是加快建设现代卫星城的机遇期，更是高标准打造“产业新城、品质崇州”的攻坚期。按照成都市委十二届七次全会精神，根据市第十三次党代会部署，今后五年政府工作的指导思想是：高举中国特色社会主义伟大旗帜，以马克思列宁主义、毛泽东思想、邓小平理论、“三个代表”重要思想、科学发展观为指导，深入贯彻落实党的十八大，十八届三中、四中、五中、六中全会精神和习近平总书记系列重要讲话精神，紧密团结在以习近平同志为核心的党中央周围，围绕中央“四个全面”战略布局，自觉践行“五大发展理念”，深入贯彻省委“三大发展战略”和成都市委“157”发展总体思路，紧扣“产业新城、品质崇州”发展定位，坚持以项目为中心组织经济工作，加快打造成都重要的先进制造业基地、都市现代农业发展样板区、国家全域旅游示范区，聚焦民共富、民共享、民共乐，着力建设现代产业、现代城市、现代生活充分融合的现代卫星城，努力为国家中心城市建设贡献更多力量。

今后五年全市经济社会发展主要目标是：到2021年，全市地区生产总值达到400亿元、年均增长9.5%以上；地方一般公共预算收入26亿元、年均增长9.5%以上；社会消费品零售总额年均增长9%以上；城镇和农村居民人均可支配收入年均分别增长9%和10%；城镇化率达60%；城市品质显著提升，人民生活水平显著提高，县域经济综合实力进一步增强。

为实现上述目标，今后五年必须牢牢把握以下工作重点：

——全面突出产业支撑。抓住“两区一基地”关键支撑，突出发展电子信息产业，加快发展大数据、通用航空等新兴产业，优化发展传统优势产业，打造成都千亿级先进制造业基地，到2021年，实现电子信息产业产值500亿元、大数据产业产值300亿元，打造智慧家居、绿色建材两个百亿级产业集群，力争培育百亿级工业企业2家以上、上市企业5家以上，把经开区建成主业突出、支撑有力、产城一体的千亿级产业园区。注重“三生”统筹、“三产”融合、“三化”提升，打造都市现代农业发展样板区，到2021年，新建菜粮高标准农田12万亩，打造稻田综合种养、现代林业两个百亿级现代农业产业。坚持“全域旅游、全业旅游、全域景区”理念，按照“一区四板块”发展布局，高质量编制全域旅游总体规划，以古镇“金三角”的打造带动全域旅游发展，加快推动旅游资源转化为旅游产品、休闲观光游转型为体验度假游、单点旅游开发转变为全域旅游综合开发，到2021年，将崇州建设为全域共建、全域共融、全域共享的国家全域旅游示范区。

——全面聚焦“独立成市”。加快建设高品质城区，到2021年，实现崇阳新城见实效、羊马新城出形象、滨江新城打基础。加快建设特色镇村，到2020年，全域基本建成幸福美丽新村。加快成都西部交通枢纽建设，到2021年，基本形成“八纵八横两轨两站一中心”的交通网络格局。推进城市治理现代化，加快构建依法治理、系统治理、智慧治理相互支撑的现代城市治理体系。高度重视文化传承挖掘创造，积极塑造体现文化传承、时代精神、崇州特色的城市精神，提升与卫星城相适应的软实力。

——全面强化创新驱动。以创新改革增强发展动力，力争到2021年，国家级高新技术企业总数达到20家，新增一批国家级工程实验室、国家级企业技术中心、院士（专家）工作站。以深化改革释放发展潜力，力争在经济体制、城乡综合配套以及社会民生等重点领域和关键环节形成一批可复制、可推广的新典型、新做法、新模式，打造统筹城乡升级版。以扩大开放增添发展活力，力争2021年外贸进出口总额翻一番。

——全面夯实生态本底。加快推进产业生态化，到2021年，基本形成节约资源和保护环境的产业结构，把经开区创建为国家级循环经济产业园区。加快推进城乡优美化，到2021年，基本实现城市建成区“300米见绿、500米见园”，让市民享受到更多的生态福祉。加快推进生态保护常态化，到2021年，初步建成资源节约型、环境友好型社会，争创全国“生态文明示范市”。

——全面增进民生福祉。坚决打赢精准脱贫攻坚战，到2020年，高标准全面建成小康社会。加大就业和社会保障力度，初步实现全覆盖、多层次、均等化的民生保障体系。统筹社会事业发展，到2021年，形成发展人人共创、成果人人共享、和谐人人共建的良好局面。牢固树立安全“红线”意识，着力推进平安崇州、法治崇州建设，不断提升现代治理能力水平，到2021年，全面汇聚共建现代治理先进城市的社会合力，构建完善的城市治理体系。

三、2017年政府主要工作

2017年是落实市第十三次党代会精神的开局之年，也是崇州加快现代卫星城建设的关键一年。2017年政府工作总体要求是：高举中国特色社会主义伟大旗帜，以马克思列宁主义、毛泽东思想、邓小平理论、“三个代表”重要思想、科学发展观为指导，深入贯彻落实党的十八大，十八届三中、四中、五中、六中全会精神和习近平总书记系列重要讲话精神，紧密团结在以习近平同志为核心的党中央周围，围绕中央“四个全面”战略布局，自觉践行“五大发展理念”，深入贯彻省委“三大发展战略”和成都市委“157”发展总体思路，紧扣“产业新城、品质崇州”发展定位，围绕“两区一基地”建设，着力建设现代产业、现代城市、现代生活充分融合的现代卫星城，努力为国家中心城市建设贡献更多力量。

全市经济社会发展主要预期目标是：地区生产总值增长9.5%以上，地方一般公共预算收入同口径增长9.5%以上，全社会固定资产投资完成260亿元以上，城镇登记失业率控制在4.0%以内，城镇和农村居民人均可支配收入分别增长9%和10%。

实现上述目标任务，我们将以建设现代卫星城市为引领，全力做好以下七个方面的工作：

（一）聚焦“两区一基地”，加快三次产业转型升级步伐

坚持以项目为中心、以落实为抓手组织经济工作，不断放大投资对经济增长的“乘数效应”，进一步强基础、扩规模、优结构，加快构建现代产业体系。全年拟实施本级重点项目271

个，计划投资300亿元，其中省市重点项目43个，计划投资95亿元。

全力夯实千亿级先进制造业基地基础。工业化是一条连续变化的曲线，只有升级换代、没有完成时。进一步强化工业“一业定乾坤”认识，认真落实成都制造2025规划，持续开展工业“竞进拉练”，推动全友技改、华研精工等一批重大工业项目尽快建成投产，形成新的经济增长点。全年实现规上工业总产值315亿元，规上工业增加值增长15%，完成工业固定资产投资128亿元以上、技改投资70亿元以上。

坚持“成链发展、集群发展”，加快电子信息产业园等载体建设，做好捷普产能扩张工作，推动一批强链补链配套项目落户，加快形成“龙头+配套”的产业形态，力争产值达115亿元以上。坚持“转型升级、提质增效”，优化发展传统优势产业，重点促进家具、建材等传统产业按照“空间换地、机器换人、电商换市、腾笼换凤、服务换活力”的理念，提升智能制造水平和“互联网+”融合发展能力，力争产值达到130亿元以上。坚持“应用主导、重点突破”，加快发展大数据产业，促进中数集团、指南针等20家以上大数据企业落地，加快大数据在社会治理和经济管理方面的运用。大数据产业园（孵化器一期）建成投运，企业入驻率不低于50%，初步形成产出效果，尽快形成经济增长新引擎。

坚持“政府服务、企业主体”，积极支持企业壮大发展。加速推进资产证券化，进一步拓宽企业融资渠道，推动“个转企、小升规、规改股、股上市”，新增3家上市培育企业。实施“规模企业培育”计划，全年培育15家“专精特新”高成长性中小企业、40家成长型（小巨人）企业，力争规上企业突破200家。

启动国家全域旅游示范区创建工作。按照“一区四板块”发展布局，以旅游业为突破口，全力促进服务业发展壮大，全年实现服务业固定资产投资120亿元以上、服务业增加值增长9.0%。

发挥规划引领作用，启动《崇州市全域旅游总体规划》等规划编制工作。抓住入选全国第二批“国家全域旅游示范区”创建单位契机，积极促进全市旅游业由“景区旅游”向“全域旅游”发展模式转变。重点以大熊猫国家公园、鸡冠山国家级森林公园为依托，打造集自然生态观光、科考探险、极限运动等内容为一体的山地体验度假区；以李家岩环湖生态带、街子、三郎为核心，推进陇海三郎国际度假区、圣沅青城国际颐养中心、鲁能圣地等项目建设，全力打造国际康养度假区；以“两基地两湿地”为载体，推进观胜严家院子、道明竹艺村、鲁能美丽乡村等项目建设，着力打造田园精品度假区；以古镇“金三角”、罨画池历史文化街区为牵引，打造古蜀州历史文化旅游区。全年接待国内外游客、旅游综合收入分别增长4%、17%以上。

抓住国家推动军民融合发展的战略机遇，按照四川省通用机场县域布点规划，大力培育通用航空产业集群。着力发展文化创意、现代物流、研发设计等生产性服务业，抓好街子文创硅谷、羊马现代服务业小镇和会展副中心建设，力争总投资100亿元的润恒项目签约落地并开工。加快提升以餐饮住宿和批发零售为主的生活性服务业，加快城乡一体商贸网络体系建设。

大力发展金融保险业，完善政银企沟通机制，优化金融机构网点布局，深入推进农村金融综合服务改革试点工作，强化农村金融综合服务平台建设。

推动都市现代农业发展样板区建设。以体制创新、产业培育、基础建设为切入点，深入推进农业发展方式转变，大力发展绿色农业、有机农业、智慧农业，提升农业组织化、品牌化、资本化水平，推动农业向集约式、经济型、现代化转变，力争完成农业固定资产投资12亿元以上、实现农业增加值增长4%以上。

积极完善、推进“农业共营制”“林业共营制”改革，培育新型农业经营主体，新发展林地股份合作社10个、家庭农场（家庭林场）20个。提升以道明、燎原等8个乡镇为核心的10万亩粮食高产稳产高效综合示范基地建设，推进以廖家、观胜等5个乡镇为核心的北部10万亩粮经旅高效综合示范基地建设，完善基地环线道路配套，建成菜粮高标准农田3.04万亩，土地适度规模经营率达62%以上。

积极创建全国农村产业融合发展示范县，促进农村产业融合发展，实现休闲农业与乡村旅游业收入达22亿元。实施“互联网+”现代农业三年行动，加大“崇耕”“西蜀粮仓·崇州味道”等农产品品牌宣传推介，农产品电子商务销售收入占总销售收入的20%以上。

（二）聚焦城建攻坚，着力推动新型城镇化

按照“独立成市”理念，积极融入成都“双核共兴、一城多市”网络城市群，继续实施城建攻坚行动，着力打造现代卫星城，努力实现功能美、外观美、协调美、环境美，让老城区看得到历史传承、新城区彰显出现代气息。

提升城区承载功能。结合成都建设国家中心城市的定位，积极对接成都市城市总规修编，加快推进《崇州市城市总体规划》修编工作，完善城市交通综合规划等专项规划编制。按照公共交通优先、公共空间优先、公共服务优先的原则，加快完善崇阳新城城市道路基础设施，完成仁礼公园、体育公园建设，启动蜀州公园建设，完善配套农贸市场、停车场、学校、医院等公共服务设施，高品质打造以万达广场至成蒲铁路站前广场为主线的城市新中心，将崇阳新城建设成为现代卫星城的示范区。

以海绵城市试点为抓手，全力推进永安中路等400户棚户区、崇阳白石村等150户城中村和62个老旧院落改造工作，着力推进城市有机更新。全面启动全市中小街道整治，加快升平街、大东街延伸段（东兴街）等道路建设，完成文化东西街、南街、唐安中路等城市道路的综合改造，进一步提高交通顺畅率，方便群众出行。配套完善龙门街、三和社区等公共服务设施，有力提升城市形象。按照“窄路幅、高密度、开放式、人性化”小街区规制要求，围绕罨画池博物馆，加速大北街、小东街、文庙街小街区建设。实施城市水系整治，推进“宜居水岸”建设，着力提升城市品质。

加快特色市镇和幸福美丽新村建设。深入实施羊马小城市建设，紧紧抓住重大产业项目发展的契机，启动崇江路道路建设，提升产业承载力。加快三江、江源等7个特色镇建设，抓好道路、管网等基础设施建设。完成梓潼等一般场镇示范建设，加快王场等场镇提档升级。结合李家岩水库建设，坚持库区、园区、景区、社区“四区”联动发展思路，以怀远为中心加快推进场镇改造，高水平规划、高质量推进安置点和公共服务配套建设，着力再现古分州风采。按照“四态合一”理念和“小组微生”要求，坚持新村带产业、产业带新村，以高速路和交通干道沿线为重点，新建幸福美丽新村38个，创建省级“四好村”20个以上。

大力发展城乡交通路网。积极推进成蒲铁路崇州站、羊马站广场及周边配套设施建设，完成成都第三绕城高速崇州段和二绕三绕街子连接线年度建设工作。完成光华大道崇州段道路升级改造，提升外联通道的舒适性和通畅率。完成琴鹤大桥主体工程，启动崇阳新城至崇州西连接线建设。实施街安路公议、元通绕场线建设，完成棕集路、花果山外联道路改建，启动李家岩水库环湖道路复建工程。新改建村组（社区）农村公路90公里。大力发展公共交通，启动全域公交化改造，力争城区电动公交运营达60%，促进低碳公交发展。

（三）突出改革开放，切实增强发展动力

坚持问题导向，大力推进改革攻坚，以开放促改革、促发展，使改革和对外开放红利及时转化为发展新动能。

深化经济体制改革。推进供给侧结构性改革，突出抓好降成本、补短板，重点降低制度性交易成本，积极扩大有效投资、增加有效供给，提高供给对需求结构变化的适应性和灵活性。深入推进财税体制改革，优化财税结构，促进地方财政开源节流。稳步推进国有企业改革，充分发挥财税政策和财政资金对实体经济的支持力度，夯实经济发展基础。大力推进PPP合作模式，引导社会资本参与市政基础设施、公益性项目建设，支持企业发行债券融资。深化商事制度改革，全力推行“全域通办”登记审批办证改革。

持续推进农村改革。积极落实全国第二批农村改革试验区建设任务，持续深化各项试点改革工作，总结提炼形成可复制可推广经验。重点加快推进农村承包土地经营权抵押贷款、土地经营权入股发展产业化经营等4个国家级试点，持续推进抓好农村产权抵押融资、林权抵押融资2个省级试点，深入推进农民财产增收、农村金融综合服务改革等9个成都市级试点。扎实推进供销社综合改革和国有林场改革。

提升全域开放合作水平。主动融入国家“一带一路”战略和“蓉欧+”战略，统筹推进对内对外双向开放，积极参与国际产业分工和国际交流合作，形成全方位开放格局。加大扶持力度，推动家具、建材等优势企业“走出去”参与经贸和产能合作，拓展国际市场。坚持“专业招商、以商招商”，实现全年引进重大项目10个以上，其中投资30亿元以上的工业项目1个；到位省外资金140亿元以上，实际利用外资9000万美元以上。

（四）突出创新驱动，不断挖掘发展潜力

持之以恒实施创新引领行动，提高县域自主创新能力，着力打造新常态下经济发展的新引擎。

增强持续创新能力。鼓励和引导企业以创新驱动为动力，加大技改技创、市场开拓力度，实现生产方式、商业模式的“互联网+”变革，不断提升企业发展的质量和效益，重点推动“大数据创新驱动试点区”和“现代农业创新驱动试点区”建设。突出企业创新主体作用，支持规上企业建立工程技术研究中心等研发机构，着力培育发展一批高新技术、创新型、知识产权试点示范企业，新增重点科技企业20家，实施各类科技项目50项以上。

积极培育创新创业载体。继续举办好菁蓉汇专场主题活动，与微软、中国网安等公司合作举办“创新杯”四川区比赛和“菁蓉杯”创新创业大赛。以“互联网+”众创空间为龙头，引领“青年大学生创业园”等线上线下孵化器发展。以四川文化传媒职业学院和九成汇创项目为核心，打造数字娱乐校地产业带。以力兴工业园、大数据产业园为中心，打造科技成长型企业、互联网孵化产业园区，形成“孵化器+加速器+产业园区”接力式孵化体系。

强化知识产权保护和质量提升力度。以创建“国家知识产权示范市”为抓手，成立知识产权大数据运营平台，开展专利许可、转让。全年专利申请量突破3000件，其中发明专利申请量超过500件。深入开展质量对标提升行动，积极创建国家产品质量提升示范区和国家农业综合标准化示范区。

（五）突出环境保护，扎实推进生态文明建设

按照“大城市细管理”和“天天归零”要求，持续推进“四改六治理”，着力改善城乡生态环境，筑牢成都西部“绿色屏障”，让崇州的天更蓝、地更绿、水更清。

强化城乡环境综合治理。深入开展城郊结合部环境治理攻坚行动，着力解决城市环境

“草包金”问题。积极推进环卫服务一体化工作，努力提升城乡环卫运营管理水平。深入贯彻落实“大气十条”，强力推进大气雾霾专项治理，加大禁燃区执法力度，强化饮食油烟、扬尘等问题的整治，不断提升空气质量。深入实施“水十条”，深化水环境综合治理，对白马河、杨柳河等黑臭河渠进行综合治理。完成经开区污水处理扩建工程和大划镇生活污水处理厂、桤泉镇加工园区污水处理厂建设。深入实施“土十条”，严厉打击盗采砂石、污染土壤行为。推进生活垃圾分类试点，完成生活垃圾压缩站建设。完成崇州大桥以西济协河堤段的改造提升工程。

扎实推进城乡生态建设。启动国家卫生城市创建工作，着力提升城市品牌。实施“两线三边三化”生态改善计划，统筹推进“琴鹤大桥—桤木河湿地—白塔湖生态走廊”为重点的城市绿廊建设，构建点线面相结合的城乡绿化空间体系。围绕“两山两湖十河两湿地”重点区域，夯实“四山一水五分田”生态本底，扎实推进绿化全川行动计划，实施城市“增花添彩”工程，全市森林覆盖率42.8%以上、主城区绿地率38.9%以上。

大力促进资源节约高效利用。以加强土地例行督察为抓手，全面落实城市周边永久基本农田划定工作，强化落实耕地保护、土地征用利用。积极推进“空间换地”“腾笼换凤”行动，加快淘汰闲置低效企业和落后产能，力争盘活低效土地500亩。进一步深入开展土地矿产卫片执法检查，严格依法打击违法占地、用地行为。开展全民节能、节水行动，加大建筑节能改造力度，构建企业节能减排激励和管理新机制。实施绿色制造工程，支持企业通过技术改造，实现能效提升、清洁生产。

（六）突出民生重点，扎实推进各项社会事业发展

始终围绕民生民向民愿，强化社会保障，大力发展社会事业，持续改善民生，努力让孩子们快乐成长、让青年人乐业创业、让老年人颐养天年，让全体市民共享改革发展成果。

维护社会安定和谐。深化平安崇州建设，加强社会治安综合治理，深入推进立体化、信息化社会治安防控体系建设，保持对违法犯罪严打高压态势，确保实现城市安全、社会安定、市民安宁。实施并完成幸福美丽新村“雪亮”工程50个。加强安全生产工作，全面落实“党政同责、一岗双责、齐抓共管、失职追责”要求，以安全社区建设和企业标准化建设为契机，强化重点领域安全监管，积极构建安全生产风险管控和隐患排查双重事故预防机制，坚决遏制重特大事故发生。健全农产品质量和食品药品监管体系，积极创建国家食品安全示范市和农产品质量示范县。强化应急能力建设，进一步完善应急管理体制机制。制订实施“七五”普法规划，加快形成全方位的社会普法教育格局。按照“三到位一处理”的要求，以“阳光信访、责任信访、法治信访”为抓手，畅通和规范群众诉求表达，群众诉求受理率、回复率100%。

大力推进社会事业发展。继续深入推进教育均衡化、现代化、国际化、信息化，切实提高教育发展水平。25所公办幼儿园和金鸡小学全部实现建成投用，启动5所公办幼儿园建设，新建1所城区小学，力争引进1—2所知名民办学校，实现全市适龄儿童应学尽学。发挥崇庆中学“省一级示范校”带动作用，进一步推进全市高中教育整体发展，提高优质教育资源覆盖面；深化职校“双创”教育，加快构建以“订单式”教育为导向的现代职业教育体系。推进“童伴之家”“妇儿之家”阵地建设，加大弱势群体保护力度。深化医药卫生体制改革，大力推进医联体建设，健全分级诊疗制度，构建“大病不出县、小病不出乡”的就医新格局，区域就诊率达到90%以上。启动基层卫生机构提

档升级工程，新建城南社区卫生服务中心，迁建街子卫生院。全面提升计划生育服务水平。加快推进公共文化服务体系建设，全面启动村（社区）综合性公共文化服务中心标准化建设。广泛开展全民健身活动，启动崇阳新城体育场馆建设，办好市第四届运动会等赛事活动。

继续强化民生保障。高标准完成省市民生工程，继续实施一批本级民生事项。认真落实新一轮就业促进政策，加强就业援助和技能培训，实现城镇新增就业7000人以上、农村富余劳动力新增转移就业7400人。深入推进“全民参保登记计划”和“一制五化多平台”建设，城乡居民养老保险参保率、基本医疗保险参保覆盖率均保持98%以上。推动互联网+劳动监察，维护职工、民工合法权益，构建和谐劳动关系。建立健全城乡一体社会关爱援助体系建设，完成儿童福利中心建设。积极探索建立民营企业托管公办敬老院改革新模式。深化养老服务体系建设，新建53所城乡日间照料中心和1所社区养老院。提升基层社会治理水平，完成10个社区总体营造项目。打通供水管网建设“最后一公里”，全力推进全市城乡一体化供水工作。

持续推进精准扶贫。紧扣脱贫攻坚“两不愁、三保障”和“四个好”目标，按照“六个精准”要求，坚持“三个导向”扎实推进脱贫攻坚，确保全市16个相对贫困村、460户精准扶贫贫困户实现脱贫目标。积极做好对口马尔康扶贫工作。

（七）转变政府职能，不断提升工作水平

按照“为民、务实、廉洁、高效”的要求，加强政府自身建设，全力提高行政效能。

强化依法行政，打造法治政府。坚持在市委领导下开展工作，自觉接受人大及其常委会的法律监督、工作监督，主动接受政协的民主监督，认真办理人大代表建议、政协委员提案。坚持法无授权不可为、法定职责必须为，自觉运用法治思维和法治方式深化改革、推动发展、化解矛盾、维护稳定。坚持依法科学民主决策，完善重大行政决策程序，让政府的决策都经得起法治的考量。深化行政管理体制改革，转变政府职能，持续推进简政放权、放管结合、优化服务，推进落实相对集中行政许可权和综合行政执法改革，提高政府效能。

强化宗旨意识，打造服务政府。坚持把群众的所需所盼作为政府决策的出发点、工作的落脚点，积极问政于民、问需于民、问计于民，为群众提供更多的公共产品和公共服务，办好贴民情、顺民意、解民忧、惠民生的实事。创新政府行政管理手段和服务方式，建立完善B2G（企业与政府）、R2G（市民与政府）、S2G（安全与政府）互动平台，促进城市服务网、民生网、安全网“三网合一”，让信息多跑路、让企业和市民少跑腿。

强化反腐倡廉，打造廉洁政府。全面落实党风廉政建设主体责任，切实履行“一岗双责”，做到有权必有责、有责要担当、失责必追究。推动党风廉政建设向基层延伸，大力整治侵害群众利益的不正之风，坚定不移惩治腐败。推行政务公开，把权力关进制度的“笼子”里。严格落实中央“八项规定”精神，持续转变作风，树立为民务实清廉的政府形象。

各位代表！前进的号角已经吹响，新的航程已经开启。让我们紧密团结在以习近平同志为核心的党中央周围，强化“四个意识”，牢记使命、不忘初心、继续前进，在成都市委市政府和崇州市委的坚强领导下，坚定信心，抢抓机遇，加快建设“产业新城、品质崇州”，为献力国家中心城市建设而努力奋斗！

政协崇州市委员会常务委员会工作报告

——在政协崇州市第十四届委员会第一次会议上

（2016 年 11 月 28 日）

王 伟

各位委员、同志们：

我受政协崇州市第十三届委员会委托，向大会报告工作，请予审议。请列席会议的同志提出意见。

一、过去五年工作的回顾

五年来，市政协在市委的坚强领导下，坚持以邓小平理论、“三个代表”重要思想、科学发展观为指导，深入贯彻落实党的十八大，十八届三中、四中、五中、六中全会和习近平总书记系列重要讲话精神，认真贯彻落实中共崇州市委的决策部署，紧紧围绕中心、服务大局，牢牢把握团结、民主两大主题，积极履行政治协商、民主监督、参政议政职能，为建设“产业新城，品质崇州”做出了积极贡献。

——过去五年，我们积极搭建平台、拓宽渠道，协商议政实效不断增强。我们紧紧围绕崇州经济社会发展重点领域，开展调查研究，增强协商实效，为市委市政府提供决策参考。

聚焦重点深入视察调研。紧紧围绕我市建设“产业新城、品质崇州”战略目标，着重针对“崇州造”产业发展壮大升级转型、企业生产经营环境建设、乡村旅游发展、乡镇社会协商、文化产业发展等重大课题，组织开展视察调研，形成调研报告，撰写《关于培育和扶持崇州市优质企业上市发展的调查与思考》《关于重庆路乡村旅游发展的思考》等 25 篇调研报告，受到了市委市政府主要领导的批示。如：《关于培育和扶持崇州市优质企业上市发展的调查与思考》，受到市委主要领导“调查有广度，思考有深度”的肯定性批示。

聚焦中心认真协商议政。积极开展重点协商。先后组织全委会围绕《政府工作报告》及计划、财政、法检两院工作报告、“十三五”规划编制工作、推进 10 万亩粮食综合示范基地建设、全面推进依法治市、职业教育发展等开展重点协商，先后召开 20 次常委会议进行重点协商，共提出意见建议 136 条，得到相关乡镇和部门认真采纳。组织开展专题协商。为加快培育和发展大数据产业、推动崇州新“九通一平”建设、智慧城市建设和乡村旅游，主席会议进行了 26 次专题协商。常态化组织对口协商。围绕崇阳新城基础设施建设、市级医疗机构就医环境、挖掘宗教资源助推旅游产业发展和提案办理过程中有争议的提案等进行对口协商；围绕“智慧城市建设推动工作”“卫生服务体系建设工作”“加快体育产业发展工作”“教育均衡化推进工作”开展专题对口协商座谈。积极组织界别协商。围绕李家岩库区农业产业发展、西部志愿者服务管理、知识产权保护、维护侨商台商投资的合法权益、解决崇州两化融合发展路径、协商提案办理结果公开的工作机制等进行界别协商；通过开展各种形式的沟通交流活动支持并积极争取民主党派、无党派人士参与科教文卫体领域重大问题的讨论协商，认真听取民主党派、各界别委员的意见和建议。五年来，围绕招商引资、产业发展、城市建设管理、法治建设、精准扶贫、电子产业等重点领域，组织各类协商 105 次，参加委员 1350 人次，提出有价值的意见建议 535 条。

聚焦实效认真办理提案。创造性地探索试行面向公众征集提案线索有效办法，加大重点提案督办力度，出台了《崇州市政协提案办理协商实施细则》，有序推进提案交办与协商，提案办理质量显著提高。五年来，政协各参加单位和政协委员共提交提案 944 件，立案 792 件，提案办理的满意度显著提高。同时，我市各级政协委员针对我市统筹经济社会发展中的问题，向上级政协提交提案 30 件，得到较好的办理落实。

——过去五年，我们积极用好载体、完善机制，民主监督领域不断拓宽。我们坚持寓监督于经常性工作之中，充分运用视察、提案、信息、评议等载体进行民主监督。

积极组织专项监督。坚持做到视察与知情、协商、建言相结合，先后围绕依法行政、全面深化改革、财政预算执行情况、“法律七进”工作推进情况、全市经济社会发展情况、观光旅游向休闲度假旅游转型升级、全市公立幼儿园标准化建设提升工程、“四改六治理”十大行动推进情况、争创全省“卫生应急综合示范”（市）县工作和百村容貌整治工作、市政府相关部门提案办理工作情况开展专项监督，提出各类改进意见 145 条，起到了促进工作的积极效果。

广泛汇集社情民意。常委会积极鼓励委员通过全体会议、常委会议、专题调研、视察和日常工作生活等途径，收集和反映社情民意信息。在不断加强信息网络建设、扩大信息来源途径的同时，对收集的信息精心整理汇总，及时向市委、市政府反映了一批具有全局性、倾向性、苗头性情况和问题的意见建议。五年共收集处理社情民意信息 385 条，其中编报《社情民意》274 期，市级领导批示 248 条（次），回复率达 100%，受到群众好评。

创新民主监督渠道。开拓性地组织开展对党风廉政、法院、检察院等领域民主监督工作，组织部分政协委员“走进法庭”旁听审判 4 次；组织委员参加国土、公安等部门的行风评议、出租车收费价格听证会、民生工程实施等活动，并进行民主监督，提出了工作意见和建议 89 条；聘请政协委员担任司法、纪检监察机关特邀监督员、调解员和政府有关部门的行风监督员 26 人。

——过去五年，我们积极建言改革、献策发展，参政议政效果不断彰显。先后就桤泉观光农业示范园区建设、羊马生态新城建设、经开区建设、城市交通建设与综合管理、文教体卫、社会建设、拆迁安置房建设和棚户区改造等开展了专项视察，并向市委市政府提出意见建议，受到市委市政府高度重视。如：通过视察，我们帮助解决了捷普和南平铝业拆迁中遇到的难题。围绕推进农村及农业发展工作，政协常委会议对深化完善我市农业共营制、新型农业经营体系及推进高标准农田建设，进行专题协商，积极建言献策。五年来，政协委员协商讨论《政府工作报告》意见建议，市政府全部进行了责任分解落实。组织委员开展“关于加快我市科技创新步伐促进传统产业升级改造”“在全市区域内实施一体化集中供水的调查与思考”“我市基础教育发展现状及对策”等 30 次专题调研，形成调研报告呈送市委市政府参考借鉴。政协委员积极参与捷普、普洛斯等项目招商，为崇州经济发展做出了突出贡献。

——过去五年，我们坚持紧扣民生、紧贴

民情，为民履职工作不断深入。我们坚持把民生改善作为履职的出发点和落脚点，积极为群众鼓与呼，努力地为群众解决实际困难。

围绕民生开展专题调研。组织委员对我市残疾人帮扶救助工作情况进行了专题调研，撰写了《关于我市残疾人帮扶救助情况的调研报告》，助推社会保障服务长效机制建设。市政协主席会议组织部分委员对养老服务体系开展实地视察，撰写了《关于构建我市“9073”养老服务体系的调研与思考》，为保障和改善民生，推进社会和谐稳定发挥了积极作用。

关注民生热点难点问题。对涉及“空巢老人”、农民工技能培训、中小企业融资难、养老问题、盲道建设和管理等涉及民生的热点难点问题积极鼓与呼，并协调相关部门进行解决；委员们建议实行的“朝九晚五”作息制，受到市委市政府的高度重视，经广泛征求意见后予以实施。

积极开展扶贫攻坚活动。扎实开展“结对心连心，我们在一起”走基层活动，与怀远富强村、文井社区 1165 户 4495 人结对帮扶；邀请部分政协委员连续 4 年参与富强村“我们养猪吧”认养活动，帮助当地群众脱贫致富。积极组织开展精准扶贫攻坚工作，制定了《政协崇州市委员会关于在委员中开展“我为扶贫攻坚做件事”活动的意见》，组织部分委员企业家到乡镇村组投资兴业、扶持生产，通过种植、养殖、扩大就业等多种方式，进行产业扶贫，助推产业发展。五年来，政协委员捐助各类扶贫济困资金共计 1200 多万元。

——过去五年，我们坚持加强团结、增进合作，团结联谊渠道不断拓展。我们积极开展内容丰富、形式多样、行之有效的联谊活动，凝聚各方力量，促进各方合作。

加强党派联络联谊。拓宽联络联谊渠道，切实加强与民主党派、工商联和无党派人士、宗教人士的联系，巩固爱国统一战线，各民主党派、工商联共提交提案 33 件，参与市政协重点调研 15 项；组织委员和界别活动，先后组织委员对古寺、白塔寺、天目寺、天主堂、东关读书台等进行视察调研。

做好对外沟通交流。积极配合上级政协在崇州的视察调研、会议座谈、扶贫助困等各项工作，积极参加上级政协的各类会议并建言献策。配合完成四川省政协农业委在我市开展的“增加农民财产性收入试点情况”调研任务。积极开展与省内外政协的横向联谊和广泛交流，扩大崇州影响力，提升崇州知名度，先后接待山东青岛、江苏常州、广西贵港等 16 个省市（州）县（区）政协组织对我市农业共营制、医养结合等特色工作的考察活动；组织市政协书画院的书画家开展送文化进军营、进乡镇、进社区、进学校、进企业活动，成功举办崇州市政协《庆祝建国 65 周年暨人民政协成立 65 周年书画展》《抗战胜利 70 周年书画展》《纪念红军长征胜利 80 周年书画展》等活动。

——过去五年，我们坚持内强素质、外塑形象，自身能力建设不断加强。加强思想政治建设。扎实开展党的群众路线教育实践活动、“三严三实”专题教育、“两学一做”学习教育，党员干部工作作风进一步转变，宗旨意识进一步树立。认真抓好主席会议和常委会班子自身建设，坚持党组会议、主席会议、常委会会议学习制度，全面树立以一流的班子带一流的队伍，创一流的业绩思想。五年来，开展政协党组中心组学习 65 次，常委会会前学法 32 次，政协领导班子工作制度化、规范化、程序化水平不断提高。

落实党风廉政建设主体责任。严格执行民主集中制、“三重一大”集体决策等制度；严格执行中央八项规定和省、成都市、崇州市相关规定，坚决反对“四风”，进一步推动政协机关党风廉政建设制度化、规范化、常态化。

发挥专委会基础作用。完善主席、副主席

联系指导专委会和农村片组活动制度。各专委会和农村片组结合自身实际，以完善制度机制为重点，切实加强能力建设，不断创新委员活动形式与内容，积极组织委员开展学习座谈、视察调研、参观交流活动，专委会的基础作用得到进一步发挥。

加强委员培训管理服务。五年来，参加了省市政协组织的各种培训 11 期，培训委员 1750 人次；积极探索政协工作向基层延伸，在崇阳街道设立了市政协派出机构；进一步完善了委员履职、考核、退出机制，免去 7 名委员职务，增补委员 22 人、调整委员 12 人。

提高政协机关保障能力。切实加强机关作风效能建设，机关同志争做勤于学习的表率、开拓创新的表率、真抓实干的表率、联系群众的表率、遵纪守法的表率。持续推进“学习型、服务型、效能型、创新型”机关建设，为政协履职提供了有效服务和科学保障。

搞好信息宣传工作。五年来，在《人民政协报》《人民网》《四川政协报》和《四川新闻网》等中央、省、市级媒体上发表文章 400 余篇，《乡镇社会协商机制初探——以崇州市为例》等 6 篇文章收入《中国政协协商》文集。市政协连续 9 年被评为四川省政协宣传工作先进单位，连续 5 年被评为成都市政协宣传工作先进单位和信息工作先进单位。

做好文史资料编撰工作。完成《崇州文史资料》（第二十六至三十辑）的征集、编辑和出版工作，组织《崇州简史》资料图片收集和正文撰写、评审工作，15 篇史料文章被四川省政协收录到《成都市井闲谭》；参与完成《崇州抗战烽火的记忆》文集征稿、撰写和评审工作；与市纪委联合编辑出版《崇州古代廉政故事选编》，受到中纪委高度评价。

在肯定成绩的同时，我们也要清醒地看到，我们的工作与市委的要求，与社会各界和委员们的期望还有差距。主要是：履行职能的规范化水平尚需提升，政治协商的制度建设仍需大力推进，民主监督实效需要进一步增强，界别优势和作用发挥需要进一步提高，调研视察需要更加深入等等。在今后的工作中，我们将认真进行研究，切实加以解决。

二、过去五年工作的主要体会

过去的五年，是全市人民众志成城，积极应对各种挑战和考验的五年；过去的五年，是崇州市创新实干，经济社会取得重大进步的五年；过去的五年，也是人民政协事业开拓创新，不断取得新进展新成就的五年。五年的生动实践，为市政协对新形势下切实加强和改进人民政协工作积累了宝贵经验，对新形势下探索和把握人民政协工作有了更为深切的体会。

（一）坚持党的领导，是做好人民政协工作的根本保证

始终在政治上、思想上和行动上与以习近平同志为核心的党中央保持高度一致；必须始终坚持中国共产党的坚强领导，保证党的路线方针政策在政协工作中全面贯彻落实；坚持走中国特色社会主义政治发展道路，保持政协工作正确的政治方向。

（二）坚持围绕中心、服务大局，是做好人民政协工作的重要内容

必须在崇州市委的坚强领导下，围绕崇州改革发展稳定大局开展政协各方面工作，凝聚各方力量，在市委统揽全局、协调各方的格局中找准政协工作的位置和角度。五年来，市政协把促进建设“产业新城，品质崇州”作为履行政协职能的第一要务，谋发展之策、建发展之言、献发展之计，找准位置，明晰方位，选好角度，发挥作用，始终做到与市委、市政府合心、合力、合拍。

（三）坚持团结、民主，是做好人民政协工作的两大主题

紧扣团结和民主两大主题，把团结和民主

贯穿于政协工作的一切方面和全部过程，以坚强的团结保证我们的民主进程健康有序，以充分的民主保证我们的团结充满活力；要不断深化党派合作、突出界别特色、发挥委员主体作用、加强专门委员会建设；充分发挥党派的集体作用、界别的特殊作用、专委会的基础作用、委员的主体作用、政协机关的服务作用和理论宣传的导向作用，形成强大合力，营造和谐氛围，保证政协工作继往开来、健康有序、充满活力。

（四）坚持联系群众，是做好人民政协工作的落脚点

坚持实现好、维护好、发展好最广大人民的根本利益作为政协工作的出发点和落脚点。只有关注民生，积极为群众鼓与呼，努力为群众解决实际困难，才能充分体现人民政协服务人民的本质属性。

各位委员、同志们：五年来的成绩，是中共崇州市委坚强领导的结果，是市人大、市政府、市级各部门、各乡镇（街道）和社会各界大力支持的结果，是广大政协委员团结奋斗的结果。在此，我代表第十三届市政协常委会，对长期以来重视、关心和支持政协工作的市委、市人大、市政府和各级各部门表示衷心的感谢！对付出辛勤努力的全体政协委员和各党派团体、社会各界人士、历届政协工作老同志致以崇高的敬意！

三、今后五年的工作建议

今后五年，是高标准打造“产业新城、品质崇州”的攻坚期，是努力为国家中心城市建设贡献力量的关键期。刚刚闭幕的中国共产党崇州市第十三次代表大会，提出了具有鲜明时代特征的奋斗目标和战略部署，这对政协工作提出了新的更高的要求。

今后五年，我们工作的指导思想是：高举中国特色社会主义伟大旗帜，坚持以邓小平理论和“三个代表”重要思想、科学发展观为指导，深入贯彻习近平总书记系列重要讲话精神，紧紧围绕“四个全面”战略布局，自觉践行“五大发展理念”，全面贯彻省委“三大发展战略”和成都市委“157”发展总体思路，认真贯彻落实中共中央关于发展社会主义协商民主的重大战略部署，切实按照“懂政协、会协商、善议政”的重大要求，牢牢把握团结和民主两大主题，围绕中心、服务大局，为高标准打造“产业新城、品质崇州”，建设“现代产业、现代城市、现代生活”充分融合的国家中心城市卫星城作出积极贡献。

为此，我们向政协第十四届崇州市委员会提出如下建议：

——坚定理想信念，在履行政协职能上有新作为。坚持把思想建党摆在首位，深入学习中国特色社会主义理论体系和习近平总书记系列重要讲话精神，认真学习党的十八届六中全会精神和十九大精神，不断增进对中国特色社会主义的政治认同，更加坚定地走中国特色社会主义道路，把人民政协事业统一于发展中国特色社会主义的伟大实践。要坚持用中国特色社会主义理论体系统一思想、凝聚力量，巩固全市人民团结奋斗的共同思想政治基础，不断深化对新时期人民政协使命和责任的认识，推进政治协商、民主监督、参政议政制度建设，切实把政协各参加单位、广大政协委员和社会各界人士的思想行动、智慧力量统一和凝聚起来，努力协助党委、政府做好各项工作。加强党性教育，以党章为根本遵循，深入开展“两学一做”学习教育，推动广大政协委员和政协工作者系统学习党章党规，系统学习习近平总书记系列重要讲话精神，切实增强政治意识、大局意识、核心意识、看齐意识，在思想上、政治上、行动上始终与以习近平同志为核心的党中央保持高度一致。加强党对政协工作领导，认真贯彻落实《中共崇州市委关于新形势下切

实加强和改进人民政协工作的实施意见》，充分发挥政协党组在政协组织中的领导核心作用，不折不扣地落实好全面从严治党的主体责任，坚持党建和业务工作“两手抓、两手都要硬”，不断推动人民政协事业向前发展。

——紧扣中心工作，在高标准打造“产业新城、品质崇州”上有新贡献。要牢牢把握“五大发展理念”和“十三五”时期发展的主题和主线，抓住“两区一基地”关键支撑，始终把高标准打造“产业新城、品质崇州”作为政协履行职能的第一要务，坚持协商在市委决策之前、政府实施之前，努力推进决策的科学化和民主化，为转变发展方式、破解发展难题献计出力。要聚焦党委、政府中心工作，找准着力方位，发挥自身优势，围绕加快打造成都重要的先进制造业基地、都市现代农业发展样板区、国家级全域旅游示范区，遵循选题求准、调研求深、效果求实的原则，积极参与谋划好关系全市经济社会发展战略性、前瞻性、关键性、基础性的重大问题，重点围绕优化生产力空间布局、实施产业优化发展战略、打造优势产业集群、发展现代特色农业、构建区域交通枢纽、规划建设城市新区、加快新型工业化、城镇化进程、大数据产业发展、李家岩水库建设、崇阳新城建设等方面精选题目，深入开展调查研究，精心组织专题视察，努力打造精品提案，多建睿智之言，多献务实之策，多谋创新之举。大力提升政协委员履职的素质和能力，紧扣崇州改革发展稳定建言献策，大力引导广大政协委员当好凝聚发展共识的“纽带”、服务中心工作的“智库”、落实“产业新城、品质崇州”战略的“推手”、增进社会和谐的“桥梁”，为加快推进崇州经济社会发展作出积极贡献。

——关注民生民意，在促进人民群众福祉上有新进展。民生连结民心，民心凝聚民力。要切实把为民履职的工作理念落实到政协工作实践中，使政治协商成为民意进入党政决策的重要渠道，使民主监督成为保障公众权益的有效方式，使参政议政成为促进群众利益实现的重要过程。要不断拓展社情民意信息渠道，协助市委、政府多做理顺情绪、化解矛盾、雪中送炭、凝聚民心的工作，为群众诚心诚意办实事，尽心竭力解难事，坚持不懈做好事，真正把“人民政协为人民”的理念体现在履职之中。要围绕提高城乡居民收入、扩大劳动就业、创建生态文明城市、保障性住房建设、民生工程实施、保障饮用水安全、打造区域教育文体卫生高地、完善社会保障体系、加强社区建设等献计出力，使政协工作更加贴近人民群众，更加符合人民群众的愿望和利益。要把服务精准扶贫精准脱贫作为当前和今后一个时期一项重大政治任务，坚定把深入开展“我为扶贫攻坚做件事”活动作为履职重点，继续聚焦“两不愁、三保障”和“四个好”目标，动员组织政协委员和社会各界人士积极参与扶贫开发、捐资助学、救灾济困等活动，为打赢脱贫攻坚战作出新的更大贡献。

——积极协调关系，在实现广泛团结上有新成果。坚持把发扬民主、增进团结、协调关系、化解矛盾作为履行职能的重要着力点，充分发挥民族、宗教界代表人士的作用，充分调动人民团体的履职积极性。要创新联系和服务群众的方式，建立健全政协组织、委员和界别联系群众的工作机制，更加真情、更加有效地服务群众，使政协工作真正符合广大人民群众的意愿，得到广大人民群众的拥护和支持。要加强同各民主党派、工商联和无党派人士在人民政协的合作共事，大力支持他们参与全市重大方针政策的协商讨论及履行职能的各项活动。积极宣传贯彻党的民族、宗教政策，及时传递民族宗教界人士的心声，促进民族团结、宗教和睦、社会稳定。畅通民意表达渠道，广辟信息来源，关注和反映不同阶层、不同群体的利益诉求，协助党委、政府做好新形势下维护稳定的工作。不断拓宽政协工作领域，把政协工作向新的社会阶层延伸，向各类社会组织延伸，更好地体现人民政协的代表性和包容性，进一步巩固和发展最广泛的爱国统一战线，努力协助党委、政府做好凝心聚力的工作，为促进政党关系、民族关系、宗教关系、阶层关系、海内外同胞关系的和谐发挥积极作用。

——坚持务实创新，在加强自身建设上有新突破。要准确把握和积极适应新常态，进一步创新政治协商的工作机制，不断丰富协商内容、完善协商形式、规范协商程序，坚持“双周协商座谈会”制度，使政治协商真正成为党政决策的重要环节。要加强政协常委会建设，提升政协常委会议事质量，提高新形势下政协常委会领导政协工作的能力。要创新探索政协工作向基层延伸，在全市25个乡镇全面开展政协工作向基层延伸，力争实现“全覆盖”，不断增强政协工作的群众基础和民意基础，使政协工作真正做到“上接天线”“下接地气”。要发挥互联网+优势，创新构建提案工作信息化平台，使提案工作更加富有政协特色，更加富有时代气息。要积极探索界别活动的新方法新途径，强化界别的民意通道功能，提高界别履职的组织化程度。要加强委员队伍建设管理，充分利用市内外媒体平台，开办好《委员风采》栏目，进一步密切政协委员与社会各界的联系，引导激励广大政协委员增强责任意识，珍惜荣誉，在各行各业、各条战线上争创一流，建功立业，不断扩大市政协组织和政协委员的社会影响力。要发挥专委会在重点课题调研、重点提案督办、联系界别和委员中的基础作用，完善工作制度，提升履职能力。要加强政协机关思想、组织、作风和信息化建设，讲政治、畅通政令，讲团结、相互支持，讲学习、提高能力，讲工作、认真负责，讲纪律、严格要求，不断增强机关干部爱岗敬业、忠诚服务的使命感和责任感，促使政协工作务实、有序、高效，推动我市人民政协事业在新的历史起点上，迈上新台阶、开创新局面。

各位委员、各位同志，回顾过去，我们为所取得的可喜成绩深感自豪；展望未来，我们对崇州的美好明天充满信心。让我们紧密地团结在以习近平同志为核心的党中央周围，在中共崇州市委的坚强领导下，团结一心、扎实工作，不忘初心、继续前进，为高标准打造“产业新城、品质崇州”，建设国家中心城市贡献更多力量！

成都农村金融改革创新的探索与实践

——以崇州市"3+1+N"农村金融模式为例

崇州市委政研室

农村金融是农村经济发展的核心，是现代农村经济运行的血脉和发展的杠杆。2015 年 7 月成都成为全国首个农村金融服务综合改革试点城市以来，崇州紧紧围绕服务"三农"和社会主义新农村建设两条主线，探索构建"三大平台、一套体系、多项产品"的"3+1+N"农村金融创新模式，初步实现了农村金融服务的多样化、便捷化、智能化和综合化，有力地推动了传统农业向现代农业的转变，推动了农村发展、农业增效、农民增收，为全市农村金融改革创新提供了重要范例。

一、改革背景——"四大瓶颈"亟待突破

近年来，我市农村金融服务环境虽然得到较大改善，但总体看服务的广度和深度仍然不够，还不能跟上农村经济的快速发展，特别是崇州在需求供给、产品创新、保障体系、运行机制还存在比较明显的瓶颈，亟待打破。

（一）需求供给瓶颈。涉农金融机构，出于追求自身利益和规避风险的考虑，偏好将资金投向收益率相对较高的城镇和非农部门。真正需要贷款的农户，往往因为门槛过高、利率偏高、程序繁琐等原因，"贷不了"、"不敢贷"。比如，国有银行贷款程序比较繁琐，贷款 10 万元和贷款 10 亿元的程序完全相同；村镇银行程序相对便捷，三天可实现放款，但信贷规模小、机构布点少、发展也相对滞后。这使得农民只能走向民间借贷，从而导致融资成本和风险大大增加。据统计，2013 年末崇州金融机构贷款余额增幅 14.1%，但涉农贷款余额增幅不到 6%。

（二）产品创新瓶颈。总体看，崇州农村金融市场信贷需求存在信贷额度小、金融产品分

散、农业季节性强的“小、散、快”的特点。各类农业经营主体对金融产品在融资规模、期限和融资方式上需求日趋多元，但金融机构特别是国有商业银行对农村强烈的资金需求反应较为迟缓，提供差别化农村金融产品的积极性还不高，现有的金融创新产品种类少、覆盖面窄、同质化严重，缺少系统性和针对性，难以满足各类农业经营主体对融资的多元需求。

（三）保障体系瓶颈。主要体现在三个方面，一是担保体系不健全，农村产权抵押与担保范围狭窄，缺少政府主导的担保公司和担保平台。二是评估体系不健全，缺乏政策依据、评估标准、专业评估机构和专业评估人才。三是风险防控体系不健全，农业信贷风险分担机制和补偿机制缺失，政策性保险覆盖面低，支农信贷风险无法分散。2014年以前，崇州仅有水稻、玉米、油菜等16个（支）农业保险。

（四）运行机制瓶颈。一方面，支持政策不配套。涉农信贷财政奖励和补贴力度不够、范围不宽、效用不高，各类优惠政策针对性不足，不能适应新形势下农村金融新需求。另一方面，基础建设不完善。农村金融市场运行机制不健全，农村征信体系和信用环境建设相对滞后，缺少金融对接平台，各类农业经营主体获取金融信息和金融服务的渠道过于狭窄，贷款难、融资贵、对接不畅等问题突出。

二、探索创新——构建“3＋1＋N”农村金融模式

针对上述瓶颈制约，崇州探索构建了“三大平台、一套体系、多项产品”的“3＋1＋N”农村金融创新模式。

（一）搭建三大农村金融平台，着力打通金融服务新通道。一是搭建农村产权抵押、担保和收储平台，解决银行“放心贷”的问题。明确界定各类农村产权抵押贷款的贷款利率、担保费用收取和政府帖息等优惠扶持政策，搭建起行之有效的产权抵押政策扶持体系。由财政注资5270万元，成立农村产权抵押融资担保公司，积极开展政府收储；引导互助合作社建村级互助担保合作社，探索引进产业化企业参与，建立“政府＋互助合作社＋企业”三位一体的农村产权抵押贷款收储体系。同时，建立专户管理的农村产权抵押风险基金及持续补充机制、政府风险担保和土地收益履约保险的双保险机制，风险基金总额达750万元，为降低农村产权抵押融资风险，推进农业融资，助推现代农业产业链发展奠定基础。二是搭建“农贷通”平台，解决资金“放得出”的问题。整合政、银、企和集体经济组织等各方资源，共同搭建“农贷通”平台，充分发挥“一款一库一奖补”（支农再贷款、“农贷通”项目库和财政奖补政策）的撬动、激励作用，确保银农无缝衔接、金融资金顺畅下乡。目前，通过向符合条件的成都农商银行崇州支行、崇州上银村镇银行发放1亿元支农再贷款，撬动2亿元涉农信贷资金投放。在此基础上，引导农村金融推动田网、水网等“七网”同步建设，全年拟实施农业项目51个，计划投资23亿元。三是搭建“互联网＋农村金融”平台，解决金融“信息通”的问题。依托农村电子商务平台，建立以“数据库＋网络”为核心的“崇州农村金融服务和信用信息平台”，通过构建“集中对接、常态对接、互联网＋对接”三个机制，实现政、银、农高效互动对接。目前，崇州已配备兼职金融宣传员100余人，设立金融服务站30余个，采集入库133户各类农业经营主体相关信用信息指标，农业经营者通过平台共发起59笔贷款申请，成功发放38笔2146万元。

（二）构建一套农村信用体系，持续优化农村金融生态环境。一是深入推进信用创建工作。以获批全省首批农村信用体系建设试验区为契机，大力农推进村信用体系建设，持续开展信用户、信用村（社区）、信用乡镇（街道）等信

用创建评定工作。目前，崇州已评定信用乡镇21个，信用村161个，信用农户1.1万户。二是建立健全农村信用激励奖惩机制。把信用评价结果作为金融培育、融资对接、政府评先扶持的重要参考。将诚实守信作为享受财政扶持政策的必备条件，将获得农业融资贷款支持的经营主体出现逾期偿还和拒还贷款的，一律列入黑名单，取消其5年内申报国家、省和成都市级农业产业化重点龙头企业、示范合作社、示范家庭农场的资格，且不得申报各级财政扶持项目。三是鼓励金融机构加大三农信贷投入。每年开展1－2次银农现场集中对接培训活动，提高涉农银行农业产业链金融服务水平。同时，落实对金融机构的奖励政策和措施。截至2016年6月底，崇州涉农贷款余额132.9亿元，同比增长16.5%。

（三）创新多项农村金融产品，切实满足“三农”发展需求。一是推动农村土地经营权抵押贷款。截至2016年6月底，累计发放农村承包土地经营权抵押贷款41笔1240万元。二是创新开展林权抵押贷款。成功发放全省首笔非林地上林木（竹、果）权抵押贷款和全省首笔林地经营权抵押贷款，截至2016年6月底，累计发放经济林木（竹、果）权抵押贷款22笔1119.4万元，林地经营权抵押贷款7笔425万元。三是扎实推进集体建设用地抵押融资。目前，农发行崇州支行累计发放以集体建设用地为抵押的“三农”贷款11.6亿元，已审批未发放贷款1.8亿元，重点支持崇州10万亩粮食稳产高产综合示范基地建设。四是探索发放农业生产设施所有权、农村养殖水面经营权抵押贷款。目前已发放抵押贷款共3笔170万元。五是继续推进农村房屋和农村集体建设用地使用权抵押贷款。目前已累计发放农村房屋抵押贷款869笔6亿元，农村集体建设用地使用权抵押贷款22笔1.6亿元。

三、经验启示——着眼培育供需内在动力

从根本上说，农村金融改革创新乏力的症结，不是农业生产和农民群众如何适应现代金融体系，而是现代金融体系如何适应农业农村实际的问题。崇州探索建立的“3+1+N”农村金融模式之所以行之有效，有“闯出来”的因素，也有“逼出来”的因素，但有一点毋庸置疑，就是崇州敢想敢试，找准了症结，抓住了关键，从而取得了实实在在的改革成效。

（一）产权明晰是基础。农村金融“贫血”的解决之道，根本在于通过制度创新，进一步明晰农村产权的归属，解决好抵押物问题，变“死资源”为“活资产”，充分发挥金融融通功能。同时，要健全农村产权管理服务体系和纠纷调处体系，发放统一规范的资产凭证。目前，崇州已登记颁发《农村土地经营权证》、《农村养殖水面经营权证》等各类权证6390宗。通过进一步明晰产权，农民有了能作为抵押担保物的有效凭证，手中的资产才能真正“活”起来，农村金融“贫血”困局也才能真正破解。

（二）政策扶持是前提。农村金融发展离不开政府的有序引导和有力支持，要充分发挥政策支撑作用，合理推行财税优惠政策，放大财政资金的引导和杠杆效应，持续降低金融机构运营成本，吸引更多金融机构投身农村金融市场，推动金融资源继续向“三农”倾斜。同时，要突出政策导向作用，引导信贷资金重点支持家庭农场、种养专业大户、农民专业合作社等新型农业经营主体和农业产业化龙头企业发展，支持附加值高、经济效益好的特色农业发展，促进农村金融与农业、农村经济的共同发展。目前，崇州通过出台《进一步深化农村产权抵押融资试点的实施意见》等12个配套政策措施，初步构建起农村产权流转交易、融资担保、价值评估、风险防控、金融服务、政策扶持

"六大体系"，有效引导农村经营主体积极运用农村产权抵押贷款解决生产经营资金需求。

（三）产品创新是关键。大力推进农村金融产品创新是农村金融创新的破题关键。要解决农村区域资源配置效率低下等问题，必须充分激发各类金融机构支农的主动性、能动性和积极性，积极探索多种形式的农村信贷抵押担保模式，大力开发契合农村与农民实际需求特点的金融产品，进一步扩大抵押品范围、担保方式和信贷投放规模，构建起多样化的信贷产品组合体系，与时俱进地满足农村多元化金融服务需求，才能真正有效缓解农村和农民融资困难，让农村和农民得到更多、更实惠、更便捷的金融服务。截止 2016 年 6 月底，崇州银行机构累计发放各类农村产权抵押贷款 1062 笔共 17 亿元，农村产权抵押融资面上推进成效显著。

（四）风险防控是底线。农村金融一旦发生风险损失，对农村金融服务、农村金融服务创新的冲击力巨大，将极大损害银行放贷信心、损害群众切身利益，损害经济社会稳定大局。因此，必须把严防风险作为农村金融创新的底线，强化农村信用体系建设，进一步优化农村金融生态环境。目前，崇州市农村信用信息数据库已累计采集农户土地承包经营权信息 15.6 万户、农户林权信息 4157 户、农民合作社及家庭农场信息 650 户，信用职业经理人 118 名。同时，健全完善涉农信贷政策和制度流程，加大金融监管力度，积极探索利息补贴、农业保险、发展政府支持的担保公司、农村产权交易平台提供担保、设立风险补偿基金等各类方式，全面提高涉农信贷资金的安全性、稳定性和盈利性。

成都农业共营制发展研究

——以崇州市为例

崇州市委政研室

崇州市是成都市下辖的县级市，位于成都平原西部，距离成都中心城区 25 千米，毗邻都江堰青城山和双流国际机场。全市幅员面积 1090 平方千米，人口 67 万人。近年来，崇州市积极推进农村土地"三权分置"，创新农业经营体制机制，积极培育土地股份合作社、农业职业经理人和专业化服务组织三大主体，初步创建了土地股份合作社＋农业职业经理人＋农业综合服务组织"三位一体"（1＋1＋1）的新型农业经营体系，形成多主体、多层次的"农业共同经营"模式（简称"农业共营制"），有效破解农业"谁来经营"、农村"谁来种地"、生产"谁来服务"三大难题，转变农业发展方式，发展粮食适度规模经营、推动农业转型升级，取得了良好成效。

一、问题倒逼：农业共营制的崇州思考

随着工业化、城镇化的深入推进，农村土

地与劳动力快速流动，农业经营格局正在发生重大变化，土地细碎化、农户兼业化、劳动力弱质化、农业副业化、生产非粮化等问题越来越突出。主要表现在：

（一）面临“无农愿耕”“种粮断代”的问题。崇州作为成都市的农业大县和粮食主产区，全市农村劳动力36.95万人，但外出务工人员高达73.4%，农村劳动力大规模流出，加之农户分散经营抗风险能力弱、综合效益低、农业产业结构调整缓慢等问题，农业“边缘化”趋势愈加严重。尤其值得注意的是，目前二三十岁的农民绝大多数不会种地也不愿种地，四五十岁的农民愿意出外打工，农村务农大多都是60岁以上的“高龄农民”，甚至有80多岁的老人还在种地，农村“无农愿耕”“种粮断代”，以及农村“谁来种地”、农业“谁来经营”“谁来服务”等问题日益突出。

（二）面临“传统经营”“懒人农业”的问题。崇州耕地面积3.5万公顷，农民人均耕地只有0.07公顷左右，经营规模小难以适应现代农业发展。随着农民举家进城居住，农村青壮年劳动力大量流出，懂技术、会经营、善管理的农业专门人才匮乏。农民虽然未放弃承包权，却放弃了种植等经营权，过去种田绿肥铺底，农家肥当家，如今绿肥不见，省时省力的化肥当了家，田地越来越瘦，精耕细作逐渐被“懒人农业”所取代，农业劳动力素质、农业经营规模等已不能满足现代农业发展的底线需求，农产品质量安全要求等问题日益严峻。

（三）面临农业“两个天花板”“两道紧箍咒”的问题。由于农业科技、品牌、金融以及其他专业化服务不完善，当前国内主要农产品价格已高于进口价格，继续提价遇到“天花板”；农业补贴中有的属于“黄箱”政策范畴，受到世贸组织规则限制，部分补贴继续增加也遇到“天花板”。同时，生态环境和资源条件这两道“紧箍咒”也严重束缚农业长远发展，生态环境严重受损、承载能力越来越接近极限，资源开发利用强度过大、弦绷得越来越紧，农业资源约束日益增强，严重制约了农业现代化进程。

二、难题破解：农业共营制的崇州探索

针对农业生产经营中存在的突出问题，崇州市围绕保障粮食安全生产能力，积极推进农业供给侧结构性改革，初步创建了土地股份合作社+农业职业经理人+农业综合服务组织（1+1+1）的新型农业经营体系，实现了优势资源的有效整合，拓宽了农民增收渠道，保证了粮食安全和生产能力，加快了农业发展方式转变，推动了现代农业加快发展。具体做法是：

（一）发展土地股份合作社，推动粮食经营规模化。崇州市坚持在落实农村土地集体所有权和稳定农户承包权的基础上，充分运用农村土地承包经营权确权颁证成果，率先在全国探索以土地经营权入股成立土地股份合作社，积极推进粮食适度规模经营，着力解决“谁来经营”问题。截至2016年5月底，崇州市土地股份合作社达246个，入社面积31.6万亩、占耕地面积的60.8%。一是创新组织形式。按照“入社自愿、退社自由、利益共享、风险共担”原则，引导农户以农村土地经营权作价量化入股，经工商登记注册，成立土地股份合作社，并按合作社《章程》建立由社员、社员（代表）大会、理事会、监事会构成的组织架构。二是规范运行机制。引入现代企业管理理念、方法，公开选聘农业职业经理人（农民CEO），构建“理事会+农业职业经理人+监事会”运行机制。理事会代表全体社员负责决策“种什么”，并公开招聘农业职业经理人。农业职业经理人负责“怎样种”，提出具体生产计划、生产成本预算、产量指标等。监事会代表全体社员负责监督理事会和农业职业经理人的工作。三是强化利益

联结。按照“共建、共营、共享”原则，探索形成了除本分红、保底二次分红、佣金+超奖短赔等利益联结机制。除本分红模式是最常用的模式，即将除去生产成本后的经营纯收入按约定比例进行分配。如集贤乡梁景土地股份合作社，将经营纯收入的5%作为土地股份合作社公积金、25%作为农业职业经理人佣金、70%作为社员土地入股分红。

（二）培育农业职业经理人，推动农业生产专业化。崇州市大力开展以农业职业经理人为重点的新型职业农民培育行动，并建立完善相关资格认证、政策扶持等制度，着力解决“谁来种地”问题。截至2015年底，全市新型职业农民6712人，其中农业职业经理人1887人。一是建立教育培训体系。采取自愿报名与乡镇推荐相结合、农业行政主管部门审查的办法，重点针对有一定文化程度和农业生产管理技能的种养能手，以及有意投身农业的返乡农民工、城镇居民、复员退伍军人等人员，常态化开展生产经营型、专业技能型、社会服务型三类协同培训，构建起“一主多元”新型职业农民教育培训体系。二是建立评定管理机制。成立农业职业经理人评价委员会，建立农业职业经理人信息库，健全农业职业经理人选拔、培训、评定和考核等机制，对符合评定条件的颁发《农业职业经理人资格证书》，实行行业准入及退出制度，并每两年进行考核。截至2015年底，崇州市初级、中级、高级农业职业经理人分别达342人、116人、19人。三是建立扶持政策体系。设立农业职业经理人专项培训经费，纳入本级财政预算。制定并完善粮食规模种植补贴、城镇职工养老保险补贴、信用贷款贴息扶持等配套扶持政策，切实加大对农业职业经理人的扶持力度。如中级以上农业职业经理人享受提高10%的粮食规模经营补贴；农业职业经理人以个人身份参加城镇职工养老保险的，财政补贴60%；初级、中级、高级农业职业经理人分别可以信用贷款10万元、20万元、30万元，给予银行同期贷款基准利率50%贴息等。

（三）成立农业综合服务组织，推动农业服务社会化。崇州市按照“政府引导、资源整合、市场参与、多元合作”原则，建立起科技、品牌、金融及专业化服务四大服务体系，着力解决“谁来服务”问题。截至2015年底，崇州市农业科技专家团队达225人；综合性农业社会化服务公司3家、农业服务超市17个，分别联接22个农机专业合作社或大户、17个植保专业服务组织、13个粮食烘储中心、6个劳务合作社、2个工厂化育秧中心、25个集中育秧基地。一是构建农业科技服务体系。依托四川农业大学、四川省农科院、成都市农林科学院“一校两院”，形成了“专家大院专家+农技人员+粮食规模经营主体”的科技服务体系，促进农业科技“产学研用”各环节融合发展，实现了农业科研成果与田间地头的无缝对接。二是构建农业科研品牌服务体系。成立农业品牌管理委员会，建立“公共品牌+土地股份合作社+农业基地”连接机制，鼓励农业企业、农民合作社大力发展“名特优新”农产品，逐步形成了“稻虾藕遇”“白头五星老油坊”等一批特色鲜明、质量稳定、信誉良好的农业品牌。引入社会资本搭建起“西蜀粮仓·崇州味道”农村电商平台，开展网上推介、预定、配送等服务，延伸农业产业链和价值链。全市农产品“三品一标”认证比例达61%，农业经营主体加盟农村电商120多家。三是构建农村金融服务体系。健全完善农村产权融资担保中心、农村产权交易中心、农村土地承包流转服务中心、农业农村投融资平台，探索实践农村产权抵押贷款、农业职业经理人信用贷款、农业产业风险互动、合作社社员资金互动，从制度上构建起农村金融服务体系。截至2015年底，全市开展农村产权抵押贷款983宗、16.22亿元。四是构建农业专业化服务体系。整合公益性服务资源，引入社会资金参与，分片设立农业服务超市，搭建了农业技术咨询、农业劳务、农业机械化服务、农资配送、粮食银行等“一站式”全程农业生产服务平台，所有服务项目的内容、标准、价格等均实行公示公开、明码标价，满足适度规模经营对耕、种、管、收、卖等环节多样化服务需求。

三、实践成效：农业共营制的崇州经验

崇州农业共营制的探索实践，有效破解了农业生产特别是粮食生产经营中“地块碎、人力少、资金散、服务缺”四大制约和“谁来经营”“谁来种地”“谁来服务”三个难题，实现了多元主体的“共建、共营、共享、多赢”，达到了“藏粮于地、藏粮于技”的效果。主要成效是：

（一）经营主体“共建共营”。在坚持农村土地集体所有权、稳定家庭承包权的基础上，通过经营权的进一步细分和重新配置，催生了土地股份合作社、农业职业经理人、社会化服务组织等新型经营主体。究其实质来看，崇州农业共营制形成了多元主体共同构建、共同经营的新型农业组织体系，发展了适度规模经营，提升了农业经营效率。截至2016年5月，崇州市入社农户达9.23万户、占总农户的60.8%，适度规模经营率近70%。据统计，与传统农户家庭经营相比，2015年农业职业经理人经营的水稻种植平均每亩增产10%约55公斤以上，生产资料投入与机耕机收成本下降15%约90元。

（二）经营收益“共营共享”。崇州农业共营制土地的集中、现代生产力要素的聚集及其农业能手的共同经营，破解了家庭经营应用先进科技和生产手段的瓶颈，优化了农业资源配置，实现了现代物质技术装备、企业家能力等先进生产要素与经营方式的高效对接，提高了土地产出率、资源利用率、劳动生产率，形成“共营共享”的利益共同体与分享机制。如隆兴镇杨柳土地股份合作社，2015年合作社公积金2.3万元，农业职业经理人佣金达11.56万元、同比增长6.9%，入社农户年均亩收入达863元、同比增长7.9%。

（三）经营目标“共营多赢”。从微观层面看，崇州农业共营制保证了各个参与主体的权益，调动了各方面的积极性，入社社员实现了稳定增收，农业职业经理人实现了创业增收，专业化服务组织实现了服务增收。从宏观层面看，崇州农业共营制使耕地资源得到有效保护和合理利用，粮食生产能力得到加强，农民权益得到充分保障，农业生产力水平和可持续发展能力显著增强，实现了微观主体经营目标与国家宏观政策目标的“激励相容”与“多赢”局面。2015年，全市职业经理人每亩平均收益165元（不含政府补贴），平均年收入4.8万元；合作社公积金平均每亩提取75元左右；入社农户在收回生产成本后，每亩直接增收约545元（不含政府补贴）。

四、推广价值：农业共营制的崇州启示

毋庸置疑，崇州农业共营制作为新形势下农业经营体系的重要创新，坚持了制度底线，维护了制度目标，优化了农业资源配置，促进了现代农业经营集约化、专业化、组织化和社会化，增强了农业可持续发展能力，为我国农业经营方式的转变，提供了可借鉴、可复制、可推广的重要范例和有益启示。

（一）政策支持是前提。农业共营制的发展与政策的引导和支持是分不开的。一方面，政府在现有支持农业发展的政策基础上，不断完善相关支农配套措施，加大农业直补力度和预算支出力度，构建适应新型农业经营体系的良性、高效投入机制。另一方面，立足打好农业这张牌，政府从管理转变为服务，站在农民的

立场上想问题，为农民代言，切实做到了转变职能、简政放权，既减少部门利益冲突，又避免各自为政的浪费，使得相对稀缺的涉农投入产生了最大的效益。

（二）多元合作是基础。农业共营制的发展得益于经营主体的多元化合作，推进了农业发展的集约化、专业化、组织化和社会化，激发了农业发展活力，提高农业效益。其创新价值表现为，以农户为主体自愿自主组建土地股份合作社推进农业的规模化经营，以培育农业职业经理人队伍推进农业的专业化经营，以强化社会化服务推进农业的组织化经营，促进了多元主体的规范发展、健康发展、联合发展，形成了真正互助合作的共营共赢机制。

（三）要素保障是关键。农业共营制的发展离不开强有力的资金、技术、人才等要素资源保障。创新农村金融机制，采取多种措施推进农业领域技术创新，提高了农业的科技创新能力和应用转化能力，加快了农业现代化步伐。同时，结合新型农业发展方式的现实需要，积极开展农业职业经理人、农民职业技术培训，大力培养具有较高文化素质与职业技能的农业劳动者，有效保证构建新型农业经营体系所需的人才支撑和智力支持。

（四）权益保护是根本。在城镇化发展进程中，农民是相对弱势的群体，其利益相对易受到显性或隐性伤害。在继续坚持和完善农村基本经营制度的基础上，应始终坚持以民生为本，全面落实强农惠农政策，千方百计增加农民收入，特别是要把握好流转、集中、规模经营的度，进一步健全并强化包括农户在内的多元主体的利益获得和保护机制，落实好尊重农民意愿、维护农民权益和兼顾多元主体利益的要求，为“三农”发展提供制度“定盘星”。

（原载《中共四川省委党校学报》2016 年第 4 期）

崇州市改革财政投资收益分配创新扶贫方式的实践探索

崇州市委党校

全面建成小康社会，必须打赢脱贫攻坚这场战役，让贫困户脱贫，同步实现小康，这是我们当前面临的一项重大任务。为了实现精准扶贫、精准脱贫，变“输血式”扶贫为“造血式”扶贫，赋予农民特别是贫困农民更多的财产权利，四川省专门制定了《创新投资收益扶贫新模式试点方案》，提出财政投资收益扶贫工作新思路，即通过财政支农资金形成资产股权量化的方式，赋予建档立卡农村贫困户更加充分而有保障的财产权，拓宽缺劳力、缺技术和丧失劳动能力的农村贫困户持续稳定的增收渠道。

崇州市作为全国转变农业发展方式的示范县和农村改革先行先试的试点县，被四川省、成都市率先确定为财投资收益扶贫方式的试点县市之一，积极探索和创新财政投资收益扶贫模式。从2015年起，崇州在国家、省、市财政部门的指导下，积极开展增加农民财产性收入专项改革，通过把财政资金形成的资产以股权方式量化到合作社社员，赋予农民特别是贫困户更多财产权利，着力推进农村精准扶贫。

一、改革的根本动因和基础

（一）推进精准扶贫为支农资金股权量化改革指明了目标

党的十八届五中全会提出：实施脱贫攻坚工程，实施精准扶贫、精准脱贫，分类扶持贫困家庭，探索对贫困人口实行资产收益扶持制度。四川省、成都市认真贯彻十八届五中全会和中央扶贫开发决策部署精神，积极探索财政支农资金形成资产量化改革试点工作，制定《创新投资收益扶贫新模式试点方案》，改革财政投资收益分配，探索扶贫收益新模式。在坚持农村基本经济制度、农村基本经营制度不动摇的前提下，以资产股权为纽带，创新投资收益扶贫模式，通过财政支农资金形成资产股权量化的方式，赋予建档立卡农村贫困户更加充分而有保障的财产权。具体讲，就是将财政支农资金投入到村或农民专合社形成的资产，经试点组织成员同意后，划出一部分，采取优先股的方式量化到贫困户，贫困户按量化的股份每年获得一定收入，“通过股权量化改革，这部分财政支农资金变成贫困群众的资本金，有利于增加贫困户的财产性收入，拓宽他们的收入来源渠道，能有效帮助贫困群众早日脱贫”。并要求县（市、区）立足本地实际，积极主动推动试点工作。有了中央、省市政策的支持，崇州开展投资收益扶贫模式改革就有了政策依据，改革的目标就更加明确。

（二）财政支农资金投效失衡为股权量化改革提供动因

在实施精准扶贫、精准脱贫过程中，国家支持农村发展的力度加大，财政支农资金不断增加，但由于农村集体经济组织不健全、管理不规范，财政支农资金在运作过程中分配不合理、管理不规范、产权不清晰，机制不灵活，收益分配不规范、效率低下等现象，严重不适应农村生产力发展和农民增收的要求。以崇州为例，财政支农资金扶贫方式存在着一些问题，一是财政支农投入形成的资产缺乏有效管护，农民缺乏自觉进行管护的动力，部分工程“2年新、3年烂、5年废”的现象依然存在；二是农民对农业生产基础设施建设投入“等、靠、要”国家财政资金的思想依然较重，即使在有国家投入的情况，积极性依然不高；三是部分财政支农资金的投向精准性有待提高，部分建设内容不能及时适应新时期农业生产的变化需要；四是财政支农资金分散，导致资金撒“胡椒面”、产业不成气候、政府管理监督难，群众有怨言的局面。四是财政投入扶贫效果不明显，特别是在财政支农资金形成资产股权量化改革过程中，鼓励有条件的合作社社员募集筹资，按合作社社员参与筹资的金额进行股权量化，将财政投资形成的资产按比例一齐配送给筹资社员，而未参与筹资的贫困社员权利没有得到保证，这样就造成了富的越富、穷的越穷，两极分化越来越严重，失去了财政投资扶贫的真正意义。为此，改革财政支农资金的使用方式，探索财政支农资金收益扶贫方式，最大限度发挥财政支农资金的使用效率，增加农民财产性收入特别是贫困户财产性收入就势在必行。

（三）农村产权改革为支农资金股权量化改革奠定了基础

崇州市从2010年开始，积极运用农村产权制度改革成果，引导农户运用土地承包经营权入股组建土地股份合作社，率先在全国创立“农业共营制”，构建了新型现代农业经营体系。到目前为止，全市已建立土地股份合作社225个，入社农户达9.09万户，入社面积达到31万亩，占全市耕地面积的59%。土地股份合作社的建立，一方面提高了农民的组织化程度，另一方面也增强了集体经济组织的实力，这为开展财政支农资金股份量化改革奠定了组织基础和管理基础。为此，崇州市率先在10个相对规范和成熟的土地股份合作社开展财政支农资金的股权量化改革试点工作，通过“项目申报、宣传动员、资金筹集、锁定成员、资产移交、登记颁证、股权量化、收益分配”八个步骤将财政投入资金形成的资产进行股权量化，并从其中划出一部分作为设立贫困户优先股，由贫困户优先享有，其余的部分量化到合作社社员，让贫困户及合作社社员成为财政投入项目的股东，享有更多的国家投资项目形成资产的财产权利。

二、改革的主要做法和成效

（一）改革的总体情况

按照四川省财政厅《创新投资收益扶贫新模式试点方案》要求：财政专项扶贫资金投入农民专业合作社形成的资产（如合作社的厂房），将以“优先股”的形式全部量化给贫困户，并确保贫困户分红底线。财政支农资金投入到农村集体经济组织形成资产，其中划出一部分设立“贫困户股份”，剩余部分再量化给社员。崇州市2015年整合农业综合开发等财政资金1090万元，在7个合作社开展增加农民财产性收入试点，将财政收入形成资产的60%按合作社成员（或入社面积）平均量化，并划出一定比例的股权设立贫困户优先股，40%按合作社社员自筹资金比例量化，发挥财政支农“造血”功能。对于贫困户股份，遵循“谁贫困谁享受”的原则，脱贫后自动退出，并将股份分配给新增贫困户或者均分给其他贫困户，继续发挥扶贫功效。如王场镇清源土地股份合作社在开展财政投资收益扶贫试点中，将各级财政补助的335万元、财政专项扶贫资金20万元以及社员自筹的30万元，投资建设粮食烘储中心形成385万元固定资产，以1元为1股，按照财政资金的来源和功能，划分出集体股、田亩股、筹资股、贫困户优先股四种股份进行股权量化，改变了以前财政资金直接补贴给农民的方式，让村民包括贫困户成为股东，享受财政补助形成资产带来的持续红利。

（二）改革的具体做法

崇州市在开展财政收益扶贫方式改革工作中，借鉴近年探索运用农村土地承包经营权入股组建土地股份合作社进行股权量化改革的成功经验，通过选择试点经营主体、产业发展项目、创新经营管理模式等，开展财政支农资金股权量化改革试点。目前已在王场镇东风村、白头五星村等7个行政村的土地股份合作社成功进行了财政支农资金投资收益扶贫改革试点工作。

1. 选择试点经营主体

四川省财政厅制定的《创新投资收益扶贫新模式试点方案》中要求，农民专业合作社、农村集体经济组织、龙头企业试点主体要有扶贫助困的社会责任和担当，积极参与创新投资收益扶贫新模式试点。为此，我市根据财政支农补助资金申报要求、申报组织条件和形成资产类型情况选择试点经营主体。一是选择规章制度健全、组织机构运转有效、民主管理能力较强、财务社务公开透明、收益分配公平合理、财务管理能力较强的农民专业合作社、土地股份合作社等农村集体经济组织开展试点；二是选择相对贫困并具有带富增收能力的农民合作社开展试点；三是按财政资金优先安排用于相对贫困村产业发展，重点扶持贫困村的政策原则选择试点经营主体。首批选择了王场镇东风村清源土地股份合作社、白头五星村土地股份合作社等经营主体进行试点。

2. 选准发展产业项目

农业是弱势产业，农民特别是贫困农民的抗风险能力弱。要通过财政投资收益扶贫改革，持续增加农民财产性收入，调动农民专业合作社、农村集体经济组织和广大农户参与的积极性，必须保证财政投入的项目风险小而且能赢利，这就需要慎重选择产业发展项目。经过多年的经营探索，崇州土地股份合作社采取粮食适度规模经营，风险小、效益稳定，但粮食晾晒难、仓储难。为此，崇州市围绕推进粮食适度规模经营，解决规模经营中突出的问题，重点扶持合作社发展粮食烘干、仓储、加工项目，延伸粮食生产产业链，提高粮食生产附加值。

3. 开展资产股权量化

财政资金“补改投”，是国家对土地股份合作社的扶持，是国家惠农政策的具体体现，每个成员都应该享有。为此，崇州市坚持“阳光操作”，确保农民对股权量化的知情权、参与权、选择权、监督权，给每位符合条件的成员平等参与股权量化的机会，使农民成为资产的投资者、使用者、管护者和受益者。合作社通过项目申报、宣传动员、资金筹集、锁定成员、资产移交、登记颁证、股份量化、收益分配等八个步骤，将财政补助和自筹资金投入形成的资产折股量化到户，并颁发股权证，让入社社员成为股东，参与经营并分红。

在实际股权量化过程中，崇州根据财政支农补助资金形成资产类型和经济用途，将其分为公益性资产和经营性资产。公益性资产股权量化采取共享制方式进行，经营性资产股权量化采取募股制方式进行。同时在合作社社员同意的情况下，根据合作社贫困户的数量和结构，将财政投入形成资产按一定比例划出部分，采取优先股的方式量化到贫困户，实行贫困户“收益保底、按股分红”。如白头镇五星村土地股份合作社，对财补资金648万元和自筹资金100万元建成的粮食烘储中心、加工中心、育秧中心和农技实训中心等经营性资产，通过村党支部引导、社理事会动议、社员大会决议等程序，将财补资金按照1：1：8的比例，以每股一元分配给村集体经济组织64.8万股、精准扶贫对象 64.8 万股，入社社员 618.4 万股。

4. 探索经营运行机制

实施试点改革的土地股份合作社和农村集体经济组织，借鉴现代企业管理制度，明确理事长法人主体地位，公开竞聘农业职业经理人经营，建立健全经营管理制度、收益分配制度，明确收益分配范围、分配比例、兑现方法。探索构建政府引导、集体经济组织主导、群众自主参与的农村财补形成资产共营共管机制，逐步形成合作社决策、市场化运作、多方利益共享、经营风险共担的经营体系，实现集体经济有收益、公益投入有来源、筹资社员得实惠、贫困群众能增收、财补资产能增值，在不断发展壮大农村集体经济的同时，确保入股群众增收有渠道，贫困群众增收有保障。

（三）改革取得的成效

财政投资收益扶贫改革不仅拓宽了农民财产性收入的渠道，还创新了财政投资形成资产的股权量化方式，探索了精准扶贫的新路子，逐步了建立农民财产性收入持续增长的新长效机制——共管共营制，赋予和保障了农民特别是贫困农民更多的财产权利。具体表现在

1. 增加了农民财产性收入

通过把财政资金投入形成的资产股权量化，发挥了财政资金的“造血”功能，使合作社社员能获得长期稳定的财产性收入，盘活了资产的使用权，使农业生产的基础设施由“象征性”财产成为可获利、可变现的财产。2015 年秋季，王场镇东风村清源土地合作社烘干稻谷 2085 吨，实现经营收入 40.55 万元，获得纯收入 21.94 万元，入社农户户均分红 229 元。

2. 加快了贫困户增收脱贫步伐

通过财补资金形成资产股权量化的方式，赋予建档立卡农村贫困户更多更有保障的财产权。贫困户优先股按照“保底分红”原则，优先获得分红权，以“特惠股”的形式保障贫困户有固定的收益，加快了贫困户增收脱贫的步伐。2015 年，王场镇东风村 20 户精准贫困户，在清源土地股份合作社粮食烘储的经营收益中，优先获得了户均 285 元的额外分红，分红总收入是一般入社农户的 2.2 倍。

3. 实现了产业发展的“造血式”扶贫

财政投入的粮食适度规模经营产业项目——育秧中心、烘储中心、加工中心，不仅解决了农业生产产前、产中、产后的相关难题，而且以资产为纽带把群众利益联系在一起，开展农业合作生产经营，创造更多的经营收入让农户特别是贫困户持续增收，实现产业发展的造血式扶贫。

4. 提高了财政资金的使用实效

财政投资收益扶贫方式改革，通过竞争立项选择集体经济组织、土地股份合作社等经营主体和产业发展项目，使财政资金投向更加精准，引导作用更加明显，支农、扶贫效果更突出。

三、存在问题及建议

（一）存在的问题

崇州市财政支农资金投资收益扶贫改革试点工作，目前还处于探索阶段，相关法律政策并不完善，存在诸多政策法律障碍和风险，另外受地方财力限制和合作社自身能力不足等因素的影响，在操作中还存在着试点内容少、合作社群众参与积极性不高、项目推进进度慢等问题。所有这些问题都需要在实践中不断完善。

（二）相关建议

为了进一步探索和完善现代农业发展方式和精准扶贫政策下财政支农资金扶贫方式改革，切实增加农民的财产性收入，增强扶贫增收成效，还应该从以下几方面完善改革。

1. 调整自筹资金比例，增强农户参与改革的积极性

财政支农资金的投入是以农民自筹资金作为前提，而农民本身除自身保障生活的经济能

力外，用于发展生产，增加经营收入的能力有限，加之投入农业项目的风险大、收益回报率低等因素影响，农民参与投资的积极性不高。为此，特建议在加大财政投入的同时，降低合作社农民自筹资金的比例，将相应投资配比由原来的1：1调整为1：0.5，让更多的农户特别是贫困户参与，共享财政投资的收益。

2. 增大贫困户优先股份额，加快贫困户脱贫步伐

按照《四川省财政厅关于印发创新投资收益扶贫新模式试点方案的通知》（川财农〔2015〕104号）和《成都市财政局、扶贫办关于印发〈财政支农项目资产收益扶贫实施办法（试行）〉的通知》（成财〔2015〕195号）文件精神，财政专项资金投入形成的资产，以优先股的形式全部量化给贫困户，并确保贫困户分红底线；财政投入到合作社和农村集体经济组织的财政支农资金形成的资产中，经全体社员同意，划出一部分设立贫困户优先股。而目前，我市一般是按照10%的比例作为贫困户优先股，虽然在公平中体现了"特殊照顾"，但力度却远远不够，要想真正体现财政资金的扶贫效益，有必要增大贫困户优先股的份额。

3. 加强监管，确保财政支农资金股份量化规范运作

为防止财政投入资金形成的资产在股份量化、确权分配过程中发生非法侵占、哄抢、平调、挪用、私分、损坏或低价变卖集体资产，以及虚报、隐瞒资产、篡改账目等违法违规行为发生，政府各相关部门要加强对农村集体资产量化折股时各关键环节的监督指导作用，各试点单位接受财政补助资金形成的资产后，要进一步加强资产管理、财务管理和经营管理，可选择部分农民合作社实行委托代理会计核算试点，提高农民合作社的会计核算质量和水平，增强会计核算的公信力，保障试点单位成员的权益，促进新型农民经营主体健康规范发展。

（本文系2016年四川省党校系统重点调研课题，立项编号DY2016029）

新基层治理模式提升乡村治理水平的实践探索

——以崇州市为例

崇州市委党校

党的十八届三中全会通过的《中共中央关于全面深化改革若干重大问题的决定》指出："全面深化改革的目标是建立和完善中国特色社会主义制度，实现国家治理体系和治理能力现代化。"基层治理是国家治理的基层基础，提高乡村基层治理水平是推进国家治理体系和治理能力现代化的基础性部分。目前，我国已进入全面深化改革和全面建成小康社会攻坚阶段，推进乡村治理体系建设和提升基层治理能力显得越来越重要。

崇州市作为农业县市，近年来在转变农业发展方式、构建农业新型经营模式，创新村级公共事务管理以及农民新村建设管理等进程中，有效探索了基层治理的特色形式，取得了明显成效，积累了一定经验。

一、“共营共建、共享共赢”——农业经营管理创新

崇州市是成都三圈层传统的农业县级市和粮油主产区，经济基础薄弱，农业生产综合能力较弱。全市幅员面积1090平方千米，总体格局呈“四山一水五分田”，耕地面积只有52.3万亩，并且散碎地由农户粗放经营；常住人口67万人，在农村36.95万劳动力中外出务工人口占73.4%，留在农业生产上的基本上妇女、年老体衰、文化程度较低的劳动力。面临“地碎、人少、钱散、缺服务”四个制约和“谁来种地”、“谁来经营”、“谁来服务”三个难题的崇州农业，如何闯出一条新路，走出这种困局，维护农村发展稳定和农业基础地位、国家粮食安全，是必须直面解决的重大课题。在问题倒逼的情况下，崇州从2010年开始，用4年时间进行了多种形式的探索实践，已初步形成以家庭承包为基础、以农户为核心主体，农业职业经理人、土地股份合作社、社会化服务组织等多元主体共同经营的新型农业经营体系：通过引导农户以土地承包经营权入股，成立“土地股份合作社”；聘请懂技术、会经营的种地能手担任职业经理人，负责合作社土地的生产经营管理；建立适应规模化种植的专业化服务体系，打造“一站式”的农业服务超市平台，形成“土地股份合作社＋职业经理人＋服务超市”三位一体的农业经营模式，我们简称为“农业共营制”模式。

（一）“农业共营制”模式的主要特征

一是推进土地股份合作经营，破解“谁来经营”难题。崇州市运用农村产权制度改革成果，引导农户以土地承包经营权折资入股，按照“入社自愿、退社自由，利益共享、风险共担”的原则，工商注册成立土地股份合作社，选举产生理事会、监事会，健全合作社章程和相关制度。农户作为合作社社员，可直接参与理事会及监事会选举、农业生产计划安排、成本预算以及利益分配方案等决策过程，成为经营管理的实际决策者和控制者，并承担生产成本出资。理事会负责执行社员大会通过的决议，制定生产经营方案，统一组织生产、经营、管理，向社员大会报告生产经营和财务收支执行情况，接受监事会的监督。监事会负责对理事会的经营、管理和财务收支执行情况进行监督。合作社采取灵活多样分配方式，收益由农业职业经理人与社员共同协商确定，目前通常采用的分配方式有“除本分红”、“保底分红”、“基本收入＋超奖短赔”三种。迄今为止，全市共组建土地股份合作社225个，入社土地面积2.07万公顷，占全市耕地面积的59.57%；入社农户9.09万户，农业组织化程度达59.14%。

二是培育农业职业经理，破解“谁来种地”难题。借鉴现代企业管理制度，构建以农业职业经理人为生产管理核心的“理事会＋农业职业经理人＋监事会”运行机制。理事会代表社员决策“种什么”，公开选聘农业职业经理人。农业职业经理人统一组织生产管理，负责“怎样种”、“如何种”，实行科学种田。目前，全市通过优化整合培训资源，对有志于农业生产经营的大中专毕业生、返乡农民工、经商人员、农机能手、农业龙头企业专业人员进行培训，已经培养了懂技术、善经营、会管理的农业职业经理人1607人，新型职业农民6432人，形成了为现代农业服务的专业化农业生产团队，有效破解了“谁来种地”的难题。

三是搭建“一站式”综合服务平台，破解“谁来服务”难题。按照“主体多元化、服务专业化、运行市场化”的原则，建立了农业科技

服务、农业综合服务、农业品牌服务、农村金融服务四大服务体系。一是依托“一校两院”建成专家大院，组建225人的农业专家团队和科技推广团队，为职业经理人、新型职业农民提供科技服务。二是整合公益性农业服务资源，引导社会资金参与组建综合性农业社会化服务公司，完善了公益性与经营性相结合、专项服务与综合服务相协调的新型农业社会化服务体系。全市目前已建成农业服务超市10个、粮食烘储中心11个、粮油加工中心4个、育秧中心30个、农机专业合作社33个，及以永欢、一稼禾、蜀农昊为代表的农业服务公司，农机化率达70%，服务面积达20万亩。三是着力培育“西蜀粮仓、崇州味道”农产品品牌体系，引进百度、京东、阿里巴巴等知名互联网企业，通过推行“电商营销平台+产业基地”的O2O模式，打造特色农产品品牌，提升农产品附加值。四是利用产权制度改革的成果，积极推进农村资源变资产，建立农村产权抵押融资政策体系、农村产权价值评估体系、政策扶持体系和风险防控体系，积极推进农村金融服务的开展。

（二）“农业共营制”实现了农村基层多元主体的“共建共营”

崇州在以组建土地股份合作社推进农业的规模化经营、以培育职业经理人队伍推进农业的专业化经营、以强化社会化服务推进农业的组织化经营的“农业共营制”模式探索中，有效地将农村基层多元主体进行整合，增强了农民的民主决策和参与意识，调动了群众的生产积极性，实现了多元主体的“共建共营共享共赢”。一是实现了经营主体的“共建共营”。“农业共营制”坚持农村土地集体所有权，坚持农户的主体地位，稳定了家庭承包权，盘活了土地经营权，通过经营权的进一步细分与重新配置，形成土地股份合作社、职业经理人、社会化服务组织等多元主体共同构建和共同经营的新型农业经营组织体系。二是实现了经营收益“共营共享”。土地的集中、现代生产力要素的聚集及能人的参与经营，极大地改善了农业的规模经济、分工经济与合作剩余，形成“共营共享”的利益共同体与分享机制。三是实现了经营目标“共营多赢”。从微观层面看，“农业共营制”保证了各个参与主体的权益，调动了各方面的积极性。其中，农民走出小农经济，参与社会化分工，是具有农业经营决策权的真正主体；合作社通过经营计划与社员监督，规避合作风险，提高共同经营的稳定性与可持续性；职业经理人通过企业家经营与规模经营，实现创业增收；社会化服务组织通过专业化与生产性服务外包，实现农业从土地规模经营转型为服务规模经营。从宏观层面看，“农业共营制”使耕地资源得到有效保护和合理利用，使粮食生产能力得到提高，农民权益得到充分保障，农业生产力水平及可持续发展能力显著增强。总体上实现了微观主体经营目标与国家宏观政策目标“激励相容”的多赢局面。

二、“一核多元、合作共治”——村级社会治理创新

村级治理，是一项事关乡村经济持续发展和社会和谐稳定的系统工程。近年来，崇州在统筹城乡发展，推进城乡一体化进程中，以推进基层治理体系和治理能力现代化为目标，以增强乡村党组织整体功能为核心，按照“经济市场化、社会公平化、管理民主化”的改革取向，在村级公共服务改革、基层社会协商制度改革等实践中，探索了“一核多元、合作共治”的新型农村治理模式，充分发挥了村级党组织、村民委员会、村级集体经济组织、社会组织和群众在村级治理中的作用。

（一）改善党的领导，增强党组织的凝聚力

俗话说，基础不牢，地动山摇。村党支部是农村基层社会的核心，是农村基层治理的战斗堡垒。为了适应农村经济社会发展、完善传

统治理机制、夯实党在农村的执政基础，崇州市积极探索建立基层党组织领导下的新型村级治理机制。主要做法是，按照“三分离、两完善、一加强”（决策权与执行权分离、社会职能与经济职能分离、政府职能与自治职能分离，完善农村公共服务和社会管理体系、完善集体经济组织运行机制，加强和改进农村党组织的领导）的原则，初步构建以村党组织为领导核心，村民（代表）会议为村级自治事务最高决策机构，村民议事会为常设决策机构，村委会为执行机构，集体经济组织为独立市场法人，各种其它经济社会组织广泛参与、充满生机活力的村级治理机制。村级党组织不再包揽村级事务，不再直接进行村级自治事务的决策、执行，不再直接面对多元化的利益诉求，主要立足于定方向、定规则，着力于党组织自身建设，引导和支持群众自我管理、自我服务，突出了村民的主体地位，充分调动群众参与的热情和积极性，保证了村民自治的正确方向，又为村民自治让出了制度空间，改善了党群关系，实现了干群之间的互动和交流，实现了村级党组织领导方式新的转变，提升了党组织的领导力。

（二）创设村（居）议事会，强化村民自治功能

为了充分发挥村民参与村务工作的主动性和积极性，畅通民主渠道，集中民主意见，切实保障和维护村民的合法权益，真正实现村民自治，克服基层治理存在的村民大会召集难、村民代表大会议决难、村级事务群众参与难、村两委监督难“四个难题”，崇州创设了“村民议事会”，对村组事务进行议决。村（居）民议事会成员由村民推选，一般不少于21人，议事会成员一般由当地有威望，有一定的文化和参与议政能力，有带头致富和带领村民共同致富的本领，能够代表全体村民的共同利益的人组成。经村民大会授权，议事会行使村（居）务决策权。这样就形成了党组织领导、议事会决策、村委会执行、监事会监督的权力运行机制，真正实现民事民管，民事民定的村民自治。为了提高议事会的决策能力和水平，成都市每年给每个村（社区）下拨的30万左右村级公共服务和社会管理专项资金，由议事会代表村民决定这些钱用在什么地方、怎么用。经过多年的投入，不但使基础设施大为改善，也使基层民主氛围更加浓厚，村民自治能力得到提升。同时，建立了村级事项准入制度。经过实践调研崇州在市级层面形成了“四项清单”：基层群众自治组织依法自治事项清单、基层群众自治组织依法协助政府工作主要事项清单、可购买服务事项清单、村（社区）工作负面事项清单。实行准入制度后，村（社区）依法协助政府事项56条，城镇社区自治组织依法自治事项12条，村（涉农社区）自治组织依法自治事项13条，村（社区）该干什么、可干什么、不可干什么，一目了然，基层治理工作更加有的放矢。

（三）建立基层协商制度，重构基层治理体系

协商民主是丰富国家治理体系和治理能力现代化内容的内在要求，也是引导公民有序参与政治，实现多元主体互动，重构基层治理体系的重要举措。崇州市于2013年率先试点乡镇“社会协商会议”，以社会相关利益主体直接参与切身利益协调、协商，最终达成共识，解决基层治理难题。协商民主过程是公民有序参与政治的过程，也是群众利益达成共识的过程。目前，在乡镇社会协商试点的基础上逐步扩大到市级层面，对教育、卫生、交通、工会等群众普遍关心的涉及群众切身利益的民生事项开展协商。试点中我们主要规范了协商的流程、形式、原则，制定议事会成员产生的办法并对其培训，增强参政议事的能力和水平，收集协商的议题并联系涉及议题的相关部门对议题进行研究，在此基础上召开协商会议，协商解决问题的方法并将讨论结果报统战部备案。社会协商制度的建立，一是拓展了基层治理的主体，由以前的二元主体（乡镇政府和村委会）向社

会利益相关主体多元主体发展；二是重构了多元决策机制，开通了从基层诉求到政府决策之间的沟通渠道；三是开启了基层社会事务办理的新机制，实现需求从基层来，事情由基层定，最后由基层社会监督办的新模式；四是找到了做好群众工作，协同共谋发展的新方法，通过协商解决了大量的群众矛盾，也有利于改善干群关系。

三、"盘活资源、共建共管"——新村建设管理创新

崇州市在新村建设中，充分运用农村产权制度改革的成果，按照把农村各类产权确"实"，把农村土地资源盘"活"，把公共服务配套做"齐"，把新村秩序管"好"四项要求和"小规模、组团化、生态化、微田园"产业联新村思路，采取"1248方式"（以土地股份合作社为实施主体，以坚持群众自主自愿为核心，以推动要素流动为主线，深化确权、产权抵押、产权变现、固化产权4个阶段，立项审批、规划编制、组建合作社、抵押贷款、安置区建设、指标交易、新证颁发、股权登记8个步骤）建成幸福美丽新村396个（新农村综合体26个），集中居住农户8.9万户，28.9万人。

在农民新村建设和管理过程中，各乡镇、村、组充分发挥党组织的引领作用和群众的参与作用，创新思路、创新工作方式，创造出了许多新的经验。

（一）锦江乡众筹建新村方式

锦江乡党委政府在建新村的过程中，探索建立"党委引导、支部决策、党员带头、群众参与"众筹建新村模式，充分发挥党组织"组织、动员、引导"作用，党员干部的"带头、带动、带领"和群众"参与、协商、决策"作用，广泛组织发动群众，征求群众意见，开展民主协商，问需于民，问计于民、问效于民，解决新村"建与不建、怎么建、怎么管"的问题，探索建立了党委领导、政府指导、支部组织、群众参与的新村建设组织领导机制，形成了征求意见、民主协商、自主决策、自主实施、自我管理的新村建设运行机制；完善了村民自筹、社会资助、政府投入的新村建设资金筹措机制，稳步推进幸福美丽新村建设。

（二）白头镇的"1+3+6"新村管理模式

白头镇新村建设，依托集体土地综合整理项目，探索集体建设用地使用权抵押融资，同步推进城乡公共服务与社会管理均等化改革，在充分尊重群众意愿的前提下，按照"宜散则散、宜聚则聚"的原则，建设"业兴、家富、人和、村美"的幸福美丽新村。新村管理中，以"一核多元、合作共治"为基础，探索构建了"1+3+6"新村治理机制——坚持党支部的核心领导，以群众自主为主体，以群众需求为引领，努力提高治理和服务水平。（村党支部为1个核心发挥党组织的领导核心作用；建立村民议事会、监事会、小区业主委员会3项议事决策机制；形成专业化物管、专业化社工、志愿者服务、百姓智囊团、文艺宣传队、调解委员会6项服务）。

（三）羊马镇"一核多元、四个整合"的村级治理模式

崇州市羊马镇针对"多村合一"农民集中区管理难题，本着"为民、便民、惠民"原则，以村党支部为核心+各级支部、联合议事会、村管理中心为主体+各类自治组织和自治组织"一核多元"村级治理模式，通过整合资金来源、破解缺钱难题；整合组织资源，破解缺人难题；整合管理资源，破解制度难题；整合服务资源，破解服务难题"四个整合"提高新村社会管理科学化水平，在跨区域享受服务、公共资金跨区域统筹使用、基层党组织设置模式改革、村级民主治理创新、村级经济发展壮大等方面进行了有益探索，形成了村级公共服务和社会治理创新的典型经验。

（四）三郎镇新村自治服务机制

三郎镇在新村管理中，一是建立自下而上的民主决策机制，发挥群众主体作用；二是建立以基层党组织为领导核心，以议事会、村委会、监事会为自治主体，业主委员会和物业服务机构为物业管理载体，其他经济组织为补充的“1+3+2+N”的自治管理服务机制；三是按照“1+8+N”标准完善配套基础设施，完善城乡公共服务和社会管理均衡化机制。

四、基层治理的启示与思考

创新基层治理体系，是一项事关城乡经济持续发展和社会和谐稳定的系统工程。必须做好以下几个方面的工作：

（一）一个基础——党的领导为基础

坚持党的领导，是建设中国特色社会主义的根本保证。这是我们党在长期革命和建设实践中得出的结论。创新乡村治理体系，必须把党的领导放在首位。坚持党的领导这一基础不能动摇，是遵循农村基层治理历史变迁规律的总结。没有党的正确领导和决策，其他组织再多，也是群龙无首，只会一盘散沙。在创新乡村治理中坚持党的领导，就是党组织要牢牢把握发展方向，要把党的路线方针政策，通过各种经济社会组织，贯彻到创新乡村治理的各个方面，让农民群众拥护支持、得到实惠。但党的领导方式需要转变，即由“领导型”变成“指导型”、由“管理型”变成“服务型”。因此，农村基层党组织在基层治理中发挥服务作用的途径可以概括为两条：一是创造外部条件，带领农民参与市场竞争和搞好公共事务自我治理，二是开展能力建设，带领农民不断提高认识和实践能力。

（二）一个核心——民主决策为核心

从以上几种模式可以看出，“村代会”、“村委会”、“村民自治组织”等村民决策机构是各种模式成功实施的关键，充分体现了“人民群众是历史的真正创造者”这一不变的真理。在农村基层，也只有充分发挥人民群众的主体作用、充分激发乡间和田野智慧，才能真正解决好农村发展问题。因此，农村基层治理的核心，关键就是要让农民群众积极主动发挥其主体作用。

在乡村社区治理、基层公共事务和公益事业中实行群众自我管理、自我服务、自我教育、自我监督，是人民依法直接行使民主权利的重要方式。一是要完善基层民主制度，健全基层党组织领导的充满活力的基层群众自治机制，健全村委会及人民调解、治安保卫、公共卫生与计划生育等下设委员会。二是要不断完善村务公开民主管理，以扩大有序参与、推进信息公开、加强议事协商、强化权力监督为重点，拓宽范围和途径，丰富内容和形式，逐步建立责权明晰、衔接配套、运转有效的村级民主监督机制，保障村民享有更多更切实的民主权利。

（三）一个原则——因地制宜为根本原则

生产力决定生产关系，乡村治理体系的构建一定要与当地生产力发展水平相适应。必须紧密结合实际，坚持因地制宜，针对不同地区、不同情况、不同条件，提出差异化发展思路，开展有针对性、创造性的探索，不搞一刀切，不搞千篇一律，不搞形式主义。我们相信，只要在创新乡村治理体系中，始终坚持因地制宜，始终坚持差异化推进，乡村治理一定会百花齐放、百花争艳。

（四）一个目标——群众利益为最终目标

利益原则是马克思主义的一项重要原则。马克思指出：“人民奋斗所争取的一切都同他们的物质利益有关”。良好的党群关系构建要讲利益原则，和谐的生产关系维系要讲利益原则，经济组织的可持续运转要讲利益原则，创新乡村治理体系同样要坚持利益原则。离开了利益原则，群众得不到实惠，创新乡村治理也是一句空话。因此，我们在推进创新乡村治理体系过程中，必须考虑经济社会效益，必须考虑农民群众的利益，必须建立长效机制。这样，才能保证村级经济社会组织的生存发展，才能确保创新乡村治理体系可持续发展。民主决策为核心的理念决定了群众利益为最终目标。官僚主义、漠视群众，将自己凌驾于群众之上，忽视群众切身利益和群众意愿，必将事与愿违，严重影响和破坏党群关系、干群关系。以上几种农村基层治理模式的成功法宝在于把人民群众的利益放在首位。只有把人民群众利益放在首位，才会做好群众工作，才能得到人民群众的拥护和支持。

（本文系 2016 年成都市党校系统重点调研课题，立项编号 CDDX2016063）

CHONGZHOU YEARBOOK

大事记

1月

5日 农民日报社党委书记、社长唐园结一行到崇州考察农业共营制新型农业经营体系，实地考察了10万亩粮食综合示范基地、集贤农业综合服务站、集贤农业服务超市、白头镇五星新村等。成都市委副秘书长覃文林、市农委副主任潘斌，崇州市市长欧昭、副市长王成龙、市委统筹委主任李世清、市农发局局长陈启舟参加调研。

6—7日 由中国智慧城市论坛组织开展的"2016第六届中国智慧城市大会"在北京举行。崇州市获评"十二五中国大数据发展领军城市"，崇州市经信局获评"十二五中国智慧城市推进贡献单位"。

7日 2016（首届）"青春少年联欢晚会·我们一起上春晚"新闻发布会在崇州举行。

同日 四川师范大学、崇庆中学实验学校共建校外实践教育基地签约仪式在崇州举行。崇州市委常委、市委统战部部长郑继良，市人大常委会副主任张志新参加签约仪式。

8日 由市委组织部、市委宣传部主办，市文旅局承办的崇州市2015年基层宣传优秀案例展演举行。2月24日，进入决赛的12支代表队伍在市艺术中心展演，评选出一、二、三等奖，市委、市人大常委会、市政府、市政协领导观看了决赛。

同日 市国税、地税系统正式实现金税三期工程优化版税收征管系统单轨上线运行。

同日 崇州市启动首届电商生态年货旅游周活动。

9日 市委书记赵浩宇主持召开市委十二届八十九次常委会，传达学习中央经济工作会议精神、中央城市工作会议精神、中央农村工作会议精神，研究讨论崇州市国民经济和社会发展第十三个五年规划的建议，讨论市委常委会2015年工作报告。市委副书记、市长欧昭，市委副书记杨火清，市委常委郑继良、付卫东、赵卫东、王峻昆、廖冬雪、牟家忠、陈波、张大伟参加会议。

15日 街子镇古寺村获评中国乡村旅游模范村，青城园酒店、凤栖山酒店和东亭园林酒店获评中国乡村旅游金牌农家乐，味江味花园酒店获评中国乡村旅游模范户。

17日 市委召开十二届九十次常委会，传达学习《地方党委工作条例》、《干部教育培训工作条例》、全国党校工作会议精神和《中共中央关于加强和改进新形势下党校工作的意见》精神，研究部署崇州市贯彻落实工作。市委书记赵浩宇作重要讲话。市委副书记、市长欧昭，市人大常委会主任柳宁，市委副书记杨火清，市委常委郑继良、付卫东、赵卫东、王峻昆、廖冬雪、牟家忠、陈波、张大伟参加会议。

19 日 市委召开十二届八次全会，学习贯彻党的十八届五中全会和中央经济工作、城市工作会议精神、省委十届七次全会和省委经济工作暨城市工作会议精神、成都市委十二届六次全会、经济工作暨城市工作会议精神以及成都市“两会”精神，听取市委十二届六次全会以来的工作报告，研究部署“十三五”时期崇州市经济社会发展的重大问题，审议通过市委《关于制定国民经济和社会发展第十三个五年规划的建议》。全会由市委常委会主持，市委书记赵浩宇作重要讲话，并就建议讨论稿向全会作说明。市委副书记、市长欧昭，市委副书记杨火清，市委常委郑继良、付卫东、赵卫东、王峻昆、廖冬雪、牟家忠、陈波、张大伟参加会议。

20 日 崇州市召开市委书记抓党建工作述职评议大会。市委书记赵浩宇作述职报告。市委副书记、市长欧昭主持会议，市人大常委会主任柳宁出席会议，市委副书记杨火清，市委常委郑继良、付卫东、赵卫东、王峻昆、廖冬雪、牟家忠、陈波、张大伟参加会议。29 日，召开市级部门党组书记抓党建工作述职大会。

20—21 日 阿里巴巴集团数据中国事业部总经理应咏一行到崇州参观考察，先后参观了全友家私、IPC 枢纽大楼、10 万亩粮食高产稳产高效综合示范区，并就崇州智慧城市建设、大数据产业发展召开座谈会。市委副书记杨火清、市长助理叶志俊陪同考察。

21 日 市人民政府召开第七次全体会议，贯彻落实中共十八届五中全会、省委十届七次全会、成都市委十二届六次全会、成都市“两会”和崇州市委十二届八次全会精神；审议《政府工作报告》《崇州市国民经济和社会发展第十三个五年规划纲要》《崇州市“十二五”国民经济和社会发展规划执行情况及 2016 年计划的报告》《崇州市 2015 年财政预算执行情况和 2016 年财政预算的报告》，安排政府当前工作。市委副书记、市长欧昭主持会议，副市长赵卫东、冯卫康、杨文良、朱军、王成龙、肖瑶等参加会议。

22 日 成都市纪委副书记、市监察局局长景民率巡察组到崇州反馈巡察情况。情况反馈会上，巡察组认为崇州市纪委、市监察局能够严格按照“三转”要求，围绕主责主业，坚决履行监督责任、有效推动主体责任落实。同时指出工作中存在的薄弱环节和问题，并从拓展工作思路、创新方式方法、优化队伍建设上提出改进意见。市委书记赵浩宇，市委常委、市纪委书记陈波参加会议。

26 日 崇州市召开 2016 年品牌战略暨“守合同重信用”企业表彰会。全市新增四川省著名商标 5 件，分别为“百年天天”“友友肥料”“川盛塑胶”“都得利塑胶”“安居天下”，居全省区（市）县前列。

27 日 成都市人大常委会副主任赵小维率队到崇州检查烟花爆竹燃放管理工作。市人大常委会副主任邓雅兴陪同。

同日 省住建厅副厅长邱健率检查组到崇州检查创建省环境优美示范城市工作，并给予肯定。市委常委王峻昆、副市长朱军陪同。

29 日 成都市食品药品监督管理局局长周万生率队到崇州检查食品安全工作，先后前往崇州市市场监管局白头监管所了解基层监管所规范化建设、抽检设备配备及监管工作开展情况，并实地检查沃尔玛超市食品安全工作。市委常委王峻昆、副市长毛向阳陪同。

30 日 市政协第十三届委员会第五次会议

召开，全市 221 名政协委员到会。市委书记赵浩宇，市委副书记、市长欧昭，市人大常委会主任柳宁，市委副书记杨火清等在主席台就坐。杨学明代表政协崇州市第十三届委员会常务委员会向大会作工作报告、陈刚受政协崇州市第十三届委员会常务委员会委托向大会作提案工作情况报告；补选尹浩、刘刚新为政协崇州市第十三届委员会常务委员；听取并审议通过了《政协崇州市第十三届委员会第五次会议决议》《提案委员会关于政协崇州市第十三届委员会第五次会议提案审查情况的报告》。

31 日—2 月 2 日 崇州市第十七届人民代表大会第六次会议召开，231 名人大代表参会。大会主席团常务主席赵浩宇、柳宁、杨火清、周水全、谢艳华、邓雅兴、张年福、兰宏在主席团前排就坐，市人大常委会主任柳宁主持大会。大会听取和审议市人民政府工作报告；审查了崇州市国民经济和社会发展第十三个五年规划纲要草案、崇州市“十二五”国民经济和社会发展计划执行情况、2016 年国民经济和社会发展计划草案的报告、崇州市 2015 年财政预算执行情况和 2016 年财政预算草案的报告；听取市人大常委会主任柳宁作《崇州市第十七届人民代表大会常务委员会工作报告》、市人民法院院长马长明作《崇州市人民法院工作报告》、市人民检察院检察长龚亚明作《崇州市人民检察院工作报告》；听取议案审查报告，表决通过相关报告并作出决议。

1 月 由政协崇州市委员会和中共崇州市纪委联合编纂的《崇州古代廉政故事选编》出版发行。

本月 崇州市被命名为“成都市法治示范市”，白头镇被命名为“成都市法治示范镇”。

2 月

2 日 崇州市邀请中央电视台、光明日报、四川在线、成都电视台等 10 余家媒体代表召开座谈会，共谋崇州外宣金点子。

3 日 由成都市司法局、崇州市廖家镇詹湾村联合举办的村法治文化广场揭牌仪式暨第三届“文明守法家庭”表彰大会在廖家镇詹湾村举行。

同日 2016 年成都文化四季风民俗闹春暨崇州市“新年、话廉、送联”文化活动在元通镇启动。

4 日 市委十二届九十三次常委（扩大）会议召开，专题研究市人大和市政协工作。市委书记赵浩宇主持会议，市委副书记杨火清，市委常委郑继良、付卫东、赵卫东、王峻昆、廖冬雪、牟家忠、陈波、张大伟参加会议。

4 日、8 日 《四川日报》以《“贫困户优先股”最先获得分红》为题、《成都日报》以《“新春走基层”典型案例》为题，先后对崇州市财政投资收益扶贫试点工作的做法和取得的成效进行大篇幅报道。新浪等网站予以转载。

5 日 成都市委常委、成都警备区政委罗相水到梓潼、廖家、元通等乡镇看望慰问困难群众。市委书记赵浩宇、市委常委张大伟陪同。

15 日 崇州市召开市委十二届九十四次常委会，专题听取党委书记抓党建工作述职，并进行党风廉政建设集体约谈。市委书记赵浩宇主持会议并讲话。成都市委组织部常务副部长徐云到会指导并作点评讲话。市委副书记、市长欧昭，市委副书记杨火清，市委常委郑继良、付卫东、赵卫东、王峻昆、廖冬雪、牟家忠、陈波、张大伟出席会议。市人大常委会主任柳宁，市政协副主席黄志文列席会议。

同日 中共崇州市委制定《关于进一步加强人大工作和建设的实施意见》。《意见》根据中共中央、中共四川省委以及中共成都市委关于进一步加强县乡人大工作建设的指示，结合崇州实际，提出了 9 个方面的实施意见。

16 日 省委常委、省农工委主任李昌平到崇州调研，考察了成都钧乔农业科技工作开发有限公司，对崇州生态种养循环农业发展工作表示了肯定。省委农工委副主任杨秀彬，省台办副主任张军，成都市副市长谢瑞武，崇州市委书记赵浩宇，市委副书记、市长欧昭，市委常委郑继良，副市长王成龙参加调研。

同日 中共崇州市委制定《关于新形势下切实加强和改进人民政协工作的实施意见》。《意见》根据中共中央、中共四川省委、中共成都市委关于加强和改进人民政协工作的有关指示精神，结合崇州实际，提出4个方面的意见。

22日 崇州市召开贯彻落实成都市纪委七次全会精神会议。市委常委、市纪委书记陈波传达中央、省和成都市纪委全会精神，市委书记赵浩宇发表讲话，市人大常委会主任柳宁，市委副书记杨火清，市委常委郑继良、付卫东、赵卫东、王峻昆、廖冬雪、牟家忠、陈波、张大伟出席会议。

25日 省委常委、成都市委书记黄新初到崇州开展经济工作专项督导。黄新初一行先后考察了捷普公司、裕同印刷、IPC枢纽大楼，对崇州经济工作表示肯定。成都市委常委吴凯，市委常委、秘书长王波参加督导。崇州市委书记赵浩宇，市委副书记、市长欧昭，市人大常委会主任柳宁，市政协主席杨学明等随同。

同日 国家粮食局党组成员、副局长邓亦武率队到崇州调研粮食产后（烘储中心）体系建设情况，给予充分肯定。国家粮食局规划财务司副司长林凤刚、省粮食局局长张书冬、省发改委经济贸易处处长郑伟、成都市政府秘书长覃文林参加调研，崇州市委书记赵浩宇，市委常委、统战部部长郑继良陪同。

同日 崇州市率先在成都市区（市）县中启动“农贷通”平台建设暨现场授信签约仪式。人民银行成都分行营管部副主任李宏伟、崇州市副市长王成龙等出席仪式。

26日 全球玉山科技创始人、美国百人会理事、晓龙基金会董事长、崇州市城市顾问曾宪章受邀到崇州演讲，畅谈“创新创业与青年成长”，并为与会企业建设运营提出建议。市委副书记杨火清，市委常委、市委宣传部部长廖冬雪，市长助理叶志俊参加座谈。

2月 崇州市获评四川省乡村旅游强县，桤木河湿地公园获评四川省生态旅游示范区，道明竹编村文化旅游基地获评四川省乡村旅游创客示范基地。崇州市缘道家庭农场获评四川省乡村旅游精品特色业态经营点，稻香人家生态农庄、建华葡萄庄园、金手指葡萄庄园、青城香岛葡萄庄园、土而奇农庄获评四川省乡村旅游特色业态经营点，竹艺客栈获评四川省乡村旅游特色业态创意文苑。

本月 崇州市道明镇学校获评“成都市环境友好型学校”。

3月

2日 阿坝州防震减灾局局长朱湘平率队到崇州考察调研“国家防震减灾示范县”创建相关工作，崇州市防震减灾局局长王伟陪同。

同日 宁夏回族自治区农牧厅党组成员、副厅长马新民一行到崇州考察农业共营制工作。

同日 中共崇州市纪律检查委员会举行第六次全体会议，学习贯彻中央纪委六次全会、省纪委五次全会、成都市纪委七次全会精神，总结回顾2015年全市党风廉政建设和反腐败工作，研究部署2016年工作任务，审议通过市纪委六次全会工作报告和市纪委六次全会决议。市纪委常委会主持，市委常委、市纪委书记陈波作工作报告，市委书记赵浩宇出席并讲话，市委副书记、市长欧昭，市人大常委会主任柳宁，市委副书记杨火清，市委常委付卫东、赵卫东、王峻昆、廖冬雪、牟家忠、张大伟参加会议。

3日 “2016第四届四川自驾赏花节”在隆兴镇黎坝村开幕。市委书记赵浩宇致辞，省林业厅森林旅游中心副主任熊跃武，成都市直机关工委副书记熊辉，成都市旅游局副局长陈世安，崇州市委副书记、市长欧昭，市委常委王峻昆、廖冬雪参加开幕式。

4日 成都市“法律七进”科技文化卫生“三下乡”集中服务活动暨百姓故事会——话说社会主义核心价值观活动在白头镇五星村举行。

同日 中共崇州市委发出《关于印发〈中共崇州市委常委会2016年工作要点〉的通知》。2016年市委常委会的工作要点有27项。

7日 国家行政学院非洲英语国家青年领导人研修班近30名学员到崇州参观考察现代农业产业发展及新农村建设示范点位。

同日 南充市顺庆区委副书记戚辉率党政代表团到崇州调研统筹城乡改革发展工作。副市级领导付大成陪同。

同日 崇州市召开环境保护工作大会，谋划全市“十三五”环境保护工作，安排部署2016年环保重点工作。

同日 上海东方卫视以《四川崇州：发展当地特色产业村民三年收入翻一番》为题，详细报道崇州市依托特色乡村旅游、农业共营制等方式，精准扶贫，提高群众收入的做法。成都商报以《图片新闻》为题，报道崇州市重庆路油菜花盛开，一家老小在伞下赏花品茶的闲适生活。

8日 新华社、《四川农村日报》以《彩礼厚重不等于婚姻幸福　小两口同心打拼才是真财富》为题，报道崇州市隆兴镇黎坝村村民袁玉霞的感人事迹。《四川农村日报》以《春耕号角吹　农机保养要跟上》为题，报道崇州市积极进行春耕备耕的做法。《成都日报》以《未来电子信息产业链　将为崇州贡献近千亿产值》为题，报道捷普崇州项目作为省级重点项目之一，为崇州工业转型升级所做的示范与贡献。《成都日报》以《创新创业走进油菜花田》为题，报道崇州打造“春田花花青创汇”创新创业服务平台的新举措。

9日 《成都日报》以《“10+7+3”产业布局　现代农业成经济动力源》为题，报道崇州以10万亩粮经产业新村建设成片推进综合示范基地为支撑，在农产品保障供应和农民增收方面取得的新成效；以《引入社会资源　激发公共文化服务新活力》为题，报道经过一年探索，市文旅局建成文化院坝28个，并引入13家社会组织管理其中的25个乡镇文化院坝。

同日 大连市政府办公厅副巡视员韩行华、大连市委政研室副主任邵龙馥率领考察组到崇州考察调研。市长助理杨宏浩陪同。

同日 市委召开十二届九十六次常委会，专题学习中央、省委、成都市委换届工作会议精神。市委书记赵浩宇主持会议，市委副书记、市长欧昭，市人大常委会主任柳宁，市委副书记杨火清，市委常委郑继良、付卫东、赵卫东、廖冬雪、牟家忠、陈波、张大伟参加会议。

10日 人民网以《崇州市文井江镇推出“一桌餐”20元吃遍川西风味》为题，报道文井江镇立足自身生态优势、抓住生态涵养区建设契机，在加快旅游品牌建设上的新做法。

同日 嘉祥教育集团副总经理沈翼、四川省优质教育促进会教科院院长洪涛、四川省优质教育促进会副秘书长罗玲到崇州考察教育工作。

13日 中央电视台财经频道大型纪录片《五年规划》第六集《五年之后》播出崇州市“农业共营制”新闻纪录。

14日 农业部规划设计院院长朱明一行到崇州调研都市现代农业。实地考察10万亩粮食高产稳产高效综合示范基地、集贤农业综合服务站、白头镇五星村幸福美丽新村，对崇州探索构建“农业共营制”、新农村建设模式给予充分肯定。副市长王成龙陪同调研。

15 日 2016 年中国流动科技馆四川巡展·崇州站暨“科技之春”科普活动月活动在崇州举行。

同日 崇信大数据公司与成都天府通公司正式签约，合作推进崇州市民一卡通“智惠卡”项目。

同日 崇州市第三次全国农业普查工作启动。

16 日 成都市房管局局长何立祥到崇州调研棚户区改造工作，并给予肯定。市委副书记、市长欧昭，市委常委、常务副市长赵卫东陪同调研。

17 日 副省长、省防指指挥长曲木史哈到崇州检查指导防汛工作并给予肯定。成都市委常委、副市长谢瑞武参加调研，崇州市委书记赵浩宇、副市长王成龙陪同。

同日 成都市委常委、副市长谢瑞武到崇州市台资企业——成都钧乔农业科技开发有限公司调研。崇州市委书记赵浩宇、副市长王成龙陪同。

同日 崇庆中学通过四川省一级示范性普通高中现场评审。

18 日 中国·成都第七届自行车车迷健身节（崇州站）暨第五届公路自行车精英赛在白塔湖景区举行。成都市副市长傅勇林宣布活动开幕，市委书记赵浩宇致欢迎辞，市委副书记、市长欧昭主持开幕式。20 日，中央电视台体育频道“体育晨报”栏目以《“最美乡村公路”打造车迷健身节》为题予以报道。

同日 安徽省肥西县委书记汤传信率队到崇州考察统筹城乡工作。市委书记赵浩宇全面介绍崇州农业共营制运行模式和成果。市委常委、统战部部长郑继良陪同考察。

20 日 由市总工会、市人社局和怀远镇共同举办的“技能成就梦想”——2016 成都百万职工技能大赛崇州藤编竞赛在怀远镇举行。来自茂祥藤器的陈秀群获得第一名。

21 日 崇州市第十七届人大常委会第三十次会议召开，审议通过《崇州市宪法宣誓制度实施办法》，听取和审议崇州市人民政府贯彻执行《中华人民共和国就业促进法》《中华人民共和国中小企业促进法》的情况报告，听取和审议崇州市人民政府关于 2015 年城市建设攻坚工作的情况报告；任命余文祥为崇州市市场和质量监督管理局局长。市人大常委会主任柳宁主持会议，市人大常委会副主任周水全、谢艳华、邓雅兴、张年福、兰宏出席会议。

22 日 山东省泰安市委副书记李希信率队到崇州考察农业农村工作。副市长王成龙陪同。

同日 市委全面深化改革领导小组第七次会议召开，审议《市委全面深化改革领导小组 2016 年工作要点》及有关专项改革方案，听取综合行政执法改革推进情况汇报及全市改革工作汇报，研究部署 2016 年全面深化改革工作。市委书记赵浩宇主持会议并讲话。市委副书记、市长欧昭，市人大常委会主任柳宁，市政协主席杨火清，市委常委郑继良、付卫东、赵卫东、廖冬雪、牟家忠、陈波、张大伟参加会议。

22 日 国家粮食局仓储与科技司副司长张雪一行到崇州调研粮食产后体系建设情况，参观五星村土地股份合作社农业服务中心、崇州市粮食银行白头分行，对崇州工作表示肯定。四川省粮食局产业发展处处长王亚南、成都市发改委粮食发展和调控处处长汪建、崇州市发改局局长俞冬梅、副局长王涌俨及白头镇相关领导陪同调研。

24 日 市委召开十二届九十七次常委（扩大）会，传达学习全国“两会”精神和省、成都市传达贯彻全国“两会”主要精神，听取市纪委关于 2015 年度党风廉政建设主体责任检查考核结果及党风政风行风满意度测评结果反馈情况汇报，研究审议《2015 年度市委市政府领导班子及班子成员党风廉政建设主体责任清单》。市委书记赵浩宇主持会议，并作重要讲话。市委副书记、市长欧昭，市委副书记杨火清，市委常委郑继良、付卫东、王峻昆、牟家忠、陈波、张大伟参加会议，市人大常委会主任柳宁、市政协主席杨学明列席会议。

25日 崇州市召开“2016年安全生产暨全面落实企业主体责任年”工作大会，总结2015年安全生产工作，安排2016年工作。市委书记赵浩宇出席会议并讲话。市委副书记、市长欧昭，市委副书记杨火清，市委常委、市委政法委书记付卫东，副市长肖瑶参加会议。

同日 “巴蜀汉风——川渝地区汉代文物精品展”在深圳博物馆展出，崇州市博物馆精选国家一级文物“东汉谒见画像砖”和“西汉虎纹铜小刀”参加展览。

27日 “2016微软创新杯全球学生科技大赛四川区域赛总决赛”在崇州市举行，来自四川大学、电子科技大学、西南财经大学、西南科技大学等高校的12支大学生创业团队参与“最佳创新”“世界公民”“游戏”三个类别比赛的角逐。经过作品展示和讲解、评委点评等环节的比拼，来自四川大学的TOOT、Genice和Hold Your Hands三支团队获得四川区域总决赛一等奖。

28日 成都市副市长刘守成调研崇州市2016年重点工作“开门红”推进情况。先后走访明珠家具、南平铝业生产企业和琴鹤大桥项目施工现场，并主持召开座谈会。市委书记赵浩宇，市委副书记、市长欧昭，市委副书记杨火清，市委常委郑继良、赵卫东、王峻昆、张大伟等参加调研座谈会。

29日 四川省司法厅基层处副处长苟玉伦一行在成都市司法局基层处副处长施尚君、市司法局局长戚斌等陪同下，对崇州市司法所规范化建设情况进行实地调研。

同日 国家农发办副主任何兆斌率队到崇州调研财政投资收益扶贫工作。国家农发办产业化处处长李建民、省财政监督检查局局长李泽民、省农发办副主任肖世军参加调研。崇州市委副书记、市长欧昭，副市长王成龙陪同。

同日 崇州市人民政府与四川省优质教育促进会教育战略合作框架协议签约仪式在崇州举行。成都市教育局党组书记、局长吕信伟，成都市总督学陈蕾，崇州市委书记赵浩宇，市委常委、市委宣传部部长廖冬雪，副市长冯卫康，优促会常务副会长兼秘书长向克坚，副会长刘国伟、陈华忠等主要领导及代表，崇州市部分中小学校长和幼儿园园长代表受邀出席签约仪式。仪式由崇州市委常委、市委宣传部部长廖冬雪主持。

31日 成都市政协副主席杨小英率成都市政协“十三五”旅游业发展规划民主监督成员到崇州元通古镇、街子古镇调研古镇旅游发展情况。成都市旅游局副局长陈世安，崇州市政协主席杨学明、副市长肖瑶、市政协副主席罗红蕾参加调研。

同日 崇州市召开2016年党建工作会。市委书记赵浩宇在会上强调，要找准党建工作新定位、谋求党建工作新突破、提升党建工作新成效。市委副书记、市长欧昭主持会议。市人大常委会主任柳宁出席会议。市委副书记杨火清，市委常委赵卫东、王峻昆、陈波、张大伟等参加会议。

4月

1日 市政协召开十三届十九次常委会，传达学习《四川省国有土地上房屋征收与补偿调条例》《建筑业企业资质管理规定》；听取市政府关于市政协十三届五次会议委员协商讨论《政府工作报告》意见建议的报告、关于2016年城建攻坚工作的情况报告，并通过有关人事任免事项。市委常委、常务副市长赵卫东，市委常委王峻昆，市人大常委会副主任谢艳华列席会议，市政协副主席陈刚、黄志文、王伟参加会议。

同日 经市委、市政府研究，决定对捷普科技（成都）有限公司等20家突出贡献优秀企业、成都市鹰诺实业有限公司等30家科技创新优秀企业、四川省川建管道有限公司等42家提档升级优秀企业、四川一宇钢结构工程有限公司等33家市场开拓优秀企业、成都国信安信息产业基地有限公司崇州分公司等26家创新创业优秀企业、崇州君健塑胶有限公司等12家外贸进出口优秀企业予以通报表彰。

2日 崇州市桤木河湿地公园获评省级湿地公园，省林业厅副厅长降初、成都市林业和园林局副局长罗叶向桤木河湿地公园授牌。

同日 崇州市首个关爱留守儿童专项基金“樱花屋”成立仪式在街子樱花公园举行。市委常委、市委宣传部部长廖冬雪出席成立仪式。

同日 成都市家具行业企业落实安全生产主体责任暨涉爆粉尘安全专项治理工作现场会在崇州召开。成都市政府安办主任、安监局长孙波及成都市安监局有关领导出席会议。崇州市委副书记、市长欧昭在大会上致辞，副市长毛向阳，各区（市）县安监局分管领导，成都高新区、成都天府新区管委会安委办分管领导，相关开发区主要负责人，300余名家具企业主要负责人参加会议，成都市安监局副局长袁海良主持会议。

6日 省政府召开第四次廉政工作电视电话会议，崇州市在分会场组织收听收看。

7日 甘肃省庆阳市委副书记、市委政法委书记董建镇率考察团到崇州考察新农村建设。

8日 成都陇海企业管理集团有限公司与崇州市签订《三郎国际旅游度假区项目投资框架协议书》。陇海集团将分期投资106亿元，打造三郎国际旅游度假区。项目用地总面积3763亩，从2016年起至2024年分三期进行建设。市委书记赵浩宇致辞，陇海集团战略委员会主席杨忠强、陇海集团战略委员会副主席彭跃渠、陇海集团总裁王訬，市委常委、市长欧昭，市人大常委会主任柳宁，市委常委赵卫东、王峻昆，副市长肖瑶出席签约仪式。

同日 黑龙江省委宣传部副部长刘光慧一行到崇州考察“农业共营制”及街子古镇旅游发展情况。

同日 崇州市举行综合行政执法体制改革专题辅导报告会。四川大学法学院教授徐继敏作题为“从法治政府建设谈崇州市综合执法改革”的专题辅导报告。市委书记赵浩宇主持会议，市人大常委会、市政府、法检两院负责人及全市党群、社团及政府部门负责人以及市综合行政执法局班子成员、中层干部、执法大队长参加会议。

10日 在长沙市举办的第九届中小学智慧教育暨翻转课堂应用实践研讨会上，崇庆中学附属初中获评“智慧课堂示范学校”，并获教育资源奖励10万元，校长张燕群获评“2015年教育信息化年度贡献人物”。

11日 崇州市委发出《关于成立中共崇州市委离退休干部工作委员会的通知》，决定成立崇州市委离退休干部工作委员会，设在市委老干部局，分别由市委老干部局局长、副局长兼任党工委书记、副书记。

同日 崇州市2014年度巩固退耕还林成果国家专项建设项目通过省级复查验收。

12日 郫县县委副书记王洁率考察团到崇州考察新农村建设和都市现代农业工作，市委副书记杨火清陪同。

14日 省林业厅厅长尧斯丹率队到崇州调研深化集体林权制度改革工作，并给予肯定，成都市林业和园林管理局局长杨小广参加调研，崇州市副市长王成龙陪同调研。

同日 湖北省孝感市孝昌县委副书记、县长胡斌率党政代表团到崇州考察统筹城乡发展、新农村和城市规划建设。市委书记赵浩宇，市委常委、市委统战部部长郑继良陪同。

15日 崇州市与成都市兴蓉集团有限公司签订《战略合作框架协议》，双方将在水务、环保、旅游等领域深化合作，建立长期稳定的战略合作伙伴关系。市委书记赵浩宇致辞，兴蓉集团董事长李本文、总经理刘李，市委副书记、市长欧昭，市政协主席杨学明，市委常委郑继良、赵卫东，副市长王成龙出席签约仪式。

同日 由四川省齐力慈善基金会、中国农工民主党崇州市支部共同举办的蜀州医疗救助专项基金授牌活动暨“走基层、送健康、送文艺”义诊义演活动在崇州市蜀州颈腰病医院举行。

18日 市委书记赵浩宇率队赴深圳三诺集团考察，双方在项目选址等方面进行商谈。市委副书记杨火清参加考察。

19日 国家安全生产监督管理总局监察专员刘幼贞到崇州调研烟花爆竹安全监管工作。崇州市委常委、市委政法委书记付卫东陪同调研。

同日 市委书记赵浩宇率水务、国土、交通、防震减灾等部门负责人调研防汛及地质灾害防治工作。

同日 工信部产业政策司副司长胡群一行到崇州考核2015年淘汰落后产能和过剩产能工作。市委副书记、市长欧昭，市委副书记杨火清，副市长毛向阳陪同。

20日 市委召开中心组《党委会的工作方法》专题学习研讨会。市委书记赵浩宇领学《党委会的工作方法》，市委副书记欧昭、杨火清，市委常委牟家忠分别结合自身工作作交流发言。市人大常委会主任柳宁，市政协主席杨学明，市委常委付卫东、赵卫东、王峻昆、陈波、张大伟参加会议。

同日 成都市青白江区委书记刘筱柳率党政代表团到崇州考察现代农业示范区建设相关工作，先后考察隆兴镇黎坝村杨柳土地股份合作社、集贤乡农业综合服务站和白头镇五星村粮食烘储中心。市委书记赵浩宇，市委常委、市委组织部长牟家忠，副市长王成龙陪同。

22日 崇州市召开“两学一做（学党章党规、学系列讲话，做合格党员）”学习教育工作座谈会，传达贯彻中央、省委、成都市委“两学一做”学习教育工作座谈会精神，对全市学习教育作动员部署。市委书记赵浩宇出席会议并讲话，市委副书记、市长欧昭主持会议。

同日 2016年崇州市第九届全民阅读活动在市图书馆举行。本次全民阅读活动以“书香崇州”为主题。市委常委、市委宣传部部长廖冬雪，市人大常委会副主任兰宏，市政协副主席张志新出席活动。

同日 市委办公室印发《崇州市严肃换届纪律 加强换届风气监督工作实施方案》。

22—25日 在2016第二届武汉国际家具展览会上，崇州市国家级非物质文化遗产代表项目“道明竹编”参展，作品“蜀州艺进”荣获“黄鹤杯”最佳创意奖。

24日 湖南省长沙市望城区委书记孔玉成率考察团到崇州调研“农业共营制”发展情况。考察团考察隆兴镇黎坝村10万亩粮食高产稳产高效示范基地、白头镇五星村烘储中心、五星村农民新居等地，市委书记赵浩宇、副市长王成龙陪同。

25日 以省双拥办主任、省民政厅副厅长罗平恩为组长的省双拥工作检查考评组到崇州检查考评崇州市创建新一轮全国双拥模范城工作，并给予肯定。市委书记赵浩宇，市委副书记、市政府市长欧昭，市政协主席杨学明，市委常委、常务副市长赵卫东，市委常委、市人武部部长张大伟，副市长冯卫康等分别出席工作汇报会和陪同检查。

26日 市委书记赵浩宇率市委统筹委、市农发局、市国土局、市财政局等部门负责人到文井江镇调研“林业共营制”工作。副市长王成龙参加调研。

27日 崇州市与四川康沃本原生物科技有限公司签订《康沃本原土壤应用科技项目投资协议》。康沃本原生物科技公司将投资2.8亿元用于燎原乡建设土壤应用科技项目。康沃本原生物科技有限公司总经理陈畅，副市长王成龙参加签约仪式。

28日 市总工会举行庆“五一”活动暨“蜀工创就汇”启动仪式，表彰全市各条战线的全国、省、成都市劳模代表20名和优秀创新创业代表10名。市委常委、市总工会主席郑继良向全市广大劳动者致以节日的问候。成都市总工会副主席陈聪，崇州市领导谢艳华、黄志文向劳模和创新创业代表颁奖。

同日 由成都市关工委、成都市关心下一代基金会主办的“流动少年宫”项目在锦江乡小学启动。成都市关工委领导何绍华出席启动仪式，并向锦江小学授与“流动少年宫”铭牌，市委书记赵浩宇陪同参加。

同日 市委办公室印发《关于在全市党员中开展“两学一做”学习教育的实施方案》。

29日 市委副书记、市长欧昭率队到街子镇、元通镇、道明镇和崇阳街道调研旅游景区、汛期及地质灾害等方面的安全工作。市委常委、常务副市长赵卫东，副市长王成龙参加调研。

5月

4日 崇州市举行主题为“展青春风采·谱崇梦华章”的纪念五四运动97周年暨第二届青年五四奖章表彰会。共青团成都市委副书记罗静，崇州市领导郑继良、牟家忠、张年福、肖瑶、李文明为获得青年五四奖章的两个集体和10名个人颁发证书和奖杯。

同日 国家粮食局副局长卢景波一行到崇州考察粮食产后服务体系建设工作并给予肯定。四川省粮食局局长张书冬，成都市发改委副主任刘兴军，崇州市委书记赵浩宇，副市长王成龙等陪同考察。

同日 成都市人大常委会副主任冷刚到崇州调研防汛工作并给予肯定，市委书记赵浩宇，市人大常委会主任柳宁，市人大常委会党组书记易孔盛，副市长王成龙陪同。

5日 湖南省湘西自治州委常委、副州长孙法军率考察团到崇州考察农业发展工作。市委常委、市委宣传部部长廖冬雪陪同考察。

6日 中国地震局机关青年干部30余人到崇州开展社会实践活动，实地调研防震减灾科普教育基地和崇州灾后恢复重建成果，并与市防震减灾局局长王伟就市县市防震减灾工作座谈交流。

9日 崇州市召开2016年防汛和地质灾害防治工作会议，通报2016年汛期天气趋势预报情况、水文站水情预测情况，安排部署2016年防汛工作和地质灾害防治工作。市委常委、常务副市长赵卫东出席会议并讲话。

同日 副省长甘霖率队来崇州调研质量对标行动推进情况，参观成都全友家私有限公司板式家具分厂生产车间和展厅，省政府副秘书长滕中平，省质监局局长向东，成都市委常委、常务副市长朱志宏，崇州市委副书记、市长欧昭，市委副书记、经开区党工委书记杨火清，副市长毛向阳陪同调研。

10日 中共崇州市委、崇州市人民政府发出《关于做好2016年“项目攻坚行动”工作的通知》。市委、市政府决定2016年要着力抓好306个重点项目，总投资828.06亿元，项目分为农业、工业、服务业三个类别。

同日 中共崇州市委发出《关于开展农村基层党建整体提升工程的实施意见》。《意见》对加强农村基层党建全面提升战斗力，实现基层党组织责任过硬、组织过硬、队伍过硬、服务过硬、业务过硬、保障过硬以及实施“党建责任”提升、“组织覆盖”提升、“制度落实”提升、“示范建设”提升、“党员先锋”提升、“基层治理”提升、“党建保障”提升。

10日 “走读中国”启动仪式第一站走进崇州寻找“天府源·成都味”在崇州举行，现场展出具有崇州特色的菜油、糙米、枇杷茶等农特产品。省供销联社副主任向伟益，崇州市委常委郑继良、廖冬雪，副市长肖瑶，成都传媒集团党委委员、副总编辑、先锋传媒董事长李科等出席启动仪式。

同日 崇阳街道、怀远镇、街子镇、白头镇、元通镇入选成都市“互联网小城镇”建设试点镇。

同日 市委书记赵浩宇率队考察南京润恒集团。11日，率队考察北京亿阳信通股份有限公司。12日，率队考察上海巨晴水疗设备有限公司。

11日 经国家发改委专家组评审，崇州市李家岩水库工程项目可行性研究报告获原则通过。

12日 成都市（崇州）2016年地震应急综合演练活动在街子镇举行。崇州市委常委、常务副市长赵卫东担任应急综合演练指挥长。

同日 四川省关工委执行主任张中伟一行到崇州调研关心下一代工作开展情况，并给予肯定。省关工委领导杜江、唐建军，成都市关工委常务副主任徐登杰参加调研，崇州市市委副书记、市长欧昭，市委常委、市委统战部部长郑继良，市人大常委会副主任张年福，崇州市老领导、市关工委顾问王艾文、黄道义、张春生陪同调研。

13日 在“5·15”国际家庭日前夕，崇州市召开表彰会，向全市“崇城榜样”——寻找“最美家庭”活动中获评“最美家庭”的10户人家及获提名奖的家庭代表颁发荣誉证书。

14日 崇庆中学实验学校足球队获“运动成都”2016年成都市青少年校园足球赛一等奖；6月4日球队又获成都市第13届运动会足球比赛冠军。

15日 江苏省淮安市地震局局长李正国一行到崇州调研防震减灾工作。成都市防震减灾局副局长徐水森，崇州市防震减灾局局长王伟、纪检组长雷林伟陪同调研。

16日 美国辛辛那提大学创业研究中心到崇州市青年（大学生）创业园参观考察，双方就创新创业、技术提升、信息共享等方面进行深入的学习交流。

17日 浙江省安吉县委副书记陆为民率考察团到崇州考察绿色家居产业发展情况。市委副书记杨火清陪同。

同日 由市委宣传部和市文旅局主办，成都市京剧研究院编排演出的京剧《落梅吟》在市艺术中心演出。

18日 成都市人大常委会副主任赵小维到崇州调研《成都市宗教活动场所管理规定》贯彻落实情况，并给予肯定。市人大常委会副主任兰宏陪同。

同日 成都市人大常委会副主任孙传敏到崇州调研精准扶贫工作。市委书记赵浩宇，市人大常委会党组书记易孔盛，市人大常委会副主任谢艳华、张志新陪同。

同日 农业部党校现代农业研究中心调研组到怀远镇调研家庭农场发展情况。

19日 什邡市人大常委会党组副书记、副主任周军一行到崇平镇参观考察基层社会协商工作。

同日 国家卫生计生委家庭司司长王海东、民政部社会福利和慈善事业促进司巡视员王来柱一行到崇州调研医养结合工作。四川省卫计委副巡视员彭杰、四川省民政厅副处长马江、成都市卫计委副主任张鹰、成都市民政局副局长刘永昌、崇州市副市长冯卫康等陪同调研。

同日 崇州市举行医疗联合体成立暨分级诊疗启动仪式。

同日 中国地震学会科技管理委员会主任、科技部评审专家、国家新闻出版基金评审专家吴荣辉到崇州调研防震减灾工作。

20日 四川九寨鲁能生态旅游投资开发有限公司董事长李培峰一行到崇州市北部10万亩粮经旅综合示范区进行投资考察。

同日 市委召开十二届一〇二次常委会，传达学习习近平总书记对四川工作的重要指示批示精神。市委书记赵浩宇主持会议并讲话，市委副书记、市长欧昭，市委副书记杨火清，市委常委郑继良、付卫东、赵卫东、王峻昆、廖冬雪、牟家忠、陈波、张大伟等参加会议。市人大常委会主任柳宁，市人大常委会党组书记易孔盛，市政协主席杨学明列席会议。

20—22日 蜀城中学代表队获四川省"协会杯"中小学射箭比赛团体总分第一。

21日 古镇乐园暨字库酒店参展威尼斯建筑双年展发布会在街子古镇举行。本次发布会上，成都传媒集团资产媒体化转型的重点引擎项目——古镇乐园正式亮相。

23日 崇州市首家外资企业党委——捷普科技（成都）有限公司党委成立大会暨揭牌仪式在捷普公司举行，这是崇州市首个外资企业党组织。市委副书记杨火清表示祝贺，市委常委、市委组织部部长牟家忠为其揭牌。

同日 民革中央常委于一成一行到崇州市青年（大学生）创业园调研青年就业创业服务工作。

同日 崇州市第十七届人大常委会第三十一次会议召开，听取和审议市人民政府贯彻执行《中华人民共和国公路法》《中华人民共和国职业教育法》的情况汇报，任命张春阳为崇州市国土资源局局长。市人大常委会主任柳宁、党组书记易孔盛，副主任周水全、谢艳华、张年福、兰宏出席会议。副市长肖瑶、市政协副主席罗红蕾列席会议。

24日 山东省垦利县经济开发区考察团到崇平镇考察基层社会治理工作。

同日 江西省抚州市政协考察团到崇州调研生态养老产业发展情况。

25日 "太极蓉城·品质崇州""中国体育彩票超级大乐透杯"2016年崇州市全民健身运动会太极拳、扇展示活动在市体育中心举行。

同日 崇州市青年CEO电商大赛线下培训会第一期在市图书馆开班。

26日 成都市人大常委会副主任冷刚来崇州督导精准扶贫工作。冷刚先后来到燎原乡铧头村和王场镇清明村，详细了解两个村的实际情况、精准扶贫工作开展情况等，并主持召开座谈会。市人大常委会党组书记易孔盛、市人大常委会副主任张年福陪同。

27日 崇州市中小学校长课程领导力提升培训班在市实验小学开班。

同日 崇州市召开"两个十万亩"区域建设现场推进会。副市长王成龙参加会议。

31日 省防汛抗旱指挥部常务副指挥长、省水利厅厅长胡云率队到崇州督查防汛抗旱减灾工作，并给予肯定。成都市委常委、防汛抗旱指挥部副指挥长谢瑞武，崇州市委书记赵浩宇，市委副书记、市长欧昭，副市长王成龙等陪同督查。

同日 崇州市召开"安全生产月"暨"安全生产崇州行"动员部署大会。市委常委、市委政法委书记付卫东参加会议。

5月 崇州市"一标三实"（标准地址、实有人口、实有房屋、实有单位信息）采集工作全面铺开。

6月

1日 60集大型传统文化系列故事片《宋词演义》启动仪式在崇州举行。

5日 以"双创引领升级·数据创造未来"

为主题的“创业天府 菁蓉汇·崇州”大数据创新发展专场在崇州举行。成都市副市长苟正礼，崇州市委书记赵浩宇，市人大常委会党组书记易孔盛，市政协主席杨学明，市委副书记杨火清，市委常委赵卫东、廖冬雪、牟家忠等出席会议。

6日 崇州市人民政府与四川德仁堂（控股）集团签订战略合作框架协议。崇州市委书记赵浩宇、四川德仁堂（控股）集团董事长林桂兴分别致辞。

7日 崇州市召开成都市第五批驻村干部暨第一书记座谈会。成都市直机关工委组织处副处长余力，成都市卫计委副主任陈沙宁亲临现场指导，市委常委、市委组织部部长牟家忠出席会议并作讲话。

8日 四川省副省长王铭晖率队到崇州检查防汛和地质灾害防治工作，并给予肯定。四川省防汛抗旱指挥部常务副指挥长、省水利厅厅长胡云参加检查。成都市委常委、防汛抗旱指挥部副指挥长谢瑞武，崇州市委书记赵浩宇，市委副书记、市长欧昭，副市长王成龙陪同检查。

同日 宁夏中卫市代表团到崇州市集贤农业综合服务站考察土地制度改革等工作。成都市农委副主任熊先祥以及相关领导参与调研。

14日 市政府制定《关于贯彻落实粮食安全行政首长责任制的意见》。《意见》指出：一、强化粮食安全意识和责任；二、巩固和提高粮食生产能力；三、切实保护种粮积极性；四、管好地方粮油储备；五、增强粮食流通能力；六、促进粮食产业健康发展；七、保障区域粮食市场基本稳定；八、强化粮食质量安全治理；九、大力推进节粮减损和健康消费；十、强化保障措施和监督考核。

同日 成都市政协副主席罗霞率成都市政协民主监督组来崇州调研推进城乡扶贫开发工作，对崇州扶贫开发工作给予肯定。市委书记赵浩宇、市政协副主席王伟陪同。

14日—15日 市委中心组召开“两学一做”学习教育第一次专题学习会，深入学习习近平总书记治国理政新理念、新思想、新战略，贯彻落实习近平总书记关于指导四川工作的重要讲话和指示精神。市委书记赵浩宇主持会议，市人大常委会主任柳宁，市人大常委会党组书记易孔盛，市委常委郑继良、赵卫东、王峻昆、廖冬雪、陈波参加会议。

15日 “知识产权大数据应用论坛”在崇州召开。国家知识产权局专利管理司副司长张宏、省知识产权局副局长杨早林、崇州市副市长毛向阳分别就知识产权大数据促进发展发表主题致辞。成都市科技局副局长吴健向崇州市授牌“崇州市大数据创新驱动试点区”。市委副书记杨火清、市长助理叶志俊参加论坛活动。

同日 街子古镇乐园举行“苏河投·专场闭门路演”，探索“景区+孵化器”创业孵化新模式。市委常委王峻昆出席活动。

20日 市委书记赵浩宇先后到崇阳街道汇蜀社区、市检察院、崇平镇春风村调研基层党建工作。赵浩宇要求，各基层党组织要结合实际，勇于创新，建立健全党建工作机制，充分发挥好党员先锋模范作用和党组织战斗堡垒作用，全力推进“产业新城、品质崇州”建设。市委常委、市委组织部部长牟家忠，市委常委、市纪委书记陈波等参加调研。

同日 由中国农业大学中国农业政策研究中心吕之望教授一行5人组成的农业部中期评估组在成都市财政局副巡视员孙自锦、成都市农委总经济师宋峰等相关人员的陪同下对崇州改进农业补贴办法试点工作进行中期评估。

21日 崇州市委、崇州市政府发出《关于进一步集中力量打赢脱贫攻坚战的实施意见》。《意见》对打赢脱贫攻坚战提出总体要求、目标任务、重点工作及保障措施等提出30条意见。

同日 “曙光，永远在前——祝中国共产党成立95周年暨红军长征胜利80周年”书画展在崇州市文化馆开幕。此次书画展围绕主题，百花齐放，组织书画家38位，精心创作作品66幅，以书画艺术为载体，弘扬时代主旋律。市政协主席杨学明，市委常委、市委宣传部部长廖冬雪，市政协副主席黄志文、张志新出席开幕仪式并参观展览作品。

22日 市委副书记、市长欧昭代表崇州与成都市气象局签署全面推进气象现代化合作协议。市委常委、市委统战部部长郑继良，副市长王成龙参加签约仪式。

26日 崇州市以“无毒青春、健康生活”为主题开展国际禁毒日宣传活动。

27日 市委副书记、市长欧昭率安监、水务、国土、交通、公安等部门负责人调研汛期安全工作时强调，各相关部门要把安全放在首位，严格按要求、按标准执行相关安全工作规定，切实保护人民群众的生命和财产安全。

同日 市委书记赵浩宇率队到对口联系点观胜镇青柳村调研指导脱贫攻坚工作。强调要统筹谋划，精准施策，高质高效完成脱贫攻坚工作。市委常委、市委组织部部长牟家忠参加调研。

同日 四川九寨鲁能生态旅游投资开发有限公司董事长、总经理李培峰率队到崇州考察，并就投资崇州市“北部10万亩粮经旅综合示范区”相关事宜进行洽谈。市委副书记、市长欧昭，市委常委、市委统战部部长郑继良参加座谈。

28日 中国红岩文化研究专家厉华教授应邀到崇州，在市艺术中心作《红岩魂——信仰的力量》专题报告。市委常委牟家忠、廖冬雪、陈波、张大伟等参加。

29日 崇州市召开公务用车制度改革动员部署大会。崇州市委常委、常务副市长赵卫东出席会议并讲话，会议由副市长毛向阳主持，副市长朱军出席。市发改局、市财政局、市人社局、市审计局、市机关事务管理中心等5个单位分别介绍车改总体方案及相关实施办法。

同日 崇州市委作出《关于表扬全市先进基层党组织和优秀共产党员、优秀党务工作者的决定》。市委决定表彰市委机关党总支、50个先进基层党组织、向明等100名优秀共产党员和兰亚军等40名优秀党务工作者。

30日 成都市民代表分别到白头镇五星村、桤木河湿地公园、元通古镇视察崇州民生工程推进情况，并给予肯定。市委常委、市委组织部部长牟家忠陪同检查。

7月

1日 成都市副市长刘宏葆率成都市级相关单位和部门负责人到崇州调研，到联系相对贫困村督查扶贫开发工作，作“两学一做”专题党课辅导报告。先后到大划镇德寿村、江源镇崇福村、观胜镇青柳村看望慰问困难党员和老党员彭汉忠、张玉华、张长福。市委副书记、市长欧昭主持召开精准扶贫工作座谈会和“两学一做”专题党课。副市长王成龙陪同。

4日 成都市委常委、市委组织部部长胡元坤来崇州督查调研“两学一做”学习教育开展情况，并给予肯定。

6日 成都市政府资政杨伟率队到崇州调研三江镇蒙渡村、富国村的扶贫工作。杨伟指出，蒙渡村、富国村要想办法发展集体经济，掌握主动权；要共同研究、分析并找出休闲经济的发展之路；要重点照顾精准扶贫户，研究制订尽快脱贫的可行性方案，大胆帮扶，让精准扶贫对象尽快富裕起来。市委副书记、市长欧昭，副市长冯卫康陪同调研。

同日 市委全面深化改革领导小组第八次会议召开。市委书记赵浩宇要求，结合崇州实际，坚持问题导向，突出改革重点，确保各项改革任务稳步推进，让改革成果真正推动发展、惠及于民。会议审议通过《市委全面深化改革领导小组2016年上会审议计划》《市委全面深化改革领导小组2016年度重点改革任务清单》《崇州市推进供给侧结构性改革支持实体经济平稳健康发展的意见》《崇州市加快推进农村产权流转交易市场体系建设的实施方案》《崇州市加快构建现代公共文化服务体系的实施意见》《乡村教师支持计划实施细则（2015—2019）》等相关改革方案。市委副书记、市长欧昭，市委副书记杨火清，市委常委郑继良、赵卫东、廖冬雪、牟家忠、陈波、张大伟参加会议，市人大常委会主任柳宁、市人大常委会党组书记易孔盛、市政协主席杨学明列席会议。

6日—7日 全国农村产业融合发展试点示范县专题培训班在中胜大酒店成功举办，标志着崇州被国家列入“全国农村产业融合发展试点示范县”之一。国家发改委、农业部、工信部、国土部、国家旅游局和31个省、直辖市、自治区及新疆建设兵团、部分副省级城市、137个全国农村产业融合发展试点示范县（区、市）的近200名代表参加培训。成都市委常委谢瑞武参加7月7日的专题培训座谈会，市委书记赵浩宇，市委常委、市委统战部部长郑继良，副市长毛向阳、王成龙陪同参会代表考察。

7日 韩国檀国大学与崇州市教育局签署战略合作协议。《协议》约定，在三年的时间内，双方在师资培养、管理理念、国际特色教学、国际前沿教育理念、两国文化交流等领域进行全面而健康的合作。

12日 文化部政策法规司巡视员、文化部调研组组长李红琼率队到崇州专题调研乡镇文化站建设、运行管理和效益发挥情况。李红琼一行先后参观羊马镇综合文化站和桤泉镇综合文化站，并对崇州市乡镇文化站建设工作取得的成绩给予肯定。省文化厅副巡视员卢锋、成都市文广新局局长师江，崇州市委书记赵浩宇，市委常委、市委宣传部部长廖冬雪陪同调研。

同日 市委召开十二届一〇五次常委（扩大）会，传达贯彻成都市领导干部大会和成都市委常委（扩大）会议精神，部署当前一个时期的主要工作。市委书记赵浩宇主持会议并讲话。市委副书记、市长欧昭，市委副书记杨火清，市委常委郑继良、付卫东、赵卫东、王峻昆、廖冬雪、牟家忠、陈波、张大伟参加会议，市人大常委会主任柳宁、市人大常委会党组书记易孔盛、市政协主席杨学明列席会议。

13日 市委书记赵浩宇到市人社局、桤泉镇群安村和道明镇双杨村，调研基层党风廉政建设和反腐败工作。市委常委、市纪委书记陈波参加调研。

14日 在全国水产技术推广总站副站长李可心、四川省水产局副局长漆乾余率领下，农业部渔业渔政管理局、全国水产技术推广总站负责人，四川、辽宁、吉林、黑龙江、浙江、安徽、福建、江西、山东、河南、湖南、广西、重庆、贵州、云南、陕西、宁夏等省、自治区、直辖市农业厅（局）渔业行政主管部门负责人，浙江大学、上海海洋大学教授，辽宁省每日农业集团有限公司、四川省沃肯现代农业有限公司等16个项目实施单位负责人，参加农业部2016年稻渔综合种养产业化配套关键技术集成与示范培训班的代表72名，到崇州参观崇州市粮油储备有限公司稻鱼综合种养示范点、崇州市涌泉土地股份合作社稻鱼综合种养示范点、崇州市绿优家庭农场稻虾综合种养示范点，对崇州市开展稻渔综合种养，实现稻谷产量稳定、品质提高，实现稻渔共生、增值增收，实现一水两用、一田双收、粮渔共赢的做法给予充分肯定，认为值得借鉴学习推广。副市长王成龙陪同。

同日 “2016中国大数据应用大会·崇州智慧城市高端沙龙”在崇州举行。对中关村大数据产业联盟西南分盟和中关村大数据产业联盟大数据法律研究院进行授牌。同时，中关村大数据产业联盟还与崇州大数据产业创新联盟签订《战略合作框架协议》。崇州市委副书记杨火清致辞，副市长毛向阳参加沙龙，市长助理叶志俊主持沙龙。

15日 水利部副总工程师庞进武率队到崇州调研李家岩水库建设工作。庞进武一行在实地察看李家岩水库大坝坝址并听取汇报后，对李家岩水库建设前期工程给予充分肯定，并要求加快完善各项程序，争取早日开工。省水利厅总工程师梁军，成都市水务局局长阳昌寿、副局长陈科，崇州市市委常委、市委统战部长郑继良，市水务局局长马永忠陪同调研。

19日 崇州市“一课题 一基地”工作研讨会在鸡冠山乡小学校召开。国家外国专家局信息中心、两刊总编辑梁伯枢，中国国际人才交流与开发研究会办公室主任李林松，北京师范大学教授、崇州教育国际化首席顾问王涵，市教育局局长罗小明到会。梁伯枢指出，教育国际化工作势在必行，崇州有许多可以开发的国际化教育项目，希望崇州教育工作者要有国际化视野，积极开展教育国际化研讨工作。

20日 市委书记赵浩宇率队调研新农村建设项目推进情况，要求加快建设进度，高标准高质量推进新农村建设项目。市委副书记、市长欧昭，市委常委、市委统战部长郑继良，副市长王成龙参加调研。

同日 崇州市召开2016年上半年安全生产工作总结暨下半年工作安排部署大会。市委副书记、市长欧昭在会上要求，要突出重点，集中开展汛期安全生产“打非治违”和安全整治专项行动，着力抓好重点行业领域汛期安全生产工作，切实做到“六到位”，扎实做好汛期各项安全隐患排查工作。进一步加强社会层面宣传教育和持续推进安全社区创建工作，进一步增强全社会安全发展意识。市委常委、市委政法委书记付卫东主持会议。

同日 广西壮族自治区工程防震研究院总工程师李细光率相关工作人员及钦州市地震局、灵山县地震局到崇州调研防震减灾科普教育基地，并给予好评。

21日 市委书记赵浩宇，市委副书记、市长欧昭率市经信局、商投局等相关部门到企业生产一线，深入研究影响企业发展的问题，帮助企业解决问题和困难，促进企业更好地在调结构中实现稳增长。市委副书记杨火清、副市长毛向阳参加调研。

同日 全国接待与交际研修班到崇州开展交流学习活动。当天，全国接待与交际研修班学员先后参观白头镇五星村、隆兴镇黎坝村杨柳土地股份合作社、川酒文博馆和全友家私生产线及展厅，了解崇州经济社会发展及接待工作开展情况。市委副书记杨火清详细介绍崇州市经济社会发展和接待工作开展情况。研修班学员以“公务接待新规以来的实施变化”“推进公务接待工作制度化”“公务接待服务社会化改革”等多个议题为中心，进行了交流发言。

22日 凤凰资讯、新华网、四川在线、《华西都市报》、成都电视台等媒体应邀到崇州参观“荷风廉韵”廉洁文化教育基地。各媒体在座谈会上就进一步加强廉洁文化建设进行探讨。媒体工作人员认为，要突出廉洁的主体性，强化宣传，加大老百姓参与廉洁教育的力度。

同日 “2016成都百万职工技能大赛”崇州钢筋工竞赛在唐人街相府花园工地进行，各建筑单位钢筋工选手共38名参加竞技。

同日 市委中心组召开理论学习（扩大）会议，邀请四川省农工委常务副主任杨秀彬作农村改革和新农村建设专题辅导。杨秀彬以习近平总书记对农业农村工作的要求为遵循，以大量的事实为论证，从农业的转型发展和农业的供给侧改革、农民增收和建立职业农民制度、人的城镇化和人的新农村三个方面进行辅导。市委书记赵浩宇主持会议并讲话，市委副书记、市长欧昭，市委副书记杨火清，市委常委郑继良、付卫东、赵卫东、王峻昆、廖冬雪、牟家忠、陈波、张大伟参加会议，市人大常委会主任柳宁、市人大常委会党组书记易孔盛、市政协主席杨学明列席会议。

同日 市委副书记、市长欧昭率市国土局、市规划局等单位负责人到李家岩水库项目所在地，了解项目推进情况，讨论研究项目推进过程中出现的问题。市委常委、市委统战部部长郑继良，市委常委、常务副市长赵卫东等参加调研。

同日 由崇州市委宣传部、崇州市文旅局主办的2016年百姓故事会主题巡讲初赛在市文化馆举行。全市各部门和乡镇原创的85个专题故事作品中38个进入初赛。

24日 “荟萃蓉城”精品剧目展演，由中国京剧院在崇州市文化艺术中心上演现代京剧《红灯记》，这是精品剧目首次在成都市区（市）县范围内进行展演。市委书记赵浩宇观看演出。

同日 贵州省贵阳市委副书记张平率党政代表团到崇州考察现代农业及新农村建设情况。张平一行分别到隆兴镇黎坝村杨柳土地合作社、集贤乡农业综合服务站，详细了解崇州市“农业共营制”产生的背景、动力机制、运行机制、发展效果及10万亩粮食高产稳产高效综合示范基地建设情况和技术咨询、农业劳务、农资配送、植保服务、农机服务、田间运输、粮食烘储等农业服务的开展情况。副市长王成龙陪同调研。

25日 省经信委副主任王文胜一行到崇州调研电子信息产业发展情况。市委书记赵浩宇、市委副书记杨火清陪同调研。

26日 由市纪委、市委组织部、市委宣传部、市委政法委、市新闻中心等单位组成的市直机关一组，召开学习习近平总书记“七一”重要讲话精神宣讲会。市委宣讲团成员以《不忘初心 继续前进——习近平总书记“七一”讲话精神解读》为题，对习近平总书记重要讲话精神进行系统阐释和解读。

同日 市委中心组召开“两学一做”学习教育第二次专题学习会，市委书记赵浩宇主持会议，要求进一步统一思想、坚定信念、振奋精神，更好地服务崇州改革发展稳定大局。市人大常委会党组书记易孔盛，市政协主席杨学明，市委副书记杨火清，市委常委郑继良、付卫东、张大伟参加会议。

同日 崇州市委、崇州市政府发出《关于印发〈崇州市2016年统筹城乡改革发展行动计划〉的通知》。2016年全市统筹城乡改革发展行动计划规定工作任务51项，并责成落实任务和牵头单位。

同日 市委副书记、市长欧昭率队赴长沙市，考察中兴通讯公司长沙新能源无线充电项目。副市长、经开区管委会常务副主任毛向阳参加考察。

27日 省政协副主席、省工商联主席陈放到崇州调研农业科技成果转化应用工作，并给予肯定。陈放参观10万亩粮食高产稳产高效综合示范基地、集贤乡农业综合服务站、桤泉金手指葡萄园及专家大院，听取相关情况介绍。省农业厅副厅长杨朝波参加调研，崇州市委书记赵浩宇、市政协主席杨学明陪同调研。

同日 市委书记赵浩宇到对口联系的观胜镇青柳村，结合习近平总书记对全党提出的要求和青柳村实际，给该村党员干部上了一堂“两学一做”学习教育专题党课。赵浩宇强调，要不忘初心、继续前进，带领群众住上好房子、过上好日子、养成好习惯、形成好风气，坚决实现富民强村的目标。市委常委、市委组织部部长牟家忠，副市长朱军参加党课。

28日 崇州市召开“双创”工作专题会，总结前一阶段工作，安排下一阶段工作。市委书记赵浩宇主持会议并要求，坚持以企业为主体、以市场为导向，优化金融服务、人才服务、科技服务、平台服务和政务服务，激发“大众创新、万众创业”活力，努力打造经济发展新引擎。市委副书记杨火清，市委常委、市委组织部长牟家忠，副市长朱军，市长助理叶志俊参加会议。

同日 市委召开十二届一〇六次常委会，传达学习《中国共产党问责条例》，市委书记赵浩宇主持会议并讲话。赵浩宇要求，市纪委要进一步强化问责追责工作，加大典型问题公开曝光力度，发挥问责的警示和促进作用，敢于较真碰硬，让失责必问、问责必严成为常态，以问责倒逼责任落实。市委副书记杨火清，市委常委郑继良、付卫东、赵卫东、王峻昆、廖冬雪、牟家忠、张大伟参加会议。市人大常委会主任柳宁、市人大常委会党组书记易孔盛、市政协主席杨学明列席会议。

同日 市委副书记、市长欧昭率队赴杭州开展投资促进活动，参观考察杭州喜马拉雅科技股份有限公司。副市长毛向阳陪同考察。

28日—8月2日，应马来西亚邀，崇州市外事办组织友城文化交流团赴马来西亚，对崇州友好关系城市砂拉越州古晋南市开展友城文化交流活动。马来西亚副总理阿末扎希接见崇州市友城交流团。

29日 全国双拥模范城（县）命名暨双拥模范单位和个人表彰大会在北京隆重召开，崇州市荣获“全国双拥模范城”荣誉称号。这是崇州市连续第三次荣获“全国双拥模范城”称号。

8月

4日 市委书记赵浩宇，市委副书记、市长欧昭率市经信、财政、发改等部门负责人调研大数据产业项目推进情况。市委副书记杨火清，市委常委赵卫东、牟家忠，市长助理叶志俊参加调研。

2—5日 市委常委、市人武部部长张大伟率市拥军慰问团赴青海省格尔木市戈壁滩，慰问在此参加外训的驻崇州77108部队官兵，了解官兵的训练、生活情况，并向部队官兵介绍崇州经济社会发展情况。

6日 市委召开十二届一〇九次常委（扩大）会议，传达学习贯彻省委书记王东明关于扶贫开发的重要指示精神。市委书记赵浩宇在会上要求，全市各乡镇（街道）、部门要把思想和行动统一到重要指示精神上来，切实扛起脱贫攻坚政治担当，进行再动员再部署再落实，坚决打赢脱贫攻坚战这场硬仗。市委副书记、市长欧昭，市人大常委会主任柳宁，市人大常委会党组书记易孔盛，市政协主席杨学明，市委副书记杨火清，市委常委郑继良、付卫东、赵卫东、王峻昆、廖冬雪、牟家忠、陈波、张大伟、毛向阳、王成龙，副市长杨文良、朱军参加会议。

同日 市委中心组召开理论学习（扩大）会，市委书记赵浩宇传达学习省委十届八次全会和成都市上半年经济形势分析会暨区（市）县重点工作推进情况汇报会会议精神，要求在下半年工作中要加快项目建设，做大做强做优工业，夯实城市产业支撑。市委副书记、市长欧昭，市人大常委会主任柳宁，市人大常委会党组书记易孔盛，市政协主席杨学明，市委副书记杨火清，市委常委郑继良、付卫东、赵卫东、王峻昆、廖冬雪、牟家忠、陈波、张大伟、毛向阳、王成龙，副市长杨文良、朱军参加会议。

8日 由崇州市委宣传部、崇州市文化体育旅游局、崇州市直机关工委、崇州市总工会联合举办的“全国第八个全民健身日”崇州市第九套广播体操比赛在体育中心举行，来自全市25个乡镇和20多个市级单位的近700名干部、职工参加比赛。市委常委、市委宣传部部长廖冬雪，市人大常委会副主任兰宏，副市长肖瑶参加开幕式。

同日 河南省信阳市粮食局局长李林军、副局长向广益率考察组到崇州考察粮食烘干中心、农业服务等粮食产后服务体系建设工作。成都市发改委粮食发展和调控处处长汪建陪同考察。

9日 中央电视台中文国际频道在《走遍中国》栏目中，以《种田新把式》为题用25分钟的时长，讲述崇州市农业职业经理人王伶俐和魏涛的故事。

同日 崇州市召开严肃换届纪律执行情况自查自纠工作部署暨换届风气监督调度会议，结合省、成都市反馈问题的整改，在全市范围内开展严肃换届纪律执行情况自查自纠工作。市委常委、市纪委书记陈波通报省纪委第三调研督导组对成都部分区县换届风气督导反馈的有关情况，以及成都市纪委、市监察局督导组督导暗访相关情况。市委常委、市委组织部部长牟家忠要求，各乡镇党委要从严从实持续推进风气监督，持续保持高压态势，坚持定期集中督查和不定期重点督查相结合，及时发现和纠正倾向性、苗头性问题，确保换届纪律严明、风清气正。

同日 成都市“农贷通”平台建设暨农村产权交易体系建设现场会在崇州召开。会议组织参观白头镇五星村农村金融服务站、惠丰生态农业科技有限公司、隆兴镇青桥土地股份合作社，并就“完善农村产权交易平台、健全农村金融服务体系”作经验交流。成都市委常委谢瑞武、副市长刘宏葆出席会议。崇州市委常委、市委统战部部长郑继良，副市长朱军、王成龙参加会议。

同日 副省长朱鹤新率督导组到崇州督导贯彻落实省委十届八次全会精神情况，并表示肯定。朱鹤新一行先后来到全友家私、捷普科技（成都）有限公司、南平铝业和白头镇五星村农村金融综合服务站，分别就传统产业转型升级、省级重大项目生产和建设、重点企业生产经营、农村金融以及农业电商服务工作等进行详细了解。省商务厅厅长刘欣、成都市副市长傅勇林参加督导，崇州市委副书记、市长欧昭，市委副书记杨火清，副市长王成龙陪同。

10日 崇州市委、崇州市政府印发《关于坚持发展新理念引领加快推进农业现代化同步实现全面小康目标的意见》。《意见》对2016年农业方面提出8项工作任务并落实实现工作任务的责任单位。

同日 崇州市委、崇州市政府印发《关于崇州市2016年党风廉政建设和反腐败工作的意见》。《意见》提出2016年党风廉政建设和反腐败工作的7项工作任务，并对每个工作项目、责任领导、牵头部门及具体工作任务进行细化落实。

同日 崇州市委发出《关于印发〈中共崇州市委关于省委第三巡视组巡视情况及反馈意见整改落实工作方案〉的通知》。《通知》制定整改落实的工作方案。强化市委对整改工作的领导，开展突出问题专项整治。对整改落实责任分工、牵头领导、牵头单位、责任单位、工作措施及完成时限进行规定。

11日 什邡市民政局副局长黄超荣组织机关各股室、站负责人，各镇（街道、经开区）分管领导、民政助理等50余人到崇州市考察交流开展城乡社区协商、村民议事、基层社会治理创新等工作。

同日 崇州市召开工业发展工作专题会，总结上一阶段工业发展工作，研究部署下一阶段工作。市委书记赵浩宇，市委副书记、市长欧昭在会上要求，坚持“抓大工业、大抓工业”的理念，扎实抓好优化产业结构、做大工业规模和扩大市场三篇文章，不断提升工业支撑城市发展的动力。市商投局、经开区、市发改局、市经信局、市统计局分别结合部门职能职责就工业发展工作进行汇报。市委副书记杨火清，副市长朱军、毛向阳，市长助理叶志俊参加会议。

同日 崇州市召开全国优秀党务工作者专题报告会。会议邀请全国优秀党务工作者、新津县委经济社会组织党工委第一副书记吴文全作专题报告。市委常委、市委组织部部长牟家忠参加会议。

12 日 崇州市开展新农村居民健康素养知识竞赛活动，道明镇获一等奖，元通镇、济协乡获二等奖，文井江镇、崇阳街道、桤泉镇获三等奖。

同日 成都市检察院党组书记、检察长吕瑶率队到崇州调研相对贫困村（社区）的扶贫开发工作。市政协主席杨学明，市委常委、市委宣传部部长廖冬雪陪同调研。

13 日 “2016 成都·文井江第四届牛尾笋采摘体验季”活动在文井江镇大同村开幕。

14 日 中央电视台综合频道《晚间新闻》栏目以“基层政府把服务做到百姓身边”为题，报道崇州文化院坝“文化管家”模式。

15 日 成都市通报表扬 2016 年上半年重点经济目标完成情况较好的区（市）县，崇州市位列远郊市县第三名。

16 日 崇州市召开全国水稻产业技术发展会暨四川超级稻新品种新技术现场考察会，来自中国农科院和四川、云南、贵州、重庆等 23 个省（市）的农科院、高等院校的专家、学者及中国水稻研究所所长等科研教学单位领导、专家参观位于 10 万亩粮食高产稳产高效综合示范区核心区的四川省优质高产新品种新技术试验区。与会专家学者对崇州市承担的各项新品种、新技术、新试验进行认真考察并对试验成果予以充分肯定。副市长王成龙陪同。

同日 江西省南昌市文联组织书画家采风团来到元通古镇开展采风交流活动。成都市文联党组书记、副主席宋凯，市委常委王峻昆、廖冬雪陪同。

18 日 成都市委副书记李仲彬到崇州调研贯彻落实成都市委重大决策部署、成都市委常委（扩大）会议、成都市经济形势分析会暨区（市）县重点工作推进情况汇报会议精神的有关工作情况以及崇州市经济社会发展情况。市委书记赵浩宇汇报相关工作。成都市委副秘书长罗波参加调研，市委副书记杨火清，副市长王成龙陪同。

同日 省文化厅副厅长向华全到崇州调研文化院坝建设工作，肯定了文化院坝创新实施的“文化管家”管理模式。成都市文广新局副局长黄大超参加调研，崇州市委常委、市委宣传部部长廖冬雪陪同调研。

同日 在全国乡村旅游提升与旅游扶贫推进会上，道明竹艺村获评第二批“中国乡村旅游创客示范基地”。此次评选由国家旅游局组织，全国仅 40 家单位入选，四川有 2 家，崇州市道明竹艺村乡村旅游创客基地入选。

同日 长江流域杂交水稻协同创新中心暨川粮丰产高效协同创新中心 2016 年成都示范现场会，在位于崇州市 10 万亩粮食高产稳产高效综合示范区核心区的四川省优质高产新品种新技术试验区召开。

19 日 中国民主同盟崇州支部委员会成立大会召开，张琳当选为主委。市政协副主席、民革崇州支部主委陈刚参加会议。

同日 丹麦外交部 CLEAN 清洁技术产业集群携丹麦高校和公司代表到崇州考察，与崇州市在土地污染防治、农田质量提升、水体治理、海绵城市建设等领域，开展技术交流与务实合作商议。

21 日 李家岩水库配套设施项目正式开工建设。成都市委常委谢瑞武宣布开工，成都市政府副秘书长覃文林主持开工仪式，市委常委、市委统战部部长郑继良，副市长王成龙参加开工仪式

22日 市委书记赵浩宇率国土、统筹、住建、农发等相关部门调研北部10万亩粮经旅综合示范区建设推进情况。赵浩宇强调，要坚持原生态、原产权、原住民、原动力“四原”原则进行打造，充分体现崇州特色，积极培育相关产业，带动产村相融发展。市委常委、市委统战部部长郑继良，副市长王成龙参加调研。

24日 市委召开十二届一一一次常委（扩大）会议，传达贯彻全省对口帮扶藏区、彝区贫困县工作会议精神。根据省委省政府安排，崇州市对口帮扶阿坝州马尔康市。市委书记赵浩宇在会上强调，要派干部、出资金、干实事，特别要在“智力援藏”“产业援藏”工作中大胆探索创新，变“输血”为“造血”，为推动马尔康市经济社会发展提供坚实的组织保障和动力源泉。市委副书记、市长欧昭，市委副书记杨火清，市委常委郑继良、赵卫东、王峻昆、陈波、张大伟参加会议。市人大常委会主任柳宁、市人大常委会党组书记易孔盛、市政协主席杨学明列席会议。

同日 成都市督察组到崇州督查“B2G”“R2G”推进工作情况，并给予肯定。“B2G”指（Business to Government）新型政企关系，“R2G”指（Resident to Government）新型政民关系。市委常委、常务副市长赵卫东陪同。

25日 崇州市2016年农村电子商务第一期培训班开班，对农村电商平台以及部分电商企业的负责人进行培训。

同日 崇州市委、崇州市政府发出《关于〈崇州市抢抓“蓉欧+”战略机遇推动实现“双向开放”实施方案〉的通知》。《通知》对崇州加强“蓉欧+”投资促进及推动企业“走出去”系列活动安排、企业“走出去”重点区域及国家地区及计划重点培养“走出去”50户重点企业名单进行公告。

26日 市委中心组召开理论学习（扩大）会，邀请中共中央党校国际战略研究院世界经济室副主任陈建奇作《供给侧改革与中国宏观政策调整》的专题讲座。市人大常委会主任柳宁，市人大常委会党组书记易孔盛，市委副书记杨火清，市委常委郑继良、赵卫东、王峻昆、陈波、张大伟参加会议。

27日 2016年第四届中国非遗博览会传统工艺（竹编）大赛在崇州举行。来自道明竹编、嵊州竹编、东阳竹编、瑞昌竹编、梁平竹帘、青神竹编、瓷胎竹编等12个国家级项目的60余位手工艺人参加比赛。

29日 市委副书记、市长欧昭率法院、目督办、财政局等相关部门到王场镇大雨村调研精准扶贫工作。

30日 崇州市举行2016年“阳光圆梦工程”“燃气帮困助学”助学金发放仪式，76位贫困大学生领取到助学金，共计26.81万元。

同日 第十届成都青年创业大赛崇州农业专场在崇州举行，崇州市蜀禾采农产品专业合作联合社、成都凡朴农业科技发展有限公司、四川崇州粮油储备有限责任公司等32家企业参加了专场活动。

同日 国际围棋世界冠军，中国围棋史上唯一正式获得“棋圣”殊荣的聂卫平大师到元通古镇参观。参观期间，聂卫平衷心祝愿崇州桥牌发展的越来越好。

同日 市委副书记、市长欧昭率相关部门负责人调研“四改六治理”工作推进情况，强调要汇聚各方力量，加大整改力度，将“四改六治理”各项工作抓出实效。

同日，成都市政府资政杨伟到崇州市怀远百丽中学和成都树德怀远中学调研秋季开学情况。成都市教育局局长吕信伟，崇州市委书记赵浩宇，市委常委、市委宣传部部长廖冬雪，副市长冯卫康陪同调研。

31日 市委召开十二届一一二次常委会，传达学习省委书记王东明在甘孜州和康定市脱贫攻坚座谈会上的讲话精神，市委书记赵浩宇主持会议并讲话。市委副书记、市长欧昭，市委副书记骆良云，市委常委郑继良、赵卫东、王峻昆、廖冬雪、陈波、张大伟、余家洪参加会议。

同日 市委书记赵浩宇率市卫计局、市经信局、崇信大数据服务公司等单位负责人，调研基层卫生院推进“智慧医疗”项目试点工作。市委常委、市委宣传部部长廖冬雪，副市长冯卫康参加调研。

9 月

2 日 马尔康市委副书记、市长窦孝解，市委常委、市委统战部部长严冬率队到崇州，与崇州市对接前期对口帮扶工作。崇州市委副书记、市长欧昭介绍崇州的情况。市委常委、市委统战部部长郑继良，市政协副主席李文明参加对接对口帮扶工作会。

同日 街子镇创建国家卫生镇工作顺利通过技术评估。副市长冯卫康参加技术评估大会。

6—7 日 市委书记赵浩宇率统战、财政、住建、农发等部门主要负责人，到阿坝州马尔康市对接对口帮扶工作。赵浩宇表示，崇州将按照马尔康市脱贫攻坚的需求清单，在智力和资金上给予全力支持，帮助马尔康市全面打赢脱贫攻坚战。市委常委、市委统战部部长郑继良，市政协副主席、崇州援藏工作队领队李文明参加对接工作。

7 日 崇州市召开“四改六治理”工作推进专题会议，分析研究工作中存在的问题。市委副书记、市长欧昭要求进一步强化责任意识，加大工作力度，确保各项治理措施落到实处。市委常委、常务副市长赵卫东，副市长朱军参加会议。

8 日 成都市副市长刘宏葆率队到崇州调研国有林场改革工作，并要求明确方向和原则，准确把握工作重点，努力推动崇州国有林场改革见实效。市委书记赵浩宇，市委副书记、市长欧昭，副市长王成龙陪同调研。

9 日 在第 32 个教师节来临之际，崇州市“关爱教师专项基金”正式成立。四川省残疾人福利基金会原理事长、四川省齐力慈善基金会常务副理事长刘国华宣读崇州市关爱教师专项基金成立的批复文件；四川省政协常委、省委原副秘书长、四川省齐力慈善基金会名誉理事长张宁为专项基金授牌。崇州副市长冯卫康参加成立仪式。

同日 市委召开常委班子严肃换届纪律专题民主生活会，市委书记赵浩宇作表态发言，并就常委班子严肃换届纪律、做好换届工作提出五点要求。第一，要在深化思想认识上提升高度；第二，要在严守换届纪律上当好示范；第三，要在强化指导监督上履好职责；第四，要在个人进退留转上摆正心态；第五，要在推动改革发展上主动担当。市委副书记欧昭、骆良云，市委常委付卫东、赵卫东、王峻昆、陈波、张大伟、余家洪分别就严肃换届纪律、抓好换届工作作表态发言。市人大常委会主任柳宁、市人大常委会党组书记易孔盛、市政协党组书记杨火清列席会议。

同日 市委召开十二届九次全会，审议通过了《中国共产党崇州市第十二届委员会全体会议关于召开中国共产党崇州市第十三次代表大会的决议》和《中国共产党崇州市第十三次代表大会筹备工作领导小组名单》。市委书记赵浩宇主持会议，市委副书记欧昭、骆良云，市委常委付卫东、赵卫东、王峻昆、陈波、张大伟、余家洪，市委委员杨火清、杨文良、朱军、毛向阳、王成龙、肖瑶等参加会议。市人大常委会主任柳宁、市人大常委会党组书记易孔盛列席会议。

同日 崇州市召开庆祝第 32 个教师节座谈

会。赵浩宇代表市委、市政府和全市 67 万人民，向工作在教育战线的广大教职工致以节日的问候。一批优秀教育工作者、崇州市第三届名师、崇州市教坛新秀、优秀青年教师、优秀乡村教师，及援藏支教优秀教师受到表彰，6 名优秀教育工作者作交流发言。市人大常委会副主任兰宏、副市长冯卫康、市政协副主席张志新参加会议。

同日 “2016 中国四川首届中国国际铅酸蓄电池技术交流会”在崇州召开。会议围绕铅酸蓄电池新技术、再生铅回收技术进行交流，分享创新成果与经验，探讨中国铅酸蓄电池行业及转型面临的形势和发展的目标。市委常委王峻昆参加会议。

10 日 在宁波召开的“2016 中国智慧城市建设推进大会暨第五届中国城市信息化 50 强发布会”上，崇州上榜 2016 中国城市信息化 50 强，排位第 42 名，这是崇州市第二次跻身中国城市信息化 50 强。

12 日 市委召开专题会议传达贯彻成都市委十二届七次全会精神。市委书记赵浩宇要求，把思想和行动高度统一到成都市委的系列决策和部署上来，敢于担当、主动作为，在实干上下功夫，为加快建设国家中心城市贡献崇州力量。市委副书记、市长欧昭，市人大常委会主任柳宁，市人大常委会党组书记易孔盛，市政协党组书记杨火清，市委副书记骆良云，市委常委郑继良、赵卫东、王峻昆、陈波、张大伟、余家洪参加会议。

同日 新华社四川分社记者到崇州调研综合行政执法体制改革试点工作。

13 日 2016 年全国科普日崇州科普畅游活动在崇州市明珠家具公司厂区启动，全市 100 余名师生、市民代表参加启动仪式。成都市科协副主席周光志，崇州市人大常委会副主任兰宏，市政协副主席张志新参加启动仪式和畅游活动。

14 日 崇州市抗战烈士李小平“为国捐躯”牌匾捐赠仪式在崇州市博物馆举行。李小平先生亲属、崇州市政协特约文史研究员肖岩出席捐赠仪式。

同日 市委书记赵浩宇率财政、卫生、经开区、发改等部门调研大数据项目推进情况，强调要通过核心企业引领、专业园区孵化，不断加强大数据项目的持续深化工作。副市长毛向阳、市长助理叶志俊参加调研。

同日 市委召开十二届一一四次常委会，传达学习成都市依法治市工作座谈会精神。市委书记赵浩宇要求认真领会贯彻会议精神，更高水平推进依法治市工作，使之成为城市治理的基本方式。市委副书记、市长欧昭，市人大常委会主任柳宁，市人大常委会党组书记易孔盛，市政协党组书记杨火清，市委副书记骆良云，市委常委郑继良、赵卫东、王峻昆、陈波参加会议。

18 日，崇州市召开学习贯彻成都市委十二届七次全会精神专题辅导报告会，邀请成都市委财经办主任孙廷云进行专题辅导。市委副书记、市长欧昭主持会议，强调要提高认识、深入学习宣传。市委副书记、市长欧昭，市人大常委会主任柳宁，市人大常委会党组书记易孔盛，市政协党组书记杨火清，市委副书记骆良云，市委常委郑继良、赵卫东、王峻昆、陈波参加会议。

21 日 中央农村工作领导小组副组长、中央农办主任唐仁健到崇州调研崇州市通过财政资金撬动金融和社会资本服务“三农”工作，并给予肯定。省委常委、省委农工委主任曲木史哈，成都市委常委谢瑞武参加调研。崇州市委书记赵浩宇陪同并汇报相关工作。

同日 2016 年全国农村工作座谈会与会代表在成都市农委总工程师姚光贵的陪同下，到崇州考察现代农业发展情况。考察组详细了解崇州市“农业共营制”“农业社会化服务”“新农村建设”的具体做法，并肯定在现代农业发展、农业体制改革、新农村建设方面取得的成果。

22日 省民政厅厅长黄明全率队到崇州实地调研四川省养老实训示范基地项目建设推进情况。省民政厅副厅长刘家鹏、省民政厅机关党委书记陈伟参加调研，市委书记赵浩宇、副市长王成龙陪同。

同日 崇州市政府与成都市农林科学院在崇州市农村发展局会议室，隆重举行崇州市林业科技院市合作签约仪式。崇州市副市长王成龙和成都市农林科学院院长周德强分别致辞。

23日 成都市人大教科文卫委员会主任委员刘勇率调研组到崇州调研历史文化保护工作。调研组一行实地察看罨画池、州文庙以及元通古镇黄氏宗祠、麒麟街民居、天主教堂历史遗产保护状况，听取崇州历史遗产文化保护工作的情况汇报并给予肯定。市人大常委会主任柳宁、党组书记易孔盛、副主任兰宏陪同调研。

25日 “崇州市丙申年祭孔暨学生冠礼”活动在崇州市罨画池博物馆文庙举行。成都石室中学、成都第七中学、成都树德中学、崇庆中学、成都孔裔（英美）国际公学的部分学生按照朱子家礼举行成人礼仪式。成都市文明办副主任梁红，成都传媒集团党委委员、副总编辑李少军，崇州市人大常委会副主任兰宏，副市长肖瑶，市政协副主席陈刚参加活动。

27日 崇州市首届“罨画杯”美术作品赛颁奖仪式暨获奖作品展开幕式在崇州市蜀州广场开幕。中国美协会员、四川省美协副主席伍海成，成都市美协副主席兼秘书长刘光灿出席开幕式。

28日 全国政协《人民政协报》主编王有强在崇州市政协副主席黄志文的陪同下到罨画池博物馆参观。

同日 由崇州市委、市政府指导，崇州街子川西民歌村、成都市旅行社协会、崇州街子旅游协会共同打造的大型实景剧——《蜀歌·蜀嫁》在崇州街子成功首演。成都市委宣传部副部长母涛，成都市旅游局局长多央娜姆，市委书记赵浩宇，市委副书记、市长欧昭，市委常委王峻昆、廖冬雪，副市长肖瑶出席首演仪式。

30日 在全国第三个烈士纪念日当天，崇州市在烈士陵园举行公祭活动，市委、市人大常委会、市政府、市政协，驻崇州解放军和武警部队官兵代表，各部门、各乡镇（街道）主要领导，政法系统代表、中小学生代表以及崇阳街道烈士遗属、复退员军人代表向烈士们敬献鲜花。市委副书记骆良云主持公祭活动，市委常委郑继良、赵卫东、王峻昆、陈波、张大伟、余家洪参加活动。

30日 崇州市召开严肃换届纪律工作专题会议，贯彻落实成都市委严肃换届纪律工作座谈会精神，对全市严肃换届纪律和加强换届风气监督进行再部署。市委书记赵浩宇强调，要进一步严肃纪律、强化责任、明确要求，确保集中换届工作平稳顺利进行。市人大常委会主任柳宁、党组书记易孔盛，市政协党组书记杨火清，市委副书记骆良云，市委常委郑继良、付卫东、赵卫东、王峻昆、陈波、张大伟、余家洪参加会议。

10月

8日 崇州市第十七届人大常委会第三十三次会议召开。会议通过无记名投票方式，表决通过补选刘宏葆为成都市第十六届人民代表大会代表。

同日 崇州市不动产统一登记颁证仪式在市政府政务中心举行。成都市国土资源局党组成员、副局长彭建辉，成都市房管局党组成员、总工程师赵江明，崇州市副市长毛向阳等相关负责人出席仪式。

9日　崇州市举办第十一届“庆重阳”老年文艺汇演，全市500余名老年朋友欢聚一堂，庆祝属于自己的节日。

同日　李家岩水库工程开工仪式在文井江镇举行。省委书记王东明宣布工程开工。省委副书记、省长尹力，水利部副部长陆桂华出席开工仪式并讲话。省委常委、秘书长吴靖平，省委常委、副省长王宁，副省长王铭晖，成都市代市长罗强，成都市人大常委会主任于伟，成都市政协主席唐川平等出席开工仪式。省直有关部门负责人和崇州市委书记赵浩宇，市委副书记、市长欧昭，市人大常委会主任柳宁，市人大常委会党组书记易孔盛，市政协党组书记杨火清，市委副书记骆良云，市委常委郑继良、付卫东、赵卫东、王峻昆、陈波、张大伟、余家洪参加会议。项目业主单位、施工单位代表和项目所在地干部群众代表参加开工仪式。李家岩水库坝址位于成都市崇州市怀远镇境内青峰岭大桥上游约1.3千米处，最大坝高123米，总库容1.71亿立方米，项目总投资49.64亿元，总工期为54个月，属大二型水库，主要水源为文井江，可控制流域面积352.6平方千米。工程投入使用后，每年可向周边供水2.7亿立方米，其中，每年为成都市城区供水1.43亿立方米，为崇州市城乡供水0.91亿立方米，农业灌溉供水0.36亿立方米，同时，工程还能提供0.42亿立方米应急备用水量，可满足成都中心城区至少30天、人均70%用水定额的应急水源需求。

10日　崇州市委对做好中共崇州市第十三次代表大会代表推选工作发出通知。市委对市第十三次党代会代表的推选提出代表人选的资格条件、代表名额和结构及选举单位划分、代表产生的程序步骤及加强代表推选工作的组织领导等规定。

11日　成都市委常委、市纪委书记王川红来崇州调研观胜镇精准扶贫工作，要求系统安排、统一规划，按照成都市同步全面建成小康社会的要求，充分结合当地实际情况，进一步细化阶段性目标，采取扎实的措施，有序、有效、有力地推进精准扶贫工作；要在改善基础设施的基础上，以产业为支撑，带动群众从根本上实现长效脱贫。成都市纪委副书记、市监察局局长、市预防腐败局局长景民参加调研，市委书记赵浩宇，市委副书记、市长欧昭，市政协党组书记杨火清，市委常委、市纪委书记陈波陪同。

同日　广西壮族自治区梧州市委副书记蒋海东率党政代表团到崇州考察现代农业及新农村建设情况。市委副书记骆良云，市委常委、市委统战部部长郑继良陪同考察。

13日　市委副书记、市长欧昭率队到阿坝州马尔康市，与马尔康市就对口帮扶工作进行进一步地沟通交流。欧昭要求，崇州市在对口帮扶工作中要“瞄准一个村、脱贫一个村”，确保帮扶马尔康市如期实现脱贫摘帽的目标。崇州市副市长冯卫康，市政协副主席、崇州援藏工作队领队李文明，市长助理杨宏浩参加对接工作。

15日　市委书记赵浩宇率目督办、交通、公安、城管、文旅等相关责任部门调研景区管理工作，要求相关部门要认真做好“四改六治理”。市委副书记、市长欧昭，市委副书记骆良云，市委常委赵卫东、廖冬雪参加调研。

18日　崇州市“崇耕”农产品公共品牌发布会暨土而奇电子商务公共平台电商嘉年华活动在崇州市隆兴镇黎坝村举行。电商线上体验购物、线下品鉴优质农产，土而奇电商平台嘉年华串联起现代物流与龙门山里来的农产品。

19日　国务院发展研究中心技术经济研究部部长研究员吕薇率调研组来崇州，调研全面创新改革工作进展情况，并给予充分肯定。市委书记赵浩宇、副市长毛向阳陪同调研并介绍相关情况。

同日 市十七届人大常委会第三十四次会议召开。会议审议通过《关于市、乡（镇）两级人民代表大会换届选举时间的决定》《关于成立崇州市换届选举委员会的决定》《关于上报乡（镇）选举委员会公章印鉴的通知》《关于崇州市各乡（镇）人民代表大会代表名额的决定》。会议决定，崇州市第十八届人民代表大会选举日期为 11 月 20 日。市人大常委会主任柳宁，市人大常委会党组书记易孔盛，市人大常委会副主任周水全、谢艳华、张年福、兰宏出席会议。副市长冯卫康、市政协副主席张志新列席会议。

同日 崇州市召开“两学一做”学习教育专题座谈会，市委书记赵浩宇在会上要求，全市各级党组织要认真找落差、补短板，在“实”字上下功夫，紧盯党支部这个基本单位，落实“三会一课”这个基本载体，严格党员教育制度这个基本依据，坚持高标准、重实效、强整改、抓结合，将“两学一做”学习教育抓实抓细抓出实效，把中央、省委和成都市委的决策部署落实到末梢、落实到经常。市委副书记骆良云，市委常委陈波、余家洪参加会议。

同日 崇州市举行“两学一做作表率·勤政廉洁建功业”主题演讲比赛总决赛，从初赛到复赛脱颖而出的 10 名参赛选手进入最后的角逐。市委常委、市纪委书记陈波出席活动。

20 日 菁蓉杯·首届中国网安创新创业大赛崇州区域赛专场在经开区 IPC 枢纽大楼举行。来自成都璐成科技公司、成都市志博科技公司、艾飞航拍摄影工作室等单位的 12 支创新创业团队进行精彩的路演和激烈的角逐。脱颖而出的 6 支参赛团队代表崇州参加 11 月在成都举行的总决赛。

21 日 大连市市长肖盛峰率大连市政府考察团来崇州调研现代农业发展情况，对崇州现代农业发展给予高度肯定，认为崇州农业发展思路清晰、实践经验丰富，值得借鉴学习。市委副书记、市长欧昭陪同。

同日 崇州市召开学习贯彻省委十届八次全会、成都市委十二届七次全会精神宣讲会。市委常委、市委宣传部部长廖冬雪主持会议。市人大常委会党组书记易孔盛，市委常委、常务副市长赵卫东等参加会议。

同日 成都市委副书记李仲彬来崇州调研工业产业发展情况，强调要当好联络员和服务员，帮助企业减轻负担，让企业轻装上阵，继续做大做强。崇州市委书记赵浩宇，市委副书记、市长欧昭，市委常委毛向阳陪同。

同日 由成都市科技局、成都科技创新服务平台和崇州市经信局联合举办的“创业天府·菁蓉创享会”——2016 年成都农村电商发展论坛在崇州召开。

24 日 “四川省信息安全与新一代信息技术产业专题研讨会暨大数据发展‘区域模式’探讨沙龙活动”在崇州市 IPC 枢纽大楼举行。崇州市政府党组成员叶志俊出席。

25 日 2016 全国政府网站精品栏目建设和管理经验交流大会在山西太原举行，崇州市荣获 2016 年全国数字政府领先城市。崇州公众信息网“三严三实”专题荣获信息公开类精品栏目；崇州市卫生和计划生育局“健康崇州”栏目荣获政民互动类精品栏目。

26 日 市长欧昭率环保、住建、水务等部门负责人调研大气污染防治工作，要求各单位坚持问题导向、主动作为、形成合力，持续推进大气环境质量稳步提升。

27 日 中国共产党崇州市第十三次代表大会在市艺术中心开幕。赵浩宇代表中国共产党崇州市第十二届委员会，向大会作题为《高标准打造产业新城品质崇州努力为建设国家中心城市贡献更多力量》的报告。报告分为四个部分：一是过去五年的工作；二是未来五年的形势和奋斗目标；三是今后五年的主要任务和工作重点；四是推动全面从严治党迈上新台阶。29日大会闭幕。选举产生委员36名、候补委员7名，选举产生纪律检查委员会委员25名；通过《中国共产党崇州市第十三次代表大会关于中国共产党崇州市第十二届委员会工作报告的决议》《中国共产党崇州市第十三次代表大会关于中国共产党崇州市纪律检查委员会工作报告的决议》。29日在市委第十三届第一次全会上，选举赵浩宇、欧昭、骆良云、赵卫东、廖冬雪、陈波、毛向阳、张泽林、王成龙、余家洪为中共崇州市委常务委员会委员，选举赵浩宇为中共崇州市委书记，欧昭、骆良云为中共崇州市委副书记。

28日 成都市乡镇（街道）群团服务中心（站）示范点建设工作推进会上，崇州市中心社区群团服务站、锦江区春熙路商圈党群服务中心、武侯区簇桥街道锦城社区群团服务站、温江区天府街道群团服务中心、郫县菁蓉镇群团服务中心、新津县五津街道抚江社区群团服务站6个点位被确定为成都市乡镇（街道）群团服务中心（站）示范点。

29日 中共崇州市纪律检查委员会第一次全体会议选举陈波、向斌、张远春、张建、彭斌、秦瑶、高波7人为市纪委常委，选举陈波为市纪委书记，向斌、张远春为市纪委副书记。

11月

1日 省政府督查室主任田俐率省政府民生工程检查组来崇州，督查崇州市2016年省级小型农田水利重点县项目实施情况，并给予肯定。

同日 省民政厅第12督察组组长、省民政厅副巡视员王奇率队来崇州，对崇州市民政重点工作完成情况进行全面检查，并给予肯定。副市长冯卫康陪同督察。

2日 市委书记赵浩宇率队调研工业重大项目推进情况，强调要主动作为，抢抓机遇，创造性地开展工作，狠抓工业重大项目建设，加速形成以工业经济为主导的经济结构，努力把崇州建设为成都重要的先进制造业基地。市委副书记、市长欧昭参加调研。

1—4日 第十六届西博会重要活动之一、由成都市人民政府主办的2016南亚产能合作（成都）对话会在蓉举行。11月3日，成都制造融入“一带一路”专场推介会在崇州举行，崇州市委副书记、市长欧昭出席并致辞。四川省商务厅、成都市相关部门，印度、巴基斯坦、孟加拉国、缅甸、柬埔寨、尼泊尔、斯里兰卡、老挝、马尔代夫等国官员及城市代表，以及中外企业、商（协）会代表等近200人参加推介会。崇州市委书记赵浩宇，市委副书记、市长欧昭，市委常委廖冬雪、毛向阳陪同参观；市人大常委会主任柳宁，市人大常委会党组书记易孔盛，市政协党组书记杨火清，市委副书记骆良云，市委常委廖冬雪、毛向阳参加推介会。

4日 民进崇州支部召开第四次会员大会，进行支委会换届选举，冯卫康当选为主委。

同日 中华全国供销合作总社党组成员、经济发展与改革部部长侯顺利率队到崇州调研供销合作社综合改革情况，并给予肯定。四川省供销联社副主任向伟益，成都市农委（供销社）副主任高国军，崇州市委常委王成龙陪同调研。

同日 四川省首部以纪念“为人民服务”为题材的大型音舞诗剧《为人民服务·寻找张思德》在崇州市艺术中心隆重演出。全市党员干部近千人观看演出。

6日 中央宣讲团党的十八届六中全会精神报告会在成都举行。中央宣讲团成员、国家审计署党组书记、审计长刘家义作宣讲报告。报告会以电视电话会形式召开，市委书记赵浩宇，市委副书记、市长欧昭，市人大党委会主任柳宁，市人大党委会党组书记易孔盛，市政协党组书记杨火清，市委副书记骆良云，市委常委赵卫东、廖冬雪、陈波、毛向阳、张泽林、王成龙、余家洪在崇州分会场参加会议。

同日 崇州市街子古镇被第二届全国生态文明建设高峰论坛暨城市与景区成果发布会评为“中国最美休闲胜地”。

7—8**日** 马尔康市委书记张培云率马尔康市党政代表团来崇参观考察，学习交流农村产业融合发展先进经验，商讨对口帮扶相关事宜。崇州市委书记赵浩宇参加座谈会。马尔康市委副书记杨莉，市委常委、副市长李文明，副市长杨成才参加交流学习，崇州市委常委赵卫东、王成龙陪同参观。

8**日** 崇州市政协十三届二十一次常委会在街子镇政府会议室召开。市政协党组书记杨火清，副主席陈刚、黄志文、罗红蕾、张志新、王伟出席会议。市委常委、市委宣传部部长廖冬雪，市人大常委会副主任谢艳华，市政府党组成员郑厚君应邀出席会议。

同日 崇州市举行“推进全面从严治党、巩固发展良好政治生态”宣讲会，成都市委巡察办主任、成都市纪委常委、成都市预防腐败局副局长李彬作专题宣讲，崇州市委书记赵浩宇主持会议。

9**日** 市委书记赵浩宇，市委副书记、市长欧昭率财政、国土、规划、交通、文旅等部门前往三郎镇和街子镇，调研重大项目工作进展情况。

11**日** 市委中心组召开“两学一做”学习教育第三次专题学习会。中央党校马克思主义学院教授王虎学结合党的十八届六中全会精神，作题为《在新的历史起点上继续推进全面从严治党》的专题辅导报告。市委书记赵浩宇主持会议。市委中心组全体成员、市人大常委会副主任、市政府非党员副市长、市政协副主席参加学习会。

12**日** 空军八一飞行表演队歼—10首批女飞行员余旭在飞行训练中不幸牺牲。余旭被批准为革命烈士。13日成都市政府副秘书长覃文林受市委书记唐良智，市委副书记、代市长罗强委托，代表成都市委、市政府看望慰问余旭的家属。受省委书记王东明委托，省委常委、省军区政委刘家国，副省长王铭晖，成都市委副书记李仲彬，成都市委常委、成都警备区政委罗相水，副市长刘宏葆看望慰问余旭父母。18—19日，余旭烈士公祭活动在崇州市体育中心举行，35万群众自发为余旭送行。20日上午，余旭烈士的骨灰被送往崇州市烈士陵园安葬。

18**日** 中共崇州市委统一全市24个乡镇、人大、政府换届候选人，要求各乡镇按有关法律将候选人名单提交人代会选举。

同日 崇州市在成都与四川发展（控股）有限责任公司举行了“1+N”战略及重点项目合作协议签约仪式。市委书记赵浩宇在签约仪式上致辞。市委副书记、市长欧昭与“四川发展”董事、总裁、党委委员李文清签署《崇州市人民政府、四川发展（控股）有限责任公司战略合作协议》《四川发展（控股）有限责任公司、崇州市人民政府投资合作协议》。

21**日** 市委召开第十三届第四次常委会。市委书记赵浩宇主持会议，传达省委十届九次全会精神和成都市委十二届第一九八次常委会议精神。会议研究审议了市政府党组《关于崇州市政府工作报告（送审稿）的请示》《关于崇州市2016年财政预算执行情况和2017年财政预算（草案）的报告》《关于崇州市2016年国民经济和社会发展计划执行情况与2017年计划（草案）的报告》，研究审议法院党组《崇州市人民法院工作报告》、市检察院党组《崇州市人民检察院工作报告》、政协党组《关于政协崇州市第十三届委员会常务委员会工作报告》，研究审议市政协换届相关事宜，研究审议崇州市第十八届人民代表大会第一次会议换届选举相关工作。市委副书记欧昭、骆良云，市委常委赵卫东、廖冬雪、陈波、毛向阳、张泽林、王成龙、余家洪参加会议；市人大常委会主任柳宁、市人大常委会党组书记易孔盛、市政协党组书记杨火清列席会议。

同日 崇州市第十七届人大常委会第三十五次会议召开。会议决定崇州市第十八届人民代表大会第一次会议于11月28日至12月2日召开。市人大常委会主任柳宁主持会议，市人大常委会党组书记易孔盛，副主任周水全、谢艳华、张年福、兰宏出席会议。市领导叶志俊、陈刚，市法院、市检察院负责同志列席会议。

22日 市委书记赵浩宇到白头镇“走基层”，走访慰问五星村对口联系户和三洞村精准扶贫困难户，了解白头镇农业产业发展、新场镇建设以及村级党建等工作。

24日 崇州市委印发《关于全面加强改革落实工作的实施方法》。《办法》制定各级领导的主体责任、注重统筹谋划、强化督察督办和务求改革实效。

25日 崇州市召开建设领域安全生产工作大会。会议吸取江西“11.24”特别重大事故教训，贯彻落实中央、省、成都市有关部署，对全市建设领域安全生产工作再安排再部署。市政府党组成员郑厚君参加会议。

同日 羊马湿地公园正式开园迎宾。市委常委、常务副市长赵卫东，嘉裕集团相关负责人参加开园仪式。羊马湿地公园位于崇州市羊马新城，是成都范围内面积最大的河滩湿地公园。公园占地2800亩，拥有六大天然湖泊，结合了自然生态环境和原生态的水源，水和环境自然融为一体。

28日 中国人民政治协商会议崇州市第十四届委员会第一次会议开幕。在主席台前排就座的大会执行主席有杨火清、王伟、陈刚、陈启舟、朱泽军、马灵、刘天全。市委书记赵浩宇、市人大常委会主任柳宁、市人大常委会党组书记易孔盛在主席台前排就座，祝贺大会召开。应邀参加开幕大会的市领导有骆良云、赵卫东、廖冬雪、毛向阳、张泽林、王成龙、余家洪等，老领导梁恩玉、王艾文、黄道义、张春生等应邀出席开幕大会。会议期间，与会政协委员听取和审议《政协崇州市第十三届委员会常务委员会工作报告》《政协崇州市第十三届委员会常务委员会提案工作情况报告》，列席崇州市第十八届人民代表大会第一次会议，听取并协商讨论政府工作报告及其他有关报告，听取并协商、讨论市人民法院工作报告和市人民检察院工作报告，选举杨火清为政协崇州市第十四届委员会主席，王伟、陈刚、陈启舟、朱泽军、马灵为为副主席，刘天全为秘书长以及常务委员39名；审议并通过相关报告和决议。会议于12月1日闭幕。

29日—12月2日 崇州市第十八届人民代表大会第一次会议在市艺术中心召开。200多名人民代表参加会议。市领导赵浩宇、易孔盛、骆良云、余家洪、陈志贤、张志新、李文明、李超、丁加武在主席台前排就坐。市领导欧昭、柳宁、杨火清、廖冬雪、毛向阳、张泽林、王成龙，老领导梁恩玉、王艾文、黄道义、张春生等在主席台就坐。出席市政协十四届一次会议的政协委员应邀列席会议。易孔盛主持会议。欧昭作政府工作报告。柳宁作市人大常委工作报告。大会听取和审议财政预决算报告，经济和社会发展报告，市人民法院和市人民检察院工作报告。大会选举易孔盛为市十八届人大常委会主任、陈志贤、张志新、李文明、李超、丁加武为副主任，马绍议等29人为人大常委会委员；张静当选市人民法院院长，龚亚明当选市人民检察院检察长。选举欧昭为市人民政府市长，赵卫东、冯卫康、文国洪、叶志俊、程志宏、郑厚君为副市长。

30日 农业部经管司司长张红宇率调研组到崇州，就创新规范发展农民合作社进行专题调研，并给予肯定。省农业厅厅长祝春秀，成都市农委副主任潘斌，崇州市委书记赵浩宇，市委常委王成龙参加座谈会。

12 月

3 日 副省长朱鹤新率省级相关部门负责人到崇州召开督导调研座谈会，传达学习党的十八届六中全会和省委十届九次全会精神，听取成都市及崇州市相关工作情况汇报，并给予肯定。省政府副秘书长滕中平主持会议。成都市委常委、常务副市长朱志宏，崇州市委书记赵浩宇分别汇报相关工作。市委副书记、市长欧昭，市委副书记骆良云，市委常委赵卫东、廖冬雪、陈波、毛向阳、张泽林、王成龙、余家洪参加座谈会。

4 日 成都市第一届“12·4”国家宪法日公益跑活动（崇州分会场）举行。全市 30 余家市级部门、人民团体及社会各界干部群众共 265 名人员参跑。成都市司法局副巡视员李波，市委副书记骆良云，市人大常委会副主任陈志贤，副市长程志宏参加公益跑活动。

5 日 崇州市启动以“扶贫攻坚　青有志”为主题的青年志愿服务月活动。市委常委、市委组织部部长余家洪出席讲话，成都市团委党组成员、机关党委书记刘兆容，副市长郑厚君参加启动仪式。

同日 国际志愿者日，以“文艺志愿、服务人民”为主题的 2016 成都文艺志愿者培训活动走进崇州，对崇州市文艺骨干进行以美术为主要内容的集中培训。市委常委、市委宣传部部长廖冬雪出席开班仪式并讲话，成都市文联副主席郭茵月，崇州市政协副主席、市文联常务副主席马灵参加开班仪式。

6—7 日 全省深化集体林权制度改革现场推进会在崇州市召开，会议围绕贯彻落实省委十届八次全会作出的《关于推进绿色发展建设美丽四川的决定》、林业建设“四个着力”的重大举措，对深化推进林业供给侧结构改革，深入推进绿色发展、林业助推脱贫攻坚作再部署、再细化、再落实。崇州在会上作典型经验交流发言。省林业厅党组书记、厅长尧斯丹，成都市副市长刘宏葆分别讲话。省林业厅党组成员、森林防火指挥部专职副指挥长毛德忠，国家林业局驻成都专员办负责人苏宗海，市委书记赵浩宇，市委常委王成龙，市政协副主席陈启舟参加会议；市委副书记、市长欧昭，市委常委王成龙陪同参观。

7 日 市委召开第十三届第五次常委会，市委书记赵浩宇主持会议，传达学习成都市信访维稳工作专题会议和成都市委十二届二〇二次常委会议精神。市委常委赵卫东、廖冬雪、陈波、毛向阳、张泽林、余家洪参加会议，市人大常委会主任易孔盛、市政协主席杨火清列席会议。

8 日 成都市企业信用信息中心与成都崇信大数据服务有限公司签署数据共享合作协议。副市长叶志俊出席并见证签约仪式。

9 日 崇州壹艺工艺品有限公司本立石艺原创设计作品原石花盆于第六届中国国际版权博览会荣获博览会“金慧奖·优秀设计奖”。此前该作品在成都举行的 2016 成都创意设计周上荣获成都创意设计周“金熊猫文创设计奖”和“青年创新·创意·创业特别奖”。

12 月 崇州市“新荷人家”农村家庭发展项目获评全国首届“最具影响力社工项目”百强。

13 日 四川产业振兴发展投资基金有限公司党委书记、董事长赵勇一行来崇州考察，就相关合作事宜进行交流。市委书记赵浩宇，市委副书记、市长欧昭，市委副书记骆良云，市委常委毛向阳、王成龙陪同。

15 日 崇州市举行第一次公务用车制度改

革公车拍卖会，96 辆公务用车参加拍卖。

16 日 以“传承长征精神，健步奔向小康”为主题的省直机关全民健身健步走活动在羊马湿地公园举行。省直机关干部职工 2000 余名参加本次活动。省直机关工委常务副书记王承先宣布活动开始，市委副书记、市长欧昭，市委常委廖冬雪、王成龙、余家洪等参加活动。

20 日 四川省中医药信息学会在成都召开医药产业分会及大数据专委会成立大会暨学术峰会。成都崇州大数据产业园被授予“中医药大数据发展基地”。省中医药管理局副局长罗建、省中医药信息学会会长王箛为崇州大数据产业园授牌，崇州市副市长叶志俊参加授牌仪式。

21 日 成都市统筹城乡综合改革示范镇（片）建设崇州片区现场会在白头镇召开。成都市委统筹委副主任廖维忠，崇州市委常委、市总工会主席王成龙出席会议。

同日 成都市垃圾分类检查考核组到崇州检查城乡生活垃圾分类工作推进情况，并给予肯定。市委常委、市委宣传部部长廖冬雪陪同。

22 日，市委全面深化改革领导小组第十次会议召开，传达学习中央深改组第三十次会议、省委深改组第十七次会议以及成都市委深改组第十二次会议精神，审议有关专项改革方案，研究部署下一阶段全市改革工作。市委书记赵浩宇主持会议并讲话。市委副书记、市长欧昭，市人大常委会主任易孔盛，市政协主席杨火清，市委副书记骆良云，市委常委廖冬雪、陈波、毛向阳、王成龙、余家洪参加会议。

23 日 崇州市工业企业环境保护工作会召开，会议要求，各企业要认真履行企业环境保护责任，维护人民群众环境权益。市委常委、市委统战部部长、经开区党工委书记毛向阳出席会议。

同日 省纪委省监察厅党风政风研究中心主任邓治平率队来崇州就党风廉洁建设责任落实、权力运行监督制约等方面进行专题调研。

25 日 成都市组织专家对 2016 年各区（市）县特色创新工作进行目标绩效考评。崇州市大数据特色创新工作获专家一致好评，荣获成都市三圈层目标考评第二名。

27 日 成都市副市长田蓉率成都市委检查组到崇州检查落实党风廉政建设主体责任情况，要求进一步巩固基础，细化措施，为崇州经济社会全面发展提供坚强纪律保障。市委副书记、市长欧昭，市人大常委会主任易孔盛，市政协主席杨火清，市委副书记骆良云，市委常委赵卫东、廖冬雪、陈波、王成龙、余家洪参加汇报会和意见反馈会。

28 日 市委书记赵浩宇主持召开崇州市环境保护工作专题会，传达成都市政府第一三九次常务会精神，研究崇州市环境保护工作。市委副书记、市长欧昭参加会议。

同日 市委书记赵浩宇率队检查督导安全生产工作时强调，安全生产工作只有起点，没有终点。各部门要以更高标准和更严要求做好监管，督促企业落实安全生产主体责任，严防重大安全事故，确保平安稳定。市委常委、市委政法委书记张泽林，副市长程志宏、郑厚君参加检查。

同日 市工商联 2016 年年终总结会通报，2016 年市工商联成功创建全国“五好”县级工商联。

同日 崇州市召开推进供给侧结构性改革鼓励实体经济发展改革宣讲会。市委常委、市委统战部部长毛向阳，副市长叶志俊，市政协副主席陈刚参加会议。

30 日 成都市委常委谢瑞武到崇州调研经济社会发展情况，并给予肯定。要求崇州抢抓成都建设国家中心城市的机遇，抓好三次产业发展和安全维稳工作，确保实现 2017 年第一季度“开门红”。市委书记赵浩宇汇报相关工作，市委常委赵卫东、张泽林、王成龙、余家洪陪同。

同日，市委副书记、市长欧昭率安监、公安消防、交通、公安交警、商投、综合执法等部门负责人，检查节前安全生产工作。

同日　崇州市第十八届人大常委会第二次会议召开，市人大常委会主任易孔盛主持会议，市人大常委会副主任张志新、李超、丁加武出席会议；副市长文国洪，市政协副主席马灵，市法院、检察院主要领导列席会议。听取并审议《崇州市第十八届人民代表大会常务委员会主任会议议事规则》《崇州市第十八届人民代表大会常务委员会会议议事规则》；听取和审议《关于设立崇州市第十八届人大常委会代表资格审查委员会及组成人员名单》的议案（草案）。会议还进行了人事任免。随后，新任命人员集体向宪法宣誓。

中共崇州市委员会

CHONGZHOU YEARBOOK

市委办公室

【概况】 2016年，市委办公室坚持以习近平总书记“五个坚持”为基本遵循，严守省委“三个更好，一个加强”工作准则，落实成都市委“讲真情、愿服务、敢担当、善共事、淡名利”要求，把抓落实作为基本职责和核心任务，以硬措施、硬作风助推市委各项决策部署落地落实。

【政务】 围绕市委中心工作及重大决策部署，畅通信息渠道，抓好信息管理及辅政工作。全年编发《崇州信息》38期、《领导批示》17期、《崇州每日要情》210期、《工作落实》3期，向成都市委办公厅上报信息201条。贯彻落实中央“八项规定”，精简会议活动、文件简报。将全市党政公文处理工作纳入2016年目标考核，严格按照“规范、简洁、有效”的要求加强办文办会工作。全年起草公文294件，其中包含“崇委发”75件、“崇委办”33件、“崇委报”54件、“崇委函”5件、“情况通报”23期、“议事纪要”22期、会议通知47件、“崇委办字”35件、领导讲话稿等大量文字材料。审批承办各类大型会议63次（含中心组理论学习11次）、常委会37次。较2015年相比，精简会议5次，精简文件10件。组织相关重大项目责任单位成立协调小组，建立重大项目推进情况信息畅通机制，梳理全市重大项目建立推进情况台账，每周更新台账形成《重大项目推进情况周报表》并分送市目督办和市监察局；围绕中心抓好批交办，精准信息督查，建立工作落实台账，实行市委主要领导有交办必督办，有督办必报告的制度，坚持按清单督办。全年督查市委主要领导批交办事项40项，跟进12项，形成各类专报11期。

【机要】 提高保密综合防范能力，增强保密意识，定期进行保密教育，自觉遵守各项保密制度。严格执行计算机及其网络的保密管理规定，不在非涉密计算机及其网络上处理、储存涉密信息。坚持“谁上网，谁负责”的原则，在涉密场所、涉密计算机设立标志标牌，对涉密计算机进行专人管理并实行密码开启。全年未发生失泄密事件。

【会务接待】 发挥枢纽和桥梁作用，协助市委协调四大班子领导政务活动，牵头协调政务接待和大型活动，有力保障市委的高效运转。严格落实中央“八项规定”中有关节俭做好接待、厉行勤俭节约方面的规范和要求，认真做好会务接待、公车使用管理等工作。全年接待211批次，5918人次。其中：政务接待127批次，4994人次；商务接待84批次，924人次；国家15批次，836人次；省28批次，591人次；市级82批次，3287人次；大型活动2批次，280人次。圆满完成“两会”期间的接待任务，崇州菜花节开幕式、全市新村建设管理现场会、菁蓉会、全国农村产业融合发展试点示范县培训会、农业部稻香综合种养现场会、全国接待与交际研修班、成都市“农贷通”平台建设现场会、李家岩水库开工仪式等重要活动的接待工作。

【后勤保障】 严格车辆管理，强化驾驶人员的安全培训，全年无重大安全事故发生；加强管理水、电、油、气，定期检查办公楼用电、用水，及时更换节能灯，确保能够正常供应；强化机关大院物防、人防、技防工作，坚持保安人员24小时值班制度和来访人员登记制度，全年无治安刑事案件发生；狠抓安全工作，建立长效管理机制，全年无安全事故发生；进一步做好老干部服务，着力保障好老干部的政治和生活待遇，加大组织老干部活动力度，丰富他们的文化生活，让他们老有所为、老有所乐。

【队伍建设】 加强思想作风建设。制定《关于加强思想政治工作和业务能力建设的实施意见》，从思想政治建设、业务能力建设、作风建设以及组织保障等方面明确13项具体工作；结合“两学一做”学习教育，组织集中学习14次，开展组织生活6次，切实将“五个坚持”要求内化于心、外化于行；实行“每日回销”制度，锻造真抓实干、雷厉风行的作风品牌。优化流程规则，修订完善《崇州市委办公室工作规则》，优化形成规范业务流程14项；运用“大文秘、大信息”理念，实行大科室制，打通信息共享“壁垒”，实现优势互补。优化“七早”机制，形成“五个提前”，切实走好“最初一公里”。强化能力建设，开展全员调研活动，由各科室围绕市委中心工作自选课题，完成1～2篇高质量的调研报告；分批组织干部到发达地区开展考察学习或培训，开拓眼界；实行双向挂职和轮岗交流，推荐1名干部到成都市委办公厅跟班学习，抽调26名市级部门、乡镇（街道）干部到崇州市委办公室挂职锻炼。

【服务群众活动】 坚持认真开展“党员义工日”“走基层”“心连心”“双报到”活动，先后开展在隆兴镇青桥村的义务植树活动，在桤泉镇“荷风廉韵”的党风廉政教育，第三季度文明交通劝导等活动。积极帮扶对口精准扶贫户，全年走访白头镇五星村、三洞村1611户群众共计6千余人次。

（张　川）

机构编制管理

【概况】 市委编办既是市委的工作部门，又是市政府的工作部门，列入市委机构序列，挂市行政审批制度改革办公室牌子。内设综合科、机构编制科、行政审批制度改革科、监督检查科4个职能科室，下设直属行政机构市事业单位登记管理局1个。

【综合行政执法体制改革】 崇州市作为成都市6个综合行政执法改革试点区县之一，整合职责和组织机构、理顺部门职责关系、统筹城乡行政执法、建立健全工作机制、加强完善执法保障，推进综合行政执法体制改革。《崇州市综合行政执法体制改革试点工作实施方案》报省政府审批，崇州市综合行政执法局及其下属4支执法大队成立，近400名执法人员划转到位，开始试运行；初步建立信息资源共享机制、案件分级审查机制、重大案件分级审查机制、重大案件会审机制、人员培训机制、双随机执法机制等；同时建立综合执法联席会议制度、配合协作机制等运行机制。为厘清行政主管部门与综合行政执法局的职责边界，编制印发综合行政执法局权力清单（试行）、综合行政执法巡查事项清单（试行）和“三定”规定（试行）。依托智慧城市建设，搭建综合执法“智慧服务平台”，打造“互联网+综合执法”模式，综合行政执法智慧服务平台一期完成。崇州市综合行政执法体制开始试运行以来，在整合职能职责、优化组织机构、建立工作机制等方面取得明显成效。新华社《动态清样》《内部参考》、中央编办网站、新华网、《四川日报》、《成都日报》、《成都改革期刊》等媒体机构分别对崇州市综合行政执法体制改革工作的经验做法和取得效果予以宣传报道。

【基层派驻机构管理体制改革】 为适应“简政放权、放管结合、优化服务”，改革和增强基层政府履职能力，市委编办牵头制定《关于加强改进派驻乡镇（街道）机构和派驻人员管理的意见》，将农技、水利、林业等市级部门设在乡镇（街道）的涉农派驻机构下放给乡镇（街道）管理，建立以乡镇（街道）为主的派驻机构管理长效机制，充分发挥派驻机构为基层服务的作用。

【产业园区体制改革】 按照省和成都市关于优化产业园区机构编制资源的意见，为四川崇州经开区提高机构规格做好衔接。做好与成都市委编办及崇州市经开区对接工作，改革方案经市委、市政府审议通过并上报成都市审批。

【街道综合管理体制改革和经济发达镇改革】 按成都市工作要求开展前期调研，尽快制定和完善崇阳街道改革方案，深入推进羊马镇、桤泉镇的行政管理体制改革，力争用两年左右时间构建与“产业新城、品质崇州”相适应的新型城市基层治理机制、经济发达镇管理机制。

【行政审批制度改革】 按照省、成都市相关工作要求，全市应编制责任清单的30个市级部门中，除国税局提交了国家税务总局文件要求延迟制订责任清单外，其余部门全部完成责任清单编制工作，经联席会议审查并报市政府常务会议审定，通过崇州门户网站“崇州公众信息网”面向社会公布。按成都市工作要求，以崇州市审改办名义印发通知，要求各具有行政许可权的职能部门按要求制订自身推进方案。

【机构编制管理及资源优化配置】 根据崇州市人员实际情况，合理拟定2017年度崇州市招人计划并报市编委审议通过。按照“总量控制、动态管理”原则，巩固“三超两乱”治理成果，以机构编制实名制信息库建设为抓手，制定机关事业单位内设机构设置标准，建立和完善用编进人前置审批制度、干部任前职数审核制度，将机构编制规定执行情况纳入对全市各单位“一把手”经济责任审计内容。全年顺利完成2016年度236家事业单位的年度报告工作，基本完成全市机关事业单位政务和公益中文域名注册、缴费、网站挂标，以及统一社会信用代码赋码等工作。

（屈浩春）

组织建设

【概况】 年内全市共有基层党组织951个，其中党委56个、党总支23个、党支部872个。基层党委中，机关党委24个、事业单位党委3个、非公企业党委4个、乡镇党委24个、村（社区）党委1个。党总支中，机关党总支5个、事业单位党总支7个、非公企业党总支1个、村（社区）党总支3个，其他党总支7个。党支部中，机关党支部231个，事业单位党支部144个，非公企业党支部170个，村（社区）党支部249个、其他党委78个。有党员32417人，其中预备党员241人，占党员总数的0.74%；女性党员8606人，占党员总数的26.5%；少数民族党员134人，占党员总数的0.41%。2016年，全市党员缴纳党费594.27万元。

【“两学一做”学习教育】 围绕“有效学、分类做、全面改”主题，突出以学促信、以学促做、以学促效，推动学习教育落在实处、形成常态。突出差异施教，办好“五大课堂”，探索推广“田园党课”“微党课”“骆学林讲堂”；设置“必修课+选修课”，采取领导领学、个人自学、督导促学，开展系统学习活动；成立巡回“讲师团”，用好本土红色资源，选树袁明志等身边典型数10人。对标领岗明责，广泛开展“合格党员标准”大讨论，围绕“什么是合格党员，如何做合格党员”分类制定“崇州市合格党员标准”，让党员“做”有方向；落实每月“固定党日”，设立党员先锋岗、开展承诺践诺，树好党员形象、彰显党员作为。全域开展“品质崇州·党员示范行动”，唱响“走在前、做表率，我为党旗添光彩”主题，激励党员敬业奉献，首批命名示范标兵100名、示范集体107个，其中12个集体、20名党员荣获成都示范称号。致力整体提升，扎实开展三项整改“回头看”，加快构建“八个常态长效”；围绕“五类主体”对照“四讲四有”标准，找问题、找差距，开展“五个三”分类整改行动，做政治上的明白人；着力补齐工作短板，严格落实“基层党建11项专项治理”工作，排查处置失联党员319名、未按期换届党组织222个，党组织领导核心得到巩固，党员队伍凝聚力、号召力得到提升。

【换届工作】 制订《乡镇换届考察工作手册》《乡镇党代会工作手册》《市党代表推选工作手册》《村（社区）党组织换届工作指导手册》等工作指南，严格“两代表一委员”推选提名和换届人选推选程序，扎实把好人选关。加强重点乡镇、重点领域力量配备，严格“四类人员”标准程序。提前谋划村级换届，筛选518名优秀人才进入村后备干部人才库。排查换届重难点村53个、风险点87个，建立市、乡、村、组四级民情直报队伍（4062名）。组建市、乡两级换届风气督察组和指导组，强化督促指导，严肃换届纪律，市、乡两级领导班子及村级党组织换届全部完成，受到省、成都市换届风气督查组的肯定。

【干部队伍建设】 认真落实《党政领导干部选拔任用工作条例》和省委、成都市委系列制度体系，鲜明“基层一线、不唯年龄、城乡一体、能上能下”四个导向，推动好干部标准和省委“三重”用人导向、“三个六”用人原则在崇州落地生根。加大对不适应不胜任不称职干部调整力度，免职市管干部17名，“能下”机制受到中组部研究室肯定。严格领导干部个人事项报告制度，抽查审核682人次，函询报告不实干部23人次。加强干部平时监管，扩面推行公务员“1+5+1”平时考核办法，推动实现干部的可视化管理。

【干部教育培训】 按照成都市委组织部《规划》要求，继续推进“红色线路·精品课程·经典案例”课程体系建设，分层分类抓好培训。年内完成成都市级以上调训191人次、领导干部网络学习201人次，举办副局职领导干部、优秀年轻干部人才、乡镇领导班子成员、优秀公务员、党务干部、优秀大学生志愿者等培训班10期561人次。加强对年轻干部、女干部、党外干部以及专业技术干部培养力度，培训女干部184人次、党外干部22人次、35岁以下年轻干部141人次。

【人才引进】 瞄准域外人才，修订《崇州市事业单位引进高层次人才办法（修订）》，出台《崇州市推进大数据产业人才队伍建设“百人计划”十条措施》，柔性引进院士2人，省“千人计划”人才1人，创业导师5人（含省级1人），博士11人，与市外100多名专家建立技术链接，柔性引进高级专家1000多人次，进一步构建全市人才开发良好局面。

【基层组织建设】 强化党建责任，用好党建述职评议考核结果，约谈排名靠后的3名乡镇党委书记。全面实施基层党建“七大提升工程”，认真落实11项重点任务，制定出台《崇州市农村基层党组织建设基本标准90条》，选派25名优秀机关党员干部到软弱涣散村（社区）驻村担任“第一书记”。建立基层党组织“双强六好”示范点31个，其中5个被命名为成都市“双强六好”示范党组织、13个列入成都市“示范点倍增计划”。加力推进“两新”党建，邀请党建专家吴文全作专题讲座，组织42名党组织书记赴井冈山开展党性锻炼，建立“两新”党建经费投入机制。深化合作社党建改革，在6个乡镇开展党建组团，“稻乡环线党旗红”的区域党建格局初步形成。常态开展党内关怀，累计对58名困难党员发放帮扶金45.1万元，对63户党员精准扶贫户实施“造血式”帮扶。

【党员队伍建设】 严格发展党员标准和程序，注重总量控制、结构优化。年内发展党员241名，其中，农村党员141名，35岁以下青年党员127名，大专文化程度以上的172名，女性党员51名，“两新”领域党员32名。党员队伍年龄、性别、知识结构较往年有明显改善。专题培训入党积极分子343人，远程教育管理员60人，分批次选派30名“两新”组织党务工作者参加成都市示范培训班。依托“两学一做”学习教育，开办基层党组织书记示范培训班、“两新”党建示范班、组织员示范班、远程教育管理员示范培训班及党员创业就业带头人、离退休党组织书记等示范培训班，探索建立白头镇五星村无职党员教育培训基地和桤泉镇“荷风廉韵”党性教育基地，全年集中培训全市村（社区）书记、主任2期，参训859人次。举办示范班9期，培训党员1800余人次。畅通队伍出口。严格失联党员排查处置，依照省市相关要求，制订《崇州市失联党员处置工作方案》，全年共处置失联党员182人，其中纳入组织管理169人，出党9人、限期整改3人、调查核实1人；严格落实“三会一课”制度，排查制度执行不到位党支部74个，批评教育无故不参加组织生活的党员153名。

（樊　龙）

机关党建

【概况】 2016年，市委直属机关所属党组织有机关党委26个、党总支8个、直属党支部35

个，党委、总支下属支部 211 个，党员 4679 名。

【思想建设】 组织全市直属机关党员干部深入开展“两学一做”学习教育，加强机关党组织和党员队伍的理论武装。1 月，开展联述联评联考，将机关党建纳入述职评议考核，1 月 29 日，在各单位全覆盖述职的基础上，现场随机抽取 10 个单位党组书记（党员一把手）向市委述职、接受询问，并进行评议考核，其余 59 个机关党组书记、党组织书记向工委进行书面述职。7 月 26 日—27 日，牵头组织市直机关 12 个小组 4700 多名党员学习宣讲贯彻习近平总书记“七一”重要讲话，深刻理解讲话的精髓要义，尤其是深刻理解不忘初心、继续前进的重大意义，进一步坚定对中国特色社会主义的道路自信、理论自信、制度自信、文化自信，努力把中国特色社会主义事业在崇州的实践推向前进。12 月，机关工委“七一支部工作法”（一份党建责任清单、一个党建工作品牌、一个特色工作措施、一套组织生活制度、一个党建活动阵地、一个党建宣传平台、一批模范先进典型案例）荣获成都市 2016 年机关党建学习研究成果一等奖。

【组织建设】 根据《成都市〈中国共产党党和国家机关基层组织工作条例〉实施细则》，及时做好各支部书记、委员的选配，做好业务指导工作，严格“三会一课”（定期召开支部党员大会、支部委员会、党小组会，按时上好党课）、组织生活、民主评议、联系群众、党员发展等各项制度，夯实机关党建各项基础性工作。年内机关党委换届 7 个，直属党支部换届 11 个，党委、党总支下属党支部换届 72 个，配强配齐基层党组织领导班子。推行“七一支部工作法”，推动党建工作从“上级要求严”向“自觉主动严”转变，党支部战斗堡垒作用和党员先锋模范作用得以充分发挥，得到国家机关工委、省委组织部、省直工委、成都市直工委的肯定和关注。2016 年，5 个市直机关基层党组织被成都市委评为先进基层党组织，3 名党员被评为成都市优秀共产党员；崇州市委表彰先进基层党组织 10 个、优秀共产党员 30 名、优秀党务工作者 6 名。广泛开展机关党员示范行动，结合“两学一做”学习教育，开展“品质崇州·党员示范行动”。市直机关党组织以“走在前·作表率·我为党旗添光彩”为主题，分领域分层次重点开展“示范基层党组织”“党员先锋示范岗”“党员先锋示范标兵”“党员示范志愿服务队”创建活动。按照“三亮一通”“七统一”标准，开展党员先锋示范岗评选活动，鼓励岗位全体党员争做“七带头、七先锋”。截至 2016 年底，市直机关创建“示范基层党组织”12 个、“党员先锋示范岗”20 个、“党员先锋示范标兵”10 个、“党员示范志愿服务队”12 支，党员先锋示范车 127 辆。做好 11 项重点工作，对 69 个市直机关党员组织关系进行认真细致的排查，排查出有失联党员的单位 3 个，失联党员 28 名，并上报市委组织部进行处置。对各单位党组织党员缴纳党费进行自下而上的专项检查和补缴党费工作，全年市直机关按要求按标准催缴党费共 200.35 万元。严格按照党组织书记不胜任现职、工作不在状态、严重影响到班子整体战斗力的，班子不团结、内耗严重、工作不能正常开展的，党员教育管理缺失、纪律松懈、组织观念淡薄的等软弱涣散党组织 15 种表象清单，实行倒排机制，确定 9 个软弱涣散党组织，实行分片组调研指导督促，2016 年全部整改合格。

【作风建设】 市机关工委与市纪委、市委组织部、市目督办协作不定期督查工作机制，全力推进机关作风建设，促进机关党员干部积极向上，奋发有为。持续开展正风肃纪工作，配合市纪委开展作风督查，坚决治理部分党员干部干劲不足、做事拖延、责任心不强等问题，培养党员干部敢于担当、奋发有为、勤勉务实、真抓实干的精神。坚持“三视三问”工作法，结合崇州市开展的“结对心连心·我们在一起”“走基层”“党员义工日活动”，深入基层、深入群众，了解情况、调查研究，有针对性地帮助解决基层群众在工作生活中的实际问题和困难，进一步提高党员干部的宗旨意识和服务意识。积极发挥机关党组织的资源优势、智力优势和组织优势，组织广大党员走出机关、走进基层、服务群众。以“结对心连心·我们在一起”为主要实践载体，全面开展“走基层”活动，全市四套班子领导干部、113个活动单位党政领导干部、6300多名机关事业单位干部分别深入194个“挂包帮”联系点、253个“心连心”责任区、121个“双报到”活动地，走访群众近17万户，走访重点联系对象1350多户，走访企业770多家，倾听群众呼声，收集社情民意，疏通矛盾纠纷。

【廉政建设】 开展廉洁文化进机关“五个一”活动。即：读一本廉洁书、观看一次警示片、上一堂廉洁课、签订一份廉洁承诺书、召开一次廉洁座谈会。深入开展“机关家庭手拉手·廉洁路上一起走”活动。在全市各单位全面推广“1+3”（一个机关组织+机关党员+党员家庭+家庭成员）警示教育宣传模式，将机关和家庭、党员干部和家庭成员结合在一起，共同开展勤政廉洁的教育和倡导，营造干事创业、风清气正的良好氛围。12月，组织参加成都市机关工委举办的“清风正气传家远”比赛，在成都16个单位、22个区市县竞赛中荣获第二名和优秀组织奖。在机关建设廉政景观，悬挂廉政格言警句，营造廉政宣传教育氛围，创建廉洁文化走廊，时刻警示党员干部廉洁从政，勤政为民，树立正确的权力观、利益观、荣辱观，2016年，5个单位创建廉洁机关示范点，发挥引领示范作用。在“七一支部工作法”争创“七个一流”目标中，专门设立“一流的廉洁”，使广大干部特别是党员领导干部牢记廉洁自律要求，熟悉纪律处分规定，切实增强贯彻执行党章党规的思想自觉和行动自觉，营造学纪、明纪、守纪的浓厚氛围。

【党员发展】 3月21日—3月24日，组织机关31个基层党组织和经开区、工业企业、建设、教育、公立医疗机构、个私7个党工委入党积极分子230名，参加市委党校举办的2016年度入党积极分子培训班。根据“控制总量、优化结构、提高质量，发挥作用”的新要求，按照《关于进一步做好新形势下市直机关党员发展工作的通知》，对党员发展在标准、程序、材料完善方面提出更高更具体的要求，2016年全年发展新党员34名，预备党员按期转正43名，接转组织关系562人。

【教育培训】 5月31日，组织市直机关单位42名党组织负责人到乐山学习机关党建经验和党员示范行动等。6月2日，组织市直机关党组织书记70余人召开市直机关“走在前·作表率·我为党旗添光彩”党员示范行动现场推进培训会。8月4日—9日，组织市直机关40名优秀党务干部赴长沙、井冈山参加党性与素质提升培训班。2016年市直机关各单位结合自身实际，采取“走出去、请进来”等方式，广泛开展思想理论、业务技能等教育培训，拓展学习领域，丰富知识储备，强化广大党员干部的理想、信念和宗旨意识，增强市直机关党员干部的思想理论素质。

【文体活动】 3月3日，“2016四川花卉（果类）生态旅游节分会场暨第四届四川自驾赏花节”开幕式上，市直机关组织1200余人参加极具特色的COSPLAY趣味健身跑活动。3月18日，中国成都第七届自行车车迷健身节（崇州站）暨第五届公路自行车精英赛在白塔湖畔拉开帷幕，吸引了来自成都市直机关、各区（市）县以及崇州市各单位119支队伍1500多人参加。12月16日，省直机关工委在羊马镇湿地公园举办省直机关2千多人参加的“传承长征精神·健步奔向小康”全民健身健步走活动，崇州市共有40个部门、10个乡镇、500余名党员干部职工参与对接服务，切实做到了“一对一，精细化”，受到省直机关的好评。

（覃生富）

思想政治宣传

【概况】 市委宣传部与市文明办、市社科联、市文联合署办公。市委宣传部机关内设办公室、党员理论教育科、群众宣传科、新闻报道科4个职能科室，市对外宣传办公室与互联网宣传管理办公室挂靠新闻科。文明办和宣传部机关统一使用编制和经费，社科联、文联和宣传部机关统一使用经费。32个社科项目被确定为四川省、成都市级重点科（调）研项目。

【理论学习】 年内先后邀请《百家讲坛》主讲人厉华、中央党校教授陈建奇等专家学者到崇州作专题辅导报告13场，市领导带头到联系点、联系单位讲专题党课3轮次，各级党委、党支部自主学习1000余次，新组建的“理论宣传小分队”分赴各乡镇（街道）、村（社区）开展“微宣讲”50余场，直接间接受众约12万人。全市各级中心组撰写调研文章600余篇，其中《中国纪检监察报》《廉政瞭望》《成都日报》理论周刊、《先锋》杂志刊发。

【宣传工作】 建好宣传平台，精心维护“记者沙龙”媒体联络平台。新华社、《光明日报》《四川日报》、四川电视台等25家中央、省、成都市级传统媒体、新媒体为崇州献言献策，全年开展线下沙龙活动两次，线上微信平台保持高频率互动联络，“朋友圈”式的崇州外宣顾问团队基本建成并日益壮大，其中以“党风廉政”为主题的沙龙活动推动“荷风廉韵”廉政文化教育宣传登上中央媒体平台。加快打造“指尖”外宣平台，入驻“新华社”手机客户端，打破内外宣壁垒，使内宣工作有了可以覆盖全国的强力渠道。“农业共营制”结合全市其他中心工作创新宣传，再次引爆国家级媒体的眼球，中央电视台《五年规划》《经济半小时》的先后报道塑造出第一产业全国领先的崇州形象；依法治理让新华社和《人民日报》看到“改革成效正逐步显现”；全域旅游方面有了CCTV5《体育新闻》“全国规模最大的业余自行车赛”和《人民日报海外版》“最美乡村路”两个高端定位；文化管家的创新被中央电视台《晚间新闻》誉为“把工作做到家门口了”；通过中央电视台《中国新闻》向亚欧美三洲亮出崇州“大数据”和“以家具为主的产业优势”名片；《新闻联播》和《朝闻天下·两会新观察》做医疗改革报道都将崇州市的医联体改革作为典例经验切入。年内中央、省、成都市各级主流媒体刊播、刊发崇州新闻1100余条，其中中央级主流权威通讯、报纸、电视报道达104篇。

【群众文化活动】 持续开展基层宣传优秀案例展演评选活动，展现崇州市“走基层”活动与“三严三实”专题教育中涌现出来的先进典型案例。小品《熊大与熊二》、情景剧《高手》等一批优秀案例旗帜鲜明地展示崇州市各行各业在改革创新中涌现出来的典型事例，引领风尚，传递正能量。5月“成都市‘走基层’文化惠民演出”以来，在全市机关、企业、部队、学校、社区等进行惠民演出40余场；5月中旬启动“百姓故事会”故事征集工作，优秀故事结合惠民演出在全市进行巡演20余场，其中两个故事被成都市评为优秀故事。

【精神文明建设】 以测促建，建立综合文明指数测评的日常抽查、问题反馈、跟踪督查的常态化自评机制，力争做到家底自清、问题自明。持续开展文明创建活动，市检察院入围2016年四川省级文明单位，崇州市七一实验小学等两所学校入围四川省级文明校园评比。着力民生，创新文明热线“96110”投诉处理机制，工作经验在成都市工作推进会上进行交流发言。加强幸福美丽新村建设，新打造成都市级“三美”示范村7个。联动市级各部门开展“身边好人”“道德模范”等推荐评选表彰工作，及时发布各行业涌现的时代楷模、道德模范、最美人物、身边好人等，2016年崇州市推评各类好人候选人200余人，其中崇州市推荐的优秀青年陈勇获得成都市第四届道德模范荣誉称号。截至2016年底，全市共有注册志愿服务队667支，注册志愿者7万余人，广泛开展“党员义工日”“邻里守望”等主题志愿服务活动，与全市文明创建活动同频共振。持续完善学校、教育、社会三结合教育网络，利用乡村学校、少年宫、童伴之家、社区家长学校等阵地，开展各类主题活动30余次，完成崇州市未成年人心理成长中心建设。打造未成年人特色品牌项目，流动少年宫、少年军校、非物质文化遗产进少年宫等特色活动被中国未成年人网、四川文明网等媒体专题报道，崇州市检察院“向日葵工作室”项目被新华社、《人民日报》等多家媒体报道。“美德少年”全媒体评选表彰活动的网络关注量达38万人次。

【“两学一做”学习教育】 始终把学习和宣传贯彻习近平总书记系列重要讲话精神作为重中之重，把治国理政新理念新思想新战略宣讲和“两学一做”学习教育有机结合，精心确定全市“1条主线+19项专题”的中心组学习计划，确保中央、省、成都市及崇州市各项重大改革政策、理念、精神落地落细。畅通“四川发布”新闻供稿渠道，创新开展的“两学一做”专题宣传，“漫说党建”被成都市列为网络宣传典型案例。

【第四届四川自驾赏花节】 市委宣传部成功举办第四届自驾赏花节。整体实现以生态为媒、以节气会友，促旅游、促开放、促发展、促惠民的办会目的。据统计，赏花节期间接待游客211.3万人次，实现旅游综合收入4.75亿元，全面提升崇州乡村旅游的知名度和影响力，助推崇州市100平方千米田园产业经济区建设。

【文学艺术】 本土作家以“农业共营制”改革为题材，创作纪实报告文学作品《厚土》；进一步深挖崇州文艺底韵，创作《蜀州文学》《蜀州诗词》《崇州墨迹》。借势四川第四届自驾赏花节，成功举办“田园花海”摄影大赛，“摄影+新媒体”的全新形式让赛事成为成都地区颇具影响力的摄影赛事之一。设立“崇州市文学艺术奖”，每两年投入资金20万元，激励广大文艺工作者的创作热情，吸引更多新生代的文艺力量，确保崇州文艺事业多出精品、多出人才。崇州市有国家级协会会员14人，四川省级协会会员100人，成都市级协会会员174人，整体水平有较大提高。

（宋　威）

统一战线

【概况】 市委统战部内设办公室、联络科、干部科、援藏办，挂崇州市民族宗教事务局牌子。

【民主党派和无党派人士工作】 加强与各民主党派的对口联系，指导民主党派和无党派人士加强自身建设，年内完成调研课题10项。建立党外代表人士数据库并实现动态管理，召开联席会议两次；认真贯彻党外代表人士安排的政策要求，做好党外干部配备工作；完成中央、省、市各社会主义学院调训任务，举办党外代表人士培训班。指导各民主党派换届，做好党外政协委员提名、推荐、考察、评议、公示等相关工作。扎实推进民主党派与崇州市合作工作，年初与4个民主党派成都市委确立支持项目10个，项目资金达400余万元；各民主党派积极开展义诊、送医送药、扶贫助学等活动，折合资金30余万元；深度挖掘民盟成都市委、农工党成都市委优势，融入崇州市大数据发展，受到成都市委统战部肯定。

【民族宗教工作】 推动市、乡镇（街道）、村（社区）三级宗教工作网络建设。依法加强宗教事务管理，与各宗教活动场所签订目标责任书，落实工作责任。大力推进“民族团结进步”“和谐寺观教堂”创建活动，有力维护民族宗教和谐稳定。进一步规范宗教活动场所管理。加强执法力度，全面排查崇州市佛道教场所人员，坚持“两排查一分析”制度，每季度定期排查调处民族宗教领域的矛盾纠纷。

【非公有制经济人士工作】 开展以“守法诚信、坚定信心”为重点的理想信念教育活动，组织会员企业参加“企业转型升级与创新发展”专题培训，引导企业依法经营、依法治企、依法维权。围绕企业发展走访调研，搭建企业利益诉求平台；发挥工商联（商会）纽带作用，完成工商联系统非公有制经济人士综合评价工作，引导企业服务地方经济社会发展，上报调研文章1篇、调研信息11条。鼓励企业参与爱心助学、精准扶贫，17家企业捐款130余万元帮扶700余名贫困学子；实施“万企帮万村”精准扶贫，引导企业与11个乡镇、16个相对贫困村开展村企共建行动，先后引进项目两个，修建村道4条，修缮村级活动室1个，投入资金350余万元。

【港澳台及海外联络工作】 主动融入“一带一路”，抢抓“欧蓉+”战略机遇，积极开展“请进来、走出去”活动，副市长毛向阳带领崇州市知名企业赴香港和印度进行招商和经贸合作，签订超过1000万美元的意向订单，为经贸合作、人员交流往来提供服务；成功举办“崇州制造·走进南亚”成都制造融入“一带一路”专场推介会，共同打造南亚国家扩大贸易和促进投资的交流平台。加强对外文化交流交往，组成友城及文化交流团赴马来西亚砂拉越州古晋南市开展文化及友城交流，促进两地文化交流，展示崇州市茉莉花茶。始终坚持为台胞服务，依法保护台胞合法权益，开展“服务台商大走访”活动；省台办、中央电视台到崇州市钧乔农业采访拍摄专题片；邀请台湾云林县农会到崇州考察参观，增进两地农业交流。

【对口帮扶藏区工作】 对口帮扶马尔康市，对口帮扶指挥部8月成立，积极统筹推进帮扶工作，着力搭建资金使用、人才帮扶、沟通联络及产业合作等平台。编制《崇州市对口帮扶马尔康市五年规划（2017—2021）》，确定村级产业项目4个，帮扶资金460万元拨付到位，用于帮扶村基础设施建设；遴选28名优秀党政干部和专业技术人才组成援藏工作队，到马尔康挂职锻炼；开展领导互访、交流考察等活动8次，形成党政领导定期互访、行业领域协作交流、日常联络协调落实等机制；探索培育农畜业专业合作组织和规模化龙头企业，开展农副产品加工销售“诊断式”对接，促成双方企业建立合作关系。2016年，在阿坝州贫困村贫困户退出检查考核中，阿底村、纳足村实现脱贫17户51人。

【社会协商成果转化】 抓好基层社会协商成果转化，归纳提炼并推广“七步工作法”，即培训——收集议题——审查议题——公示回复——召开会议——协商结果运用——协商成效反馈，全年收到协商议题1015条，上会协商62条，书面回复953条；在部门、乡镇（街道）、村（社区）开展基层协商业务培训6000余人次；联合省、市社会主义学院，建立基层社会协商崇州实践教学基地，开展教学7次，接待各地培训班学员400人次、省内外专家学者交流50余人次。加强新社会阶层人士统战工作，成立崇州市新社会阶层人士联谊会，并探索成立党支部。发挥相关部门职能作用，建立联席会议制度，不定期开展授课辅导、交流座谈等活动，促进会员企业与政府部门、社会各界之间的联动共荣。

（陈欣怡）

目标督查管理

【概况】 市目标督查管理办公室负责全市各乡镇（街道）和市级各部门的目标管理和督查指导工作，内设综合科、目标管理科、目标督查科3个职能科室。2016年度崇州市获得成都市综合目标考核三圈层第2名。

【目标绩效管理】 根据各部门类别、职能职责和体量大小进行考评分类。乡镇（街道）继续按城市功能核心区、山地旅游发展区、现代农业集聚区和生态涵养保护区4类进行考评；党群部门分党委工作部门和人民团体两类进行考评；政府部门分经济发展类、社会事务及执法类、政务综合类和垂管部门4类进行考评。强化工作实绩考核导向，严格规范本级表彰奖励加分和取消本级领导肯定性批示加分，规范上级表彰奖励及领导肯定性批示加分认定条件，突出工作业绩和效果评价考核权重，突出单位差异和特色，引导各部门在强基础、抓改革创新上发力。严格目标考评办法的审核把关，要求市级各部门对制订的目标考评办法中随意性大、操作性不强的内容进行修改完善，形成统一规范、内容具体、要求明确、操作性强的考评实施办法。强化目标运行监控，推行目标过程管理和运行提示。会同目标牵头部门根据时间节点，跟踪了解目标运行情况，推动问题目标的解决落实。继续坚持目标“双考核”机制，将成都市考核结果与本级考核结果相结合，对成都市考核靠前的目标执行本级考核再加分、多加分，成都市考核靠后的参照加分政策同等标准执行减分的原则，拉开差距，鼓励创先争优，努力实现崇州“进入三圈层第一方阵”目标。

【督查督办工作】 针对省市重大项目建设、各级民生工程落实、南部新城征地拆迁和“三纵四横”道路建设、成蒲铁路、标准化幼儿园建设、万达广场征地拆迁及各项目安置点建设、“四改六治理”整治行动、农业现场会、元通AAAA级景区打造，城区道路交通安全隐患整治、街子音乐马拉松赛、违法建设卫片执法、安全生产等重大工作进行多次专项督查，全年下发各类督办通知80余份，开展专项督查300余次，形成报告单16期，督查专报107期、通报51期，客观公正地向市委、市政府反馈督查工作情况，推动完成情况不理想的工作及时整改落实；牵头办理成都市、崇州市人大建议、政协提案，承办成都市人大建议5件，政协提案1件，崇州市人大建议81件，政协提案117件，办结率100%，办理结果满意率95%。全年分别组织成都市和崇州市人大代表团视察部分建议办理现场两次，推动代表建议意见落实。

【民生实事】 继续在崇州新闻网、“今日崇州”微信平台、《今日崇州》报刊设置“民生工程惠民生”专栏，分环境治理、文化体育、社会保障等11个专题，对民生工程开展情况进行专题报道，提高民生工程群众知晓率。全年完成城市改造、环境治理、扶贫解困、就业促进、教育助学、医疗卫生、社会保障、百姓安居、文化体育、基础设施等省市民生工程目标177项、本级民生实事30件，不断提高全市群众民生福祉，实现共建共享的发展目标。

【特色创新申报工作】 牵头组织相关单位进行崇州特色创新工作申报。在综合衡量崇州各项工作发展强弱的基础上，梳理出大数据产业发展、基层公共文化服务体系建设、综合行政执法体系改革与农村金融改革四项全市创新工作进行提炼总结，再经过多方筛选，最终确定将大数据产业发展作为向成都市申报特色创新专家评审的项目，创新工作考核位列三圈层第2名。

（王小燕）

政策研究

【概况】 市委政研室内设机构综合科、发展研究科、改革科3个科室，市委改革办设在政研室。年内牵头协调崇州市与10余所高校（科研院所）合作共建“协同创新走廊”日常工作。与四川农业大学建立合作关系，围绕崇州市重点工作，共同开展课题研究，独立完成调研报告《农业共营制：创新农业经营体系的重大突破》《成都农村金融改革创新的探索与实践》《崇州市乡村旅游发展现状及对策研究》。

【调查研究】 全年深入经济主战场、改革最前沿、基层第一线等开展调查研究100余人次，独立或合作完成调研报告11篇，总结经验性材料24篇。全力配合成都市委政研室（改革办）领导到崇州督察、调研工作4次，协助湖南省常德市委改革办调研组到崇州考察调研1次。完成《成都农业共营制调研报告——以崇州市为例》《成都农村金融改革调研报告——以崇州市为例》等成都市重点科（调）研课题，成都市委政研室《决策研究》采用并转发各区县，被《中共四川省委党校学报》《当代县域经济》全文刊发。

【重要文稿起草】 起草市委常委会2016年工作要点、市第十三次党代会报告、市委关于第十三个五年规划纲要建议等综合性文稿，市委主要领导重要讲话材料及其他综合性汇报材料共100余篇，近100万字。

【全面深化改革】 按照成都市委改革办要求和市委统一部署，确定2016年重点推进的具有崇州特色和较大影响的改革任务16项，涵盖经济体制、民主法治、文化体制、社会体制、生态文明、党的建设、纪律检查等各个领域。先后制订《市委全面深化改革领导小组2016年工作要点》《市委全面深化改革领导小组2016年专项改革方案上会审议计划》等全面深化改革具体方案和推进措施。围绕各项改革工作重点，协调筹备市委全面深化改革领导小组第七次、第八次、第九次、第十次共4次会议，统筹推进全市专项改革方案46项及中央、省、成都市部署的改革试点任务29项；编制《崇州改革试点进程》，印发《崇州改革信息》21期，向成都市委改革办报送各类改革信息 60 多条，其中，省委改革办《四川改革专报》采纳两篇，成都市委改革办《成都改革》采纳 5 篇。《人民日报》、中央电视台等国家级媒体多次对崇州市改革成果进行报道。崇州市以“农业共营制”构建新型农业经营体系案例荣获“2016 四川十大改革转型发展案例”提名奖。

（韩金桥）

干部教育培训

【概况】 崇州市委党校、市行政学校占地面积 18 亩，建筑面积 8400 平方米，其中党员干部培训中心建筑面积 7200 平方米，有图书阅览室、电脑室、多媒体教室等。学校实行“三个牌子、一套班子”的管理体制，内设办公室、教育科、科研科、信息科、后勤科、农村改革教育培训科 6 个职能科室。全校在职人员 30 人，其中硕士研究生 9 人，本科 14 人，大专及以下 7 人。农村教育改革培训中心自 2015 年 9 月挂牌以来，全力宣传崇州市深化农村改革的方针政策和经验成果，2016 年，承接湖北、广东、上海、四川等省内外党政教育培训中心全年接待 94 批次，5127 人次，圆满完成宣传解说和教学工作任务。

【干部培训】 以提高干部队伍素质为目标，完善校内主体班和非主体班教学，提高班级团队建设的质量和特色，持续深化教育改革，完善培训格局，不断提高教师围绕市委中心工作的课堂转化率，促进受训学员学、思、做的结合，将崇州市农业公营制、新村建设、新村治理、大数据产业发展等优秀经验做法作为干部外训重要第二课堂，跳出崇州，深入井冈山、仪陇等革命老区接受红色教育，深入江苏江阴华西村、常熟蒋巷村等国内示范地区，学习先进经验，全面提高执政能力。年内完成培训任务近 6000 人，其中，校内主体班培训 8 期，培训 843 人次；校内非主体班培训 8 期，培训 528 人次；“两学一做”、“七一”宣讲、“七五”普法等校外宣讲和委托培训 38 场，受训 4467 人次；选送年轻骨干教师培训 40 余次。

【科研调研】 围绕“产业新城、品质崇州”建设目标，紧扣市委、市政府中心工作和阶段性重点工作，开展针对崇州经济社会发展的重点、热点和难点问题的实证性调研工作，为党委、政府决策提供“合拍、对路”“提得准、用得上”的咨询服务，为崇州经济社会发展助航护驾、拾遗补缺，科（调）研工作成果丰硕。全年完成省委党校系统立项课题 5 项、成都市委党校系统立项课题 10 项、成都市社科规划课题立项 3 项、四川省社科规划课题立项 1 项；完成与本市部门科研合作课题 5 篇，分别在省市级刊物、《今日崇州》发表成果 20 篇；报送“两学一做”“川渝蓉研讨会”、十八届六中全会精神等主题征文 16 篇；报送资政信息 3 条，获得崇州市领导签批。此外，完成“走基层”“民情系统”结对清理、数据统计、情况通报等工作。

【师资建设】 采取内引外联、资源共享等方式，建立一支集领导干部、专家学者和专职老师为一体，适应崇州干部教育培训的师资队伍。年内新引进硕士研究生两名，充实教师队伍；安排党校专职教师上挂下派到机关、部门锻炼，提高教师的实践工作能力和调研能力，先后派两人次到市委政研室、市委宣传部锻炼；组织教师深造学习，安排授课教师分期分批到上级党校和其他高校进行培训，掌握最新的教学理念和教学方法，提高教师素质，完成师资培训 40 余次；经常组织教师参加国家、省、市组织的理论研讨会和学术研究，了解和掌握前沿的科学理论知识和先进理念。

【信息化建设】 面对信息化设备、设施老化的现状，加大对信息化建设的投入，升级和更新信息化设施和办公设备；选派专业技术人员负责维护、保养信息化设施、设备，确保正常运行，保证教学、科研和日常工作的顺利开展；充分利用中央党校卫星远程教学网C级站的教学资源，采集教学专题100余个，为学校教学、科（调）研服务发挥积极作用。

（钱　俊）

老干部权益保护

【概况】 2016年，市委老干部局管理服务的离休和县级退休干部有102人，其中崇州市离休干部37人、市（县）级退休干部52人，代管易地安置和省、成都市驻崇单位离休干部13人。年内被成都市委老干部局评为2016年度老干部工作先进单位、老干部“两项建设”工作先进单位、落实老干部生活待遇工作先进单位、组织老干部开展活动工作先进单位。

【“两项”建设】 发挥老干部党校作用，加强老干部思想政治建设和离退休干部党支部建设。全年组织老干部政治学习和党性教育4次，参加人员295人次。组织老干部实地参观考察3次，参加人员240人次。做好社会经济发展情况通报工作。市委、市政府向全市老干部作情况通报两次，参加人员170余人次。做好报刊杂志征订发行工作，为老干部订阅《人民日报》《四川日报》等报刊杂志16种，为每位老干部征订《晚霞》《晚霞报》《离退休干部党支部学习参考》，为老干部政治理论学习提供充足的学习资料。坚持老干部阅文制度，每月10日，将有关文件送到老干部休养所供老干部阅读。全年阅文12次，送阅文件240余份，参阅老干部280人次。

【开展为党和人民事业增添正能量活动】 把握“展示阳光心态、体验美好生活、畅谈发展变化”活动主题，突出“畅谈发展变化”这个关键，以“四项行动”为着力点，组织老干部开展为党和人民事业增添正能量活动。搭建交流平台，助推“我看蓉城新变化”行动。年内组织老干部参观考察南部新城建设等看新变化活动4次；搭建乐为平台，助推“蓉城金秋志愿服务”行动。开展帮贫助困等志愿服务活动3次；搭建网络平台，助推“网络宣传点赞”行动。在新浪、腾讯等网站注册官方微博，大力宣传老干部工作，发布微博2121篇；搭建宣讲平台，助推“长征精神传承”行动。开展离退休干部下乡讲党课、离休干部讲红色革命故事等活动各1次。参加成都市委老干部局开展的“传承长征精神汇聚蓉城发展正能量”主题演讲比赛，荣获组织奖。

【老干部各项待遇】 保障“三个机制”有效运转，全年无一例拖欠老干部离退休费和医药费的情况；落实中华人民共和国成立初期参加革命工作的部分退休干部医疗照顾政策，按时将4000元/人/年的门诊医疗照顾划拨到个人账户；5月，组织全市老干部进行体检；“七一”前夕，由市领导带队走访慰问中华人民共和国成立前入党的8名离休干部；春节前夕向有特殊困难的14名老干部、10名老干部遗孀和3名中华人民共和国成立初期参加革命工作退休干部发放困难救助金7万元。

【离退休干部服务管理工作】 坚持走访慰问制度。做到“三必访”：在春节、中秋、重阳等传统节日，代表市委、市政府普遍走访慰问全市老干部，向他们送去节日的慰问。为老干部生日祝寿，送去生日蛋糕和鲜花 97 份。老干部生病住院看望 306 人次；切实为老干部和老干部遗孀办实事解难事 32 人次；精心组织老干部活动。老干部休养所全年 365 天对老干部开放，开展棋牌、健身等日常活动。开展庆“七一”“八一”等活动 2 次，开展钓鱼、门球、象棋、诗歌等小组活动 12 次；做好老干部信访工作。全年，协调处理老干部及家属来访 48 人次、来信 1 件，做到无集访和越级访，确保老干部队伍的稳定。

【特色亮点】 5 月 26 日，在成都市区（市）县中率先成立离退休干部党工委。崇州市离退休干部党工委的成立，是落实中央、省委和成都市委《关于进一步加强和改进离退休干部工作的意见》精神的一项重要举措，是加强和改进离退休干部党组织建设工作的积极探索，是离退休干部工作的一个新的起点。

（罗利娟）

CHONGZHOU YEARBOOK

崇州市人民代表大会

【概况】 2016年，市人民代表大会设法制委员会、财政经济委员会、社会事业委员会、城乡建设与环境保护委员会、农业委员会5个专门委员会；常务委员会设立办公室、人事代表工作委员会、预算工作委员会、研究室、信访室5个办事（工作）机构；设立代表资格审查委员会，是专门负责代表资格审查的常设机构。崇州市第十八届人民代表大会常务委员会于2016年12月选举产生，常委会主任易孔盛。

【人大会议】 1月30日，市第十七届人民代表大会第六次会议召开。会议听取和审议人大常委会、政府、法院、检察院工作报告；崇州市国民经济和社会发展第十三个五年规划纲要草案（书面）；崇州市“十二五”国民经济和社会发展计划执行情况及2016年国民经济和社会发展计划草案的报告（书面）；2015年财政预算执行情况和2016年财政预算（草案）的报告。

11月28日，市第十八届人民代表大会第一次会议召开。会议听取和审议人大常委会、政府、法院、检察院工作报告；《崇州市2016年国民经济和社会发展计划执行情况及2017年计划（草案）的报告》（书面）；《崇州市2016年财政预算执行情况和2017年财政预算草案的报告》（书面）；审议《关于崇州市第十八届人民代表大会专门委员会设置的决定（草案）》（书面）；选举崇州市第十八届人民代表大会常务委员会主任、副主任、委员；选举崇州市人民政府市长、副市长；选举崇州市人民法院院长、崇州市人民检察院检察长；通过崇州市第十八届人民代表大会5个专门委员会主任委员，副主任委员，委员。

【常委会会议】 全年召开人大常委会9次，审议各类事项60余项。（详见附表）

表 1 **人大常委会历次会议**

时间	届次	主要议题
1 月 20 日	第十七届人大常委会第二十九次会议	审议市十七届人大六次会议相关事项；审议市人民政府关于提请审议批准 2015 年地方政府债务限额的议案。
3 月 21 日	第十七届人大常委会第三十次会议	审议《崇州市宪法宣誓制度实施办法》（草案）；市人民政府贯彻执行《中华人民共和国就业促进法》《中华人民共和国中小企业促进法》情况汇报；审议市人民政府《关于 2016 年城市建设攻坚工作的情况报告》；根据崇州市人民政府市长欧昭提名，任命余文祥为崇州市市场和质量监督管理局长。
5 月 23 日	第十七届人大常委会第三十一次会议	审议市人民政府贯彻执行《中华人民共和国公路法》《中华人民共和国职业教育法》情况汇报；经崇州市第十七届人民代表大会常务委员会第三十一次会议通过，接受邓雅兴申请辞去市人民代表大会常务委员会副主任职务的请求；根据市人大常委会主任会议提议，免去杜红崇州市人大常委会副秘书长、办公室副主任职务；任命杜红为崇州市人大社会事业委员会副主任；孔大明为崇州市人大农业委员会副主任；罗颖为崇州市人大常委会预算审查工作委员会副主任。根据崇州市人民政府市长欧昭提名，任命张春阳为崇州市国土资源局局长。根据崇州市人民法院院长马长明的提议，免去刘勇崇州市人民法院审判委员会委员、行政审判庭庭长、审判员职务；陈澍崇州市人民法院刑事审判庭副庭长职务；易凌波崇州市人民法院民事审判二庭副庭长职务；王克勤崇州市人民法院羊马人民法庭副庭长职务；刘建英崇州市人民法院怀远人民法庭副庭长职务。任命刘耿为崇州市人民法院审判委员会委员、行政审判庭庭长；陈澍为崇州市人民法院刑事审判庭庭长；易凌波为崇州市人民法院民事审判二庭庭长；王克勤为崇州市人民法院羊马人民法庭庭长；刘建英为崇州市人民法院怀远人民法庭庭长。
9 月 28 日	第十七届人大常委会第三十二次会议	经崇州市第十七届人民代表大会常务委员会第三十二次会议通过，接受马长明申请辞去崇州市人民法院院长、审判委员会委员、审判员职务的请求；免去马春彦崇州市人民法院副院长、审判委员会委员、审判员职务；黄艳萍崇州市人民法院审判员职务；任命张静为崇州市人民法院审判员、审判委员会委员、副院长、代理院长；代建为崇州市人民法院审判员；周亚军为崇州市人民法院审判员。根据市人大常委会主任会议提议，经崇州市第十七届人大常委会第三十二次会议通过，任命李鸿奎为崇州市人大常委会崇阳街道工作委员会主任。
10 月 8 日	第十七届人大常委会第三十三次会议	经崇州市第十七届人民代表大会常务委员会第三十三次会议通过，接受胡水金辞去成都市第十六届人民代表大会代表职务的请求；根据崇州市第十七届人大常委会主任会议的提名，补选刘宏葆为成都市第十六届人民代表大会代表。
10 月 19 日	第十七届人大常委会第三十四次会议	审议崇州市市、乡两级人大换届选举有关事宜。
11 月 21 日	第十七届人大常委会第三十五次会议	审议市人民政府《关于十七届人民代表大会第六次会议代表建议、批评和意见办理情况的报告》；市人民政府《关于崇州市 2016 年政府债务限额和财政预算调整方案（草案）的报告》《关于崇州市 2015 年财政决算的报告》；审议崇州市第十八届人大第一次会议相关事项。根据崇州市人民检察院检察长龚亚明的提议，免去刘侨崇州市人民检察院副检察长、检察委员会委员、检察员职务；路琼崇州市人民检察院检察员职务；丁庆崇州市人民检察院检察员职务；任命杨辉刚崇州市人民检察院副检察长职务
12 月 28 日	第十八届人大常委会第一次会议	经崇州市第十八届人民代表大会常务委员会第一次会议通过，接受李建辞去成都市第十六届人民代表大会代表职务的请求

续表

时间	届次	主要议题
12 月 30 日	第十八届人大常委会第二次会议	审议《崇州市第十八届人民代表大会常务委员会主任会议议事规则》《崇州市第十八届人民代表大会常务委员会会议议事规则》《关于设立崇州市第十八届人大常委会代表资格审查委员会及组成人员名单的议案（草案）》；免去黄友丽崇州市人大常委会代表联络工作委员会主任职务；任命王伟为崇州市人大常委会人事代表工作委员会主任；万朝银为崇州市人大常委会预算审查工作委员会主任。根据崇州市人民政府市长欧昭的提名，免去文国洪崇州市人力资源和社会保障局局长职务；李超崇州市住房和建设局局长职务；丁加武崇州市财政局局长职务；陈启舟崇州市农村发展局局长职务；王勇崇州市民政局局长职务；陈文宇崇州市经济科技和信息化局局长职务；宋志斌崇州市安全生产监督管理局局长职务；罗小明崇州市教育局局长职务；周华崇州市城乡规划管理局局长职务。任命罗小明为崇州市财政局局长；吕鹏为崇州市教育局局长；周华为崇州市住房和建设局局长；钟有君为崇州市城乡规划管理局局长；李建强为崇州市农村发展局局长；李世清为崇州市人力资源和社会保障局局长；黄晓琴为崇州市经济科技和信息化局局长。根据崇州市人民法院院长张静的提议，任命杨小林为崇州市人民法院审判员；杨婷为崇州市人民法院审判员。根据崇州市人民检察院检察长龚亚明的提议，任命张勇为崇州市人民检察院检察员；翁鹏程为崇州市人民检察院检察员；陈昱煜为崇州市人民检察院检察员；杨萌为崇州市人民检察院检察员；黄磊为崇州市人民检察院检察员。

【法律监督】 年内，市人大常委会对《中华人民共和国中小企业促进法》《中华人民共和国公路法》《中华人民共和国职业教育法》《中华人民共和国就业促进法》《中华人民共和国城乡规划法》5 部法律在崇州市的贯彻执行情况进行审议。在审议过程中，各相关工委都在事前作了深入细致的视察、调研，做了大量的问卷调查，并在此基础上形成初审意见，再提交常委会审议。在审议《中华人民共和国公路法》执行情况时，走访工作联系部门倾听崇州市贯彻执行情况，实地察看成温邛快速通道项目建设情况、查看了货运大道公路养护工程和乡村公路建设运行情况，提出建议 5 条；邀请市人大代表和交通运输局科、室主要负责人参加座谈会，征求意见；对交通运输局关于崇州市贯彻执行公路法工作情况汇报进行初审，在广泛深入调查研究的基础上，客观地肯定成绩，认真查找问题，深刻分析原因。在审议《中华人民共和国中小企业促进法》贯彻执行情况前，先后深入到蜀羊防水等多家中小企业进行调查研究，听取企业对这部法律的认识，及时向政府提出意见和建议两条，一是经开区要充分利用工业园区进行规模经营，充分发挥利用“一路一带”“蓉新欧”的契机大力招商引资。二是以这部法律作支撑，一视同仁，管好用好园区以外的本土企业。积极配合上级人大做好《成都市烟花爆竹燃放管理规定》《成都市非机动车管理条例》《成都市饮用水水源保护条例（草案）》等条例的调研工作，为条例的出台提供了大量详实有用的基础数据。

【工作监督】 围绕“产业新城、品质崇州”这一发展定位，重点实施对“七大行动”、新“九通一平”、智慧城市建设、农村产业化发展、经开区重大建设项目的监督工作。年内先后 10 余次组织成都、崇州两级人大代表分别对崇州市经济运行情况、工业经济发展、现代农业建设、新农村建设、水环境治理、环境保护、市政基础设施建设等进行集中调研、视察、检查，提出有针对性的建议和意见，适时作出决议、决定。加强了对计划和预算执行情况的审查和动态监督，保证国民经济和社会发展计划及财政预算的顺利实施。审议市法院、检察院等单位的工作总结和全市工作汇报。多次组织部分代表对涉及公共安全、公正司法和法律保护等方面的视察活动，重点视察公安派出所、法庭、检察室、司法所的工作开展情况。

【专题调研】 扎实开展调研工作，因地制宜开展定向视察和专题调研，围绕精准扶贫、农村农业、城乡供水，城乡规划建设、智慧城市建设、环境保护、交通建设、就业、教育、大春备耕、防洪、土地管理等多项工作，在深入调查研究基础上形成《破解城乡发展难题 推动美丽新村建设》《加大环境保护力度 服务品质崇州建设》等15篇调研报告。

【人事任免】 坚持党管干部原则与人大依法行使选举权任免权相统一，规范完善拟任命人员的任职陈述、法律知识考试、任免材料把关，依法行使人事任免权，制定《崇州市宪法宣誓仪式实施办法》，实行任职干部向宪法宣誓制度。年内任免地方国家机关工作人员134人，组织任前法律知识考试105人次。依法做好代表资格变动、代表资格终止和代表补选工作，补选成都市人大代表1名。

【代表工作】 高度重视代表工作，充分调动代表的积极性、主动性和创造性，发挥好代表的参与决策作用、桥梁纽带作用、模范带头作用和监督作用。年内组织代表参加各类培训80余人次，增强代表大局意识和为民情怀，提升了依法履职能力。在市人代会期间，代表们紧紧围绕建设“产业新城、品质崇州”主题，就崇州市经济、社会、文化、环境保护、生态文明建设、医疗等各个方面的事务提建议、批评和意见共172件。先后10余次组织省、成都市和本级人大代表分别对经开区建设、现代农业、旅游发展、生态文明建设、基础设施建设、食品药品安全等方面的工作以及代表建议、批评和意见办理工作等情况集中进行专题视察调研，为代表履职行权创造条件。组织代表参加精准扶贫工作，先后发出倡议书，召开座谈会，现场调研活动，运用“人大代表之家”平台，落实每一位代表帮助1—2户贫困户方案。继续开设《走近人大代表》专题栏目，宣传报道了本级10多名人大代表认真履行职责、发挥代表作用的事迹，起到典型引路辐射一片的作用，激发代表依法履职为民服务的工作热情，进一步扩大人大代表的社会影响面。认真指导乡镇人大主席团工作，要求各乡镇人大主席团紧密联系本乡镇工作实际，认真履行职责，适时开展代表小组活动，创造性地做好人大各项工作。指导乡镇依法补选乡（镇）人大主席、专职副主席，乡（镇）长、副乡（镇）长，加强乡镇人大工作力量。继续深化“人大代表之家”工作。要求乡镇、街道人大机构充分利用“人大代表之家”这一平台，进一步做好人大工作。充分利用新媒体建立健全人大代表履职网络平台，实现人大代表履职的常态化、信息化、制度化运作，充分发挥人大代表桥梁和纽带作用，推动民生建议常态化办理。方便选民群众及时了解人大制度，知晓工作动态，查看履职过程，将市人大的各项工作延伸至全市各个角落。做好市、乡（镇）两级换届工作。按照省、成都市人大和崇州市委的安排部署，适时成立全市选举委员会，加强协调指导、精心组织实施，调动多方力量，上下联动，形成合力，圆满完成全市24个乡镇、崇阳街道市、乡（镇）两级同步换届选举工作，依法选举产生崇州市第十八届人大代表248名，乡镇人大代表1318名。

【信访工作】 年内市人大常委会共受理群众来信来访112件（批、次），督促一府两院依法办理一批涉法涉诉以及征地拆迁、劳动社保、村务公开等反映强烈的群访性信访案件，督促办理一批涉及个人切身利益的个案诉求，维护人民群众合法权益和社会稳定。

（王 丹）

崇州市人民政府

市政府办公室

【概况】 按照落实新要求、适应新常态、遵循新规则的工作原则，全面完成2016年市政府交办的各项工作及成都市下达的目标任务。围绕市委、市政府中心工作，发挥综合协调、督查落实、信息调研、参谋决策的职能作用，突出协调服务，创新工作方式，加快工作节奏，不断提高服务水平，有力保证市政府高效运转，为促进全市经济社会持续平稳快速发展做出积极贡献。

【综合协调】 坚持“办公室工作无小事”理念，充分发挥枢纽作用，加强与上级部门的联系，强化与各乡镇（街道）、各部门的合作，积极协调市政府领导交办的重要工作，积极组织相关部门开展督查检查，狠抓工作推动和落实，认真处理来函、来电、来访，及时拆封、传达和引导，接待群众来访150余人次，来信78封。稳妥处理一些历史遗留的信访维稳问题，切实为群众解决合理诉求，较好地起到维护稳定的作用。精心做好市政府领导日常工作的安排，加强与市委、人大市委会、政协三大办公室的互动联系和事务协调，确保市政府工作有序开展。

【信息调研】 坚持以全市中心工作和重大项目为抓手，总结特色亮点、反映突出问题，先后深入重点企业、机关单位、基层一线开展电子信息产业发展、招商引资、农业农村改革等系列调研，掌握第一手资料。通过认真分析梳理，撰写调研报告和工作建议20余篇，编发《政务信息》45期、刊载政务信息567条；上报成都市政府重要信息466条，采用102条，其中：被省政府办公厅采用3条，《崇州市探索构建农村产权抵押融资“六大体系”》等6篇调研信息被成都市政府《政务信息》（专刊）采用。做好政务公开工作，主动公开各类政府信息705条，按时处理依申请公开的政府信息60件，及时处理率达100%。

【文会办理】 进一步规范来文审查、发文审核、文件办理等规程，严把公文拟稿、审核、会签、签发程序关，提高了公文撰写质量，减少了公文差错。高质量承办市政府全体会、市政府常务会、市长办公会等会议30次。全市性会议同比减少 20.1%，发文同比减少 14%。认真研究上级政策，精心起草工作报告、领导讲话、汇报材料等资料，全年完成各类重要文稿 100 余篇。其中，《政府工作报告》、市长办公会、专题会议确定的工作任务，及时分解落实到相关领导和职能部门，促进各项决策和目标任务的落实。

【事务处理】 严格执行带班值班制度，认真落实 24 小时值班值守。及时分流处置来电来信，规范归档保存值班记录，值班电话时刻畅通；严格执行重大突发性事件报告制度，确保重大事项及时传达。对热线电话办理、重特大紧急情况呈报、群众来访等各个环节进行严格管理，努力构筑高效快捷的服务通道，提高应对和处理重大突发事件的能力和水平。全年处理成都市长公开电话 8281 件、成都市长信箱 1381 件、成都市短信工单 86 件及处理崇州市长信箱 6484 件，崇州市长公开电话 901 件，做到合理诉求来信每封有回复；公务车辆改革全面推行，全市取消 422 辆公务车辆；加强政府机关院内停车管理和安全保卫，加强外来人员询问登记，年内无刑事案件和重（特）大事故发生。

（刘晓磊）

人事管理

【公务员管理】 认真贯彻落实《成都市公务员公开遴选实施细则》，公务员考录、遴选、考核、奖励、培训等各项工作全面加强，公务员队伍结构持续优化，考核、申诉等配套政策不断健全，制定下发《崇州市“1+5+1”公务员平时考核管理办法》。

【事业人员管理】 推行事业单位人员竞聘上岗、岗位设置、聘用管理等一系列政策措施，制定下发《崇州市事业单位引进高层次人才办法》，事业单位人事制度进一步配套完善。

（蒋泽涛）

政务服务

【概况】 市人民政府政务服务管理办公室（市人民政府政务服务中心）下设政务大厅服务站 1 个事业单位。中心共设有 99 个服务窗口（含 2 个综合窗口），集中入驻 30 个市级部门，集中受理办理 868 项行政审批和服务事项。全年受理各类行政审批和服务事项 82.32 万件，办结 82.44 万件，日均受理（办理）行政审批和服务事项约 2259 件，现场办结 100%、按时办结率 100%、群众满意率 99.99%。市政务中心荣获 2015 年度四川省无吸烟单位、成都市先进基层党组织、2015 年度成都市文明单位、2015 年度崇州市综合目标考核先进单位、“品质崇州. 党员示范行动”党员示范单位、2015 年度崇州市青年文明号等荣誉。

【规范行政审批权力】 对照省政务办印发的《取消、调整和保留的县级行政审批项目前置条件目录》，按照相关法律法规，对全市行政审批前置条件对应进行清理，共提出相关清理意见 68 条。拟取消的县级行政审批项目前置条件目录 234 项；调整为受理后由行政机关组织实施的县级行政审批项目前置条件目录 12 项；调整由申请人自行编制（提供）的县级行政审批项目前置条件目录 41 项；保留的县级行政审批项目前置条件目录 585 项。

【规范服务事项】 根据成都市相关要求，结合崇州实际，在全成都市范围内，率先完成乡镇

(街道)、村(社区)和片区服务站(所)政务服务事项的清理规范工作，实现审批服务事项的数量、名称、办事指南“三统一”。印发《崇州市乡镇(街道)、村(社区)政务服务事项目录》《崇州市片区服务站(所)政务服务事项目录》，严格规范事项设立依据、服务对象、办事流程等基本要素，并统一印制办事指南10万余份，进一步方便群众办事。

【提升服务能力】 积极改建完善三个政务大厅，通过加装隔热层，增设导流通道，引进邮政快递等业务，改善为民服务环境。在软环境建设上，推进B2G、R2G建设，打造“@崇州服务”政务品牌，提升为民服务效能。

【拓展政务公开平台】 有序推进“崇州R2G民生综合服务平台”(以下简称“平台”)项目开发工作。依托“崇州公众信息网”，整合政府信息公开、公共企事业单位办事公开、基层公开、公共资源交易信息公开和“全生命周期”服务导航等信息公开资源，推进线上集成公开，实现政府信息一网公开。通过整合现有的群众诉求收集渠道，搭建政民和政企互动新渠道，建立上下互联、左右互通、权责清晰、阳光公开的综合性民生服务平台。完善新媒体服务群众功能，建设“移动办事指南”“信息公告”“线上代办”“智能问答”和“证照到期提醒”等功能模块，进一步拓展服务功能。开展线上线下网民活动28次，粉丝总量达123263个，较上年增长91.2%。依托“四川省行政权力依法公开规范运行平台”，重点抓好行政许可和行政处罚信息公开公示工作。牵头建立由“@崇州服务”政务新媒体、重点项目服务室、“局长进大厅”和行政效能投诉为主的4大诉求收集渠道，全年处理网民诉求4540件，较上年增长242.6%。推进、指导、协调和监督公共企事业单位办事公开，定期通报平台运行维护情况，公开信息6836条。以基层公开综合服务监管平台为抓手，推进政务公开向基层延伸，每两个月对工作开展情况进行通报。年内全市基层公开综合服务监管平台信息录入总量8.47万条，其中乡镇(街道)录入信息5835条，村(社区)录入信息7.89万条；累计访问量16.66万人次，市级部门网上公开文件信息4条，收到群众来信并及时回复293条，按时回复率100%。

(冯艳梅)

【规范政务网站建设】 电子政务外网核心机房基础设施建设工程推进顺利，于2016年底试运行。全国政府网站普查达标合格，网站排名在全省县(市、区)网站测评中排位前60名。出台《崇州云桌面办公电脑管理办法》。积极推动“两化融合”，两家企业获省“互联网+”专项补贴。打掉“黑广播”5个。在2016中国城市信息化50强中崇州市排位第42名。

(袁　兵)

群众来信来访

【概况】 2016年，市信访局收到群众来信475件，接待人民群众853批、3002人次，信访人依法信访更加有序。2月，崇州市荣获2015年全省创建“三无”先进县(区市)。2016年崇州市信访局在全省信访系统开展“三查三促三争当”活动中，被省人社厅和省信访局联合评为先进集体，局长刘毅被评为先进个人。

【矛盾排查化解】 夯实基层基础工作，加大初信初访处理力度，使矛盾纠纷及早发现、及时化解、妥善处置，有效防止矛盾激化、累积和升级。以“责任信访”为切入点严格落实属地管理、分级负责、谁主管谁负责，依法、及时就地解决问题。全年召开书记市长信访专题工作会4次，研究处理重大信访事项，效果明显。

【领导接访约访】 坚持周三领导接访预约、乡镇（街道）和重要部门联合接访制度。2016年初下发《市级领导干部接访安排表》，在周三领导接待日、重大政治活动和重要敏感时段，有19名市级领导61次到群众接待中心接访群众109批、301人次，群众诉求得到真实反映，合理诉求得到及时解决。

【领导包案】 以“走基层”为载体，继续推进领导干部“四访一包”（定点接访、重点约访、专题接访、带案下访和领导包案）制度，扎实开展市级领导信访包案工作，完善包案方式和具体做法，提高领导包案的成效。对属于崇州市职责范围内的突出信访问题、领导接访的重大疑难问题和上级交办件等，100%落实领导包案，并在规定时间内全部办结。年内省、市专项交办信访积案难案33件，全部按期办结。

【完善开展联合接访】 完善信访联席会议制度，强化信访联席会议在综合协调、组织推动、督导落实上的作用；按照“一站式接待、一条龙服务、一揽子解决”的要求，9个职能部门入驻到位，诉访分离及时、领导接访规范、联动调处有效、视频接访顺畅，确保联合接访高效运转。

【信访宣传】 结合崇州市依法治市工作实际，依托新媒体和传统媒体，围绕信访工作制度改革和法治信访建设重点内容，加大宣传力度，做到信访宣传多样化、全覆盖，全力打造“阳光信访、责任信访、法治信访”，为“产业新城、品质崇州”凝聚正能量。

（王艳梅）

档案管理

【概况】 崇州市档案局、档案馆实行一套班子、两个牌子的管理模式，履行全市档案工作行政管理、档案保管利用两种职能，内设办公室、业务指导科、档案管理科3个科室。

【档案管理】 贯彻执行《中华人民共和国档案法》《档案管理违法违纪行为处分规定》，档案管理工作纳入全市目标管理。市档案局有针对性地开展档案安全执法检查，对存在档案安全隐患的单位，提出整改建议并督促落实，增强全市档案安全体系的灾害应对能力。年初，市档案局制订《全市档案业务指导分工表》，下发《崇州市档案局关于加强2016年机关档案工作的意见》《崇州市档案局关于2016年乡镇档案工作的安排意见》，做到任务分解，责任到人。重点监督指导各乡镇、行政村、社区和市级各部门做好2015年档案资料的立卷归档和档案室建设。2016年市财政投入档案数字化经费88万元对存量纸质档案280万页约10万件进行全文数字化，为建设数字化档案馆奠定基础，更为其他部门和社会公众查阅档案提供准确、快捷、方便的服务。

【档案服务】 2016年，与崇州市农村扶贫开发领导小组办公室联合编制《崇州市精准扶贫文件材料归档范围和档案保管期限表》，下发《崇州市农村扶贫开发领导小组办公室崇州市档案局关于进一步加强精准扶贫档案工作的通知》。深入到各相对贫困村（社区）调研指导精准扶贫档案工作，要求各相对贫困村（社区）严格按照通知要求，做好精准扶贫档案收集、整理、归档、保存工作。以白头镇五星村档案管理工作为示范，组织各相对贫困村（社区）实地参观交流学习。加强重点项目档案工作。琴鹤大桥项目被列为成都市重点项目档案工作专项督查项目之一，市档案局多次调研指导市琴鹤大桥项目档案工作，实地查看项目档案资料的收集与保管情况，确保工程进度与工程资料相一致，做到分门别类、标识清楚。琴鹤大桥重点项目档案工作顺利通过成都市档案局督查验收。2016 年，街子、三郎等镇创建省级度假区，市档案局高度重视，主动服务，多次到街子景区管理局指导，协助其完成创建省级度假区软件资料归档工作。加强民生档案的查阅利用服务。市档案局创新开展异地查档服务，在所有贫困村（社区）设立困难群众查档帮扶点，解决崇州市困难群众和外地崇州籍群众查档难问题。全年接待来馆查阅民生档案群众 7000 余人次，提供利用档案 6000 卷（盒），提供利用资料 178 卷（册），查阅 165 人（次），打印或复印档案资料 10000 多页，为利用者提供方便快捷的档案信息服务。

【档案保护】 根据《中华人民共和国档案法》的规定，做好市级部门和乡镇、街道到期档案的接收入馆工作；做好馆内档案的鉴定开放工作。2016 年，市财政投入重点档案抢救经费 13 万余元，对馆藏破损的 1100 卷民国档案分批次请专业人士进行修裱抢救，确保重点档案实体安全。

【档案文化建设】 6 月 9 日至 14 日，市档案局在中心广场与市司法局、市气象局、崇阳街道办事处、羊马镇政府联动，开展“6·9 国际档案日”宣传活动。通过设置宣传展板、发放宣传资料、开展档案咨询服务等形式，宣传档案法律法规、档案业务知识和服务社会、服务民生的惠民事例，增强市民的档案意识。

（唐其凤）

CHONGZHOU YEARBOOK

政协崇州市委员会

【概况】 2016年，政协第十三届崇州市委员会有委员243人，其中女委员56人。下设经济农业、提案、社会法制、民族宗教联谊、文史学习、教科文卫体6个专门委员会和6个农村片活动小组，办事机构有办公室、委组办和研究室。

【政协会议】 2016年召开常委会5次，组织常委视察活动4次；召开主席会议12次，组织机关学习活动50次；举办各界人士座谈会6次，举办研讨会8次；组织专题调研40次、中心组学习10次、常委会会前学法5次；组织机关干部集中培训8次；组织重点调研12项，参加委员500人次。各专委会开展学习视察活动12次，农村片委员开展学习活动12次。组织委员和机关干部参加各类培训学习80多人次。

【信息宣传】 年内在国家、省、成都市级以上媒体刊发理论文章、新闻稿件和经验交流文章80余篇，连续10年被评为全省政协宣传工作先进单位。编辑“献给建党95周年、红军长征胜利80周年”《曙光》书画作品集。

【政治协商】 年内围绕“崇州造”产业发展壮大升级转型、企业生产经营环境建设、乡村旅游发展、乡镇社会协商、文化产业发展等重大课题，组织开展视察调研。为加快培育和发展大数据产业、推动崇州新“九通一平”建设、智慧城市建设和乡村旅游，主席会议进行专题协商5次。围绕招商引资、产业发展、城市建设管理、法治建设、精准扶贫、电子产业等重点领域，组织各类协商20次，参加委员270人次，提出有价值的意见建议115条。创造性地探索试行面向公众征集提案线索有效办法，加大重点提案督办力度。政协各参加单位和政协委员提交提案179件，立案115件，提案办理的满意度显著提高。常委会鼓励委员通过全体会议、常委会议、专题调研、视察和日常工作生活等途径，收集和反映社情民意信息。在不断加强信息网络建设、扩大信息来源途径的同时，对收集的信息精心整理汇总，及时向市委、市政府反映一批具有全局性、倾向性、苗头性情况和问题的意见建议。收集处理社情民意信息108条，其中编报《社情民意》64期，市级领导批示30多条（次），回复率达100%，受到群众好评。开展“结对心连心·我们在一起”“走基层”活动，与怀远镇富强村、文井社区结对帮扶1165户4495人；邀请部分政协委员连续5年参与富强村“我们养猪吧”认养活动，帮助当地群众脱贫致富。组织开展精准扶贫攻坚工作，2016年，政协委员捐助各类扶贫济困资金240多万元。

【文史理论研究】 年内收集整理文史资料，完成《崇州市文史资料》第三十辑的征集、编辑和正式出版工作，组织撰写《崇州简史》第8—11章，5篇文章被四川省政协收录到《成都市井闲谭》中，聘请省、成都市、崇州市文史专家组织书稿评审工作两次，受到专家肯定和一致好评。上报5篇历史建筑故事征文。

【互动交流】 年内接待山东省枣庄市等16个市（州）县（区）政协组织对崇州市农业共营制、医养结合等特色工作的考察活动，提升崇州知名度。

（何　伟）

中共崇州市纪律检查委员会

【概况】 市纪委、市监察局合署办公，实行一套机构、两个机关名称的工作体制，内设办公室、党风政风监督室、研究室、组织部（纪检监察干部监督室）、宣传部、信访室、案件审理室、案件监督管理室、纪检监察一室、纪检监察二室、纪检监察三室共11个职能科室。2016年，市纪委（市监察局）推进派驻（出）纪检监察深化改革工作，在全市范围内共派驻（出）纪检监察组织56个，崇州市深化纪检监察组织建设工作受到成都市领导肯定。

【换届纪律监督】 及时传达贯彻省、成都市关于换届风气监督的部署要求，以“一部教育片、一张册子、一份承诺书”等为重点内容，切实加强换届纪律教育。严肃换届纪律，成立换届风气督查组16个，对市、乡、村三级换届纪律执行情况实施全覆盖、不间断的监督检查；切实做好换届期间违反换届纪律问题信访举报的受理查核，对违反换届纪律问题的信访举报实行归口受理，快查快结；严格拟提名人选党风廉政情况核查，分批次核查乡镇换届提名人选127人次，党代表提名人选624人次，人大代表提名人选612人次，政协委员提名人选254人次，对4人提出“建议不作为提名人选”的意见。进一步落实管党治党政治责任，建立起三级（市、乡、村）清单管理模式，推动清单管理延伸到国有投融资公司、学校、医院和村（社区）党组织，督促指导各单位制定“3+X”个性化清单，形成纵向到底、横向到边的责任体系。

【落实“两个责任”】 把巩固发展良好政治生态作为重大政治任务。按照省委、成都市委和崇州市委的部署要求，组建6个宣讲组，在全市开展“推进全面从严治党、巩固发展良好政治生态”专题宣讲，凝聚思想共识。专题召开市纪委二次全会，组织3名市委常委和8名乡镇、部门主要负责人向全会述责述廉，并接受质询评议。严格“两个责任”（主体责任、监督责任）分类考核，督促工作任务落到实处。出台《党风廉政建设主体责任约谈实施办法（试行）》，对11个满意度测评排位靠后的乡镇（街道）进行约谈。严格责任追究，对落实主体责任不力的6名领导干部进行问责。制订《2016年崇州市乡镇（街道）落实党风廉政建设监督责任考核办法》《2016年崇州市乡镇（街道）落实党风廉政建设监督责任实施意见》，由市纪委牵头，会同各派驻纪检组长组成落实党风廉政建设监督责任检查领导组，分设6个检查小组，检查督导全市25个乡镇（街道）落实监督责任情况。对落实党风廉政建设监督责任不认真、走过场的，在全市进行通报批评，由市纪委书记对乡镇（街道）纪委书记进行廉政约谈，并将检查结果纳入年终目标考核。围绕省委“三大发展战略”、成都市委“157”总体发展思路和市第十三次党代会决策部署，加强对脱贫攻坚、深化改革、环保监管等重大任务的监督检查，问责不作为、慢作为干部4人，确保政令畅通。

【作风建设】 在深化中坚持，在坚持中深化，坚决杜绝“四风”反弹回潮。构建起正风肃纪联席会议、问题线索移交、定期分析评估报告等一系列工作机制。紧盯“四风”新动向，制定《关于进一步深化正风肃纪加强监督检查的通知》，围绕侵害群众利益的不正之风和腐败问题、加强风气监督等5个方面，开展监督检查，发现并整改办公用房管理不规范等问题4个。开展“党风政风行风面对面”活动45期，现场解答与群众利益密切相关的热点难点问题226个。在《今日崇州》和崇州电视台设立“作风监督台”，通报曝光存在问题单位8个。紧盯重要时间节点，建立“三重检查”相结合机制，开展监督检查30余次，发现并纠正问题9个，通报曝光10人次。持续深化“7项专项治理”“9+2+4”突出问题专项整治和省委第三巡视组巡视成都市反馈问题整改，认真开展“三项整改”回头看，高效办结省委巡视组、成都市委巡察组交办问题线索9件，立案查处9人。大力开展党员干部赌博敛财、收受红包礼金、侵害群众利益等专项整治，查处和纠正群众身边的不正之风和腐败案件85件90人，其中扶贫领域违纪案件13件13人，通报曝光9件9人。委托第三方调查机构对25个乡镇（街道）、67个部门党风廉政建设群众满意度进行自主测评，对收集到的意见建议及时反馈，督促整改。

【执纪审查】 坚持力度不减、节奏不变，对不收敛、不收手的，发现一起重处一起。年内全市纪检监察系统处置问题线索335件、立案180件、处分189人，比上年分别增长11.7%、42.8%、73.4%；积极践行监督执纪“四种形态”，坚持“惩前毖后、治病救人”，不断规范谈话函询工作。全市纪检监察机构共开展谈话函询166件次，给予党纪政纪从轻处分或组织处理137人，党纪政纪从重处分或重大职务调整48人，移送司法机关4人，分别占“四种形态”的46.8%、38.6%、13.5%、1.1%。深入推进纪律审查规范化建设，完善内控程序，规范请示报告事项，修订工作流程及文书式样。严格落实“二十四字”要求，严格规范审理程序，全年纪检监察系统实现处理案件“零申诉”。大力开展反腐败协调，协助市委制定《关于进一步加强反腐败协调工作的意见》，深化片区协作，凝聚工作合力。持续强化以案促防，深刻反思剖析典型案例，针对突出问题查漏补缺、健全机制。

【预防腐败】 坚持治标与治本相结合，做到两手抓、两手硬，统筹开展，系统推进。继续规范完善三级政务服务体系建设，推动5053项行政权力网上公开运行并纳入四川省电子监察系统监督管理。坚持电子监察系统监督管理平台录入通报制度，切实抓好即时监督和执纪监督。紧盯社保基金监管、行政执法、环保审批、市场监管等实施专项防控；积极开展“微权力”治理工作，在公议乡等基层单位探索形成“梳权、亮权、用权、督权、问权”五权工作法。探索开展分类教育和分类监督。划分党员领导干部、基层党员干部、普通党员、党委（党组）、基层党组织五类主体，针对不同主体分别存在的“三不为、三不牢、三不像、三不力、三不强”突出问题，分类开展监督整改；区分市管干部具体情况，分类进行礼序家风和警示教育；突出“关键少数”，按照“一把手”工作岗位性质和经济责任复杂程度，开展分类审计监督，全年分类审计监督单位14个、领导干部19名。

【反腐倡廉宣传教育】 坚持正面引导，集合电视、报刊、网络、户外广告载体，构建起廉政大宣传平台，在中央、省、成都市等各级媒体报道崇州市廉政新闻200余篇（幅），组织投放廉政公益平面广告2370平方米、视频广告18030分钟。将廉政教育内容纳入各级中心组学习和各类主体班培训课程，推出“每月一课”党性党风党纪教育活动，策划“纪检监察干部的一天”专题宣传活动；强化反面警示，坚持用身边事教育身边人。制作警示教育片《迟来的忏悔II》，编发《崇州市廉洁警示教育读本》3500册，组织“廉政大讲堂”活动36场次，组织“法庭+监狱”现场警示教育187场次，公开曝光典型案件10批22人次；大力弘扬廉洁文化，建成“荷风廉韵”廉洁文化教育基地，成功推出“骆学林讲堂”廉洁文化品牌并两次入镜中央电视台新闻报道。组织“新年话廉送联”文艺巡演、“树德育才”廉洁签名、“廉洁齐家”座谈会等文化活动18场。

【锻造纪检铁军】 严格执行“两个提名考察办法”，提名考察乡镇纪委书记24名、副书记24名，提名交流市级部门纪检组长3名。结合换届工作，在25个乡镇（街道）全部配备专职纪（工）委副书记。通过上挂跟岗、业务培训、业务知识竞赛等方式，对全市纪检监察干部分层分类开展应用培训和岗位培训，自办规模培训6次，轮训800余人次；依托成都市纪检监察干部在线学习平台，组织全市纪检监察干部全员参加网络学习培训，切实提升纪检干部能力素质。强化内部监督，扎实开展纪检系统岗位风险防控工作，对纪检监察干部违纪行为零容忍，立案查处两件两人。

（沈　敏）

民主党派

中国国民党革命委员会崇州市支部委员会

【概况】 2016年，民革崇州市支部有党员40人，1月至9月张志新任主委，陈刚、叶蓉任副主委支部于2016年9月换届，陈刚任主委，叶蓉、方志勇任副主委。党员中有崇州市政协委员12人（含市政协副主席1人、市政协常委4人、崇州市人大副主任1人），崇州市人大代表两人，成都市人大代表两人。有科局级干部5位。有人民法院人民陪审员两人，四川省检察机关人民监督员1人，监察局特邀监察员2人，崇州市民观察员1人。

【理论学习】 采取集中学习与自学相结合的方式组织党员学习，全年举行集中学习4次。集中学习贯彻中共十八届五中、六中全会精神和习近平总书记一系列重要讲话精神；学习传达民革成都市委开展多党合作优良传统教育专题讲座的精神、中央和省委统战部工作会议精神。多次选派优秀党员参加中央、省、成都市级行政学院学习。5月，帅志刚参加成都市委组织部举办的第五批第一书记暨驻村干部培训会。方志勇、杨梅、刘铀、帅志刚、蒲茂军、周密参加崇州市委统战部组织的为期一周的党外干部培训。6月，方志勇、伍相明、杨梅参加民革成都市委举办的2016年祖国统一工作培训暨台情报告会和信息宣传培训会。8月，叶蓉、方志勇、蒲茂军、康军、张新艳、帅志刚参加民革成都市委组织的基层干部培训。9月，杨梅、周密参加民革成都市委组织的新党员培训。10月，帅志刚参加成都市国资委企业国有产权管理业务培训。12月，帅志刚参加成都市财政局统评处组织国有资产统计报表的培训。党员中的政协委员参加市政协组织的委员培训。鼓励引导党员自主学习，为党员订阅《团结报》等报刊，引导党员关心国家大事、关注国际社会，提高自身能力和水平。支部建立QQ群和微信群进行交流，促进学习提高。

【组织建设】 进一步完善各种制度，重新修订《民革崇州市支部会议制度》《民革崇州市支部学习教育制度》，召开支委会6次，党员学习交流会及其它各种会议8次，编印工作简报4期。在组织发展上，民革崇州市支部始终注重处理好发展与巩固、数量与质量、发展骨干人士与有潜力人士的关系，始终把注重质量放在优先考虑的位置，积极吸纳新党员。严格执行组织发展程序，发展党员 3 人，发展积极分子 3 人；组织全体党员参观大邑县安仁镇建川博物馆；组织党员参观崇州市崇平镇新农村建设。支部继续开展寻访、慰问抗战老兵的活动，先后到崇州有关乡镇、单位、社区寻访看望慰问 9 名抗战老兵和 3 名健在的崇州籍黄埔军校毕业生，并送去现金和礼品。

【参政议政】 制定《民革崇州市支部调研制度》，定期召开专门会议研究讨论有关提案、社情民意等相关事项。由支委成员牵头组成 4 个调研小组开展对农业、民营经济、卫生、旅游等专题的调研，召开调研报告讨论会两次，集思广益，形成《关于加快沿山乡镇农家乐提档升级，促进乡村旅游健康发展》《关于引导民营企业经济战略升级的建议》《关于崇州市在农业领域大力推进“互联网+”的思考》3 篇调研报告。向崇州市政协提交个人与集体提案 17 件，向崇州市人大提交个人批评建议两条，向成都市人大提交个人批评建议 1 件。撰写社情民意 10 篇，其中政协提案《关于美丽乡村建设的建议》《关于依托崇州历史文化发展旅游产业的几点建议》被评为重点提案，人大批评建议《关于建立健全低龄学生“延时托管”的建议》《关于解决崇州市主城区停车难问题的建议》，分别引起成都市教育局和崇州市建委的高度重视；社情民意《建议以城乡垃圾全流程科学处理带动市民素质提升改善生活环境》《关于增加专业幼儿教师编制的建议》等 7 篇被市政协《社情民意》刊登采纳。支部中的人大代表、政协委员、社会监督员、特邀监察员、观察员、陪审员，以及在机关单位中的党员积极参政议政，参加各种座谈会 40 多人次，主题发言 20 多人次。

【服务社会】 在教育方面，帮助中山小学创立品牌学校，打造书香校园，积极联系民革川师大支部等为中山小学举行各种支教活动；向中山小学开放式图书馆捐赠图书 200 多套，向崇州市实验中学捐赠图书 1500 余册。1 月，协助崇州市实验中学与川师大签订实习基地协议。6 月，支部积极参与由民革成都市委企业支部牵头组织的精准捐资助贫活动。8 月，支部组织党员建立助困基金，为 3 名鸡冠山精准扶贫家庭学生捐资助学。在卫生方面，6 月，支部协助并参加民革成都市委在廖家镇龙福村举行 2016 入户扶贫、医疗咨询及法律咨询活动。9 月，支部联系民革华西支部专家在崇州市疾控中心为崇州市 200 多名医务人员进行医疗纠纷处理的专题报告。李皓碧多次组织自己的医疗团队到中小学校、青少年艺术宫、社区送医送服务。精准扶贫和爱心捐助方面，支部专门将年轻党员帅志刚派到廖家镇龙福村担任村长助理，协助龙福村搞好乡村规划建设，帮助精准扶贫户脱贫做了大量的工作。

（张志新　张新艳）

中国民主同盟崇州市支部委员会

【概况】 2016 年 8 月 19 日，民盟崇州市支部正式成立。年底共有盟员 26 人（含四川水利职业技术学院 6 人）。张琳任主委，张志敏、宋遵友任副主委。盟员中有民盟成都市委委员 1 人，崇州市政协委员 6 人，政协常委 3 人，崇州市人大常委会委员 1 人，科局级干部 6 人，中高级职称 15 人，企业主 3 人。

【参政议政】 围绕崇州市委、市政府工作的总体要求和主要目标建言献策，助力发展，提交崇州市政协个人或集体提案 10 件，崇州市人大个人批评建议两条，撰写社情民意 4 篇。支部中人大代表、政协委员，机关事业单位中盟员和教育医疗专业领域盟员积极参政议政，参加座谈会 15 次，主题发言 10 多人次。其中，张琳、张志敏参加崇州市委第十三次党代会征求意见活动，张琳关于优秀人才引进的发言受到好评；张琳、张志敏参加崇州市委统战部组织的基层民主协商活动。民盟崇州市支部盟员普遍关心关注有关民生的社会热点、难点问题和经济建设中的问题，全年收集提案、信息 26 条（件）。为提高盟员的参政议政能力，通过支部大会开展参政议政骨干培训，参政议政积极分子 20 名参加培训。

【思想建设】 深入贯彻习近平总书记重要系列讲话精神，深入开展“不忘合作初心，继续携手前进”主题活动，推进盟员整体思想素质不断提高。开展集中学习 6 次，建立长效学习机制，提高全体盟员政治素质和政策水平。围绕重大历史事件和重大节日，积极开展系列纪念、学习活动，坚定盟员自觉接受中共领导的意识，坚定走中国特色社会主义道路的信念。其中，10 月，重点组织学习《中国民主同盟章程》《成都盟讯》。11 月，重点组织学习《中国共产党第十八届中央委员会第六次全体会议公报》，重点传达学习崇州市第十三次党代会精神。12 月，传达学习民盟十一届五中全会和民盟成都市第十四次代表大会的会议精神。民盟崇州市支部组织或参加各类培训 105 人次。其中，9 月，吕冰、张志敏参加 2016 年成都市民盟暑期干部会议；10 月，沈宏博参加成都市建委组织的建设监察执法培训；12 月，黄泽、周浩、沈宏博、潘鼎、吴志鸿、钟静、罗苹、唐铭民、卢莎共 9 人参加民盟成都市委新盟员培训。

【组织建设】 年内发展盟员 13 名，平均年龄 39.1 岁，使全市盟员总数达到 26 人，增加积极分子 3 人。在数量稳步增长的同时，高层次人士发展取得新成绩，新盟员中本科以上学历 14 人，大专 4 人，中高级以上职称 15 名，在成立第一年就开启盟员发展的精英化和年轻化。从组织长远发展考虑，积极发展其他各类优秀青年人才，在教师队伍里积极发展优秀年轻教师，在医药领域发展医院骨干，在机关发展有培养前途的年轻干部，在经济界发展一批青年才俊等，有效地保证民盟组织的可持续发展。召开支委会 4 次，学习交流会 6 次，现场考察学习 3 次。其中，9 月全体盟员和积极分子赴金堂五凤镇贺麟故居纪念馆参观学习，12 月赴崇州市经信局考察参观大数据中心调研大数据产业。

【服务社会】 促成设立崇州市大数据人才工作站，为高校毕业生实习就业提供平台，为崇州大数据产业发展提供人才支撑。积极促进成都市肛肠专科医院和崇州市二医院牵手合作，将优秀医疗资源引入崇州。在精准扶贫和爱心捐助方面，四川更新生态农业开发有限公司董事长、支部副主委宋遵友为文锦社区捐款 120000 元，为高笕村贫困户捐款 4000 元；崇平中心幼儿园法人代表、支部盟员吕冰为贫困学子减免费用（包括捐助）12000 元。

（伍　岳）

中国民主建国会崇州市支部委员会

【概况】 2016 年，民建崇州市支部有崇州籍会员 52 人，罗红蕾任支部委员会主任委员，万长明、冯兵、张耿任任副主任委员。会员中有崇州市政协委员 21 人、市政协常委 5 人，有崇州市人大代表 4 人、市人大常委会委员两人。

【理论学习】 3月7日，召开支委会，组织学习新修订的《中国共产党统战工作条例》。6月18日，组织会员赴成都聆听中央宣讲团专题报告，赴邛崃参加警示教育活动。9月8日，全体会员学习“七一讲话”，30余名会员到会并踊跃发言。11月9日，召开会员大会，传达学习中央十八届六中全会精神。17日，组织会员在市委聆听“不忘合作初心，继续携手前行”主题报告。

【组织建设】 4月28、29日，组织蒲稀有、邓永前等6名新会员赴成都参加培训。5月9日至13日，组织罗红蕾等8名会员参加崇州市委统战部组织的党外代表人士培训，系统学习新时期党的统一战线理论、政策、法规以及统战工作面临的新的国际形势，前往仪陇张思德纪念馆等地实地考察学习，了解革命历史，学习老一辈革命者的丰功伟绩。着力在成员结构优化上做文章，遴选公务员冯扬帆加入支部。

【参政议政】 3月，组织人员调研金盆地大道汽车产业发展，撰写的《关于打造崇州市金盆地大道汽车服务和汽车物流产业园区的提案》被列为崇州市政协十三届五次会议重点提案。4月2日，邀请民建成都市委主任委员、成都市人大常委会副主任仰协等，为崇州沿山乡村旅游产业规划出谋划策。6月，会同民建乐山市委副主任委员徐进才等人，考察隆兴镇黎坝村、青桥村土地合作社、“农+旅”及农业共营制；与市委共同草拟“民建基层组织建设的问题与思考”调研报告。2016年，支部会员在人大、政协会议上提出的建议和意见13件，支部提案两件。

【服务社会】 民建崇州市支部会员王建兵创办的成都市明珠家具（集团）公司顺利实现企业转型升级，成为全国家具行业唯一一家能够实施大规模生产下的零部件库存模式的规模家具企业，王建兵荣登首届中国家居名人堂。会员罗强开发商品房15万平方米，上交利税2000余万元，捐助40个在校贫困学生费用近30万元。会员孙孟君旗下的顺发电冶公司生产高碳铬铁4.98万吨，电石18.6万吨，产值6.3亿元，专利“一种冶炼系统使用的节能重力式布料装置”在国家知识产权局注册，旗下新纪元公司上市“新三板”进入实质性谈判阶段。会员余双清、余世海父子带领双清螺旋管业公司，投入技改资金1200余万元，年产量4.3万吨，产值1.5亿元，税收近700万元。王明强等会员与政府合作建设樱花主题公园，走出崇州参加全国非公有制经济论坛。会员王自立带领的业达公司全年销售3000余万元，甘肃基地顺利建厂即实现利税150余万元。会员李洪斌经营的都得利管业新增、改造生产线各1条，投入技改资金500余万元，全年企业产值超过5000万元。会员沈涛走互联网+之路，与千丁互联合作走智慧化社区和物联社区之路。全年会员资助贫困学生70人，缴纳利税近两亿元。

（冯　兵）

中国民主促进会崇州市支部委员会

【概况】 2016年，民进崇州市支部有会员35人。11月，支部完成换届选举，成立新一届支委班子，冯卫康任支部主委，张向阳、周玉兰任支部副主委。会员中有成都市人大代表3人；崇州市政协副主席1人，市人大常委两人，市政协常委1人，市政协委员9人。

【理论学习】 年内结合形势任务要求，采取多种形式，开展政治学习和民进优良传统教育，会员的政治素质和思想理论水平不断提高。坚持把政治学习列为各类重要会议的议程，引领会员深入学习贯彻中共十八大精神，十八届三中、四中、五中、六中全会精神，习近平总书记系列重要讲话和中央统战工作会议精神，不断凝聚政治共识，坚定对中国特色社会主义的目标认同、道路认同和价值认同，深刻把握“四个全面”战略布局的科学内涵，躬身践行五大发展理念，积极引导会员自觉将理论学习与崇州高标准打造“产业新城、品质崇州”的生动实践相结合，有效增强全体会员的“四个自信”，进一步夯实多党合作的共同思想政治基础。

【组织建设】 坚持民主集中制，充分尊重会员权利，增强支部班子威信；贯彻集体领导与分工负责相结合的原则，优化支部班子成员分工，进一步明确职责，提升支部凝聚力和战斗力，营造“发扬民主、集思广益、科学决策”的良好氛围。支部以强化各项制度落实为抓手，积极推进作风建设。进一步建立健全财务、考勤、学习、一帮一活动等制度，确保制度坚实落地、严格执行。通过强化学习制度，有力保障支部对中央、省、市各级文件会议精神的学习效果，做到对会议文件精神学习到位、认识到位、贯彻到位；通过强化集体活动制度，不断强化会员的集体意识、组织意识和纪律意识，并在支部组织的登山健身、送春联下乡、国防专题教育、联谊兄弟支部等集体活动中，进一步激发会员的会务热情，增进会员友谊，增强支部凝聚力。11 月 4 日，召开第四次支部会员大会，选举产生新一届支委班子。支部严格把握组织发展原则，吸纳优秀人才入会，2016 年新发展会员两名，支部会员界别、年龄和知识结构持续优化。

【参政议政】 围绕中心工作，积极建言献策，在崇州市“两会”期间提交《对崇州市工业产业转型升级的思考》《关于打造崇州地标性门户形象的建议》等提案议案 15 件，内容涉及民生、教育医疗、环境保护、产业发展等领域。民进崇州市支部精心筛选课题，开展主题调研。积极关注精准扶贫工作。7 月，支部组织会员到崇州市工业集中发展区调研工业产业发展，通过实地走访调研，认真梳理提炼，形成关于崇州市工业产业转型升级的调研文章。关心新常态下崇州市经济社会发展。11 月，支部组织会员到崇州市锦江乡调研农村医疗体系建设情况，认真听取锦江乡干部、医务工作者的介绍，实地走访详细了解农村医疗体系现状。主题调研活动的开展，使支部会员更加主动融入到崇州经济社会发展之中，提升支部会员参政议政的能力与水平。

【社会服务】 支部会员发扬民进优良传统，投身到崇州经济社会建设，充分体现民主党派成员的进步性，树立党派成员的良好形象，扩大支部的影响力。教育界会员无私奉献，教学成果再创佳绩；文化界会员坚持以人民为中心的创作导向，积极深入群众采访，创作出许多歌颂社会正能量的佳作；经济界会员开拓创新，多元发展，投身“产业新城、品质崇州”建设，会员所属企业积极缴纳税收，解决城乡群众就业；律师、机关事业等界别的会员，在各自岗位为建设“产业新城、品质崇州”作出应有的贡献。2016 年，支部以促进义务教育均衡发展为着力点。发挥支部优势，先后邀请教育、文化领域的知名专家到崇州市开办“德育教育的创新”等专题讲座，为崇州市推进学校校园文化建设、教育教学水平和教育改革创新提供经验和借鉴。在支部的号召下，有会员坚持在“重阳节”慰问老人，2016 年向三郎镇 70 岁以上的老人赠送价值 6000 余元的慰问品；有会员所创办的教育培训机构，为因火灾丧父的学生提供价值 12000 元的补习课程，帮助她弥补耽误的学业；有会员创办的民营医院坚持关爱服务汉藏同胞，2016年累计为汉族藏族特困病员减免医药费、送医送药近75万元，增进汉藏友谊和民族团结；有律师界会员深入机关、学校、社区，义务开展法律知识讲座，免费提供法律咨询，积极传播法治正能量。

（郑文颖）

中国农工民主党崇州市支部委员会

【概况】 2016年，农工党崇州市支部被中国农工民主党中央评为全国优秀基层组织，现有党员24人，入党积极分子7人，刘刚任支部主委，陈刚、冯涛任支部副主委。党员主要包括医疗卫生、科教信息、人口资源、环境保护等界别，其中医疗卫生42%，科教信息25%，环保及其他33%，本科以上学历党员67%。支部现有崇州市人大代表3人，崇州市人大常委两名，崇州市政协委员6名，崇州市政协常委1名，成都市政协委员1人。

【理论学习】 年内全面加强政治思想学习，传达学习农工党第十五届中央常务委员会第十四次会议精神，农工党四川省全委会、成都市第十二次党代会精神；支部委员参加成都市委组织的第二十六期基层干部培训班，学习习近平总书记关于从严治党系列讲话精神；支部党员何麟代表崇州市参加成都市委统战部组织的党外干部培训班；支部党员陈刚、冯涛、帅志军、王东红、王庆、缪育红、岳玲等参加崇州市委统战部组织的党外代表人士培训班；在纪念农工党成都市委成立60周年之际邀请农工党四川省党史编纂组副组长、丝绸支部主委钟华为全体支部党员讲解四川农工党的光荣历史；组织学习中共十八届六中全会精神和中共崇州市第十三次代表大会精神；传达并学习崇州市第十八届人民代表大会第一次会议和政协崇州市第十四届委员会第一次会议精神。通过学习，进一步夯实支部党员在政治思想上要坚定不移走中国特色社会主义道路，以“农崇合作”为抓手，做好精准扶贫与参政议政协同推进，围绕“品质崇州”目标而服务。

【组织建设】 年内发展谢涛毅、王东红、张加涛等新党员3人，吸收入党积极分子7人，党员结构不断优化；1名党员被评选为农工党四川省委优秀党员，3名党员被评选为农工党成都市委优秀党员，两名党员被评选为农工党成都市委优秀党务工作者；继续做好组织生活与学习相结合，开展“重庆路菜花节”“庆祝农工党成都市委成立60周年”“悼念余旭烈士”等多次活动，党员凝聚力和战斗力不断加强。其中，农工党四川省委网站刊发《崇州支部祭奠余旭烈士》等信息。参与接待农工党黑龙江绥化市委会主委韩晶、农工党胶州市联合支部主委张新琪等到崇州市考察农业共营制和基层社会协商，增进与省外党组织的联谊。

【参政议政】 “围绕中心，服务大局”的宗旨，践行“农崇合作”，结合自身资源，调研崇州市产业发展，向崇州市委、市政府提交《大数据与中医药一脉相承的思维模式》《夯实产业发展基础，绘制崇州大数据产业发展蓝图》调研报告两篇，分别被农工党中央微信公众号、农工党四川省委网站和中共成都市委统战部内刊采用；助力崇州市大数据产业发展，协助四川省中医药大数据发展基地落户崇州。支部在崇州“两会”期间提出的关于做好农工党四川省委创始人周澄波烈士故居保护、加强中医药领域大数据应用、经开区集中供热、特色小镇建设等意见得到与会领导和代表委员的充分肯定。“两会”期间，崇州市支部共提交提案建议

11 件，分组讨论中的发言和提案被大会简报摘要刊登。农工党崇州市支部携手崇州市科协、市经信局、鸡冠山乡政府、邮储银行崇州分行等在鸡冠山琉璃村举行“保护中医药文化助力中药材产业发展”活动。活动围绕鸡冠山中药材产业发展展开，市科协、市经信局和鸡冠山乡政府建立对口帮扶基地，吸引邮政储蓄银行、中医药大学、中药材天地网等单位为中药材产业提供选育种、种植、管理、金融扶持、营销平台搭建等全方位服务，共同助力鸡冠山中药材产业做大做强。

【服务社会】 2016 年，支部先后协办第四届杨天鹏骨伤科学术大会在崇州召开，在街子镇、白头镇、公议乡、羊马镇、IPC 枢纽大楼等多个地点开展义诊和扶贫活动 10 多次，服务群众近万人；邀请四川省中医药管理局副局长罗建考察崇州大数据产业发展情况；四川省中医药科学院资源与种植研究所所长舒光明研究员、四川省中医药信息学会会长王筋研究员等专家到怀远镇安乐社区实地指导精准扶贫帮扶中药材种植；多次了解位于崇州市三江镇宋桥村的周澄波烈士故居现状，协助农工党四川省委党史编纂组副组长钟华主委到崇州市采访、收集周澄波的有关情况，积极推动修葺烈士故居、保护文化遗产。由农工党成都市委牵线在崇州成立“四川省齐力慈善基金会·蜀州医疗救助专项基金”。“蜀州医疗救助专项基金”每年保障经费约 300 万元用于医疗救助、健康教育、医保政策宣传、医改政策宣讲、基层医生培训和农村适宜中医药技术推广；为慈善基金帮助需要医疗救助的群众建立一个平台，长期坚持“送健康到社区”等公益活动。基金启动活动当天共获得 41 家单位 43 名各级领导的关心和支持，邀请北京、省、成都市知名医学专家 35 名现场义诊，全天接受各类咨询和诊断 3000 多人次，免费检查及免费发放药品价值 10 万余元，获得良好的社会效益；活动获得四川电视台、《四川日报》、崇州电视台、《今日崇州》、崇州公众信息网等多家媒体的关注。自基金成立以来先后在崇阳街道、白头镇、大划镇、公议乡、观胜镇、济协乡、三江镇、王场镇、羊马镇、元通镇开展健康知识科普讲座暨大型义诊活动，邀请专家 20 名、医护人员 30 人次，义诊人次约 1500 人，基金救助金额 10.98 万元，蜀州颈腰病医院捐赠 4.76 万元。

（陈　刚）

社会团体

工　会

【概况】　市总工会内设办公室、组织科、权益保障科3个科室，下设1个直属事业单位职工服务中心。2016年，获成都市总工会表彰10项。

【基层工会建设】　依法普遍建会，开展“农民工入会集中行动”，辖区内工会组建率达98.73%，职工入会率达95.63%。突出质量建会，推进工会组建和会员发展标准化“七个一”，采集辖区会员实名制信息。实施“15511”基层工会规范化建设工程，基层工会活动参与面达94%以上。推进非公企业工会主席考核激励机制扩面提质，考核单位由2015年的23家，增加到2016年的31家，扩面达34.78%。

【职工技能提升】　开展以“技能成就梦想”为主题的2016年成都百万职工技能大赛，完成藤编、竹编、茶艺、汽车维修、烹饪、钢筋工、国税和地税等二级技能大赛8项，参加成都市一级技能大赛5项。深化“三室一制”建设工作，新建命名刘升财捷普科技职工创新工作实验室、赵金龙帝龙工业设计中心工作室、张勇蜀州汽车机电技术支持组和岳小飞技术创新工作室4个。

【创业就业援助】　开展下岗失业人员、失地农民、返乡农民工就业、创业援助，向全市81户创业者发放工会创业援助小额信用担保贷款贴息补助22.89万元，带动就业2297人。开展就业援助月活动，举办现场招聘会11场次，吸引用工单位274家到场招聘，提供岗位1.8万余个，接待求职人员1.6万余人次，签订意向协议5639份。开展新市民素质教育培训，共培训新市民1700人。

【职工帮扶与关爱】　开展“春送岗位、夏送清凉、秋送助学、冬送温暖”活动，向全市建档困难职工发放慰问金共计72.1万元。为193名困难职工子女发放助学金共30.66万元。认真组织建档困难职工和环卫工人健康体检，完成建档困难职工和环卫职工健康体检1200人，其中建档困难职工33人。开展职工互助保障活动，完成年度职工参保资金80万元。在21个乡镇（街道）建立户外劳动者“15 分钟之家”36 个；依法推进妈咪宝贝屋建设工作，已建成妈咪宝贝屋两个。

【职工维权】 指导督促乡镇（街道）、社区（村）两级工会建立劳动争议调解组织。截至 2016 年 12 月，基层工会劳动争议调解组织组建率达 91%；完成建会各类企业法人单位集体合同建制率 95%；工资专项集体合同签订率 97%。在企事业单位中开展厂务公开民主管理标准化建设工作，健全以职工代表大会为基本形式的企事业单位民主管理制度，标准化建设达 A 级单位 5 家、B 级单位 4 家、C 级单位 15 家。全年接待并处理职工信访 11 批次 16 人次，办理网络舆情事项转（协）办 8 件。

【工会文化建设】 举行庆祝全国总工会成立 90 周年暨劳动模范巡讲活动，慰问 20 名劳模代表；开展“蜀工创就汇”活动，为全市广大职工搭建创新就业新平台，奖励先进个人 10 名；举办“走进职工·话发展”志愿者宣传活动，由成都蓉城出租汽车有限公司司机赵国成以爱岗敬业为主题进行宣讲；开展新市民素质教育培训，培训新市民 1700 人；加强职工书屋和农民工文化驿站建设，自建本级职工书屋两家，并申报捷普公司和明珠公司为全国、省级示范点，并积极推进社区和项目工地农民工文化驿站建设。

（付征杰）

工商联

【概况】 2016 年，市工商联（总商会）设主席（会长）1 人，副主席（副会长）32 人。其中：驻会副主席 3 人，不驻会副主席（副会长）29 人，常委 35 人，执委 61 人。乡镇商会覆盖率达 100%，异地商会 1 个（崇州工商联西藏商会），直属商会 3 个（崇州市古玩书画商会、崇州市装饰建材商会、崇州市园林绿化商会）。与国内结缔友好商会 5 个，国外友好商会 1 个。

【参政议政】 组织会员企业履行参政议政职能，为崇州社会经济发展、构建和谐社会建言献策。“两会”期间，会员企业中的人大代表、政协委员提交提案、建议共计达 78 条（篇），部分提案、建议受到市委、市政府及有关部门的高度重视和采纳。

【教育培训】 采取“请进来、走出去”等方式组织企业参加举办各类培训（含参加省工商联、市工商联举办的各类培训）5 次，培训人数 800 多人（次）。5 月 16 日至 20 日，崇州市工商联组织 25 家会员企业代表人士参加北京大学“崇州市民营企业转型升级与创新发展高级研修班”专题培训并参观考察国家博物馆和汉能集团北京总部；9 月 30 日，崇州市工商联组织近 30 家会员企业代表参加崇州市烈士公祭活动，深切缅怀革命先烈的丰功伟绩，激励非公有制经济代表人士继续沿着先烈们的足迹，为中华民族伟大复兴贡献力量；11 月 23 日，由崇州市工商联、国税局、地税局联合承办的“税法助力民营经济健康发展市州行——崇州市联合专题培训会”在崇州举行，近 100 名民营企业家、财务负责人参加了此次培训；12 月 7 日，崇州市工商联举办《经济新常态下民营企业转型突破战略思维》专题培训会，会员企业负责人、企业高管 400 多人参加培训；全年，组织近 30 家会员企业 100 余人参加成都市工商联经济沙龙系列培训。通过教育培训，帮助企业家开阔思维和拓宽视野，更好地认清当前经济发展形势，更好地促进自身企业健康发展。

【经济服务】 积极开展需求调查，为企业健康发展排忧解难。年内开展企业需求调查活动 4 次，发放企业需求调查表 700 多份，收取企业反映的建议和意见 70 多条，对他们反映的问题和需求进行整理汇总，及时向市委、市政府及有关部门汇报，寻求相关职能部门对企业的支持和帮助。配合市人社局、经开区管委会、总工会、妇联等部门举办的招聘活动。组织会员企业参加“春风行动”招聘会、成都市工商联举办的“民营企业创新创业”专题研修班、“崇州市 2016 年高校毕业生就业创业服务月”等活动。全年，会员企业吸收失地农民、待业人员、大学毕业生就业共计 2440 余名。

【经贸交流】 组织企业参加国内外经贸活动 3 次，参加成都市工商联组织的各类经贸交流、学习考察等活动 3 次。3 月 31 日，组织全友家私、四川蜀羊防水、成都市明珠家具（集团）公司等会员企业参加四川省工商联民营企业“走出去”推进会；6 月 7 日，邀请全国工商联直属行业商会 40 家涉及酒店投资、金融投资、城镇发展、旅游资源开发的知名会员企业来崇进行商务考察活动；6 月 30 日，组织会员企业参加“成都统一战线甘孜行”活动甘孜州投资项目推介会；10 月 12 日，主席游刚率领 12 家会员企业相关负责人随崇州“印度行”考察团考察访问印度，拜访印度商会，力促成都·崇州家具等行业更广泛地走进印度市场，为会员企业开拓市场和加强对外交流合作搭建服务平台。

【“万企帮万村”精准扶贫】 引导会员企业参与“万企帮万村”精准扶贫行动，与 11 个乡镇 16 个建档立卡的相对贫困村开展村企共建行动。为贫困村引进项目两个，修建村道 4 条，修缮村级活动室 1 个，投入资金 350 余万元，对全市 11 个乡镇 16 个建档立卡的相对贫困村实现扶贫“全覆盖”。

【企业帮扶困难群众】 引导会员企业开展“阳光爱心助学行动”活动，倡导成立青梦爱心基金，帮助贫困学子完成学业。据统计，17 家爱心企业捐款 130 余万元，帮助贫困学生 700 余名。组织企业开展“走基层·送温暖·献爱心”活动，全年共开展活动 5 次，捐资捐物共计 17 万元。

（张　海）

共青团

【概况】 2016 年，共青团崇州市委设书记 1 名，副书记 1 名，挂职书记助理 1 名，工作人员 7 名（其中服务团市委西部计划志愿者 3 名），下设团市委办公室、关工委办公室、少工委办公室、市青联秘书处、市青协秘书处。2016 年，全市有基层团组织 1199 个，直属团组织 69 个，其中团委 36 个，团工委 1 个，团（总）支部 32 个，全市团员总数 23235 人。

【团组织建设】 按照《团章》规定，经团市委党组审议，报请市委组织部同意，年度调整直属乡镇（街道）团组织负责人 8 名。经市少工委审议，同期任免各中小学、九年制学校少先队辅导员 11 名。团市委贯彻落实“两个全体青年”目标，按照上级团组织的统一安排部署，全面开展“两新”组织团建工作，2016 年新建非公有制单位团组织 15 个。

【服务平台建设】 联合街子镇政府等多家单位在街子镇白圣村新建“樱花屋”——青少年综合服务平台，并于 7 月投入运营，获得成都市青少年综合服务平台示范点位；在羊马镇、集贤乡等地新建童伴之家7所，支持并指导全市28所童伴之家开展活动670场次，服务少年儿童近7000余人次；结合大群团改革工作，联系指导王场镇中心社区、白头镇五星村开展“群团服务中心”建设运营工作，两个试点于9月完成试点建设任务并投入运行，其中王场镇中心社区“群团服务中心”获得成都市大群团改革工作试点；成功承办2016第四届四川自驾赏花节崇州市2号营地活动。3月期间，团市委以“春天花花青创汇”为名，以“青年创业B2C实训营”为主题承办2号营地赏花节活动，诚邀13支青年创业团队加入营地，成为赏花节期间一处亮丽的风景线。

【青少年思想引领】 强化青少年思想引领工作，践行社会主义核心价值观。紧扣“五四”“六一”时间契机，开展以“展青春风采鲛谱崇梦华章”为主题的崇州市纪念五四运动97周年暨第二届青年五四奖章表彰会和以“美德绽放”为主题的崇州市庆“六一”暨“美德少年”颁奖典礼，展示奋战在崇州市各战线上的优秀集体和个人的先进事迹，并通过微信、微博强化宣传引导，阅读量高达38万次，传递正能量。

【青年志愿服务】 树立“青年服务，服务青年”双服品牌。联合共青团崇州市应急救援服务中心在三郎镇成功承办崇州市2016年综合应急救援演练，出动应急救援志愿者30余人，群众志愿者近百人，并动用直升机、无人机、挖掘机、越野车等专业救援工具；组织4名大学生志愿者担任英语翻译助力在崇州举办的成都制造融入“一带一路”专场推介会；组织招募100名大学生志愿者为“2016中国·成都第七届自行车车迷健身节（崇州站）”提供志愿服务；全年陆续开展“你的回家路，我的志愿行”春运志愿服务、“志愿崇州·青力青为”学雷锋系列活动、“助力高考，团青在行动”志愿服务活动等活动19场。开展“拥军”和“送清凉”等特色活动。2016年，团市委整合物资1.9万元，先后前往驻王场77115部队、武警崇州市中队开展“双拥”活动，前往崇州市交警大队、崇州市环卫所开展“送清凉”活动。

【成才行动】 巩固崇州市青年（大学生）创业园建设。依托青创园实现新增入园项目两个，实现青年创业人数30人，开展中小微企业融资座谈会、专利培训会等创业培训5场，推报“创业新星”两人。开发特色双创活动，成功承办第十届成都青年创业大赛崇州农业专场行活动，32家企业、4个路演项目在活动中得到充分展示，其中3个路演项目入选成都市青年创业大赛复赛。联合成都崇信大数据服务有限公司IPC创享家孵化苗圃开展“培训电商人才、孵化电商创业团队”为主体的“崇州市首届青年CEO电商创业大赛”，347人报名参赛，组建27支比赛队伍，完成线上培训6期12场，线下培训3期6场。成功推送崇州市政务中心等4家单位争创成都市级“青年文明号”，并顺利通过验收。

【关爱青少年】 3月，启动关爱留守学生“想家计划”项目，免费在近200户留守学生家中安装并运行“想家”设备；开发“快乐童年　感恩有你”、“流动少年宫　科创直通车”走进崇州、“法治护航　快乐成长”法治夏令营等特色活动，关爱特殊青少年群体1000多人次；整合资金10.8万元关爱精准扶贫特困青少年家庭57户。

【助力崇州市援藏工作】 先后出资4万元，与白玉县团委联合开展以“相约紫色花海·情定青春路上”为主题的白玉青年主题婚纱摄影活动，并与白玉县团委签订留守学生之家共建协议。

【第五届单身青年派对活动】 同有关部门在元通古镇成功举办崇州第五届单身青年派对活动，聚焦青年婚恋交友和旅游文化宣传，实现为崇州建设留人才和书写崇州特色旅游文化的双赢局面。

（杨　曦）

妇女联合会

【概况】 2016 年，全市有乡镇（街道）妇联 25 个，村（社区）妇联 253 个，机关单位妇委会 39 个。

【女性扶贫攻坚行动】 梳理汇总出相对贫困妇女家庭 356 户，建立帮扶台帐，实施动态化管理；通过城乡妇女职业技能培训、群团组织社会服务中心、社会公益爱心服务“三个平台”，积极开展贫困妇女就业技能培训 712 人次、贫困妇女创业培训 150 人次、帮贫助困活动 20 余次，惠及贫困学生 22 名和贫困母亲 138 名，帮助全市贫困妇女灵活就业脱贫和农村产业发展致富。

【女性创业就业促进】 以成都市“四送”活动为契机，健全完善城乡女性创新创业服务平台，依托女企协、女职业经理人联合会等，组织外出参观学习 5 次，举办女性创新创业意识、信息化等主题讲座 6 次，开展农村妇女实用技术培训 4 期，培训妇女 420 人次；2016 年，崇州市有两个基地获得“成都市巾帼科技示范基地”称号，将崇州梦农业基地创建为成都市级巾帼科技示范基地，争取崇州市级女性科技创业扶持资金 10 万元。

【女性创美和素质提升】 年内评选表彰三八红旗手（集体）15 个、最美家庭 20 个（其中成都市级 7 个）、最美妇女主任 26 名等，弘扬社会主义核心价值观，推动“最美家庭”活动进机关、进单位、进社区、进企业，梳理汇总出崇州“好家风、好家训”163 条、优秀家庭故事 58 个，重点宣传“巾帼英烈”余旭家庭为代表的“好家风、好家训”人物事迹；以项目化方式实施瑜珈、茶艺、少儿夏令营等妇儿综合素质提升培训活动 856 人次，开展家庭助廉、女性心理调适等女性大讲堂活动 18 次，参与妇女 2100 多人次。

【女性维权】 组织宣传《中华人民共和国反家庭暴力法》《中华人民共和国妇女儿童权益保障法》等法律法规 30 余次，惠及妇女群众 5 万多人；建立 12 个职能部门和 25 个乡镇（街道）参与的崇州市反家庭暴力工作推进机制，制定《崇州市健全预防和制止家庭暴力联动机制的实施意见》，切实维护好妇女儿童的合法权益。

【妇字号公共品牌建设】 升级建设街子味江、隆兴杨柳、道明童桥等“西蜀巧妹”优质生态粮油产业基地 24 个，通过“一线一品”、新农村建设等项目的实施，强化耕作道、沟渠等农业规模化生产基础设施建设，提升妇字号生态粮油产业基地的机械化水平，保障粮油农产品的品质。联合市文旅局打造怀远藤编、道明竹编等藤竹艺生产加工基地 3 个，通过藤竹编技艺大赛、藤竹艺文化之旅、文化协同创新等活动，进一步扩大崇州市国家地理保护标志产品和四川省非物质文化遗产的知名度，鼓励“80”“90”后女大学生传承藤竹技艺。探索并建成“西蜀巧妹”农业观光旅游基地 1 个，将农事科普体验、亲子教育、农产品采摘、田园趣味运动等融为一体的农场乐园，被中央电视台七套《致富经》栏目专题宣传报道。将“西蜀巧妹”妇字号品牌从第一产业延伸到第三产业，引导社会资金，搭建崇州市就业培训平台，成立崇州市西蜀巧妹家政服务有限公司，利用“互联网+”，引进培训标准，实施远程教学，针对广大失业失地、留守、返乡创业妇女、女大中专毕业生开展中高端月嫂、品质家政服务、养老护理等技能培训，并协调联系成都安琪儿妇产医院、崇州市人民医院、颐养中心等，建立实训、义工服务基地，架起双方供需桥梁，有效促进城市妇女和农村留守妇女就近就业增收。2016年，崇州市西蜀巧妹家政服务有限公司培训月嫂、家政员、护工等402人，参加培训合格人员的就业率达90%以上，有效解决崇州市城乡妇女的就业增收问题。运用“互联网+”，促进妇字号品牌销售。引导成都西蜀巧妹农业发展公司、崇州市土而奇禽业合作社等妇字号品牌业主，在农副产品销售上主动应用“互联网+”建立农业电子商务平台，通过线上线下互动融合，推进崇州市妇字号品牌农副产品市场营销，成交上万单，成交额达910多万元。

【群团服务】 市妇联会同市总工会、团市委等7个群团部门在4个乡镇（街道）和8个村（社区）开展大群团改革试点建设工作，在乡镇（街道）挂牌设立群团工作办公室，在村（社区）设立群团服务站。充分整合工、青、妇、科协、残联、红会、侨联等群团和社会组织资源手段，将群团职能职责整体入驻，把中心（站）打造成为整合资源的共享平台、服务民生的惠民平台、保障权益的维权平台、提升素质的活动平台。崇州市王场镇中心社区被列为成都市级6个大群团改革试点点位之一。在崇阳街道、白头镇、桤泉镇等12个村（社区）探索建立农民集中居住区村民自治巾帼服务示范点，支持社会组织和巾帼志愿组织有序参与村级治理工作，探索建立针对性强的妇女儿童服务机制。深入试点村（社区）调查研究，通过交流座谈，坚持从需求出发，探索建立妇女儿童身心健康咨询屋、巾帼志愿者服务队伍、留守妇女“阳光驿站”等妇女儿童服务工作载体。突出妇女儿童心理健康咨询援助，通过项目化方式引进社工组织，开展专业化高、针对性强的服务，有力提升基层妇联组织的服务水平。

（高　原）

科学技术协会

【概况】 崇州市科学技术协会是崇州科学技术工作者的群众组织，是市委、市政府领导下的人民团体，是党和政府联系科学技术工作者的桥梁和纽带，是崇州推动科学技术事业发展的重要社会力量，主要任务是负责组织市级专业学会、协会和乡镇、街道科协开展群众性、社会性和经常性的科普活动。

【基层组织建设】 强化乡镇（街道）科协组织建设，建立了镇（乡）、村（社区）两级组织和科普志愿者队伍，以网络科普宣传为纽带，加强对科技工作者的人文关怀，搭建企业家沙龙，解决科技工作者的实际困难。2016年，经市科协、市经信局共同考察并审定命名的崇州市级科普示范单位34个（包括9个乡镇、5个社区、7个村、10个基地、3个协会）；崇州市级科普示范带头人10人。新获批省级科普示范协会两个，省级农村科普示范带头人1人，为基层科普示范体系建设奠定基础。全年组织全市科技工作者代表活动4次，参与人数达300人次。

【科普阵地建设】 崇州市现有科普场馆包括崇州规划馆、妇女儿童活动中心、州文庙、地震博物馆等，市科协为进一步拓展具备崇州特色的科普场馆建设，启动新场馆的建设，协调建设的场馆有IPC大数据产业园、天演博物馆

（恐龙和化石为主）、健生堂（蜂文化博物馆）、豪芸航空基地等。

【科普惠民】 3月15日—5月15日，市科协举行为期两个月的2016年中国流动科技馆四川巡展·崇州站暨“科技之春”科普活动月活动，期间接待青少年参观2.1万人，接待参观单位200多个，城乡居民2000多人次，从观后感投稿中评选一、二、三等奖，通过《今日崇州》向社会公布并颁奖，获得社会的广泛赞誉。9月13日—17日举办以“科普畅游展现崇州特色，助力产业发展”为主题的2016全国科普日活动，通过活动，展现30余个科普基地（涵盖工业、农业和人文）的特色，让参观者直观、深切地感受崇州科普的魅力，参与人数8万多人，收到良好的社会效益，市科协荣获2016年全国科普日活动优秀组织单位。市科协推行“互联网+科普”形式，使崇州成为全省首批全媒体科普益民系统试点区县，乡镇覆盖率90%以上。

【科技扶贫】 依托科技资源优势，先后走访公议乡林秀村、三江镇富国村和鸡冠山乡琉璃村，协调资源，为当地产业发展出谋划策。携手市经信局、农工党崇州市支部与鸡冠山乡签订对口帮扶战略合作协议，搭建“高校+产业”互助平台，为高校提供产业研究基地，借助高校科研优势发展当地特色产业，深入推进科技扶贫和产业扶贫。

【课题研究】 先后形成并开展《崇州市食用菌发展对策研究》《加强中小学科学教育　提高学生科学素质》《新课标中自主学习和教师主导作用的探索》《“供给侧改革”背景下崇州重点产业发展研究》等课题研究。

【科普教育】 市科协与市委宣传部合作，加强科普宣传教育工作；与市经信局协作，做好科普基地的选评工作；与市教育局合作，加强青少年的科普教育工作，推动何家小学汽车科普基地建设，中山小学乡村青少年科技活动基地建设等；与市气象局合作签订《气象科普合作联动协议》，共建校园科普示范基地。

【企业服务工作】 2016年，崇州市“银会合作”贷款突破2000万元，比上年增长400%。市科协深入调研崇州规模以上企业120余家，形成《崇州市重点规模以上企业调研报告》《产经动态》《政策通》等研究性材料，为崇州市产业供给侧结构性改革提供强有力的依据。促成四川大学教授吕云伟科技成果“DRPO系列双层增强改性聚烯烃埋地排水排污管”项目转化到崇州，年新增产值2800万元，新增利税400万元，纯利润270万，并指导申报成都市科协金桥工程项目。主动融入“蓉欧+”战略，推动崇州企业走出去，开展崇州家具出口欧洲前期市场调查分析，助力崇州创新驱动发展和实施“蓉欧+”战略，推动“崇州造”优势产品走出去。促成成都市院士（专家）创新工作站建设落户四川省人民医院崇州分院，进一步促进产学研融合，助力企业科技成果转化，扩大崇州对外影响力。继续发挥园区科协在助推工业经济转型升级创新发展中的积极作用，通过与市场监督管理局合作，助推塑胶管道联盟建设。

【农业产业化科技服务平台】 成功引进成都卫农科技有限公司入驻崇州，为农业产前产中和产后提供服务，进一步提升农业产业化水平。协调成都农林科学院教授曾先富为崇州食用菌产业问诊把脉，助推食用菌产业二次飞跃。

【院士（专家）创新工作站】 做好已建的4个院士（专家）创新工作站的服务工作，不断拓展院士（专家）工作站的数量和质量，为崇州经济转型升级创新发展做出有益的贡献。2016

年，新建1家院士（专家）工作站，并成功引进中国科学院院士付小兵专家团队，推动崇州颐养、怡养、医养产业发展。

【“百博园”创新创业平台】 组建以成都市科青联为基础、崇州市域内各行业专家参与的百名博士创新服务团队，以技术创新服务为基础，开展科技沙龙、项目金融对接、专家点对点服务的聚智、聚才、聚项目的创新创业平台。

（帅志军）

残疾人联合会

【概况】 2016年，市残联党组、理事会承担省和成都市残联工作有73项，其中省和成都市民生工程8项。实施本级民生工程3项。重点开展脑瘫儿救助、辅具适配、重度听力儿童救助、残疾人居家无障碍改造、城乡残疾人居家灵活就业、农村贫困残疾人发展生产、重度残疾人护理补贴、特困残疾人生活补助、截瘫偏瘫患者康复救助、智残儿童教育康复一体化服务和持证残疾人城乡居民基本医疗保险全覆盖等民生工程，大力丰富残疾人文体生活，参加成都市第八届残疾人运动会暨第四届特奥会，继续开展资助重度残疾人参加养老保险、白内障复明、精神病患者“阳光救助”等工作，惠及残疾群众17000余人。

【基层残联组织建设】 规范残疾人基层组织建设，配齐配强工作人员，落实乡镇（街道）和村（社区）残疾人工作有人担事、有责理事、有阵地干事、有资源办事，从各个方面不断推进基层残联组织工作规范化。开展“三公开一公示”工作。建立助残志愿服务分队，开展“温暖万家行”“精神病关爱”等一系列助残志愿服务活动。建设基层群团组织服务点，努力构建大群团工作新局面。

【全面深化“量体裁衣”服务】 开展全市残疾人基本服务状况和需求动态更新暨“智慧量服”工作。组织对全市320余名残疾人工作者进行培训，残疾人工作者手持“智慧量服”终端，深入到全市17000余名残疾人家庭开展“量体裁衣”服务。2016年被省残联确定为全省38个“开放量服”试点县（市）区之一，实现残疾人工作面向残疾人和社会开放，并接受残疾人和社会监督。全市进网残疾人21700余人，服务落实率102.63%，手机录入率100%，残疾人自主业务办理两万余项，圆满完成“开放量服”试点工作任务。

【建立“三项制度”】 2016年，崇州市着重建立和完善《崇州市残疾人实名制动态精准管理制度》《崇州市残疾人“量服”工作月通报制度》《崇州市残疾人工作督查制度》等三项制度，并且坚持不懈地抓好制度的落实，做到全市残疾人数据清楚准确，督促指导成效显著，工作更加精准。

【残疾人“双创”基地】 进一步加大对崇州市福恩禽业、蓝莓基地、藤编基地、济民村土地合作社等残疾人“双创”基地的指导和扶持，分类建设具有崇州特色的双创基地、示范基地、集中就业基地。强化规模型“双创基地”建设，对符合条件的基地进行统一授牌命名，做到扶大扶强，提档升级，打造崇州特色和亮点，树立崇州“双创基地”形象。

【截瘫偏瘫患者康复救助】 市委、市政府连续将此项工作列入为民办实事民生工程之一。2016年扩大救助范围，将每年救助50人扩大为100人。

（晏家鸿）

红十字会

【概况】 2016年，市红十字会坚持依法治会，坚持服务民生，以公信力建设为重点，扎实开展红十字“三救三献”核心业务工作，发挥党和政府人道领域联系群众的桥梁和纽带作用，促进社会稳定和谐。

【依法治会】 按照依法治市整体工作部署，结合红十字会工作实际，抓好《中华人民共和国红十字会法》《中国红十字会章程》和省、成都市涉及社会救助、公益事业等相关法律法规的执行落实，依法履行职责。认真落实上级红十字会工作规范和要求，完善政府监督、社会监督和自我监督机制，打造规范透明红十字会。

【资金募集与发放】 2016年，通过社会各界的共同努力，市红十字会捐赠专户依法募集人道救助救援资金458.11万元，为救灾、救助、助学等公益项目发放367.87万元。依托智慧城市建设，提升红十字会信息化建设水平，严格执行信息公开制度，拓宽信息公开渠道，切实保障捐赠人和社会公众的知情权、监督权。

【帮贫助困】 开展“红十字博爱送万家”活动，2016年慰问困难群众161户，发放慰问金6.56万元；开展“关爱拯救行动”，为特殊困难群众排忧解难，2016年救助54人，发放救助金共计70余万元（最高个人救助达10.48万元）；开展“阳光爱心助学行动”，对小学、初中、高中三个阶段困难家庭学生实施“一对一、个性化”助学，2016年发放爱心助学捐款42.6万元，实施救助157人。此外，给付临时性救助资金5.2万元，助学、助医、助困26人。

【公益项目】 2016年，市红十字会争取到中国红十字基金会“博爱家园－安全社区”项目3个，项目资金105万元，分别投入三江镇富国村、怀远镇安乐社区、王场镇大雨村。发挥“博爱家园－安全社区”和“亮点镇、精品村”等项目的引领示范作用和乡（镇）、村（社区）和学校、医院等基层红十字组织阵地作用，引导和感召社会公众积极参与社会公益事业，担负个人对于国家、对社会应承担的责任。

【提升应急自救互救能力】 结合崇州市地域特征，作好备灾救灾工作，配合市应急、防震减灾部门，开展应急演练，加强救灾物资的储备和应急救援志愿者队伍建设，提高应急自救互救能力。严格按照成都市民生工程目标和应急救护培训标准的要求，推荐热心公益和应急救护知识推广的人士参加成都市红十字应急救护师资培训，全市现有合格应急救护师资20余人；全年卫生救护知识普及培训4230名，开展急救员培训23期，培训合格急救员939人，超额完成民生工程目标任务。依托红十字“急救掌上学堂”系统和红十字应急救护微课，利用影院映前广告、灯箱广告、救护员培训班等方式传播急救知识，倡导“人人学急救，急救为人人”的理念。

【公益宣传】 利用“5·8世界红十字日”“5·12”“世界急救日”“防艾日”等重要时间节点，积极开展防灾减灾、防艾、“三献”宣传和健康卫生知识竞赛、红十字志愿服务等红十字精神传播活动，弘扬“人道、博爱、奉献”的红十字精神和社会主义核心价值观，社区群众、学生及各行业人员1.6万余人参加。崇州市有崇州市教育局等8家单位荣获“全国最佳组织奖一等奖”，崇州市蜀城中学等3家单位“荣获全国最佳组织奖二等奖”。

（卢晓娟）

法　治

CHONGZHOU YEARBOOK

法治政府

【概况】 2016年，市法制办以全面贯彻落实《法治政府建设实施纲要（2015—2020年）》为主线，认真落实依法治省、依法治市重要部署，统筹推进依法行政，加快法治政府建设，提升城市治理体系和治理能力现代化水平，为奋力建设“产业新城、品质崇州”提供坚实的制度支撑和有力的法治保障。市法制办在“四川省十个法治政府建设事件”评选活动中申报的《崇州市综合行政执法改革试点助推法治政府建设》，荣获“四川省法治政府建设入围事件”奖。

【依法全面履行政府职能】 完成国务院、省政府和成都市政府取消、下放、调整行政许可和行政审批事项的对应清理工作，做好承接和衔接。2016年优化清理全市29个部门285项行政许可和592项其他事项，将285项行政许可精简为245项；取消市商投局关于《鲜茧收购资格认定》等3项行政审批事项。探索建立部门行政权力责任清单。

【提高制度建设质量】 开展完善规范性文件合法性审查机制试点，加大备案审查力度，组织开展规范性文件“三统一”制度和有效期制度落实情况监督检查。2016年，市政府制定规范性文件2件，报备2件。市级部门制定规范性文件6件，报备6件。按照“非禁即入、有障必究”要求，开展现行规章和规范性文件清理，并向社会公布。

【健全依法科学民主决策机制】 严格落实《成都市重大行政决策程序规定》，进一步强化程序的刚性约束。重大行政决策经政府常务会议或者全体会议、部门领导班子会议讨论，集体讨论情况和决定有记录和完整存档。健全行政机关内部重大行政决策合法性审查制度。全年审查各类协议和合同92件，标的额1100万元，提出合理化建议和意见300余条。

【严格规范公正文明执法】 加快推进综合行政执法改革试点。在加快推进崇州市综合行政执法改革试点跨部门、跨领域综合行政执法，将综合行政执法体制改革与机构改革、简政放权、加强事中事后监管、规范行政权力运行等工作有机结合，整体推进，探索“一个主体、两个集中、三个坚持、四化同步、五个转变”的改革试点路径，构建权责明确、行为规范、监督有效的行政执法体系的改革试点工作中，法制办制定各部门的权力划分清单，明确列举调整至综合行政执法局的行政处罚权、行政强制权的范围，梳理参加此次改革的单位的行政执法事项最新的法律关系，确保行政主管部门与综合行政执法局责权清晰，避免行政管理及执法的争议，提高行政效率，保证行政处罚行为的合法性。探索“双随机”监管改革试点。指导行政执法机构建立健全随机抽取检查对象、随机选派执法检查人员的“双随机”抽查机制，依托大数据平台，加快开发“双随机”信息化系统，实现在线随机选择检查对象、随机选择执法检查人员，并逐步实现与正在开发的崇州市智慧城市大数据系统对接。2016 年，崇州市作为四川省试点先进单位参加全省经验交流会，市委常委、常务副市长赵卫东作交流发言。探索构建司法与行政良性互动机制。建立健全行政审判与行政执法联系制度；深化行政执法与刑事司法衔接机制；完成实现“两法衔接”信息平台与行政权力依法规范公开运行平台对接，促进法院提高行政审判工作效率、实现和谐司法，有效预防和化解行政争议，有效促进全市各级行政机关不断规范行政行为，提升依法行政的能力和水平，促进法治政府建设。建立健全执法全过程记录制度和重大执法决定法制审核制度。全年各行政执法单位报送案件 393 件，法制办随机抽查 183 件，提出整改意见 68 条，重大行政处罚和行政强制备案审查率 100%，行政执法投诉办理回复率 100%。组织开展清理行政执法人员和行政执法验证工作。对 21 个部门（单位）进行清理和验证工作，其中行政执法人员清理前总数 866 人，清理后总数 818 人，验证合格证件 818 本，对年审合格的证件予以加贴“2016 年行政执法证件年审专用合格标签”。

【全面深化政务公开】 重点强化财政预算、公共资源配置、重大建设项目批准和实施、社会公益事业建设等领域的政府信息公开。统筹推进行政权力运行、公共企事业单位办事、基层事务等方面信息公开，严格落实政府规章和行政规范性文件解读信息公开。落实行政审批、行政处罚公开制度，深化行政审批、行政处罚信息公开。依法完善政府信息依申请公开办理制度和规范，制定政府信息公开工作考核制度，积极推进政府信息公开法律顾问制度建设。

【依法化解矛盾纠纷】 严格依法办理行政复议案件，开展对行政复议依法受理、公正审理、自觉履行行政复议决定情况的监督检查。全年接收复议案件 33 件，办结 33 件。健全行政机关依法出庭应诉制度，支持法院依法受理行政案件。全年办理行政应诉案件 43 件。深入推进行政调解、人民调解、司法调解“三调联动”，有效化解矛盾纠纷，选派行政调解能手进驻市信访接待中心化解矛盾纠纷，参与和指导行政调解案件两起。完善仲裁制度机制建设，提升仲裁公信力。

（郑　艳）

政　法

【概况】 2016 年，崇州市政法工作坚持以维护社会大局稳定、促进社会公平正义、保障人民安居乐业为主要任务，以深化平安崇州建设、法治崇州建设和“五个”过硬队伍建设为载体，担当尽职，真抓实干，精准发力，全力维护社会政治稳定，牢牢控制社会治安大局，有力保障和服务全市发展大局，为加快推进“产业新城、品质崇州”创造安全稳定的社会环境、公平正义的法治环境和优质高效的服务环境。

【稳定工作】 强化“一把手”负总责、分管领导“具体负责”的维稳领导责任网络，增配乡镇、街道综治维稳专职副书记25名，强化责任担当，夯实“一岗双责”；加强目标管理，切实将维稳责任落实到各级各部门主要领导，形成“横向到边，纵向到底”维稳工作领导格局。维稳平台完成上报不稳定因素340件，其中“他山之石”等8条被省维稳平台采用。健全形势研判机制，书记、市长亲自主持召开专题会议4次，听取维稳工作汇报，研判李家岩水库、非法集资等突出问题，确保维稳工作早发现、早预警、早处置。加强排查调处，着实将不稳定因素化解在萌芽、解决在基层。深入开展反分裂、反渗透、反颠覆斗争，防止敌对势力插手利用人民内部矛盾从事渗透颠覆活动。完成社会稳定风险评估24件，实施23件，暂缓实施1件，备案落实24件，其中突出完成《汶川（水磨镇）至崇州（鸡冠山乡）公路工程的风险评估》《崇州市调整经开区、城区等23个乡镇污水处理费标准社会稳定风险评估》《李长清诉成都农商银行崇州支行贷款纠纷的风险评估》，确保崇州市重大项目、重大决策、重大活动中无一起群体性聚集，无不稳定事件的苗头。加强落实重大活动、重大节日、敏感节点期间的“定期排查”“专项排查”与“每日研判”“零报告”工作制度，开展集中排查12次，专项排查10次，梳理各类信息890余件；开展月形势研判12次，每日一研56次，排查突出不稳定因素33起，调处33起，稳控化解率100%；立案查处非法集资案14件，涉案金额达5亿余元，涉及群众2200余名，挽回经济损失预估2.8亿余元，抓获犯罪嫌疑人48名，移送起诉案件12件、起诉47人。加强稳控重点群体、重点人员，强化落地查人，确保化解和稳控。加强包保责任落实，落实市级领导包案77件、包保重点人员28名，确保重大活动和敏感节点期间无失控和漏控。加强挂牌督办案件化解，提前化解崇阳街道天顺花苑A区拟安置户上访等两件成都市挂牌督办件。重视律师参与化解和代理涉法涉诉信访工作，组织律师积极开展涉法涉诉信访预约接访活动，收到良好效果。有效开展司法救助工作，办理司法救助案件11件，救助11人，救助金额25.65万元。推进涉法涉诉信访改革工作，依法处理涉法涉诉案件，依法将案件纳入涉法涉诉案并导入司法程序予以处置，依法将案件排除涉法涉诉类案并按规定程序将此案转成都市公安局按一般信访案件处理，依法确定案件不宜按涉法涉诉信访案件办理。依法处置“人人康”等非法集资群体的多次集访，“九龙天瑞”“金都汇”商铺返租问题的集访，森磊淼（上海）项目投资有限公司上海群众的集访，阻止事态扩大，消除不良影响，维护崇州和谐稳定。

【专项整治工作】 依法严厉打击各类违法犯罪，始终保持严打高压态势，公安机关共侦破1140件，其中侵财案566件、涉枪案35件、重大贩毒案1件、涉黄、赌案23件、命案2件，抓获网上逃犯101名，打掉涉黑犯罪团伙两个，命案破案率连续五年100%。检察院办理审查逮捕案件431件531人，批准逮捕354件432人；办理审查起诉案件635件851人，提起公诉556件757人。法院受理各类案件5442件，审结4191件。

【“大调解”工作】 在羊马镇泗安村圆满完成并在全市成功推广运行“大联动·微调解”体系建设试点工作。切实运用法治思维和法治方式研究解决问题，确保矛盾纠纷有效化解，全年受理矛盾纠纷985件，调解985件，调解率100%；调解成功947件，调解成功率达

96.1%%，其中奖励个案 136 件，发放奖励 16100 元。

【社会治理工作】 深化网格化管理体系建设。全市投入 1852 万元在 4 个乡镇 56 个村（社区）和 4 个农集区建成并有效运行“大联动·微治理”信息平台，完成 36 个幸福美丽新村“雪亮”工程建设。全市配备三级网格员 2276 名，录入基础信息 160 万余条，采集事件 95324 件，参与治安防控 17707 件，劝解矛盾 5210 件，上报突发事件 338 件。启动红袖套应急响应 4 次，出动“红袖套”队员 7840 人次。网格员和“红袖套”队伍发现案件线索 168 起，其中奖励 5 人，发放奖金 2800 元。有效推进重点整治工作。有效开展崇阳街道双桥街的整治工作，及时解决辖区内歌舞娱乐、宾馆、洗浴等场所“黄赌毒”问题，净化环境。着力整治白头镇五星新村等 7 个农村集中安置区，完成整治任务 3 个，整治工作成效明显。有效开展综治各项专项工作。加强特殊人群管控，重新犯罪率控制在 1%以下，无一例脱管、漏管。加强“黄、赌、毒”整治，抓获吸毒人员 1786 人，破获毒品犯罪案件 147 件，其中破获重大贩毒案件 1 起，缴获冰毒 1.2 千克，打击处理犯罪嫌疑人 92 人；查处涉黄涉赌行政案件 93 件拘留 150 人，破获黄、赌刑案 23 件，打击处理 34 人。加强校园及周边治安综合治理工作，监督检查全市学校（园）的食堂食品安全、饮用水卫生管理及传染病防治工作，集中整治校园周边环境，确保全市未发生校园安全责任事故，无校园治安案件、刑事案件和其它可防性案件发生。加强危爆物品、寄递物流等专项整治，落实寄递物流安全管理“三个 100%”制度，全年清理排查营业部和代办网点 186 余家，对不符合要求的立即责令整改。

【“平安崇州”建设】 深化基层平安创建活动，广泛开展平安宣传，提高各级各部门参与的积极性和主动性。年内创建成都市级平安村社区 5 个、平安单位两个和三星级乡镇 8 个。深入推进治安防控工作，全面完成乡镇综治中心建设，安装“天网”及社会公共视频监控 5711 个；建成村级综治工作站 233 个，安装公共视频监控 2640 个，全部落实群众接待和矛盾纠纷调解席，实现良好运转。

【改革创新】 创新机制推改革，提高法治权威和司法公信力。按照市委要求，完成信访维稳典型案例编纂工作，为崇州市信访维稳工作提供思路和方法。组织信访和政法各部门召开专题联席会议，及时协调解决涉法涉诉信访改革运行过程中存在的问题，确保涉法涉诉处置工作有序有效。市公安局、市检察院、市法院涉案款物管理分中心建设完毕，涉案款物管理平台系统运行正常，做到涉案款物随案走，随时留痕。组织指导各部门有序有效推进司法体制改革工作，全面推进轻刑快办改革工作。公安机关突出抓了五项改革：贯彻落实居住证制度，服务统筹城乡建设改革；推进警务运行机制改革，创新社会治理体制；实施“公共场所无线上网安全管控系统建设”试点；健全打击和处置非法集资工作体系；推进警务辅助人员使用管理改革。法院推进庭审方式改革，办理民事、刑事、行政案件庭审示范案 197 件；推进司法公开“三大平台”规范运行，坚持每庭必录，公开裁判文书 668 份；落实司法责任制改革，经过考试、考核和民主测评，让 37 名愿办案、能办案、快办案、办好案的优秀法官进入员额；探索审判辅助事务剥离改革，与邮政快递对接，通过“法院专递”实现部分送达外包。检察院落实司法改革部署，组织干警参加首轮检察官入额遴选考试，公平公正公开完成考核，21 名检察人员进入遴选；持续推进创新驱动，顺利完成市检察院下达的健全绩效量化考核机制、两法衔接、职务犯罪同级监督平台和法律文书说理公开等4项争创一流改革试点任务；结合创建国家级青少年维权岗，以向日葵工作室为载体，落实未成年人刑事案件特别程序和教育感化挽救方针，取得良好成效，省、市检察院予以推介，新华社、《人民日报》、《检察日报》等作报道。创新社区矫正工作，取得显著成效，荣获成都市司法行政工作“十大优秀成果奖”；承担一项省级改革目标，在三江司法所开展创建四川省司法行政改革示范单位工作。

（何小丹）

公　安

【概况】　2016年，市公安局内设指挥中心（办公室）、政工监督室、纪检监察室、法制大队、警务保障室、治安管理大队、看守所、拘留所、交警大队、刑警大队、禁毒大队、经侦大队、国保大队、网监大队、出入境大队、烟爆大队，下辖崇庆路、滨河路、工业区、元通、怀远、三江、王场、隆兴、廖家、道明、羊马、街子、文井江、燎原、济协、集贤、鸡冠山、锦江、桤泉、白头、观胜、崇平、梓潼、大划、三郎、公议、江源27个派出所（其中文井江派出所和怀远派出所合署办公），代管森林警察大队、崇州市公安消防大队、武警中队。2016年，市公安局有3个基层党组织、10个集体受到上级表彰，崇庆路派出所民警张扬荣获全省“万警进万家”基层民警先进个人，民警张远明荣获成都市优秀共产党员，8人荣立个人三等功，200人受到上级嘉奖。

【维护稳定】　2016年，市公安局在大成都维稳格局中主动站位，圆满完成十八届六中全会及中央、省、成都市领导到崇州调研、G20成都会议及杭州峰会、西博会崇州分会场、余旭烈士公祭、崇州市党代会、崇州“两会”等安保工作54次；确保重大活动安全保卫工作的安全。加强舆情引导管控，落地查人29次，行政处罚两人、教育训诫多人，有效防止相关舆情被大规模炒作；积极引导、处理“九问投资受害人维权”“九龙天瑞广场业主维权”等舆情；强化反恐处突队伍的力量建设，强化先期处置和“一分钟、三分钟、五分钟”处置能力的训练、演练，反恐处突能力进一步提升，特巡警工作位列成都市“三圈层”第二；深化源头管控，加大对矛盾纠纷的摸排调解工作力度，积极化解社会矛盾；加强对不稳定因素的排查、评估、应对，成功劝返上海籍非法集资受害人员，及时化解涉稳矛盾纠纷27起，妥善处置群体性事件4起，维护稳定工作实现“大事不出、小事可控”目标。

【“110”接处警】　年内接警36581起，其中纠纷9712起，公民求助2576起，走失寻人309起；处置报警36581起，出动警力75235人次，车辆36581车次，救助群众56人。

【治安防控】　立足辖区治安日趋复杂、警力不足的实际，通过内部挖潜、外部借力，有效整合社会资源，加强立体化治安防控建设。加大宣传力度。充分利用开展“一标三实”信息采集和户籍清理工作的契机，深入居民家中宣传治安防范知识，发放安全防范宣传单，在小区悬挂安全防范标语条幅，充分利用电台、电视台和微信公众号、微博等新媒体积极开展安全防范和法制宣传；“一标三实”基础信息采集维护工作在成都市“三圈层”排名第二。强化社会面管控。城外设置执勤卡点严查，扎紧进出城主要通道；城区依托治安岗亭严管，显性用警；街面采取形式多样的巡逻方式，按照小区院落亮灯巡、重点地段重点巡、重要节点武装混编巡的方式积极开展工作。积极抓好“天网工程”管理应用。以警情为引领，根据辖区实际，加装天网、治安卡口等设施，利用天网为案件侦办服务；2016年，通过利用“天网工程”破获各类刑事案件150余件；通过巡逻盘查，抓获现行涉嫌违法犯罪人员137人，网逃两人，收缴各类管制刀具80余把，枪支9支，各类毒品150余克，追回被盗抢机动车4辆。加强治安热点区域的整治，治安热点整治工作位列“三圈层”第一。接违法犯罪警情4556起，比上年下降13%；在2016年成都市公共服务满意度测评中，崇州市社会治安满意度得分87.25分，比2015年上升0.88分，在崇州市被测评的11个项目中，得分位列第一。

【惩罚犯罪】 2016年，破获各类刑案1073起，打击犯罪分子565人。开展“扫黄禁赌”行动，查处涉黄治安案件57件，行政拘留107人，侦破涉黄刑事案件15件，打击处理21人；查处涉赌治安案件59件，行政拘留78人，侦破涉赌刑事案件20件，打击处理30人。开展“利剑扫毒”行动，破获毒品刑案147件，缴获毒品29084.33克；行政拘留涉毒人员1519名，强制戒毒252人，社区戒毒371人。开展“治爆缉枪”行动，侦破涉枪案件35件、打击处理42人、收缴各式枪支51支；连续六年现行命案全破。开展严打“三盗两抢一诈骗”行动，破案542件，其中系列案20串200余件，电信诈骗案23件；侦破盗抢汽车案11件，追回被盗汽车37辆。侦破获经济案18件、打击处理53人，扣押房产13处，价值1000余万元，查扣款物价值2.8亿元。全年查处林业刑事案件9件、行政案件12件，打击处理19人（判决7人，行政处罚12人），收缴非法木材近119.8立方米，收缴珍贵、濒危野生动物制品6件、活体95只，收缴猎具3件、猎枪2支，救助国家重点保护野生动物12只（头）。

【服务保障】 护航企业发展，严打破坏企业生产经营的违法行为。加强对景区治安、交通秩序的管理，严打影响景区治安环境的违法犯罪行为，得到崇州市委、市政府领导的充分肯定。全力维护经济发展成果，及时破获食药品安全类案件两件两人，成功破获马英等人组织领导传销案，为受害群众全额挽回经济损失56万元；破获特大制售假冒知名品牌油漆桶案件，保护合法企业权益；破获成都三分多公司特大涉嫌虚开增值税发票案，该案涉案金额1000余万元，为国家减少重大损失。

【治安管理】 全年查处各类行政案件20780件，行政处罚2970人，其中行政拘留1744人。继续保持缉枪治爆的高压态势，侦破涉枪案件35件、打击处理42人、收缴各式枪支51支，“灭枪”成效显著；破获黄赌刑案35件，抓获黄赌刑事作案成员51人，查处黄赌治安案件116件，查处黄赌违法人员185人，扫黄禁赌成绩继续稳居成都“三圈层”第三名；以规范化管理为手段，加强枪支、民爆、危化品监管，公共场所日常管理和特种行业常态治安管理工作、内保工作、寄递物流管理工作位列“三圈层”第一，基础防范工作位列“三圈层”第三。

【交通管理】 深入实施城乡交通环境综合治理工作，深入推进落实文明交通行动计划，确保崇州市道路交通安全形势稳定。共排查道路隐患254处，整改244处。完成临崖高差3米以上乡村道路波形护栏需求调查。在主要干道安装隔离护栏1980米；开展法制课130场次，张贴标语300余幅，悬挂横幅90余幅，发放宣传资料7万余份，媒体宣传100次，发送交通安全提示短信2.7万余条；接事故处警13168件，死亡27人，伤70人，刑事立案94件，刑事拘留27人，行政拘留42人，吊销机动车驾驶证51本，侦破交通肇事逃逸63件；四项指数与

2015年相比死亡下降5人，受伤人数下降42人，全市未发生死亡3人以上交通事故。交通管理工作排名成都市第二，“三圈层”第一。

【消防管理】 组织消防审核56件，审核备案18件，验收43件，验收备案17件，办理开业前消防安全检查28家，消防监督检查3552家，发出《责令改正通知书》1169份，发现整改火灾隐患1401处；办理消防行政案件84件，火灾案件9件，罚款76.72万元，责令三停63件，拘留16人；接火警885起，出警885次，出动消防车1269辆次，消防官兵6202人次；从各类危险场所成功救出遇险群众82人，疏散人员165人，抢救财产价值202.38万元，无人员重大伤亡，无恶性火灾事故发生。

【行政管理】 推行周末延时服务、平时预约服务、对困难群众上门服务等工作机制，办理各项业务14.9余万人次，其中办理出入境手续2.9万余人次，车管手续4万余人次，户籍手续、身份证件、居住证等8万余人次，所有办证工作无延期、无投诉。

【队伍建设】 坚持“铁腕治警”，全年开除民警1人、纪律处分民警3人，约谈支部班子1个、诫勉谈话5人次，发现查纠问题40余个，发出督察通知书35份，发出督察通报10期，滚动通报19个单位11人次；查办民警执法维权案件19件，为民警申请抚慰金8900元，为4名民警正名；受理各类信访投诉95起，始终保持正风肃纪的高压态势。

（余成才）

检　察

【概况】 市人民检察院内设反贪污贿赂局、反渎职侵权局、侦查监督科、公诉科、控告申诉检察科、刑事执行检察局、民事行政检察科、检察技术科、预防科、未成年人刑事检察科、政治处、监察室、办公室、法律政策研究室、司法警察大队、案件管理办公室等16个职能机构，设立驻崇州市看守所检察室、驻羊马镇检察室等两个派出机构，设立人民监督员办公室1个非常设性机构。全院政法专项编制在职干警57人，21名干警被遴选成为首轮员额制检察官。2016年，全院有9个（次）集体和13名（次）干警受到上级表彰，院集体被推荐为四川省文明单位，机关党委被评为成都市先进基层党组织，检察工作社会满意度测评提升至成都市第四名。

【刑事检察】 2016年，立足防控经济风险，突出打击非法集资类犯罪36人，审慎办理一起涉案金额达3.8亿、受害人数达1400余人的非法吸收公众存款案。完善服务大数据、农村电商等新兴产业发展的措施，打击侵犯知识产权犯罪7人，保障崇州“智慧城市”建设和创业创新。加强和改进批捕、起诉工作，办理审查批捕案件463件566人，审查起诉案件666件887人。推进平安建设，打击黑恶势力犯罪、暴力犯罪、毒品犯罪、“三盗两抢一诈骗”犯罪。针对群众反映强烈的问题，部署参与农村违建和污染环境违法犯罪集中整治，牵头办理非法占用农用地案5件，成功办理崇州市首例污染环境案。

【查处和预防职务犯罪】 制定查办职务犯罪大要案备勤制度，抽调精干力量组成办案组，确保侦查办案力度不减、节奏不变、质效不降。每周召开自侦工作会，研究制定工作措施，深入一线靠前指挥、参与办案，立案查办职务犯罪19人。结合办案推行问题导向式精准预防，参与预防教育和预防调研，惩防基层组织职务犯罪的调研报告被省、市检察院转发。

【关爱涉罪未成年人】 结合创建国家级青少年维权岗，以向日葵工作室为载体，落实未成年人刑事案件特别程序和教育感化挽救方针。邀请志愿者对6名涉罪未成年人进行社会调查，组建心理咨询室提供服务5例，开展法治夏令营、男生课堂、女生课堂、家长课堂24场，组织家长参加强制亲职教育5次，发出“检察官寄语”57份，取得良好成效，省、市检察院予以推介，新华社、《人民日报》、《光明日报》、《检察日报》等作报道，省内外多地检察院到崇州学习考察。

【诉讼监督】 推动完善信息化监督平台，加大刑事诉讼监督力度，纠正违法28件，监督立案14件，督促撤案4件，纠正漏捕5人、漏诉24人，办理刑事抗诉4件。深化刑事执行检察，纠正刑罚执行和监管活动违法26件，办理羁押必要性评估15件。支持和加强民事行政检察，完善检察监督工作格局，提出再审检察建议两件，督促行政机关依法履职4件。

【控告申诉检察】 为探索认罪认罚从轻处理机制，在提高司法办案效率的同时，注重运用刑事和解、司法救助等方式努力修复社会关系。协调从快建设“一站式”服务大厅，规范派驻乡镇检察工作室，以帮助解决法律问题等优质服务赢取群众信任。督促完善来信、来访、电话、网络及视频接访综合受理平台，邀请律师参与化解和代理涉访涉诉信访，依法妥善处理控告、申诉59件。

（陈昱煜）

审 判

【概况】 崇州市人民法院内设民事审判一庭、民事审判二庭、刑事审判庭（少年审判庭）、行政审判庭（赔偿办）、速裁庭、立案庭（含诉讼服务中心）、执行局（内设执行一科、执行二科、综合科）、研究室、司法警察大队、审判监督庭（含审管办）、技术室、政治处、书记官室、监察室（纪检组）、办公室、机关事务管理中心等16个职能部门；设立三江人民法庭、元通人民法庭、怀远人民法庭、河西人民法庭、羊马人民法庭5个派出机构。2016年，崇州法院上年受理案件6142件，比上年上升5.86%；审结5777件，比上年上升6.70%；结案率94.06%，比上年上升0.75%，名列全市第三名；未结案365件，比上年下降5.93%，实现“两升一降”目标，确保办案效率、效果、质量和数量的统一。法院整体工作跻身全市法院先进方阵，刑事审判、民事审判、立案信访维稳、诉讼服务中心等四项工作跃入全市法院先进行列，两件刑事审判案例被省高院确定为“四川省2016年十大典型案例”。

【刑事审判】 坚持宽严相济刑事政策，依法打击各类犯罪。新收刑事案件621件，比上年上升23.71%，审结623件，比上年上升24.10%。从严惩治故意伤害、强奸等暴力犯罪，判处45件51人；开展打击毒品犯罪专项活动，判处97件114人；依法惩治交通肇事、危险驾驶等危害公共安全犯罪，判处165件166人；加大对非法吸收公众存款犯罪的审判力度，判处5件15人；巩固反腐败斗争成果，判处贪污受贿等职务犯罪22件29人；严惩信用卡诈骗犯罪，判处4件4人；加大环境保护力度，从快从严判处两件非法处置固定废弃物、非法排放污水的涉破坏环境犯罪。

【民事审判】 充分运用法治规则引领作用，服务经济发展新常态。2016年新收民事案件3233件，比上年下降8.85%，审结3297件，比上年下降5.05%。密切关注经济形势变化和宏观政策调整，依法制裁恶意违约行为，审结建设工程、房屋买卖案件128件；规范金融体系建设，引导民间融资健康发展，审结金融借款、民间借贷案件547件，涉案金额5.16亿元；服务和保障崇州市"农业共营制"改革工作，审结农村土地流转案件7件；充分保障民生，审结医疗、农民工追偿劳动报酬案件288件；突出保护妇女、儿童、老年人合法权益，重视"涉军"维权工作，审结婚姻家庭案件、"涉军"案件812件。建立道交联动联调工作机制，道路交通事故巡回审判组进驻交警大队审结426件，畅通"一站式"纠纷处理通道。

【行政审判】 依法化解行政争议，合力助推依法行政。开展行政诉讼异地管辖改革试点，按照"首尾相接、循环交叉"原则，2016年受理行政案件81件，比上年上升76.09%，审结76件，比上年上升76.74%。预研预判房屋登记、拆迁补偿等与群众利益密切相关案件，协调处理19件，促进行政纠纷实质性化解。审结劳动和社会保障行政管理案件12件，维护劳动者合法权益。在全市率先探索行政审判与行政执法良性互动机制，促进行政调解、行政裁决、行政复议与行政诉讼相互衔接。畅通行政案件信息交换和沟通渠道，发布行政审判白皮书4份，发出司法建议19份，"办案一件，规范一片"，有效预防和减少行政纠纷。

【执行工作】 全力破解执行难，着力兑现胜诉权益。加大执行工作力度，最大限度实现胜诉当事人合法权益，全年新收执行案件1791件，比上年上升21.42%，执结1752件，比上年上升26.68%；新收国家赔偿案件2件，比上年下降50%。高度重视弱势群体和困难当事人的合法权益，赡养、抚养、扶养"三养"案件的执结率100%。开展"百日攻坚战""打击拒执抗执"专项活动，运用执行信息化手段，通过"总对总""点对点"联网查控被执行人财产，加大对恶意规避执行行为的制裁力度，推出限制高消费、限制出境、曝光不良信誉等系列"组合拳"。采取财产保全226件，执行查封扣押冻结1000余次，列入失信被执行人名单1277人，司法拘留18人，保障生效法律文书的严格执行，努力破解"执行难"。

【司法为民】 以增强诉讼服务为重点，促进司法为民。新增诉讼服务站10个，实现诉讼服务全域全覆盖，开通运行网上预约立案，开通崇州法院微信公众平台，在过去微博、"12368"服务热线基础上，进一步增加老百姓了解法院工作的渠道。坚持调解先行，完善诉调对接。开设法律心理咨询室、涉诉信访公益服务站、"和合智解"e调解平台，诉前化解涉众涉稳纠纷85件。民商事案件调撤率保持在70%左右，实现案结、事了、人和。法院溯源治理工作"五分法"受到上级法院和党委肯定。深入推进阳光型、效能型、服务型"三型法庭"建设，持续开展"法律七进"、走进法庭听审判、巡回审判、以案释法、送法进军营等普法活动，开展法治宣传60余次，刊发新闻稿件128篇（次）。

【司法改革】 深化"3+1"综合改革，开展刑事庭审实质化、民事庭审优质化、行政诉讼优化审改革和执行一体化改革，防范冤假错案、杜绝诉讼拖延。开展民事、刑事、行政案件庭审示范197件。切实推进司法公开"三大平台"

规范运行，在原有10个科技法庭的基础上，新建两个科技法庭并投入使用；实现每庭必录，开通庭审视频直播、开通司法网络拍卖。推行司法责任制改革，完成37名法官入额遴选工作，同时妥善处理好司法责任制改革与“四位一体”抓办案工作的关系，做到统筹兼顾、相互促进。

【队伍建设】　深入开展“两学一做”学习教育，以开展“司法作风建设年”“全面改革创新年”主题实践活动为抓手，深入实施“卓越法官”培养工程，借助高校对60余名法官进行素质能力培训。优化中层干部队伍结构、激励队伍形成向上氛围。强化法院文化建设，开展“沐浴春风做合格党员”“司法作风大家谈”“重温入党誓词”“向宪法宣誓仪式”等活动，营造拴心留人、凝心聚力的良好氛围。

（杨明辉）

司法行政

【概况】　2016年，市司法局内设办公室、政治处、研究室、法制宣传科、基层工作科、社区矫正帮教安置工作科、公证律师工作科7个职能科室；下辖25个乡镇司法所、1个公益二类事业单位市公证处、1个参公事业单位市法律援助中心；有彰正、世康、创新、百里、平伦5个律师事务所和崇阳、元通、怀远、三江、隆兴5个基层法律服务所。全市有执业律师34人，基层法律服务执业人员25人，公证员5人，公证辅助员9人。

【普法教育】　全面实施学法用法创新工程，着力优化崇州市社会法治环境。健全普法队伍，形成市、乡、村（社区）三级普法网络；加强专项普法宣传，深化重点对象“精准普法”工程，推进“法律七进”和“法治大讲堂”工作；创新法治宣传载体和宣传手段，促进全市建成普法微博、微信公众号，开播法治类节目，制作推送普法微电影、微视频、动漫、音乐微信，推动建立普法宣传“崇州模式”；加强法治文化传播阵地建设，开展专项普法宣传，推进全民普法取得实效；开展法治创建，深入推进民主法治示范引导。全年开展普法活动约4000场次，受教育群众57万人次；有普法讲师团152支、普法志愿者2339人、法治文化组织4个、专兼职普法工作人员694人；全市有成都市级“民主法治村（社区）”84个，国家级“民主法治示范村”1个；成都市级依法治校示范校8个；省级依法治校示范校1个。崇州市形成一个中心、四个景点、一个街区、村（社区）成片的法治文化特色。

【人民调解】　全面实施平安崇州建设攻坚工程，深化人民调解工作，着力有效化解民间矛盾纠纷，维护崇州市社会和谐稳定。加强人民调解组织建设，健全市级人民调解指导中心、乡镇（街道）、村（社区）调解委员会及交通、医患、保险等专业性、行业性调解组织网络；强化人民调解制度建设，健全完善分析研判、专业调解、协调联动、社会稳定风险评估、考核评价等工作机制，发挥具有崇州特色的“警司联调”“检调对接”机制作用；开展排查调处民间纠纷专项活动，加强春节、“两会”、春耕大忙、国庆等重要时期矛盾纠纷排查调处，开展以调处积案、难案、大案为重点的攻坚克难活动；开展分层分级专项培训活动，提升基层人民调解员的法律素质和业务水平。全市有各级人民调解组织298个，人民调解员1754名，开展分层分级专项培训52余场次，培训调解员3508人次。2016年调处各类民间纠纷966件，调解成功942件，调解成功率97.52%。

【社区矫正和安置帮教】 全面深化社区矫正和帮教安置工作，预防和减少重新犯罪。打造执法、管理、教育三位一体的社区矫正中心，规范化实施日常管理，做好社区服刑人员和刑释人员的衔接入矫、分类管理、定位监管、临时安置、技能培训、集中教育、公益劳动等工作；建立社区服刑人员心理全矫治模式，针对不同对象的心理问题、犯罪类型、性格特征等实际情况开展“一对一”心理辅导；完成社区服刑人员视频点验系统建设，将社区矫正管控监督工作纳入信息化轨道；科学化实施社会调查评估，及时协调、全面调查、准确评估，落实好社区矫正审前评估调查工作，确保调查评估意见客观、真实、合法、高效；人性化实施帮扶教育，持续开展“探视帮教”“亲情帮教”活动；特色化实施矫正转化，以片区为单位轮流到法治文化广场进行集中教育和公益劳动。2016年，全市社区服刑人员318人，无一人脱管、漏管。接收刑释人员422名，衔接、帮教366人，重新犯罪率控制在2%以下。建立健全“所－片区－中心”三级心理矫治平台，对全市300余名社区服刑人员进行心理健康水平测试，对50余名社区服刑人员实施心理矫治。

【法律服务和法律援助】 全面实施公共法律服务惠民工程，助力经济社会发展。新建省、市级民生工程规范化法律援助接待受理大厅1个，全面构建市、乡（镇）、村（社区）三级纵向网络，以及与市法院、妇联、残联、教育等部门的横向网络，实现城乡全覆盖；健全完善法律服务全民共享普惠机制，发挥法律援助“双延伸”、“一小时法律服务圈”、“一村一律师”、农村法律顾问、村（社区）法律服务工作室作用，保证“148”法律服务专线电话24小时畅通，确保群众平等及时享受优质高效的法律服务；推进市级部门、乡镇（街道）、村（社区）法律顾问制度落实，成立法律服务组和法律顾问组，保障重点领域、重大事项工作。全年办理诉讼、非诉讼案件1155件，担任法律顾问153家；办理法律援助案件173件，涉案金额134.57万元，接待法律援助咨询1669人次；办理公7243件。

【队伍建设】 深化思想政治工作，构建高素质干部队伍。结合“微权力”治理活动，加强党的纪律建设和作风建设；创新开展崇州市委组织部下达的“公务员‘1+5+1’平时考核”试点工作；积极开展干部业务培训、轮训、交流、挂职锻炼；落实党风廉政建设主体责任和“一岗双责”，严格执行“八项规定”。2016年梳理规范12个岗位，排查出岗位廉政风险点11个，开展“两学一做”专题学习教育活动30余场次。全年无违法违纪的案件发生。

（张筱筱）

行政执法

【概况】 市综合行政执法局整合国土、规划、住建、水务、交通、卫生、文旅、城管8支执法队伍，试点跨部门、跨领域综合行政执法，充分解决“多重执法、多重扰民”的问题。通过构建“一个主体、两个集中”，集中执法职能和执法资源，承担原9个行政部门2000余项权力事项，集中行使城市管理、规划管理、住房建设、交通运输、卫生计生、文体旅游、水务管理、国土资源管理等领域法律、法规、规章规定的全部或部分行政处罚权及相应的行政检查权、行政命令权和行政强制措施权。构建配置科学、职责明确、协调有力、运行顺畅的行政执法体系。

【机构设置】 3月，按照成都市委机构编制委员会办公室《关于崇州市综合行政执法体制改革试点工作有关机构编制事项的通知》精神，崇州市综合行政执法局成立，为市政府工作部门。综合行政执法局内设办公室、政工科、计财科、案管科、监督科、法制科 6 个科室；下设第一、第二、第三、第四大队，为执法局直属副局级行政执法单位；下设案件投诉举报受理中心、指挥中心。各大队均设置行政执法中队，派驻全市各乡镇（街办），共计 53 个执法中队。4 月初，划转执法队员 393 名完成岗前封闭式培训后，于 5 月开始崇州市综合行政执法试运营工作。

【行政执法】 重点开展“打击非法盗采砂石”专项整治、“公共场所卫生执法检查”专项行动、“车站周边金融小广告”专项整治、“扫黄打非”专项整治、扬尘污染治理、“露天烧烤”专项整治、市容秩序等专项执法行动，成效明显。打击非法采砂盗砂 41 宗、扣押非法采砂机具 120 辆；清理抽砂船 11 艘、现场切割抽砂船 1 艘、扣押抽砂船 1 艘，没收砂石 1000 余立方米；拆除违规、过期、陈旧广告招牌 141 块，面积约 2769.29 平方米；强制取缔违法设置大型占道经营亭 44 个、收缴各类违法活动广告牌近 150 个，规范露天占道烧烤 183 家（次）；查处扬撒货车 21 辆，超限运输 39 辆，扬尘污染 54 起，罚款金额 86000 余元；处罚超限车辆 38 辆、非法营运车辆 11 辆；拆除违法建设 8 宗，涉及面积 2490 平方米；处罚网吧 20 家、非法行医诊所 6 家；拆除违法建筑 2 宗，并配合乡镇拆违 5 宗约 50000 平方米；完成市政府临时交办的拆违任务，拆除违法建设 16 处，面积 1000 余平方米。

【案件办理】 全年立案 233 件，结案 212 件，结案率 90.9%。其中，涉交通类案件 157 件、城管类案件 16 件、水务类案件 10 件、国土类案件 12 件、文旅类案件 14 件、住建类案件 8 件、规划类案件 5 件、卫计类案件 11 件。开展重大案件会审 11 次，审理案件 41 件，移送公安调查处理案件 8 件。

【舆情服务】 市综合行政执法局受理成都市级举报投诉和信访件 387 件、崇州市级举报投诉和信访件 321 件，处理投诉举报和信访件 698 件；受理电话投诉 1500 余条，切实解决民之所急、民之所盼。

【执法创新】 创新对执法管理模式、执法平台和执法机制，不断深化行政执法手段和行政执法效能的提升。成立综合行政执法乡镇联动中心，实行“镇、村、组”三级行政管理巡查联动，有效形成执法合力。并探索网格化执法，实行层次化管理制度，实现“定格、定岗、定责”，明确属地巡查执法责任，避免推诿、扯皮。运用大数据成果，整合信息通信基础设施和数据资源，建立智慧执法平台，统一网络投诉举报服务平台。利用手持执法终端和智慧指挥系统，实现执法全过程记录，进一步规范执法工作流程，健全执法监管，提高执法效率。建立巡查清单制度、部门协作配合制度、执法办案制度、监督制度、信息共享制度等配套机制。成立执法专业委员会，将行业执法和网格化综合执法有机结合。实现各专业领域执法的融合，提高办案效率，强化办案质量。

国　防

人民武装

【概况】　2016年，市人民武装部以党在新形势下的强军目标为引领，围绕打造“四铁”机关和过硬部队这一目标，推进政治建军、改革强军、依法治军、战备训练、军民团结，各项工作稳中求进，保持全市安全稳定的良好势头。

【思想政治建设】　认真组织党委中心组带机关理论学习，及时传达学习习近平系列重要讲话精神，重点学习“治国理政篇”“强军兴军篇”“国防动员篇”，自觉做到全员参与、全心参与、全程参与和学习有考勤、缺课有补课、不学有惩罚。抓好“两学一做”学习教育和改革强军主题教育，做到集中学习同步参加，党课辅导同步聆听，体会交流同步展开，问题整治同步进行，确保教育活动不走过场、不务虚功。坚持开展“四个一”活动，每星期四晚上组织全体干部职工学习各级首长的重要讲话精神，学习上级文件电报精神，学习有关政策规定，按时收集汇编干部职工的学习心得体会，确保教育时间、人员、内容和效果的落实。认真开展全面彻底“肃清郭徐流毒”专题教育，扭住思想清理这个根本、组织整顿这个关键，推动肃清工作向深层挖根推进、向内省自觉转化、向治本抓常拓展，更好地实现思想上洗礼、组织上纯洁、政治上团结。大力营造军营政治文化氛围，完善荣誉室、学习室、文体活动室建设，每月购买优秀书籍，定期组织集中学习交流，充分发挥先进军事文化教育人、熏陶人、激励人的作用。创新开展“改革强军”主题教育，制作的“改革强军”军营微课荣获军委国防动员部政治工作局二等奖。参与组织余旭烈士的后事处理和骨灰安放仪式。

【军事斗争准备】　严格落实战备教育、增强官兵战备观念，修订完善应急预案、定期组织应急拉动，加强战备设施建设、补充完善战备物资，规范各级战备秩序、有效提高战备水平。抓好民兵整组工作，围绕建强应急队伍、建精支援队伍、建实储备队伍的目标，指导各乡镇（街道）进一步调整优化基干民兵组织结构和力量布局。协调教育部门和有关学校选拔优秀人员，扎实做好参加全国第三届军事训练营工作。深入推进国防动员潜力调查，切实摸清崇州市应急应战准备底数。严格落实军事训练，组织全体干部进行轻武器射击、识图用图和战术标图训练，利用早操和体能训练时间进行单兵队列训练和3000米跑；6月，组织基层武装部长、民兵应急分队、民兵骨干进行为期15天的军事训练，增强民兵应急分队的应急应战能力和基层专武干部履职尽责的能力。

【征兵工作】 集中各乡镇（街道）和大专院校的专武部长开展征兵业务培训，编印征兵优惠政策和优抚政策宣传手册，组织专武部长进村入户和进系入班活动；在驻地高校开展“国防教育进高校”活动，在校园营造“关心国防、热爱国防、建设国防、保卫国防”的浓厚氛围。2016年，崇州市网上报名应征青年1625名，超额完成大学生征兵任务，征兵工作实现征接双方和新兵家庭“三满意”。

【党管武装】 坚决贯彻落实习近平改革强军重大战略思想，坚持思想认识跟上改革形势、落实行动跟上改革步伐、工作模式跟上改革要求。重视使命担当、主业主抓，组织民兵积极参与地方建设和综合治理，参加崇州市地质灾害避险演练和防汛救灾演练，指导各基层单位认真做好防汛抢险准备工作；配合战区执行重大军事任务，组织民兵昼夜执勤全力巡护国防光缆；充分发扬党管武装的优良传统，严格落实双重领导制度，主动向市委、政府汇报国防后备力量建设中遇到的困难和问题，推进崇州市国防后备力量建设。认真落实军委国防动员部《安全管理暂行规定》，扎实抓好安全稳定工作，严格落实安全管理责任，坚持党委负总责、主管负主责、副部长具体负责、细化各岗位职责，做到人人肩上有责任，人人心中有安全，切实筑牢安全稳定工作的思想防线，自觉做到人人谋安全，事事抓安全，处处讲安全。不断巩固军政军民关系，进一步发挥军地桥梁纽带作用，协调落实随军家属安置和军人子女入学等优抚政策；加大扶贫工作力度，采取修渠修路、结对帮扶、捐资助学、义务巡诊等方式，让困难群体感受到军队和军人的关心。

【基层武装部建设】 按照《军队基层建设纲要》要求，抓好基层武装部规范化建设“回头看”，协调市委、市政府为每个基层武装部划拨专项建设资金3万元，并纳入地方年度综合目标考核，进一步巩固各乡镇（街道）武装部规范化建设达标活动成果，固强补弱，实现全面达标。严格党内政治生活，充分发挥党支部自我净化、自我提高的主动性，认真落实“三会一课”制度，引导党员尊崇党章、遵守党章、维护党章，教育党员做“四讲四有”的合格党员。加强干部职工队伍建设，建立健全干部职工考勤考评机制，以新一代“四有”革命军人和“四讲四有”合格党员为标准，以强化事业心责任感为突破口，抓学习、强素质，抓作风、树形象，树立起新一代“国动人”的好样子。

（黄思伟）

双拥共建

【概况】 在市民政局的主导和推动下，2016年崇州市连续第三年被评为全国双拥模范城。

【军人子女就学】 全面推进“三二三”专项特别行动，重点推进优抚对象服务体系建设和军人子女入学升学关爱行动，在25个乡镇（街道）、253个行政村（社区）全面开展优抚对象服务体系建设，为46名军人子女办理了入学入托手续。

【退役士兵安置】 推进退役士兵安置，接收退役士兵325人，其中自主就业290人、安排工作23人、自谋职业12人；退休干部两人。发放自谋职业自主择业经济补助832.68万元，对符合政府安排工作条件的22名转业士官全部安排在全财政保障事业单位工勤岗位工作，符合政府安排工作条件的1名转业士官自主创业，发放自主创业一次性补助经费24万余元。对有意愿参加教育技能培训的45名退役士兵全部安排参加培训，支出教育培训费用67.27万元，退役士兵就业率98%。

【优抚政策执行】 认真执行《军人抚恤优待条例》和优抚政策，建立优抚对象抚恤补助自然增长机制。为4014名重点优抚对象发放生活补助5000余万元；为3328名重点优抚对象购买医疗保险91.65万元，医疗补助224万元；落实重点优抚对象医疗补助一站式服务；申请铁道兵、工程兵补办残疾等级40余人，评定等级31人，上报材料合格率99%；加强优抚对象数据库管理，优抚对象身份证识读完成99%以上，扫描审批资料完成90%以上，优抚对象数据核查完成95%以上。全面落实军休干部的“两个待遇”，军队离退休干部和无军籍职工待遇，完全按政策规定和要求全部落实到位。

（贾站茜）

人民防空

【概况】 崇州市人防办是崇州人民防空领导机关。2016年，人民防空工作坚持贯彻“长期准备、重点建设、平战结合”的方针，各项工作有序推进。

【警报系统建设】 充分考虑战备要求与应急救灾、突发事件处置情况，新建警报器3台，建设地点为防震减灾局办公楼、九龙花园、水务局F1水闸。坚持每月1次的警报测试工作、每季1次的检查工作，及时检修有故障的警报器（文井江镇、崇州市法院、崇州市广电大楼）全年进行防空警报全面检查200台次，确保警报设施（设备）始终处于良好战备技术状态。圆满完成“5·12”防灾减灾和“9·18”试鸣演练活动，试鸣响率达100%。

【人防工程管理】 全年办理建设项目人防工程易地建设费审批事项21项，报建面积约80万平方米，收取人防易地建设费约2800万元，及时足额上缴省人防办分缴10%。在建人防工程4100平方米，尚未竣工验收。新建项目二个，嘉裕项目住宅区总建筑面积约为28.57万平方米，按规定应设计修建2.09万平方米人防工程，完成人防施工图设计审查；崇州市大数据产业园孵化中心一期建设项目总建筑面积约为6.86万平方米，按规定应设计修建0.89万平方米人防工程，完成人防施工图设计审查。

【人防宣传教育】 利用国际民防日、防灾减灾日、警报试鸣日在万家社区、同心社区、三江镇政府、三郎镇政府开展形式多样的人防宣传活动，进一步提高广大市民的民防观念、公共安全意识，增强应急救灾能力。9月13日在市蜀城中学开展人防应急疏散演练，参演师生4000余人。完成全市中学生人防知识教育10086人，受教育率100%。9月7日在市委党校对局职领导干部专题进修班学员开展人防知识专题讲座，参加人员120余人。

【人防组织指挥】 市人防办拟制辖区一、二级重要经济目标防护方案；修订本级防空袭方案；完成乡镇疏散地域标准化建设乡镇、村级人口疏散接收安置方案，并通过验收；完成1000个人防应急包的采购和发放工作；完成12支人防专业队伍的整组和100人的整训。

【人防执法】 认真贯彻《中华人民共和国人民防空法》及实施细则、《中华人民共和国行政许可法》等法律法规，加强行政审批管理，规范优化审批流程，坚持做到依法征收、应收尽收、以收促建。坚持规范执法，严格执法、秉公执法、文明执法。全年开展人防执法检查15次，促使结建单位依法办理相关人防手续。

（杨 娟）

对外开放与合作

CHONGZHOU YEARBOOK

外事台务侨务工作

【概况】 2016年，市外台侨办努力寻求外事台务侨务工作新突破，在对外交流与合作、促进两岸商贸往来、开展对外宣传等方面为服务崇州市经济大局做出了贡献。

【因公出国（境）管理】 严格执行中央“八项规定”和省委、省政府“十项规定”，控制出国（境）出访人数，计划指标12人，实际出国（境）15人，其中占指标6人。出访人员严格执行出访团组和出访人员行前、行后“双公示”制度和各项外事管理制度。

【对外宣传】 2016年，崇州市先后向美国、马来西亚、澳大利亚及丹麦等国政府机构发送图文并茂的中英文版的《崇州简介》，并重新更新制作全英文版的《崇州简介》，大力宣传开放的崇州、发展的崇州。

【对外交流】 7月28日至8月2日，崇州市友城交流团赴马来西亚砂拉越州古晋南市执行友城文化交流任务，得到马来西亚副首相阿末扎希和砂拉越州州长阿布泰比等人的接见。代表团表演古琴、茶道和香道，并开展茉莉花茶产品现场展示活动，为川茶走出国门创造条件。10月10日至17日，崇州市组团赴印度进行招商和经贸合作，开展“崇州孟买经贸恳谈会”，对接印度家具企业、贸易商、卖场等推荐崇州家具、建材产品。一宇钢构公司在印度获得超过1000万美元的意向订单3份，崇州市商务和投资促进局与旁遮普邦投资促进局签订《谅解备忘录》，双方共同设立投资贸易平台，为两地经贸合作和人员往来提供服务。崇州市政府与丹麦清洁技术产业集群正式签署合作备忘录；举办“崇州制造·走进南亚”成都制造融入“一带一路”专场推介会。

【涉侨工作】 崇州市归国华侨联合会换届，产生新一届领导班子。举办涉侨联谊会和涉侨人员领事保护培训会两次。

【两岸交流】 4月初，在全市开展“服务台商大走访”活动，经过多次走访调研，了解台资企业的困难和需求，并帮助其解决；宣传推广崇州市台资企业，省台办、中央电视台于4月25日到崇州市钧乔农业采访拍摄专题片；邀请台湾云林县农会到崇州考察参观，增进两地农业交流。

（秦　俭）

招商引资

【概况】　全市签约引进重大项目8个，完成目标任务的133.33%；实际到位内资124.27亿元，完成目标任务的100.22%，比上年增长11.91%；实际利用外资8554万美元，完成目标任务的100.64%，比上年增长14.05%；实现外贸进出口148705万元，完成目标任务的103%，比上年增长5%。

【投资促进工作】　与捷普集团签约崇州项目新增投资30亿元，签约引进喜马拉雅、臻金工业材料、精卫塑胶磨具等重大项目8个，协议投资86.6亿元。围绕电子信息产业“成链发展、集群发展”，新引进天迈科技、茂腾等电子信息产业配套项目14个，全市电子信息项目87亿元，协议投资约150亿元。

【抢抓“蓉欧+”战略机遇】　市委、市政府出台《崇州市抢抓“蓉欧+”战略机遇推动实现“双向开放”实施方案》，作为指导崇州主动融入“一带一路”战略的指导方案，每年安排财政资金1000万元用于支持企业“走出去”。10月10日—17日，崇州市组织家具、建材等12家企业组成“印度行”考察团赴印度开拓市场。崇州与旁遮普邦签订《谅解备忘录》，共同设立投资贸易平台，为两地经贸合作、人员交流往来提供服务。11月3日，“成都制造融入‘一带一路’专场推介会”在崇州召开，崇州市商投局与中微小（成都）投资有限公司，崇州市总商会与尼中贸易投资促进中心，崇州市家具协会与孟加拉家居生产进出口协会签订战略合作协议，共同搭建“走出去”平台，推动“崇州制造”走进南亚。崇州刚毅机械公司与尼中贸易投资促进中心签订战略合作协议。

（张　涛）

城乡建设与管理

CHONGZHOU YEARBOOK

城乡规划

【概况】 崇州市城乡规划管理局内设办公室、法规科、城乡规划编制科、城乡规划管理科（挂行政审批科牌子）、市政测绘管理科（挂崇州市测绘管理办公室牌子），下设规划监察大队、城乡规划设计院及派出机构羊马规划管理所、街子规划管理所、桤泉规划管理所、鸡冠山规划管理所6个站所。5月，规划监察大队整体划转到市综合执法局。2016年，市城乡规划管理局围绕成都市“五大兴市战略”（交通先行、产业倍增、立城优城、三圈一体、全域开放），以“七大行动”（交通畅捷、经济倍增、项目攻坚、城乡靓化、民生改善、开放合作、固本强基）为抓手，不断提升城乡规划工作水平，为“产业新城、品质崇州”的发展提供坚强规划保障。

【规划编制】 修编三江镇、江源镇、三郎镇等16个乡镇总体规划，编制《崇州市旧城片区控制性详细规划优化》，组织编制《崇州市崇阳新区控制性详细规划优化》《崇州市南部新城控制性详细规划》《崇州市大划镇白果村村庄规划》、三郎镇6个村村庄规划及崇州市16个相对贫困村村庄规划；组织编制《崇州市小街区规划》《崇州市养老设施布局规划》《崇州市全域村庄布局规划》《崇州市商业网点发展规划》《崇州市旧城片区重要区域城市设计》《元通古镇重点片区详细城市设计》及《环李家岩水库生态区综合发展规划》等。

【规划管理】 完善制度保障体系，强化规划管控力度。根据崇州市委、市政府的相关文件精神，主动与项目对接、梳理，完善规划公开、公示制度，加大对建设用地的规划管理力度。对建设项目实行规划报建诚信化管理，确保项目建设不走样。办理“一书三证”80宗。其中，建设项目选址意见书8宗，涉及用地面积约364.56亩；建设用地规划许可证21宗，涉及用地面积约755.627亩；建设工程规划许可证49宗，涉及总建筑面积约174918.79平方米；乡村建设规划许可证2宗，涉及占地面积18.10亩。

【规划监督】 充分发挥规划行政主管部门执法监督责任主体作用，完善市、镇（乡）两级违法建设预防查处机制和城乡规划绩效评价考核制度。2016 年拆违目标任务完成 2.43 万平方米，“四改六治理”拆除违建点位 18 处。

【市政测绘】 强化市政基础信息保障。年内完成成蒲铁路崇州段 26.4 千米、第三绕城高速 13.2 千米、二三绕连接线 14.1 千米、琴鹤大桥西延线 2.2 千米以及崇阳新城“三纵四横”市政道路方案审查工作；完成仁礼公园规划方案审查和专家评审；组织完成崇阳大道、第二绕城高速出入口以及成温邛高速出入口景观提升改造方案；完成成蒲铁路羊马站前广场方案设计审查工作。完成崇州市相关乡镇及安置小区等 1：500 比例尺地形图的测制和更新工作，面积 10 平方千米；完成公议乡桤木河社区及道明镇、元通镇等 10 个村（社区）和十万亩粮经旅示范区（北部水乡）与十万亩稻香环线 1：2000 地形图修测；完成白头、怀远、元通等乡镇 D 级基础控制点埋设、测绘。

【规委会办公室日常事务】 切实履行工作职责。年内召开城乡规划委员会 8 次，审议城乡规划政策制度、城乡规划编制、重大项目规划管理、规划执法监督等 61 个议题。

【重点项目】 完成中胜一期项目、隆腾土地整理地块项目、第二人民医院等 11 个重点项目的规划保障工作。完成捷普供水专线线路方案审查、完成万达广场方案审查及万达广场项目交通影响评价专家审查。固定资产投资项目合计完成额超 6 亿元，服务业固定资产投资目标 2.5 亿元超额完成。

（何佩珂）

城乡建设

【概况】 2016 年，市住房和建设局（简称市住建局），挂崇州市人民防空办公室（简称市人防办）牌子，为市政府工作部门。市住建局内设办公室、政策法规科、建筑业管理科、住房保障和房产管理科、房屋征收管理科、城市建设科、村镇建设管理科、房屋产权管理科、房地产市场监督管理科、人民防空工作科、安全生产监督管理科、行政审批科、计划财务科 14 个职能科室。下设建设工程质量监督站、城建档案馆、住房保障中心、国有土地上房屋征收事务中心、房地产交易服务中心、白蚁防治所、房屋测绘队、崇阳房管所、怀远房管所、元通房管所、三江房管所、羊马房管所、桤泉房管所 13 个局属事业单位。

【城市基础设施建设】 2016 年，崇州市初步形成崇阳新城南河路、江源南路、崇庆南路等“三纵四横”道路骨架网。全市完成 318 国道、世纪大道、永安路、文井街、辰居路等老城区道路的升级改造。配套完善崇阳新区的九龙路、长城路、凤栖路等基础设施建设。实施唐安东路片区、向荣街片区、怡心花园保障房周边的基础设施项目。完成金盆地大道、蜀州北路，三元街等道路的风貌提档升级。完成龙门街断头路建设。2016 年 9 月，全面开展“城建攻坚百日行动”，落实责任任务，加强督查管理，倒排施工工期，城建攻坚项目共计 25 个，年度计划投资 28.28 亿元。实际完成投资 31 亿元，完成全年计划投资的 109.6%。

【村镇建设】 积极推进四川省养老实训示范基地建设；羊马湿地公园一期 600 亩正式开园迎

客；街子镇围绕“青城街子、道养小镇”定位，构筑经济发展优势平台，实现承载AAAAA级旅游景区产业发展的能力；桤木河湿地（北段）长约14千米、宽200米的生态湿地初步形成。实施集休闲、会议、购物、娱乐、居住为一体的嘉裕酒店、嘉裕会所、湿地公园等项目；引进鲁能项目、青城马术俱乐部、陶巴巴家庭农场等“一三”互动项目，与街子古镇景区、凤栖山景区形成连片发展、互为补充，有效实现生态、形态、文态和业态“四态融合”，提升产业发展水平。怀远镇确立以藤文化为特色的错位发展思路，挖掘藤编历史文化对新时期藤编艺术进行升级转型，以藤文化为特色，打造宜居、宜业、宜旅的中国藤艺古镇。大力发展休闲度假、康复养生、户外运动等产业，延长旅游产业链条，街子镇、三郎镇通过省级旅游度假区专家评审和验收。加快推进以川农大研发基地为代表的农业高端研发，推进以汉美农庄、天府怡园酒店公寓式养老基地和葡萄、荷花采摘、观赏、旅游的农家乐为代表的特色乡村旅游项目建设。2016年，羊马小城市和桤泉、白头、怀远、街子、元通、江源、三江等7个特色镇实施产业和基础设施建设项目68个，计划投资13.7908亿元，实际投资14.12亿元，完成全年计划投资的102.39%。结合崇州市北部水乡示范线建设，打造示范线上的锦江乡乌尤村、崇平镇熊家院子、观胜镇严家院子，以及稻香环线上的白头镇和乐村、道明镇竹艺小村等5个林盘。

【棚户区和老旧院落改造】 2016年初，成都市下达崇州市的棚改户数为400户，其中核心目标200户（货币补偿以住户领取补偿为考核标准，产权置换以交房为考核标准）、一般目标200户（以合同生效为考核标准）。11月，调整为500户。全年棚改项目共3个，其中向荣街项目生效179户、龙门街项目生效213户、永安中路项目生效120户，共计512户，完成全年任务。老旧院落改造50个，完成全年任务。

【工程安全监管】 扎实开展安全生产监督管理工作。全市安全监督工程57个（城区34个、工业区23个），安全监督率100%，未发生安全责任事故。57个安监备案项目签订安全施工责任书，强化安全生产目标管理，层层落实安全生产责任。每个新开工项目开工前均对建设项目各方责任主体进行安全教育。检查在建工程240余次，监督项目建筑面积约300万平方米，查出一般安全隐患80余条，整改完成100%，约谈项目14个，下发扬尘整改通知书11份，隐患限期整改通知书14份，停工通知书31份。有8个项目通过成都市建委标准化安全文明工地评定，其中3个项目通过四川省级标准化安全文明工地评定。全市有两个项目创建绿色施工建筑工地。

【建筑质量监管】 强化建筑质量监管。新增报监项目86个，约202.26万平方米，报建受监率100%，受监工程覆盖率100%，工程竣工49个项目，竣工面积约127.99万平方米，无质量安全事故。全市报监工程质量安全监督率100%；泰江兰庭、万达广场两个项目通过成都市优质结构评审。

【建筑行业规范】 强化招投标监督管理工作，进一步规范招投标程序。完成招标备案项目70个，中标备案项目89个，竣工结算备案项目8个。采取多种措施，做好散装水泥和墙材工作。完善散装水泥监控管理系统，建立建设项目水泥基绿色建材质量追溯档案。全年散装水泥使用率68%以上，预拌砂浆使用率28%以上。

【农民住房产权抵押试点】 按照崇州市全面深化改革部署和要求，建立复核纠错工作机制。

办理农房确权登记48件、注销登记337件、变更登记151件、转移登记89件，办理复核纠错更正登记26件。继续推进省农村产权抵押贷款试点县的改革，稳步开展农民住房财产权抵押试点，在不动产统一登记实施以后，及时和统筹委、人民银行、不动产登记中心、法院、相关金融机构衔接，调研分析改革中出现的新情况、新问题，及时更新农房抵押登记相关政策，稳步推进改革深入。办理农房抵押登记102件、抵押贷款金额9508.51万元。落实农村产权抵押融资风险基金备案管理制度，完善相关工作机制，切实加强农村房屋抵押融资风险防控。办理农房抵押融资风险基金备案96件。

【产权交易与管理】 与国土部门相互配合，齐抓共管，保证崇州市按计划顺利实施不动产统一登记。在“方便群众、便于登记工作开展、确保交易安全”的原则下，接受国土部门委托，做好所有涉房登记业务的受理和审核工作，做到“一窗式受理”。为方便群众，将原有政务大厅内的房屋登记、土地登记以及维修资金、档案查询、权籍调查等涉及不动产登记业务窗口进行集中设置，实现“一站式”服务。大厅14个登记业务窗口和不动产登记中心进行平均分配。人员管理采取“共同管理、共同考核”的模式。流程设置上对外遵从方便群众，对内严格按照《不动产登记暂行条例》及其实施细则开展工作。数据采取共享模式，在子系统内完成涉房登记审核后，和纸质档案同步传递与不动产登记中心登薄和发证，两个部门加强衔接，采取会审制度解决办证遗留问题和操作流程中出现的各种问题，做到流程设置既要方便群众办事，又要确保不动产登记与交易安全。做好新增档案的归集和质检工作，档案查询23825件、整理扫描档案城镇4600卷、质检1500卷、整理扫描农村档案63439卷、质检8500卷。

【物业管理】 以“创新年”为主题，搭建交流平台，提升业主依法参与意识和业委会规范、公开、透明运行度。对物业服务企业项目经理、工作人员进行集中培训80人次。以老旧院落改造为契机，对街道办和社区物业服务中心的物业管理人员和院委会成员进行物业管理、服务培训90人次。对业主委员会成员培训30人次。为加强农民集中居住区物业管理工作，培训从事农集区物业管理人员75人次。推进“互联网＋物业服务”工作，促进崇州市物业服务转型升级，有3家物业服务企业开展并实施12个物业小区“互联网＋物业服务”互联网服务平台，其中世纪朗域小区落实“实体店”平台。严格执行维修资金使用备案制，认真开展辖区内建筑区划建立紧急使用预案工作，归集维修资金914.50万元，涉及2908户，归集率100％。上报历史建筑4处，完成新建房屋白蚁预防面积88万平方米，装饰预防面积24.6万平方米。

【风景名胜区设施建设】 完成街子镇卞家花园停车场智慧无线覆盖系统建设，完成投资200万元；完成古寺村污水管网1.5千米铺设，统一收集处理古寺村沿线农家乐污水，总投资200万元；完成古寺村天然气管网，对古寺村沿线农家乐、散居户进行统一入户，总投资200万元；同时做好传统村落保护工作。成功申报锦江乌尤、文井江大坪、观胜严家弯湾、道明竹艺村等13个村落为成都市传统村落。

（李明霖）

【南部新城基础设施建设项目】 南河路完成可实施段1300米；兴盛路完成1300米；蜀南街完成可实施段500米；纬五路完成底油铺设；文体路完成700米底油铺设，完成产值21700万元。作为崇州三大新城之一，“南部新城”的建设依托城市升级、经济发展等发展基础，将形成服务功能齐全、现代化的城市新中心。

【羊马新城基础设施建设项目】 中华道路建设项目和泗安道路建设项目进入施工图设计阶段；农田水利工程综合整治项目无征地拆迁地段正在施工，完成产值约3000万元；永和安置区（二期）完工，完成产值约400万元；安阜安置区二期建设项目，总评完工，完成产值约1500万元；羊马镇保障性住房（凌翔二期）进行二组团总平土方开挖及基础施工，完成产值约1500万元。

【琴鹤大桥项目】 琴鹤大桥全长713.5米，其中桥梁长466.28米，连接线247.22米，桥面宽31米，按一级公路标准设计。进行桩基和桥台施工，完成产值约5000万元。

（古明姝）

【老十万亩区域建设情况】 桤泉余湾岛拆迁安置点基础设施配套工程、文林和铁溪澜庭（二期）开始总评风貌施工，崇王路西段、桤木河路北段完成全线建设，投入使用；湿地北段全面完工；桤木河跨线桥完成高速路两侧桥基、桥梁施工；完成白头安置点外联道路一期建设任务，二期启动施工；全面完成配套工程隆兴片区和道明片区施工。

【新十万亩区域建设情况】 环线道路完成28千米路基回填；启动梓潼场镇改造工程、梓潼污水改造工程、廖家高速路出口安置点风貌改造工程、廖家刘家仓安置点、观胜支线项目的设计编制招标等前期工作。

（刘　波）

【保障性住房建设】 青年公苑二期建设项目总投资约5.2亿元，规划用地面积约70.05亩，规划总建筑面积约15.34万平方米，共修建公共租赁房2374套。截至2016年底，1标段进行主楼部分十六层梁、柱钢筋的绑扎等工作；2标段进行主体二十一层钢筋绑扎等工作，5号、6号、7号楼主体封顶。

（李　茜）

城乡管理

【概况】 市城乡管理局内设办公室、计划财务科、政工人事科、景观管理科、城乡环境卫生管理科、园林绿化管理科、政策法规科、行政审批科8个科室，下设园林绿化管理所、路灯管理所、环境卫生管理所、数字化城市管理中心4个单位。4月26日，按市行政执法体制改革要求，原城市管理执法大队整体划转至市综合行政执法局。

【环境卫生管理】 加强环卫保洁作业，完成崇阳新城、崇阳街道、经开区约300万平方米清扫保洁道路面积的测量；实行街面果屑箱袋装生活垃圾收集车与垃圾转运点压缩车无缝对接，实现生活垃圾不落地转运、密闭运输管理；增设中午、晚间清运车辆，确保生活垃圾日产日清不积存，城区生活垃圾清运率、处理率均达100%；开展“清洗城市”“本色行动”等专项整治活动，清除各类“牛皮癣”48万余处，清运处置生活垃圾21万余吨。注重加强环卫设施管护，系统梳理全市环卫设施布局，购买电动保洁三轮车154辆、电动高压冲洗车9辆、更换公益垃圾桶821个、果屑箱823个、果屑箱内桶1320个；启动城区3座公厕的补建；生活垃圾转运站项目进展顺利；《崇州市环卫设施专项规划》文本编制工作基本完成；建设鸡冠山乡琉璃村、白头镇甘泉村、梓潼镇自公村、街子镇双河社区、王场镇中心社区、道明镇顺交村6个村庄农村生活垃圾收集房60余座，配备村级保洁员50余名。注重加强洒水降尘作业，配合环保部门加大大气雾霾污染治理力度，每日全城冲洗量不低于55车（次），空气污染监测子站周边冲洗降尘不低于6次。注重加强监督监管工作，抓好保洁公司监管工作，制定城市道路清扫保洁和环卫作业考核办法、节日期间环卫保洁服务值班排班及应急预案，逐步完善环卫保洁作业市场化运行的监督考核机制，2016年重大节假日期间垃圾处置量约12万吨；抓好填埋场、金鸡临时中转场监管工作，完成垃圾填埋场“三同时”验收工作和金鸡垃圾临时中转场挡风墙的场地建设。注重加强服务保障，分批组织环卫工人1200余名免费健康体检；扎实开展机动车清洗站治理工作，完成23个乡镇153家机动车清洁站的数据采集统计，33家清洗站转登记备案。注重推进乡镇垃圾清运市场化试点工作，逐步将农垃运行模式转换为“户集、村收、市运、市处置”，并按照先行试点、逐步拓展、全域覆盖的思路持续推进。

【市容秩序管理】 严格按程序审批管理店招和户外广告，编制完成《崇州市城市户外广告设置规划（2012—2020）》。扎实开展户外广告、伸缩棚专项治理工作，完成城区户外广告、标识标牌、LED显示屏、伸缩棚等户外广告设置的甄别统计，拆除和规范违法广告120余处、伸缩棚50个、大型楼盘布幅广告16个，涉及面积约3500平方米。加大对政府统一打造店招的管理力度，集中整治蜀州中路、唐安西路、永康路等街道的店招，及时清理拆除擅自改变店招，杜绝违规行为，确保政府打造店招统一规范。着力推进市容秩序严管街（区）建设，通过宣传动员、集中整治、正式实施3个阶段，集中整治昌明路、三元街秩序，确保严控时段内街容整洁、秩序规范；完成三元街、蜀州北路建筑风貌、市政设施转型升级示范样板街道建设的改造方案，城区容貌显著改观。

【园林绿化管理】 突出城区绿化提档升级改造工程，提前完成金鸡广场、张家碾街、成温邛高速路出入口等城郊结合部的绿化改造整治工作，投入资金40余万元，改造面积约1.7万平方米；圆满完成怀华路旅游环线8个绿化节点的全面升级改造，投入资金近90万元，改造面积约8000余平方米。突出抓好民生工程目标任务的推进，完成金鸡广场、张家碾街绿化带提档降土约0.3万米，金盆地大道、九龙路、长城路等20条街道树池覆盖约0.51万平方米，崇庆南路、愿景微风岸和唐安首玺等居住区新增绿地约10公顷；泰江兰庭小区创建市级园林式小区工作进展顺利。突出绿植日常维护管理，抓好184株名木古树保护工作，修剪行道树、绿篱、草坪20余轮次，修剪树木6000余棵；城区绿化喷药施肥1次，面积20万余平方米，洒水5万余立方米，购买鲜花60余万盆，采购花箱150余个。

【路灯照明管理】 着力抓好日常管护工作，组织各类维修244次，修复路灯5400余盏，查处电缆线路短路78余处，更换电缆线2200米、上杆护导线3000米、灯泡5200只、开关保险等各类电器元件2100余个、各类灯罩800余个。城区路灯亮灯率和设施完好率均保持在98%以上。着力抓好崇州市城区道路智慧照明升级改造工程推进工作，2016年完成工程总量的35%左右，蜀南街、金盆地大道、文化西街等40余条街道路灯设施的配套升级改造工作全部完成，新型LED灯具运行正常，城区亮化水平全面提升。着力抓好背街小巷路灯照明设施覆盖民生工程，2016年继续投入14余万元，对西江朱氏街片区、唐安路片区、白碾社区等20余条新增背街小巷，安装路灯设施近180套。

【数字化城管系统】 制订《崇州市数字化城管中心考评办法》，建立协同规范机制。7月初，崇州市召开全市数字化城市管理工作会议，市数字城管中心从 9 月开始，每月将数字城管工作开展情况以简报形式报送市委、市政府，并下发相关部门，有力保证问题及时发现、及时处置。2016 年，数字化中心受理案件 15889 条，处置 15166 条，处置率为 95.45%。

【城乡治理方面】 注重抓好市容市貌和农村环境专项治理工作，突出常态化监督检查，组织周督查 40 余次，月暗访 150 余次，季检查 3 次，发现问题近 1000 个，除个别遗留问题外，整改率近 100%。扎实推进“四改六治理”十大行动，年初印发《崇州市“四改六治理”十大行动 2016 年工作要点》《城郊结合部——环境治理攻坚行动督查方案》，进一步完善工作机制，为全市“四改六治理”十大行动实施工作提供制度保障，全年十大行动推进顺序，如：2016 年老旧院落改造的 50 个目标全部完成；在面源污染方面，落实工地打围、湿法作业、场地硬化、冲洗除尘的建筑工地 164 个，整治硬化裸土公路、沙石公路 8.39 千米，查处违规工地 65 个。围绕“三点两线”（即城区、场镇景区、城郊结合部三个重要节点和旅游环线、道路沿线两条主要线路）抓好城乡环境综合治理，圆满完成 G20、李家岩水库开工仪式前道路沿线城乡环境保障目标任务和街子、怀远、元通古镇景区整体打造的督察指导；积极开展攻坚行动，着力治理“草包金”问题，清除“死角”“盲角”，通过薄弱区域攻坚和窗口区域攻坚，完成城郊结合部环境治理攻坚行动重点任务及整治项目 67 个。

【生活垃圾分类试点】 城乡生活垃圾分类试点工作有序展开，市城管局按照“政府主导、社会参与、科学规划、城乡统筹”的思路，坚持“源头减量、资源利用、分级管理、属地负责”的原则，综合运用法律、行政、经济和技术等手段，加强生活垃圾分类全过程控制和管理。拟定《崇州市深入推进城乡生活垃圾分类工作实施方案》《崇州市 2016 年全市城乡生活垃圾分类工作安排意见》《崇州市推进农村垃圾治理实施方案》《崇州市垃圾分类方案》《崇州市垃圾分类实施细则》等文件，制定《2016 年生活垃圾分类工作目标任务》分解下达各乡镇（街道）和各相关部门，并建设一座占地 2000 多平方米的分拣中心，在居民小区、机关单位、学校按标准配套宣传点位、垃圾分类收集点、计重和垃圾信息交互设备、收集容器等设施设备。

【“环境优美示范城镇乡村”创建】 省级“环境优美示范城镇乡村”创建进展顺利，组织拍摄《靓美崇州》宣传片，编撰印制《四川崇州创建省级环境优美示范城市》宣传画册 100 余册，PPT 影像资料、软件资料组卷 300 余册，宣传展板 30 余个；在城区设置大型 LED 宣传标语 10 余处，制作大型单立柱喷绘广告、路灯广告、灯箱广告等宣传标语 100 余个，散发宣传单、宣传手册 3000 余份。崇州市白头镇、崇州市文井江镇大坪村、鸡冠山乡岩峰村、观胜镇联义村分别列入 2015 年度省级环境优美示范城市、乡镇、村名单，并公示完毕。

【百村容貌整治】 百村容貌整治工作全面铺开，投入人力 4000 余人次，在全市 49 个试点村散发宣传资料 23.6 万余份，累计清除生活积存垃圾 28000 余吨，“牛皮癣” 25000 余处，修建排污水通道 56900 米、拆除违章乱搭 7453 平方米，49 个试点村的环境卫生、村庄风貌显著提升。2016 年，完成 21 个成都市级试点村（社区）、28 个崇州市级试点村（社区）整治任务。

（曾祥军）

交通运输

【概况】 市交通运输局（市物流发展办公室）是交通行业和物流业行政管理职能部门，负责全市公路建设和公路养护管理、道路运输、水上运输管理、物流管理工作，内设机构10个，下设养路段、交通运输服务中心和崇州市公路工程质量监督管理站3个事业单位。

【交通建设】 强力推进交通重点项目建设，完成固定资产投资7.8亿元。18.85千米成温邛快速路崇州段建成通车；崇王路西段、王东路、街安路隆兴段、桤泉段等7条、26.4千米县域公路项目全面完工；新建城区公交站台全面完工；70千米波形护栏建设和131.8千米村组道路建设项目完工；协助实施项目成蒲铁路崇州段建设有序推进、成青快铁机场联络线项目上报待批；84座旧危桥改造项目、山区道路地质灾害整治工程、2016年度农村公路改善工程开工建设；成都市第三绕城高速崇州段和二三街子绕连接线项目开展征迁工作；街安路元通、公议绕场线项目进行工可编制；李家岩水库复建道路项目进行施工前期工作。

【交通管理】 统筹城乡运输发展，全面增强道路运输行业综合竞争力和服务保障能力，全市客货运输量保持稳定增长。全年公路运输客运量1208.6万人次、货运量1563万吨，比上年增长12.25％、13.47％，出租汽车日均客运量达1.95万人次，公交车日均客运量达2.12万人次，具备客车通达条件的建制村通客运率100％；健全完善农村公路管养长效机制，出台《崇州市人民政府关于进一步加强农村公路养护与管理工作的实施意见》，明确农村公路养护管理职责，稳定养护资金渠道，强化监督考核，提高道路管养能力；加强公路巡查，及时处置路面病害和沿山公路地质灾害隐患，全年修补坑凼1.26平方米，投入抢险机具设备178台次，汛期抢险清方2700余立方米，全市路域环境优化、路况质量良好、沿线设施齐全、路容路貌常新，路况质量稳步提升，全年好路率进一步提升；推进综合行政执法体制改革，完成131名交通执法人员整体划转工作，理顺部门职责关系，主动配合支持交通执法，全力维护公路路产路权。

【交通服务】 完成《常规公交发展规划》《公交场站用地专项规划》编制，建立公交运营成本监审和补贴机制；开展温崇快速路规划；完成16个扶贫村道路规划；“物流通”工作有序推进，编制完成《崇州市物流产业和物流中心规划》，明确寄递物流管理职能职责，加强源头治理；推进“绿色”公交，新增11台新能源纯电动公交车；推进崇州市智能公交刷卡系统服务终端安装，城区公交实现刷卡乘车；创新开展“安全交通、优质服务、争创一流示范行动”，对117辆“示范车”和13个“示范岗”进行授牌，促进党建与客运一线深度融合，实现公共交通服务质量和群众满意度双提升；制定鼓励产能转移扶持补贴政策实施细则，推进供给侧结构性改革，降低物流成本；制定停止收取出租汽车特许经营权有偿使用费方案，自6月25日起停止收取有偿使用费。

（韩　勇）

羊马新城

【概况】 2016年，按照成都市小城镇建设总体要求，紧抓成都市建设国际化中心城市契机，羊马镇持续拓展小城市示范镇建设发展广度和深度，奋力推进“湿地羊马·智慧物流小城”建设，在机制创新、设施完善、产业升级等方面继续引领，充分发挥羊马镇作为崇州市“副中心城市”的示范、辐射、带动作用。随着产业结构逐步优化升级，发展平衡性、包容性、可持续性不断增强，经济水平稳步提升。羊马镇人均三次产业增加值达46816元；地方财政收入2400万元；城镇居民人均可支配收入3.06万元；农民人均纯收入1.69万元。

【规划编制】 规划工作是前提，是基础，是关键，是“龙头”。《成都市新型城镇化规划（2015—2020年）》提出构建“一轴双核六走廊”的城镇空间格局，羊马镇是位于成温邛走廊上的重要节点，在规划、土地、财税政策上将进一步得到放权和倾斜。为切实抓好“羊马新城”规划建设的品质提升，匹配羊马镇小城市、崇州城市副中心的功能定位，提高城市的发展承载能力和建设伸展空间，羊马镇相继启动各项规划修编，进一步优化完善城市规划。按照产业发展要求，完成《羊马镇土地利用总体规划》中期调整，初步方案上报成都市国土局。启动《羊马镇总体规划》修编工作，将在5个主要方向进行修编，包括评估发展优势，确定城市发展方向；测算新的用地规模，符合区域经济发展需求；接驳外部交通资源，优化内部交通系统；强化生态格局，优化城市空间形态；有效利用交通优势，完善配套设施。划定羊马镇永久基本农田保护“红线”，确保城市用地增长弹性系数处于合理阈值，相关方案完成崇州市国土局专家论证审核。

【重点项目建设】 2016年，全镇17个重点项目完成投资7.56亿元，羊马镇项目建设形成遍地开花良好局面。强化产业支撑作为发展的突破口。羊马镇原为工贸型小城镇，依托全友家私、蜀玻集团等龙头企业和全国知名品牌形成一大批家具制造、皮革加工等企业。随着“全域成都”发展理念和成都试验区建设的推进，羊马产业定位转变为以现代服务业为支撑，以服务外包产业基地为特色品牌，以湿地公园为核心的“宜居宜业休闲小城镇”。以嘉裕酒店、嘉裕会所、湿地公园等项目为核心的嘉裕项目建成后将形成集休闲、会议、购物、娱乐、居住为一体的度假胜地，辐射崇州市区、光华大道片区及温江城区20余万人；以省民政厅养老实训基地、成都市公建民营养老机构等为主体的医养、培训认证产业逐步形成，将构建、引领羊马发展养老产业；王一食品生猪屠宰场、成都健生堂蜂产品加工基地建成投产；建筑面积20万平方米的西蜀御景、嘉裕P5、P6地块房地产项目建成并开始销售。产业结构得以进一步优化，初步建立以家具制造业为支柱、以房地产为主导、以农副产品深加工为重点的产业结构体系。继续加强项目承接事宜，特别是成都润恒国际食品（冷链）交易中心项目选址羊马新城，该项目占地面积约3000余亩，计划总投资约100亿元。该项目以智能化冷藏中心为核心，物流配送为服务链条，展示交易及大型超市为终端销售网络，充分整合食品物流产业链，着力发展电子商务和期货平台。签订合作框架协议。项目实施分两期，一期项目建设占地约1500亩。建成后，羊马镇将成为以物流、交易中心等为核心现代服务业的“智慧物流小镇”“金融小镇”。推进在建项目作为发展的着力点。2016年，占地约95亩、建筑面积64090平方米的省重点项目省民政厅养老实训基地开工，启动1－6号楼基础施工，完成投资2000万元。洲际·银海湖项目一期项目招商中心完成建设，13万平方米住宅开始主体施工，完成投资8000万元。湿地公园完成堆坡造型、绿化及游道建设，公园入口广场和停车场建设，一期600亩开园迎客。嘉裕P4房地产项目进行一期主体建设，完成投资6000万元；羊马公立幼儿园完成主体建设，完成投资约2600万元。乌木博物馆综合开发项目一期的主体博物馆、部分博物馆街区和商业配套启动建设，总建筑面积2.9万平方米，进行招商中心、博物馆主体施工，完成投资约3000万元。完善基础设施作为发展的助推器。交通方面，成温邛快速路崇州羊马段形成通车能力，加紧完善绿化、标线、照明等附属设施；2016年，羊马镇东平、猫渡、菩提、安阜4个村（社区）完成新建道路约3318.7米，投入资金约123.32万元，共同搭建羊马交通网。镇域公路总里程达138.6千米，公路网密度达到3.4千米/平方千米。全年，完成安阜社区、菩提村天然气供气户通工程，凌翔至廖家镇主管网施工，清洁能源使用率75%；完成羊马场镇和原安阜场镇至污水处理厂污水主干管约6千米建设。

【公共服务和社会管理】 提升公服水平，统筹城乡实现突破。有序开展村级公共服务和社会管理工作。2016年，投入公服资金1200余万元，用于各村（社区）基础设施建设、公共服务管理、文化活动支出以及环境整治。菩提、东平、全友、漕溪、猫渡、经功、崇江路等7个村（社区）提档升级项目全部完成，村（居）委会面貌焕然一新，中华、安阜、凌翔、伏虎4个村（社区）日间照料中心完成建设，让广大群众共创共享改革发展成果。扎实推进精准扶贫，为13户贫困家庭“量体裁衣”制定个性化帮困措施。有序推进农民集中居住。永和二期统建安置点竣工，可实现安置约600人，城镇化率稳定在70%左右。全镇集中居住区按照“1+28”“1+23”“1+21”标准配套完善；加快实施村庄规划编制，完成伏虎、猫渡、安阜社区等6个村庄规划。完善城市服务设施。羊马镇辖区内16个村（社区）均配备广播室、活动室、图书室及健身场所及健身器材。新建5人制标准足球场两处，2000平方米的嘉裕第六洲金逸影城开门迎客，有线电视光纤接入14608户，电信宽带接入6698户，城市商业、金融、信息服务设施齐全，网络化服务覆盖率超80%。

【生态建设】 重视生态环境保护，严格规划实施项目，重视城镇建设与自然环境相融。严格落实环保达标。羊马镇按“户集、村收、乡运、县处理”模式，将城乡生活垃圾统一清运至崇州市垃圾处理厂进行无害化处理，城乡生活垃圾无害化处理率100%。城市生活污水处理率100%，农村生活污水日产1510吨，通过化粪池日集中处理1077吨，农村生活污水处理率71.32%。出重拳整治环境乱象。开展“四改六治理”“百村容貌治理”，拆除违建2宗，完善手续5宗；建立场镇和农村日常监督管理工作台账，记录并处理场镇管理问题140余条，农村环境问题40余条；加大宣传和环境保护工作巡查监督力度，对镇域200余家工业企业进行环评普查；大力整治养殖场，关闭养殖场3家，整治养殖场8家；严厉打击盗采砂石行为，组织巡逻人员160余人次，截获砂石盗采机具车辆40余台，有效打击盗采人员嚣张气焰，保护国家矿产资源。

（申　杨）

自来水

【概况】 2016年，崇州市自来水有限责任公司水厂设计供水能力8万立方米/日，实际供水4万立方米/日，供水人口20万人左右，自来水管网覆盖面积约24平方千米，Φ75以上管网总长约300千米，城市供水普及率99%，供水区域为崇州市城区及部分高新区。

【水源监测】 按四川省环境保护厅《关于建立全省城市饮用水水源水质监测体系的通知》要求，2012年8月安装水质在线监测系统，主要监测重金属含量及综合毒性指标，属成都市区（市、县）第一批安装该监测系统的供水企业，各项监测指标正常。按照四川省人民政府办公厅《关于城镇集中式饮用水水源地保护区划定方案的通知》要求，在划定水源保护区设立标牌、标识，打围，保护区内禁止施放农药，禁止修建住宅，禁止堆放垃圾等危害水源地保护区的活动。每天对出厂水进行监测，并作好记录，填写公示栏，各项监测指标正常。按上级部门要求，每天对厂区、取水井、保护区不定时巡查，发现问题及时上报处理，作好记录。

【水质安全】 按卫生部生活饮用水卫生标准GB5749－2006检测，送检水样水质合格率100％，完全满足崇州城区及部分高新区广大群众生产、生活用水需要。市自来水公司12月顺利通过安全生产标准化三级企业考核，由成都市安全生产监督管理局颁发证书。

（周　翔）

资源与环境保护

CHONGZHOU YEARBOOK

国土资源

【概况】 2016年，崇州市有土地面积1090平方千米，其中建成区面积35平方千米、耕地面积391.85平方千米。市国土资源局以保护和合理利用国土资源为主线，以项目建设为动力，完成国土资料管理工作目标任务，被成都市国土资源局评为2016年度切实维护被征地农民合法权益、不动产统一登记、耕地保护、基础业务建设、土地利用管理、矿产资源管理、规划管理、行政审批、土地监察执法、地质灾害防治、信息化建设等11项工作突出单位。

【耕地和基本农田保护】 强化监管措施，严守耕地红线。构建以政府为主体的耕地保护共同责任制，完善耕地保护目标责任制，列入市政府年终目标考核，将耕地保护责任层层落实到乡、村、组；切实做好基本农田划定工作。结合基本农田永久划定工作，开展土地利用总体规划调整完善的前期工作，摸清家底；探索建立耕保金管理发放机制。市国土局在工作中注重对耕保金发放的耕地保护引导，积极探索，建立“村社自查、国土所巡查、乡镇核查、国土局审查”追缴查处机制，充分发挥好耕保基金调控作用，对改变用地性质的及时冻结、追缴，并查处。从修编完善土地利用总体规划入手，严格按照土地利用总体规划确定的用途和土地利用年度计划的安排使用土地。保障省、市级重点项目建设，市国土局加强协调汇报，有序有规进行土地利用总体规划局部调整，完成成温邛快速路项目建设的规划调整。市国土局积极开展土地规划优化调整完善工作，按部、省土地利用总体规划调整完善视频会的工作要求，特别是结合永久基本农田划定工作，开展崇州市土地利用总体规划调整完善的前期工作，完成各乡（镇）基本情况的收集，摸清家底，着力未来产业发展需求和实施的重点项目，永久基本农田划定完成中心城区周边举证划调，为崇州未来发展谋划空间留足资源。

【土地综合整治】 高效推进土地整理项目，实现耕地动态平衡。市国土局在乡镇（街道）积极配合支持下，深入征求拟实施项目区群众意见，充分挖掘项目区集体建设用地资源潜力，编制项目，千方百计面向社会招商投入，全力推动项目实施。向省厅、市局争取项目周转计划2000亩，新立项5个项目；崇州市实施挂钩项目23个，预计节余建设用地指标约9300亩；年内完成验收项目15个项目，节余建设用地指标约3000亩。

【不动产统一登记】 根据中央全面深化改革和国务院机构改革职能转变的要求，按照市委、市政府加快推进崇州市不动产统一登记工作的全面部署，市国土局加大工作力度，实现机构建设到位、人员落实到岗、资料移交到位、资金保障到位，于10月8日完成不动产统一登记"颁布发新证、停发旧证"工作。

【土地利用】 狠抓土地出让规范管理，提高土地利用收益。加大土地市规范力度，成立土地出让决策委员会，严格实行土地收储及出让集体会审、决策机制，出让土地29宗，出让土地面积690.7亩，成交价款4.24亿元；经营性土地招拍挂达到100%；共办理划拨土地补办出让手续3宗，收缴土地出让金950万元。

【地质环境保护和矿产资源管理】 崇州市有地质灾害监测点375个，按行业属地监管原则全部落实监测责任单位和乡镇（街道），每年严格实施汛期、汛中、汛后排查，监测人员全覆盖，创造性组建地质灾害应急处置大队。采取"平时分散，战时集中"的方式开展工作，每月开展一次地质灾害防治培训演练，预警期间统一地点、统一着装、统一指挥，明确灾情处置和预警对行业、部门和乡镇（街道）的督查职能。健全地质灾害群测群防监测体系，开展地质灾害防治知识"万村培训"，落实地质灾害应急疏散演练，落实汛期24小时值班制度，2016年未发生地灾险情，确保人民群众财产安全。

【土地监察执法】 始终把严格依法用地，切实保护耕地作为工作基本底线。扎实开展土地矿产卫片执法检查和土地例行督察工作，抽组专门力量，采取有力措施，及时对国土资源部下发的图斑逐一进行实地核查，明确整改措施，对发现的问题，采取"应停即停、应拆即拆、应处即处"的措施。同时，将土地矿产卫片执法检查整改工作纳入目标管理，每周通报和公布工作进展情况，对进展不力、整改迟缓的乡镇通报批评。会同相关部门开展土地违建拆除工作，建立部门联动和土地违法预警机制，强化目标督查，实行每周通报，在全市上下形成了土地违建拆除高压态势。立案调查170宗，移送公安11宗，拆除违法用地156宗，545.7亩。

【万达公司正式入驻崇州】 3月4日，崇州市崇阳街道永康东路与晋康路交汇处一宗商业用地，通过公开挂牌的方式由大连万达商业地产股份有限公司竞得。在成都市公证处的监督下，崇州市国土资源局与万达公司代表签定成交确认书，此举标志着万达公司正式进驻崇州市。万达公司竞得该宗地后，计划20个月内建成，届时形成崇州市规模最大、档次最高的城市综合体，全面提升崇州市商业发展水平、现代服务业水平及城市形象，为崇州商圈注入新鲜血液。

【助力李家岩水库修建】 10月9日，四川省李家岩水库工程开工仪式在崇州市文井江镇举行。李家岩水库工程是四川省"十三五"期间开工建设的首个城市应急备用水源，也是2016年国家20个重大水利工程之一，第一批国家层面联系的社会资本参与重大水利工程建设运营试点项目。为让李家岩水库工程顺利开工，市国土局多次组织召开李家岩水库征地拆迁安置补偿政策培训会，确保工程顺利推进。

（蒲　虹）

水资源

【概况】 崇州市区域内年平均降水量为1099毫米，2016地表水年径流量6.69亿立方米，地下水资源3.43亿立方米，水资源总量7.01亿立方米。2016年全市用水总量控制在4.06亿立方米以内。2016年，市水务局获得全省县级农田水利基本建设先进单位，获评成都市水务工作目标考核先进单位及2016年农田水利管理绩效考核奖。

【依法治水】 加强农业节水建设。完成10万亩粮食高产稳产高效综合示范区一期1300余亩稻田智能节水灌溉系统建设，每亩仅投入1000元左右，使用年限达数十年。探索用水节水新方式。严格“三条红线”管理和控制高耗水项目建设，对取用水总量达到或超过控制指标的地区实施取水区域限批。着力打造自然积存、渗透和净化的“海绵家园”“海绵城市”，加快重大水利工程建设，提高水资源承载能力。深化体制机制改革。加快建立水权制度体系，开展水资源使用权确权登记，积极推进水权交易；推进农业水价综合改革，建立农业用水精准补贴制度和节水激励机制；全面推行城镇居民用水阶梯价格和非居民用水超定额累进加价制度。通过“世界水日”“中国水周”和水法宣传活动，增强社会公众的水法意识、水危机意识和水资源保护意识，提高社会公众爱水、惜水、护水意识。2016年完成水资源费征收436万元，完成污水处理费征收850万元。

【工程质量安全监督】 为强化水务工程质量安全监督管理工作，规范水务工程质量安全监督管理行为，完善水务工程的质量安全监督工作程序和方法，6月6日成立市水务工程质量安全监督管理站，制定《崇州市水务工程质量安全监督管理办法（试行）》，开展水务工程质量安全监督管理工作。

【李家岩水库开工建设】 李家岩水库坝址位于崇州市怀远镇境内青峰岭大桥上游约1.3千米处，最大坝高123米，总库容1.71亿立方米，项目总投资49.64亿元，总工期为54个月，属大二型水库，主要水源为文井江，可控制流域面积352.6平方千米。10月9日，李家岩水库工程开工仪式在文井江镇举行。工程投入使用后，每年可向周边供水2.7亿立方米，其中，每年为成都市城区供水1.43亿立方米，为崇州市城乡供水0.91亿立方米，农业灌溉供水0.36亿立方米，同时能提供0.42亿立方米应急备用水量，可满足成都中心城区至少30天、人均用水定额70%的应急水源需求。

【城乡供水一体化】 加快推动全域供水。强化水质监测。崇州市由市疾控中心负责水质第三方检测工作，每月提供检测报告，确保水质安全达标。将投入财政专项资金将第三方检测指标由原来的32项提升到42项，向下延伸水质检测范围，做到城乡水质检测全覆盖。提高供水入户率。利用中央、省、市及社会资金6.32亿元，崇州市完成以怀远水厂为骨干的水源工程，铺设各类输配水管网549.2千米，实现供水管网镇镇通、村村通。计划每年投入不少于500万元的财政专项资金，用于解决城乡居民供水入户问题。加快供水市场整合。第一阶段，依托先期形成10万吨/日供水量的怀远水厂，启动世纪广场至捷普集团供水干管建设，解决主城区、工业区以及怀远镇、元通镇、锦江乡等10个乡镇约12万人的饮水问题。第二阶段，利用政策、市场、法律等综合手段，依托李家岩水库建设，强力推进与成都市兴蓉集团供水市场整合的商讨。4 月 15 日，与成都市兴蓉集团签订供排水一体化建设框架协议。

【省级小型农田水利重点县建设】 省级小型农田水利重点县工程位于崇州市公议乡，于 9 月开工建设，12 月完工，项目总投资 1315 万元，其中中央和省级财政 1000 万元，市级财政 100 万元。新建和整治渠道 102 千米，新增灌溉面积 33.33 公顷。

【山洪防治】 通过山洪灾害防治项目建设，将防汛视频会商系统延伸到全市 25 个乡镇（街道）。在汛期，市防汛抗旱指挥部通过防汛视频会商系统召开防汛视频会议，及时了解各乡镇防汛工作动态、雨情、水情、灾情，确保防汛信息传达及时、准确、畅通。市水务局将行政首长负责制贯穿到防汛工作全过程，提前部署、提前检查、提前整改，开展山洪灾害培训，组织山洪灾害演练。针对山洪灾害突发性强、破坏性大、预报预防难度高的特点、坚持走以现代技术（简易雨量站、报警器、无线预警广播）与传统手段（铜锣、手摇报警器）相结合的建设道路，在群测群防体系建设方面“纵向到底、横向到边、全面覆盖、不留死角”，采取丰富多样的形式，完善群测群防体系。落实山洪灾害危险区行政责任人、监测责任人、预警转移责任人和责任职责。

（青　艳）

环境保护

【概况】 2016 年，市环保局完成《崇州市生态文明建设规划（2016—2025）（初稿）》编制。划定崇州市范围内四川省生态保护红线面积 215.99 平方千米（涉及鸡冠山乡和三郎镇部分区域，其中包含鞍子河自然保护区和鸡冠山—九龙沟风景名胜区核心区等区域）。2016 年 6 月，环保部授予崇州市“国家生态市”称号。

【自然生态保护与建设】 完成街子镇、桤泉镇、隆兴镇和白头镇农村环境连片整治项目和两个畜禽养殖污染治理工程项目，有效推动农村环境综合整治；指导街子镇完成省级生态文明示范乡镇重点项目建设，省级生态文明试点示范乡镇初见雏形；打造水生态环境治理示范亮点工程，建成桤木河湿地公园湖区水环境治理项目。

【大气和水环境综合整治】 全年淘汰“高污染燃料禁燃区”内高污染燃料锅炉 9 台和窑炉 1 台，取缔高污染燃料加热设施 128 台和蜂窝煤生产点 5 家，对 301 户居民燃煤实施搬迁或清洁能源改造；完成全市 205 台高污染燃料锅炉清洁能源改造或烟气深度治理和 12 家家具企业 VOCs（挥发性有机物）治理；完成 8 家涉气工业企业清洁生产审核；查处违规工地 77 处，查处超限运输、渣土撒漏运渣车 2023 辆次；完成 36 家餐饮单位油烟净化设施安装，规范露天烧烤 788 起；淘汰“黄标车”129 辆；启动重污染天气三级（黄色）预警 3 次，重污染天气二级（橙色）预警 1 次，落实限产、停产措施企业 42 家，督查重点企业 631 家次。实施 57 条黑臭河渠和 89 条关联渠道治理，规范整治排污企业 37 家。

【主要污染物总量消减】 全市完成减排项目 9 个，削减化学需氧量 74.58 吨、氨氮 5.31 吨，二氧化硫 269.05 吨、氮氧化物 123.83 吨。

【环境应急与信访】 完成全市 36 家企业环境应急预案备案工作，指导 16 家环境风险较大以上企业完成成都市环境应急管理系统的填报工作；全年受理并及时处理回复环境信访投诉

2127件，比上年增长14.9%，全市未发生重特大环境污染事故。

【环境宣传教育】 把宣传工作贯穿到生态文明建设和环境保护工作的各个环节，结合“环境保护三下乡”和“环保十进”活动，通过电视、报刊、网络、微博、微信等新媒体在全市开展多形式、全方位、立体式的环保宣传教育活动。全年在四川新闻网、《今日崇州》、崇州公众信息网、崇州电视台及“崇州环保”政务微博、政务微信等各类媒体进行环保专题（专栏）宣传报道120余条次，开展环保宣传22次，散发宣传资料5万余份、宣传手册1万余册、环保纪念品5000余份。

【建设项目环境保护管理】 完成捷普科技（成都）有限公司D1、D4区项目、崇州万达广场项目、华研精工精密零部件粉末成型项目等重点项目环评审批，协助完成李家岩水库、成都经济区环线高速公路蒲江至都江堰段项目等20个环评跨层协同审批。全年审批建设项目环评文件报告124个，核发、年审150个项目的排污许可证。

【环保违法违规建设项目清理整顿】 全市清理上报环保违法违规建设项目4214家。其中，完善环保备案3313家、整顿规范91家、淘汰关闭810家，有效化解大部份企业“未批先建”等历史遗留问题。

【环境监测】 完成《崇州市“十二五”环境质量报告书》编制，荣获四川省环境保护厅优秀奖。环境空气质量监测全年取得空气质量监测数据52680个。空气质量优良天数191天（其中优28天，良163天），轻度污染113天，中度污染30天，重度污染29天，优良率52.6%。环境水质监测方面完成全市15个乡镇集中式饮用水源地（地下水12个、地表水3个）全项目监测，出具水质监测报告26份，取得监测数据3250个，乡镇集中式饮用水源地水质达标率100%，主要河流（羊马河、西河）水质达到地表水三类标准要求。声环境质量监测方面完成城区5个功能区、108个点位区域噪声和17条道路交通噪声例行监测。全市城区各功能区声环境质量达标，区域及道路声环境质量处于较好水平。污染源监测方面完成65家造纸、制革、蓄电池等国控、省控、市控重点企业和城市生活垃圾填埋场、乡镇污水处理厂重点污染源以及25个乡镇（街道）出入境扣缴断面水质监测和废水在线监测设备的比对监测，出具污染源监测报告770份，取得监测数据27102个。环境执法监测方面配合成都市环境监察执法支队完成18处废水污染源监督检查执法监测，出具监测报告18份，取得监测数据284个；开展“双抽查”和环境信访投诉监测，出具监测报告266份，取得监测数据3090余个。

【环境监察执法】 严格落实乡镇（街道）和相关部门环境保护“一岗双责”“公、检、法、环保”四部门联席会议制度和有关工作方案，建立市政府、市级相关部门、乡镇（街道）、村（社区）“三级”网格化环境保护管理体系。全年立案查处各类环境违法行为71件。查封扣押违法排污设施设备8套，向司法机关移送环境违法案件11件（拘留9人，法院判决2人），有效地打击和震慑环境违法行为，彰显崇州市对环境违法持高压态势以及严惩环境违法企业的决心和力度。

（李　俊）

气象监测

【概况】 2016年，崇州市年平均气温16.7℃，比常年平均值16.2℃偏高0.5℃。极端最高气温36.2℃，比历年极端最高气温36.8℃偏低0.6℃。极端最低气温－6.7℃，比历年极端最低气温－4.7℃偏低2℃。年日照时数为1064.7小时，比历年平均值967.5小时偏多97.2小时，8月中旬开始到下旬前期高温酷热天气明显，出现连续大于33℃的高温天气。降雨量802.1毫米，较历史平均值977.8偏少175.7毫米，总降水量总体呈震荡下降趋势，无极端降水现象，但强对流天气频发。年内出现两次寒潮天气。全年气候特点是降雨量偏少，气温偏高，日照偏多，有夏旱和伏旱，无暴雨天气过程。气象年景偏好年，对农业生产利大于弊。

【气象服务】 气象防灾减灾服务及时准确，每天向四大班子、部门、乡镇领导、企事业单位班子成员15000余人提供免费手机短信决策气象信息服务，针对7月5日、7月12日和7月21日出现3次区域性暴雨天气过程，做到预报准确、服务及时，有效减轻灾害影响，得到市委、政府主要领导多次表扬；重大活动气象服务保障有力，圆满完成“自驾赏花节”“全国农村产业融合发展试点示范县专题培训会”“20国集团（G20）财长会议”“央行行长会议”、李家岩水库工程开工仪式、秸秆禁烧等一系列活动的气象保障服务；进一步深化“直通式”农业气象社会化工作，通过微信、短信、手机APP向崇州的农户、种植大户提供普适性的精准农技、农业专题服务等服务产品，覆盖普通农户1万名以上、种植大户近百户。

【全面推进气象现代化建设】 2016年6月，成都市气象局与崇州市政府就全面推进崇州市气象现代化工作签订合作协议，双方建立局市合作机制，围绕气象防灾减灾、发展现代农业、促进生态旅游、智慧城市建设建设等方面深入开展合作。完成“智慧气象”崇州试点第一批气象数据的接入工作，完成了10套自动气象站建设任务，在10万亩粮油基地基地核心区建成农田小气候站一套，完成崇州气象事业发展经费保障任务。

【气象灾害防御体系建设】 市政府下发《崇州市人民政府办公室关于做好汛期气象灾害预警信息快速发布相关工作的通知》。气象局在与国土、水务、农发、交通等11个部门的合作基础上，2016年与供电、科协等部门签订合作协议。全面开通各气象服务站公服平台“我的应用”。完成对2014年通过的25个乡镇的气象灾害应急准备认证复核。统筹规划建设城乡社区气象防灾减灾体系，指导和监督11个社区气象灾害防御体系建设。

【人工影响天气】 在三郎、安乐、公议3个人工影响作业炮点，完成九龙沟地面碘化银发生器建设任务，并全面投入使用。有“三七”双管高炮3门、车载火箭作业车2辆。全年高炮作业45次、发射人工影响炮弹150发，火箭作业30次、发射火箭弹102枚，在消雹增雨、改善空气质量和重大活动保障中发挥积极作用，完成市政府“民生工程”目标任务。全年完成成都市人工影响天气指挥部下达的“高炮控制区内无雹灾，增雨降雨有成效”任务。

【安全管理】 市气象防灾减灾服务中心全力做好易燃易爆场所安全生产检查和宣传工作、行政许可防雷装置设计核准、防雷装置竣工验收，履行气象管理职能和安全管理，为促进防雷的社会依法管理和服务工作提供有效的支撑。重大节日、民间庆典和各种社团活动期间，进行了安全执法检查违法流灌、施放氢气球事件60余次。及时整改存在的安全隐患，确保崇州市民用氢气球灌充、施放安全。

（何　通）

防震减灾

【概况】 2016年，崇州市被中国地震局评为“2015年度全国县级防震减灾工作考核先进单位”“2015年第四届平安中国防灾宣导系列公益活动优秀组织奖”，被四川省地震局评为“2015年度全省市（县）防震减灾工作考核先进单位”，市防震减灾局被四川省地震局评为“2015年度市县防震减灾综合信息服务系统运行质量考核优秀”，被成都市防震减灾局评为“地震监测管理先进单位”“地震监测管理先进单位”“防震减灾科普宣传先进单位”。

【地震监测能力】 建成崇州三郎地震宏观场，设立植物及动物宏观观测点，发现异常及时上报。3个地震综合台、12个地震烈度速报台以地震台网中心为核心建立的地震数字网络平台科学高效运行。制定年度震情跟踪工作方案，健全地震监测信息报送制度，按要求上报异常核实情况，台网运行连续率99%。严密震情跟踪会商，向成都市提交《崇州市地震趋势会商报告》24份。部分地震监测台站服务于李家岩水库建设。

【地震灾害预防能力】 完成活断层探测，服务李家岩水库建设。该项目的实施，对龙门山推覆构造及崇州市境内半隐伏或隐伏断层的活动性给出结论，是崇州市变被动救灾为主动防灾的具体行动。开展崇州市地震小区划试点工程，将崇州市经济开发区全面纳入小区划试点工程范围，勘察面积20平方千米。

【防震减灾法治与科普宣传】 依法拆除三郎镇欢喜村影响成都基准台监测环境的违法建筑，通过防震减灾法治宣传“七进”活动，提高群众的法治观念。利用“5·12”防灾减灾宣传周、“7·28”纪念日、“平安中国”宣导等活动，放映防震减灾科普短片、发放宣传资料、举办防震减灾科普知识培训班，在主要公路沿线、城镇广场、社区、学校、医院等人员密集场所设立永久性地震知识宣传栏、宣传线路，防震减灾知识深入基层。围绕“减少灾害风险、建设安全城市”主题，组织开展防震减灾宣传活动，向崇州市教育局赠送防震减灾科普示范学校读本、向群众发放宣传资料3万余份（册）。开展第五代地震动参数区划图宣传贯彻培训会3次，市级部门、全市乡镇（街道）分管防震减灾工作负责人和防震减灾助理员全员参加培训。

【地震突发事件处置工作】 2016年，甘孜州理塘县发生5.1级地震。震中距崇州市中心城区394千米，崇州无震感，市防震减灾局按规定向市委、市政府报告地震相关情况。

【提升地震应急救援能力】 开展成都（崇州）地震应急综合演练。由成都市防震减灾局、崇州市政府举办的2016年成都（崇州）地震综合应急演练指挥有序，发挥崇州市地震应急专用技术平台在实战中的作用，市级各部门、全市乡镇（街道）和中小学共3万余人参与演练，通过演练提升干部群众应对地震灾害的能力。加强基层志愿应急救援队伍建设管理，为志愿救援队增加救援和演练装备，通过邀请专业救援队专家授课，提高应急救援能力。掌握全市应急资源和应急队伍现状，为政府应急调配提供基础保障。

（文启帆）

工　业

工业经济

【概况】　2016年，全市157家规模以上企业增加值比上年增长17.9%，提高1.2个百分点；工业投资完成96.6亿元，比上年增长54.3%；技改投资完成64.3亿元，比上年增长32.8%；万元GDP能耗降低3.5%，工业增加值能耗降低12%。崇州市10个亿元以上重大工业项目完成投资35.5亿元，完成全年投资计划的219.8%。

【结构调整】　全市电子信息产业实现规模以上工业总产值87.3亿元，比上年增长32.4%，对全市规模以上工业增长贡献率67.2%，占规模以上工业31.1%；家具和建材产业分别实现规模以上工业总产值76.7亿元、43.2亿元，分别增长为13.6%、2.4%，对全市规模以上工业增长贡献率32.1%，占规模以上工业比重42.8%；大数据产业发展趋势良好，大数据“三基础、三平台、三示范”产业发展生态体系初步形成，招商引进签约企业62家，其中注册企业43家，入驻IPC企业26家。

【大数据产业】　智慧医疗项目建成居民健康卡平台，11家乡镇卫生院试点运行；IPC云计算中心建成投运；“智惠卡”市民一卡通项目A卡完成卡面制作和测试工作，B卡投入市场使用；政务数据共享交换平台一期、综合执法智慧平台上线试运行；启动智慧管网及食品药品电子监管大数据平台建设，完成“智慧管网”项目评审。积极推动“两化融合”，两家企业获省“互联网+”专项补贴。崇州在2016中国城市信息化50强中排位第42名。

【电子信息产业】　按照做大规模、完善链条、协同配套的思路，以精准招商为抓手，推动电子信息产业集群高端发展。全年，引进签约引进天迈科技、正科风机、领益科技、盈上高科、无锡中和恒信、苏州正溢等电子信息项目9个，协议总投资约32亿元，其中亿元以上项目5个，涉及电子元器件、精密机械加工、精密模具研发制造、装饰新材料等领域。截至2016年底，引进电子信息项目81个，协议总投资114.87亿元，投产36个，基本形成以捷普为龙头，一大批上下游关键配套企业为骨干的优势产业集群。2016 年，崇州市电子信息产业规模企业 20 家，实现工业总产值 86.2 亿元，比上年增长 34.2%，行业占比 37%；主营业务收入 86.1 亿元，比上年增长 36.8%，行业占比 37.7%；利润总额 6.2 亿元，比上年增长 33.1%，行业占比 41.6%；税收 3 亿元，比上年增长 62.1%，行业占比 31.3%，成为推动崇州工业经济发展的核心支柱产业。

【科技创新驱动】 新增科技企业 52 家，规模以上工业企业研究与应用经费 2.04 亿元，科技进步率 65%，高新技术产业产值超过 75 亿元。稳步推进国家知识产权示范城市创建工作，出台《崇州市科技创新驱动专项资金管理办法（暂行）》，修订《崇州市专利资助管理办法》，开展省市县三级专利联合执法。全市专利申请量完成 2848 件，其中发明专利 566 件，专利托管企业 15 家，专利许可、转让企业 5 家 30 件以上。

【要素保障】 金融机构为崇州企业累计发放贷款 82 亿元，比上年增长 9%。“贷款风险资金池”放贷 9750 万元；“企业债权融资风险资金池”开始运行；“创业贷风险资金池”确定合作银行与方案。文井江 35 千伏变电站、隆江线路、鲁家线路完成建设，具备带电条件。隆兴镇至桤泉镇第二条天然气管线完工，桤泉配气站、廖家镇新桃安置点天然气主管线工程建成投运。全年争取土地指标 1000 余亩。

【创新创业】 成功举办“创业天府·菁蓉汇”“2016 年中国大数据应用大会·崇州智慧城市高端沙龙”“知识产权大数据应用论坛”和 2016 微软“创新杯”全球大学生科技大赛四川区域赛等活动。开展蓉漂茶叙、项目路演等活动近 80 场，项目团队获投资 2400 万元。新建创新创业载体 4 家，创新创业载体面积 40 万平方米。国信安“互联网+”众创空间培育孵化企业 25 家，实现年产值约 5000 万元。

（袁　兵）

成都·崇州经济开发区

【概况】 成都·崇州经济开发区（简称经开区）成立于 2005 年，2010 年被批准为省级经济开发区，总规划面积 35 平方千米，按“一主两翼”布局，即：核心组成区 23.5 平方千米，东翼羊马产城群 5.5 平方千米，南翼三江产城群 6 平方千米。经开区重点发展电子信息（大数据）产业，加快发展精密机械、智能制造装备和以智能家居、绿色建材为主的轻工业，培育发展航空航天（通用航空）产业。经开区是中国轻工联合会、中国家具协会命名的“中国板式家具产业基地”。2016 年，经开区完成固定资产投资 90.6 亿元，比上年增长 74.2%，实现规模以上工业总产值 232.7 亿元，比上年增长 14.9%，规模以上工业增加值增幅 20%，列成都市工业园区第一位；上缴税收 12.6 亿元；有亿元以上企业 30 家，其中 30 亿元企业两家，10 亿—30 亿元企业两家，5 亿—10 亿元企业 8 家。

【招商引资】 签约引进天迈科技、正科风机、领益科技、盈上高科、无锡中和恒信、苏州正溢等项目 10 个，协议总投资约 38.2 亿元，其中亿元以上项目 5 个，电子信息项目 9 个。全年盘活闲置低效土地 265 亩、厂房 11 万平方米。

【重点项目建设】 全年实施本级重点项目 76 个，其中成都市级 15 个、省级两个，完成投资 95.7 亿元，完成年度目标任务的 129%。其中 15 个省、市重点项目超额完成任务。

【创新驱动发展】 编制完成《成都崇州经开区产业发展规划（2016—2025年）》初稿，申报创建“国家级产品质量提升示范区（家具类）”“新型工业化产业示范基地”；园区规模以上工业企业102家，45家企业进入成都市中小企业成长工程培育名单，10余家企业列入上市培育计划；鼓励扶持企业实施技改项目，全年完成技改投资70亿元；扶持企业积极融入“一带一路”，扩大外贸销售，18家企业全年实现外贸销售约1.7亿美元。

【综合承载能力建设】 完成110千伏高庆变电站至捷普4回10千伏电力线路工程、110千伏鲁家变电站至捷普4回10千伏电力线路工程以及捷普专用3万吨/天自来水管网工程；大数据产业园“四纵四横”配套道路基本形成通车能力，大数据产业园孵化中心一期项目开始基础施工；明湖二期安置房项目进入室内外装修阶段，明湖三期安置房项目进入主体施工阶段。

【园区党群工作】 全年成立企业党组织13家，园区成立党组织的企业达57家（含覆盖），成立首家外资企业党组织——捷普科技（成都）有限公司党委；培养企业党员11名、入党积极分子100名，筹建示范企业党组织1家；君健塑胶、南平铝业两家企业党组织被表彰为成都市先进基层党组织，鹰诺实业、富瑞德家具两家企业党组织被表彰为崇州市先进基层党组织，1名企业党员被表彰为成都市优秀共产党员，3名企业党员被表彰为崇州市优秀共产党员和优秀党务工作者。

（陈维华）

农　业

CHONGZHOU YEARBOOK

农业经济与综合管理

【概况】　2016年，市农村发展局贯彻落实“强基础、促转型、抓改革、补短板、奔小康”的总体要求，突出抓好农业供给侧结构性改革，推进农业经营主体培育、产业融合发展、招商项目促建、标准品牌建设、绿色农业发展、农村改革创新，发展“五大”新型现代农业，实现农业增效、农民增收、农村增绿。

【农业农村经济发展】　优化农业农村经济结构，农业农村经济实现持续发展。全市农、林、牧、渔业和服务业总产值58.30亿元，比上年增长4.2%。其中：农业总产值25.55亿元，增长5.6%；林业总产值0.91亿元，增长3.5%；牧业总产值28.35亿元，增长3.1%；渔业总产值1.41亿元，增长1.2%；农业服务业总产值2.08亿元，增长4.5%。农、林、牧、渔业及农业服务业产值在农业总产值中的比重由2015年的43.87∶1.59∶48.77∶2.56∶3.21调整为43.82∶1.56∶48.63∶2.42∶3.57。全市农业增加值34.70亿元，增长7.6%，其中：农业增加值19.34亿元，增长7.0%；林业增加值0.74亿元，增长6.0%；牧业增加值12.89亿元，增长7.8%；渔业增加值0.67亿元，增长2.9%；农业服务业增加值1.06亿元，增长19.6%。农、林、牧、渔业及农业服务业增加值在农业增加值的比重由2015年的56.01∶2.17∶37.07∶2.02∶2.73调整为55.74∶2.13∶37.15∶1.93∶3.05。全市第一、第二、第三产业结构比重由2015年的13.9∶48.6∶37.5调整为13.2∶48.6∶38.2，第一产业结构比重比上年调减0.7个百分点。2016年，全市农村居民人均可支配收入17896元，增长10%。

【主要农产品生产】　围绕保障粮食安全和“菜蓝子”生产供给，提高农业综合生产能力，全市粮、油、猪、菜、果、肉、禽、蛋、奶和水产品等主要农产品产量实现稳定发展。全年粮食作物播种面积4.13万公顷，全市粮食总产量27.32万吨、油菜籽总产量2.47万吨、蔬菜产量30.92万吨、水果产量1.69万吨。全市出栏生猪87.88万头、肉牛2.20万头、肉羊2.05万只、家禽780.20万羽。全市肉类产量7.88万吨、禽蛋产量3.45万吨、奶产量0.72万吨、水产品产量1.17万吨。

【农业产业融合发展】 优化农业功能区建设，编制“川西坝子·田园记忆”“水木北部·乡创崇州”“多彩田园·绿色崇州”“康养圣地·健康崇州”“森林旅游·山水崇州”五大功能区产业融合发展规划，全域推进农村产业融合发展，成为全国农村产业融合发展试点示范县、四川省培育农民增收新产业新业态示范县。推进多业态复合发展，发展粮油全产业链，全市建成粮油烘储中心20个、粮食加工中心5个，探索形成粮食规模种植、种养循环、产品加工、电商营销、休闲农业“全产业链”发展模式，延伸产业链、提升价值链、保障供给链、强化生态链。发展农村电子商务，搭建“土而奇”公共农产品电商平台，“龙门山里来”“蜀禾采”等企业农产品电商平台，培育“崇耕”“稻虾藕遇”等农产品电商品牌，建设农村电商示范村10个、电子商务服务点50个，建立第三方网店32家、自办网店11家、微店7家，农村电商实现线上销售农产品20多个，成为中华全国供销合作总社电子商务示范县。发展休闲农业与乡村旅游，盘活闲置农房农村资源，发展民宿旅游，全市农家乐450余家、乡村客栈20多家、星级农家乐乡村酒店35家、规模以上农家乐150多家。承办第四届“四川自驾赏花节”开幕式，推出10万亩稻乡金秋旅游季等乡村旅游活动，休闲农业与乡村旅游业接待游客900万人次，实现旅游收入22亿元。

【绿色高端农业发展】 发展绿色有机农业，全市种植业农产品“三品”认证面积4.53万公顷，占全市种植业农产品总面积的67%。发展农业标准化，制定《崇州市绿色水稻种植技术规程》，成都心连心有限公司的“蛋鸡20万羽”、成都巨星农牧科技有限公司的“种猪19551头”、成都润惠农业开发有限公司的“石斛108吨（鲜条）”获GAP认证。发展种养环养，全市建成部、省、市标准化示范养殖场41个、种养循环养殖场192家，成都巨星公司被批准为国家级生猪核心育种场，崇州成为四川省现代畜牧业重点县。探索实践形成稻田养鱼、养虾、养蟹、养鳅、养鳖、养鸭6种稻田综合种养模式，推广稻田综合种养面积1.2万亩。发展高端农业发展，建成杜邦先锋种业、川农大种子繁育基地，打造高端农作物种业基地。培育“崇耕”区域农产品品牌，推出“稻虾藕遇”等一批农产品品牌。

【农业产业化组织化发展】 坚持“以销促产、产加销服”的发展思路，延伸基地、加工、营销产业链，大力发展农产品精深加工、冷藏保鲜、产品营销、物流配送，推进农业产业化经营，实现农业企业、农民合作社、家庭农场经营快速发展。全市农业企业89家，成都市级以上农业产业化龙头企业30家、省级林业龙头企业4家；农民合作社1100家，其中：国家级示范农民合作社3家、省级示范农民合作社11家、成都市级示范农民合作社26家；家庭农场发展达175家，其中：省级示范家庭农场5家、成都市级示范家庭农场29家。

【农业招商项目建设】 全市引进农业项目40个，到位省外资金19.1亿元。与利水湾公司签约投资5.1亿元，打造羊马河立体生态养殖示范项目。开工农业重点项目53个，全市完成农业重点项目投资20.1亿元。全市完成农业固定资产投资12.5亿元，增长278%。李家岩水库建设项目获批，举行李家岩水库建设开工仪式，推进李家岩水库“四区联动”建设。

【农业科技推广服务】 推进农业科技创新，集成推广应用农业新技术27项、新品种17个，建成万亩水稻高产强化栽培示范。实施农业科技示范户450户，农业科技示范带动农户4500户。开工建设农业科技服务总部基地，建成林业科技服务总部基地、文井江镇铁索村设施林业科研示范基地，建成现代农业创新创业园区两个、农业科技创新转化平台两个、农业创新创业载体两个、农林科技专家大院3个、现代农业专家工作站两个，形成农业科技“产学研用”链条，成为国家农业科技创新与集成示范基地。

【农业装备提升建设】 推进高标准农田建设，编制完成《崇州市菜粮基地高标准农田建设提升行动计划项目规划方案（2016—2018年）》，规划建设菜粮基地高标准农田0.8万公顷。采取“三统筹一主体”（规划统筹、资金统筹、建设统筹、农民主体）措施，新建高标准农田0.22万公顷，崇州市10万亩粮食高产稳产高效综合示范基地成为四川省现代农业示范园区。集成推广稻麦油全程、农林牧副渔机具和农产品加工技术、工艺和装备，推进粮油生产全程、粮油烘储加工机械化。全市新增新型农机具777台（套），全市农机总动力41万千瓦时，全年机耕作业面积4.93万公顷、机电灌溉作业面积0.8万公顷、机播面积3.07万公顷、机收面积4.16万公顷，全市农业综合机械化水平80%，成为西南地区全国唯一的主要农作物全程机械化示范县。运用互联网、大数据，建成水稻、果蔬、药材等智能化、设施化、节水化、信息化农业示范基地30个，建成农业物联网信息化示范基地6个、农产品示范基地综合监控监管平台10个、设施农业面积0.35万公顷，农业科技化、机械化、信息化深度融合发展加快。

【农林生态环境保护建设】 全市推进农业面源污染治理，落实“一控两减三基本”措施，建成万亩农作物绿色防控及统防统治示范基地，全市病虫害统防统治和绿色防控面80%以上，推广测土配方施肥90万亩次，农作物秸秆综合利用率提高到99%，基本实现化肥、农药零增长。推进绿化全川行动，推动美丽崇州建设，实施国有林管护1.44万公顷、补偿集体公益林1.56万公顷，巩固退耕还林成果两万亩，新造牛尾竹基地1万亩，建设新农村绿色家园两个、特色村1个。新增森林蓄积4.38万立方米，批准木材采伐2.09立方米，年森林采伐控制在6.09立方米内，全市森林覆盖率42.76%，成为四川省现代林业建设重点县。桤木河湿地公园成为省级生态湿地公园，鸡冠山森林公园获批国家级森林公园，启动国家大熊猫公园建设。

【重大动植物疫病防控】 全市开展免疫猪瘟100.2万头、猪蓝耳病93.4万头、猪口蹄疫133.9万头、牛口蹄疫2.39万头、羊口蹄疫2.33万只，强制免疫禽类禽流感1017.53万羽，免疫鸡新城疫561万羽，猪瘟、口蹄疫、高致病性猪蓝耳病、禽流感、鸡新城疫群体免疫密度常年保持在90%以上，畜禽有效免疫抗体合格率70%以上，实现清净无疫。开展植物调运检疫101批次，签发检疫证书101份，植物产地检疫合格率100%。探索建设智慧森防监测预警体系平台，林业有害生物测报准确率99%以上，有害生物成灾率控制在1.41‰以下，林业产地检疫率达100%。

【农产品质量安全监管】 市农发局深入开展农产品质量安全专项监测工作，全年抽样监测“瘦肉精”55678份。强化动物产地检疫、屠宰检疫，全年开展生猪产地检疫17.68万头、家禽300.79万羽。健全农产品质量安全检测体系，全年开展屠宰检疫猪肉6756.08万千克、禽肉692.08万千克。全年开展农产品检测32293组、定量检测500余组、省级农产品监测项目100组、委托检测80余组。开展农产品执法监督抽样172个、农业投入品执法监督抽样

368个，全市农产品质量安全抽检合格率均达99%以上。强化农产品质量安全监管体系建设，落实乡镇（街道）农产品质量安全监管员25名、村（社区）农产品质量安全协管员253名、组农产品质量安全信息员3586名，实行农产品质量监管网格化管理，成为四川省农产品质量安全监管示范县。

【农业综合行政执法】 深入开展农业综合执法规范化示范建设，开展农资专项治理行动，全年农业行政执法检查覆盖率100%。深入开展农资专项治理行动，营造农业投入品“防、控、堵、打”氛围，全年开展种子、肥料、农药、兽药、饲料等农资打假和农产品质量安全专项整治、春季禁渔、“绿剑护农”、生猪屠宰“扫雷”行动等专项治理行动。强化农业综合执法，依法严厉打击收购、屠宰、加工、冷藏、营销病死动物及动物产品行为，依法严厉查处农业、林业违法案件。全年出动农业执法人员5393人次、执法车辆2645车次，检查农业林业经营户、种养殖户和生产企业6345户次，立案查处各类行政违法案件46起。规范行政审批服务，全年受理行政审批（服务）事项21项，服务事项5923件，办结5923件，办结率100%。

【农业安全生产监管】 全面落实安全生产“一岗双责”主体责任，深入开展“百日安全”、“安全生产月”、安全生产大检查等活动，全年无涉农生产安全责任事故发生。强化农机安全生产，与农机生产企业签订安全责任书，与农机手签订农机安全责任卡，全年无农机安全责任事故发生。加强木材加工经营企业的生产指导和安全检查，督促企业依法依规进行安全生产，全年无涉林生产安全责任事故发生。

【农业经营主体培育】 持续提升“农业共营制”，实施土地股份合作社“三百行动”，土地股份合作社规范化建设100%，土地股份合作社开展土地经营权登记颁证实现应颁尽颁，120家土地股份合作社加入“土而奇”公共电商平台。探索构建“林业共营制”，按照确权颁证奠基础、股份改造育主体、基地建设壮产业、抵押融资破瓶颈、完善分配促增收的工作思路，放活林地经营权，推进林业供给侧改革，探索实践以林地股份合作社为主的“林业经营主体+林业职业经理人+林业综合服务”三位一体的“林业共营制”新型经营体系，“林业共营制”受到省林业厅肯定。构建农业社会化服务体系，完善集贤农业社会化服务中心功能，构建形成农（林）业科技、品牌、金融和社会化相结合的现代农业服务体系，推进农业、林业适度规模经营。全市土地适度规模经营率60.32%，粮食适度规模经营率70%。推进社会化服务项目建设，开展土地托管服务、政府购买农业公益性服务试点，建成土地托管为农服务中心，全市开展土地全托管服务2000亩、半托管服务24.82万亩。

【深化农业农村改革】 深化农村改革试点取得突破，农村承包土地经营权抵押贷款试点扎实推进，全市累计开展农村土地经营权抵押贷款179笔、金额21525万元，结余贷款19630万元、涉及123笔。国家现代农业示范区以奖代补资金撬动金融资金投入农业试点，探索形成财政资金政策扶持、统筹整合、“补”改“投”、“补”改“息”四大机制，探索构建财政资金撬动社会资本投入农业农村“三聚合一共享”机制，撬动金融资金投入农业。农村土地经营权入股发展农业产业化经营试点取得突破，探索形成土地折资企业注资组建新的农业经营主体经营、农业产业化企业入股土地股份合作社经营、土地股份合作社入股农业产业化企业经营“三种”模式经营，让农民分享产业化经营效益。农村改革试验区试点扎实推进，健全农村承包土地流转市、县、乡三级登记备案制度。成立成都市农交所崇州市有限公司，搭建农村土地流转交易平台，健全农村产权交易鉴证制度，规范流转交易。改进农业补贴承担中央对成都市的中期绩效考评，受到农业部、财政部的肯定。深化农村产权改革取得成效，推进农村土地“三权分置”，全市登记颁发《农村土地经营权证》262本、《农业生产设施所有权证》94本、《农村养殖水面经营权证》25本、《林地经营权证》26本、《经济林木（果）权证》25本，实现应颁尽颁。农村专项改革加快推进，国家农村产业融合发展示范、省农村产权抵押融资试点、省培育农民增收新产业新业态示范、土地流转履约保证保险试点、增加农民财产性改革试点取得成效。集体资产股份化改革取得突破，开展村（涉农社区）传统集体经济组织经营性资产的股份化改革试点30个，组建村级股份经济合作社30个，工商注册桤泉镇生建村、白头镇五星村、三郎镇茶园村、集贤乡山泉村村级股份经济合作社，探索实践集体资产由“共同共有”转变为“按份所有”，赋予持股权和收益权。新增开展财政补贴合作社资金形成经营性资产股份量化1200万元，全市财补合作社资金形成经营性资产股份量化5000万元，发展壮大新型集体经济，增加农民财产性收入。开展农村金融服务改革试点，搭建“农贷通”平台，完善农村产权抵押融资“六大体系”，建立村级农村金融综合服务站231个。全市补充农村产权抵押融资风险基金200万元、补充农村产权抵押融资财政担保金850万元。

【惠民政策与民生工程】 持续深化农作物良种补贴、种粮农民直接补贴、农资综合补贴合并为“农业支持保护补贴”改革，全市发放农业支持保护补贴3333.68万元、成都市2016年粮食规模种植奖补补贴3972.30万元。培训农民实用技术14.11万人次、新型职业农民760人、农业职业经理人280人。开展农村电商培训2900人次，其中电商职业经理人培训1100人次。

【幸福美丽新村建设】 紧扣建设“业兴、家富、人和、村美”幸福美丽新村，遵循“小组微生”建设原则，采取“保护、建设、改造”建设方式，全域推进幸福美丽新村建设，全市建成幸福美丽新村193个，占全市行政村总数的83.5%。创建县级“四好村”39个、成都市级“四好村”30个、省级“四好村”30个。创新新村治理机制，探索形成“1+3+6”新村建设治理机制，深化“一核多元、合作共治”机制，农村基层治理机制建设取得成效。

【农村精准扶贫开发】 聚焦脱贫攻坚“两不愁三保障”和“四个好”目标，强化政策措施保障，制定出台“1+7”政策措施（1个总揽意见，集体经济发展、电商培育、干部引领、社会保障、教育助学、医疗关爱、社会救助7个行动方案）。强化资金使用精准，在成都市安排相对贫困村扶贫资金480万元的基础上，本级财政配套相对贫困村资金572万元、本级对口帮扶单位帮扶资金200万元，整合涉农项目资金1240万元，每个相对贫困村扶贫资金达150多万元，用于基础设施建设和产业发展。在成都市安排精准扶贫户每户2000元的基础上，本级财政安排精准扶贫户每户资金2000元、市级对口帮扶单位帮扶资金不低于2000元，每户帮扶资金达6000元以上，用于精准扶贫户发展增收项目。发展壮大集体经济，16个相对贫困村成立村股份经济合作社，落实相对贫困村集体经济发展项目16个。全市460户精准扶贫户实现脱贫244户，相对贫困村人均可支配收入增长30%以上，实现年度脱贫攻坚目标。

（杨成伦）

统筹城乡改革发展

【概况】 统筹城乡改革工作以两个10万亩粮食高产稳产高效综合示范区、花果山农业观光生态养生度假区为抓手，扎实抓好现代农业、乡村旅游的培育打造，着力推进农民新村、基础设施的建设进度，各项工作有序开展。2016年，桤泉农产品加工区引进占地20亩、投资1.18亿元丰味居调味品项目，花果山生态农业园区引进投资51亿元德仁堂幸福小镇项目。2016年度，固定资产投资目标完成23.77亿元，新项目任务完成20个，引进省外资金10.3亿元，完成两个重大项目包装任务。承担实施重点项目37个、年度计划总投资28.55亿元，完成约28.87亿元。

【示范试点工作】 2016年，统筹城乡综合改革示范试点工作，按照“8+1+N”改革事项扎实推进。颁发各类证书24268本，“新四权”登记颁证32宗，白头镇修编《白头镇总体规划》《白头镇土地利用总体规划》，编制《白头镇产业规划》《白头镇旅游发展规划》《桤木河湿地总体规划》《五星村村庄规划》，实现多规合一。组建农村土地股份合作社16个，入社农户达2697户，成立家庭农场12个。每个行政村聘请1名金融服务联络员，专门收集农村金融需求信息。白头镇五星村新村管理探索构建“1+3+6”治理机制。建成白头镇甘泉村成蒲铁路安置点、集贤乡徐家林盘、成温邛快速路拆迁安置点、徐家渡等4个“小组微生”新农村综合体。白头镇、集贤乡和三郎镇示范片（镇）建设项目21个，完成投资3470.7万元。

【村级公共服务和社会管理改革】 完成专项资金项目备案2936个，项目预算14001.5万元。严格落实“三个清单、四项制度”，建立村公规范化运行示范村33个，扎实推进民主议事制度化。强化风险防控，提高资金绩效管理，通过专项审计、第三方绩效评估和联合多部门专项检查，开展省委第三巡视组反馈意见问题整改，整改问题1024项次，保障专项资金规范使用。严格项目预决算审核，及时拔付专项资金。

【农村产权管理服务体系】 按照中共成都市委统筹城乡工作委员会关于印发《成都市乡镇（涉农街道）农村产权管理服务中心建设的指导意见》的通知要求，进一步抓好农村产权登记管理服务平台建设，完善市、乡镇（街道）、村（社区）三级农村产权管理服务体系，完成全市25个乡镇农村产权管理服务中心初步验收。各乡镇（街道）农村产权管理服务中心各项工作顺利推进，规范建立农村产权变更登记台帐、农村产权抵押融资台帐、农村产权纠纷调处台帐“三本台帐”。全市开展各类农村产权信息咨询69人次，开展纠纷调处101件，完成产改纠错293宗，开展变更登记373宗，纠纷调处率和办结率达100%。

【农村产权“长久不变”】 对全市231个村（涉农社区）农村产权“长久不变”进行“回头看”，对村组集体经济组织土地承包经营权、宅基地使用权、房屋所有权、林权等产权“长久不变”确需调整决议内容的，按相关程序调整和完善。

【产权登记颁证】 以获批全国农村承包土地经营权抵押融资试点为契机，深入开展农村土地承包经营权、林权“三权分置”改革试点。在巩固完善老“六权”确权颁证基础上，继续推进新“六权”登记颁证工作。截至2016年底，全市完成“新六权”登记颁证6440本。其中：

颁发土地经营权证 220 本；颁发林地经营权 24 本；颁发林木（竹、果）权 26 本；颁发农业生产设施所有权证 85 本；颁发养殖水面经营权 25 本；颁发小型水利工程所有权 6060 本。

【农村集体资产股份化改革试点】 按照成都市委统筹委安排部署，确定在白头镇五星村、集贤乡山泉村、三郎镇茶园村等 3 个试点村开展农村集体资产股份化改革试点。制定《关于认真做好农村集体经济组织股份合作制改革试点工作的通知》《关于进一步加强农村集体“三资”管理工作的通知》等配套办法，组织白头镇五星村、集贤乡山泉村、三郎镇茶园村示范片（镇）支部书记到龙泉驿区参加成都市集体资产股份化改革试点现场会并实地进行参观培训。3 个乡镇均制定试点村集体资产股份化改革试点实施方案。其中：白头镇完成五星村集体资产股份量化工作，颁发《股权证》892 本；集贤乡完成山泉村集体资产股份量化工作，颁发《股权证》662 本；三郎镇完成茶园村集体资产股份量化工作，颁发《股权证》562 本。截至 2016 年底，3 个试点村完成农村集体经济组织备案登记。协调相关部门全面完成新型市场经营主体工商注册登记。

【农村产权流转交易体系】 制定《崇州市人民政府办公室关于印发〈崇州市完善农村产权流转交易市场体系实施方案〉的通知》，进一步规范市交易中心、乡镇（街道）农村产权交易服务站和村（涉农社区）农村产权交易服务点建设。继续深化完善农村各类产权价值评估体系，结合当前各产业（品种）市场价格，对 2016 年—2017 年期间农村土地经营权、农村大宗淡水鱼养殖水面经营权、樱花产业、弥猴桃产业、葡萄产业、枇杷茶产业、牛尾笋产业、蓝莓产业、澳洲苹果柚产业、金叶复叶槭产业等 10 个产业（品种）分别进行价格评审，为金融资本顺利下乡，实现更多农村产权抵押融资提供保障和依据。继续优化完善各类农村产权流转交易信息发布、办理流程、管理办法，积极开展交易鉴证，培育农村产权流转交易市场，规范农村产权交易行为。截至 2016 年底，市交易中心办理交易鉴证 115 宗，累计实现农村产权流转交易 7785 宗，金额 23.74 亿元。

【农村闲置用房改革试点】 加大农村闲置房屋资源整合力度，依托民俗文化、历史文化发展乡村旅游，盘活农村资源资产，增加农民财产性收益。2016 年，在示范片（镇）、沿山乡镇以及北部粮经旅综合示范区域等乡镇积极开展试点。白头镇五星村充分利用农村闲置房屋、微田园经营管理权、注资等方式入股，成立安定旅游合作社，发展乡村旅游。依托白头镇五星村“幸福美丽新村”开展民宿旅游、农事旅游、劳务组织、微田园管理、农产品品牌推广等乡村旅游项目推介。通过科学合理利用现有闲置农房资源，引导群众积极参与，在改善农村居民居住生活环境的同时，着力提升农房功能价值。吸纳 45 户农户利用闲置房屋入股参与乡村旅游发展，年收入 67.5 万元，入社农户户均增收 1.5 万元。

【城乡要素流动】 制定《崇州市推进集体建设用地开发利用实施方案》《崇州市农户自愿有偿退出宅基地实施方案》，在统筹城乡示范片（镇）和北部 10 万亩区域乡镇开展集体建设用地开发利用试点，在白头镇、集贤乡、三郎镇示范片（镇）扎实开展农户报名签定自愿有偿退出宅基地申请和放弃全部宅基地承诺书方面工作。制定《崇州市农村金融服务综合改革试点实施意见》《崇州市加快推进“互联网+农村金融”发展实施方案》《崇州市深化农村产权抵押融资试点的实施意见》等 14 个配套文件，初步构建农村产权流转交易、融资担保、价值评估、风险防控、金融服务、政策扶持“六大体系”，全市各类农村产权抵押融资累计实现949宗、17.743亿元。8月成都市“农贷通”平台建设和农村产权交易体系现场会在崇州市召开，成都市委、市政府决定“将崇州经验在全市范围内推广”。

【农业农村改革】 深入推进财补股改试点工作。按照财补股改“八步工作法”，开展财补合作社资金形成经营性资产股份量化改革试点，引导合作社将财补合作社资金形成的经营性资产股份量化到入社农户，增加农民财产性收入。年内全市开展财补合作社资金形成经营性资产股份量化1200万元，参与讨论并形成《财政投资形成资产转让，为农民财产性收入改革的成都实践》。开展改进农业补贴办法试点。制定《崇州市调整完善农业三项补贴政策实施方案》，将农业“三项补贴”（农作物良种补贴、种粮农民直接补贴和农资综合补贴）合并为“农业支持保护补贴”，政策目标调整为支持耕地地力保护和粮食适度规模经营。落实农业支持保护补贴资金3333万元。完善集体林权改革，构建“林业共营制”。制定《集体林权改革阶段性工作目标任务分解表》《关于加快集体林权制度改革推进现代林业发展的意见》《关于加快构建“林业共营制”推进现代林业发展三年行动计划的意见》等配套文件，进一步探索搭建“林业新型经营主体+林业职业经理人+林业社会化综合服务”新型林业经营体系。

（孔　贤）

商贸与服务业

CHONGZHOU YEARBOOK

商贸业

【概况】 2016年，崇州市实现社会消费品零售总额76.5亿元，比上年增长9%；服务业增加值实现97亿元，比上年增长11.5%。

【大型卖场建设】 崇州市万达商业广场项目位于晋康路以东、永康东路以北、团结路以西，项目净用地4.78公顷，总建筑面积93786.20平方米，总投资20亿元，建设集休闲、购物和文化娱乐于一体的大型城市综合体。6月30日，项目开工建设。截至2016年底，完成投资8.7亿元。唐人街、金都汇、河之洲等近10000平方米的商业综合体投入运营，沃尔玛、永辉超市、国美电器、苏宁易购等大型超市、家电企业开门营业。

【电子商务】 年内崇州市获评为成都市农村电子商务示范县，壹品欧迪、九江龙钢构被评为成都市创新型电子商务企业；街子镇唐公社区获评成都市智慧社区试点；在白头镇、崇平镇创建农村电子商务试点村，推动农村电子商务发展。崇州市唐公社区被评为成都市社区便民服务体系建设试点社区。

【会展活动】 具有区域特色的会展活动相继举办。3月—4月，崇州举办以“中国最美乡村公路西部最畅骑行走廊”“芬芳重庆路　花海自由人”“百里菜花香　美丽崇州行”为主题的“2016四川花卉（果类）生态旅游节暨第四届四川自驾赏花节”，期间举办“中国·成都第七届自行车车迷健身节（崇州站）暨第五届公路自行车精英赛”、街子镇“樱花文化体验季”、集贤乡“休闲乡村文化旅游体验季”、白头镇“民乐悠扬　爱到白头”主题活动、道明竹编技能大赛、怀远镇“白花会暨藤木文化周”活动、王场镇“读书台太极推手比武大赛”、文井江镇“茶文化体验季”等各种特色活动。8月，桤泉镇举办“第十三届葡萄采摘节”，千亩红提产业园里阳光玫瑰、夏黑、玫瑰香、美人指、金手指等近1500亩30种红提品种供游客选购。以葡萄红提公园、荷风水韵公园、余花龙门子民俗公园和桤木河氧栖走廊（三公园一走廊）为重点的“美丽乡村、农旅桤泉”成为热点。

（张　涛）

市场服务

【概况】 2016年，市市场服务中心辖城乡集贸市场37个，总面积239.93亩，年交易规模约80亿元。

【城乡集贸市场】 崇州食品城占地23亩，主营粮油、小食品、糖烟酒、百货，是西南地区规模较大的副食品批发市场。2016年，城区标准化菜市场7个。城区菜市场主营蔬菜、粮油、干杂、水果、禽蛋、水产、肉类及日用副食品，主要服务城市社区群众日常生活。乡镇标准化农贸市场有崇州锦江、道明、三郎、梓潼、元通、济协、桤泉、鸡冠山、公议、街子、集贤、王场、怀远、文井江等14个标准化农贸市场。乡镇标准化农贸市场主营蔬菜、粮油、干杂、水果、水产、禽蛋、肉类及日用副食品，主要为农村群众日常生活提供便利，解决失业失地农民就业，为崇州城乡统筹服务。乡镇成建制市场15个，总面积2.95公顷，年交易规模3亿元以上，分布在怀远、元通、道明、王场、三江、江源、集贤、隆兴、羊马等10余个乡镇，主营粮食、农副产品、日用杂品、猪牛、生产资料等。

表2　　2016年崇州市城区标准化菜市场

序号	市场名称	占地面积	地址
1	东门标准化菜市场	14亩	永康东路原旧货市场内
2	金鸡标准化菜市场	10亩	原金鸡乡金鸡中学旧址
3	马家碾标准化菜市场	10亩	蜀州南路水果批发市场
4	白石标准化菜市场	22亩	白石社区17、18组
5	朱氏街标准化菜市场	18亩	朱氏街原西江中学旧址
6	石羊社区东兴街北侧标准化菜市场	14亩	石羊社区
7	石羊社区实验小学南侧标准化菜市场	10.5亩	石羊社区

【完善城区市场体系】 抓紧实施城乡标准化农贸市场建设，在城区及乡镇新规划布点一批农贸市场项目，如金带街、早觉街、红桥、毛桥、龙门街、城北等社区市场，大划、三江、羊马等社区农贸市场。完成公园一号农贸市场、龙门街农贸市场、三和安置点农贸市场、金鸡农贸市场、上林西江农贸市场等城区农贸市场三年建设计划，加快实施具备条件的农贸市场，从而丰富和完善崇州城区市场体系。

【市场综合整治】 严格落实各市场管理责任，与各市场签订目标管理责任书，确保市场管理成效。强化市场巡查及督查机制，对辖区市场每周定期进行督查和回访，对辖区市场存在的车辆乱停、摊位乱摆、线路乱拉、广告乱贴、垃圾乱丢、场地乱污、通道堵塞、随意吸烟等市场乱象，责令限期整改。对不符合“四改六治理”要求的市场设施，根据具体情况进行新（改）、扩建和维修，增强市场服务功能，提升市场整体形象。在各市场设立农产品检测室，大力推进市场所售农产品质量检测，及时反映和公布农产品质量动态，严把商品准入关，确保农产品消费安全。扎实抓好城区市场生猪（蔬菜）溯源工作，确保人民群众生命健康安全。全年，市市场服务中心出动人员220人次、车辆60余次，取缔市场内使用明火商家3户，投入资金进行市场线路隐患整改、消防泵房维护、新增和灌装灭火器，更换灭火器280余个，更换消防水袋及扳手50余套。在辖区市场广为宣传“四改六治理”相关法律法规，激发起公众参与该项工作热情。加大《中华人民共和国安全生产法》的宣传教育力度，做好安全培训和演练，定时进行安全巡查，对排查出的隐患立即进行整改。

【工业园区农产品配套项目】 按照崇州城区南部新城控规调整要求，崇州工业园区农产品配套项目是异地迁建城区东门蔬菜批发市场。东门蔬菜批发市场地处崇州城区南部新城控规范围内，占用城市绿地修建，建成时间较长，部分设施老化，消防通道堵塞，交通不便利，日常经营噪音扰民，不符合崇州经济社会发展需求，按城市规划刚性调整要求，急需异地迁建。项目规划选址位于工业园区孵化园三期项目用地，占地4公顷，分为市场部分2.02公顷和配套部分1.98公顷，项目概算投资2200余万元。其中，市场部分30.28亩是引进社会资金采用PPP（BOT）模式修建。该项目全面竣工，完善总平及附属配套建设。东门市场整体搬迁工作启动。

【崇州食品城迁建项目】 崇州食品城属崇州重点防火单位，位于城区永安路旧城改造范围内。该市场建成时间较长，设施老化，经营场地及停车场地窄小，消防通道长期堵塞，严重阻碍市场可持续发展，急需进行升级换代或异地迁建。项目完成意向性选址，项目征地及招商工作有序推进。

（徐　成）

供销合作

【概况】 崇州市供销合作社联合社（简称市供销联社）是崇州市政府直属参照公务员法管理的事业单位。市供销联社党组、理事会下设办公室、业务科和财会科3个科室。2016年，市供销联社以项目建设为重点，全面推进崇州供销社改革发展各项工作，在农产品投入品溯源体系建设、农村电子商务和土地托管试点等方面取得显著成绩。

【农产品投入品溯源体系建设】 2016年，结合农产品质量安全建设，市供销联社搭建市级农产品投入品质量安全溯源平台，规范建设农资溯源监控点位，构建“市级监控中心——农资配送中心——终端农资店”的三级溯源网络，为全市农产品质量安全建设提供重要支持平台，从源头上保障农产品质量安全。积极配合支持北部10万亩示范区建设，整合项目资金，在锦江农业产业园区建设农业生产服务中心，整合多项农业生产服务功能，为全市农业生产经营主体提供农产品投入品溯源、农资物流仓储、配送和生产技术服务等多项服务。

【农村电商发展】 2016年，积极配合市农发局、市商投局抓好农村电商工作，在电商公共服务平台建设、农产品品牌创建和基层电商服务网点打造方面取得进展。继续完善“西蜀粮仓·崇州味道”“天府农特网”等电商服务平台，搭建“土而奇”市级电子商务公共服务平台，培育创建“崇耕”农业公共品牌和“稻虾藕遇”等特色农产品品牌，实施“走读中国”“电商嘉年华”等农产品电商O2O系列宣传。率先在16个贫困村和产业基础村建成农村电子商务服务站。实施“全员触网”工程，使电子商务覆盖全市大部分行政村。开展农村金融综合服务试点。供销社与银联商务、佳友通电子支付有限公司合作，在电子商务服务站改扩建的基础上，建设农村电子商务＋金融综合服务站，为居民提供方便快捷的小额取款、信用卡还款、转账、缴费等综合金融服务，并在人民银行的指导下开通崇州市农村金融服务征信平台，为农业经营主体提供融资等金融服务。

【土地托管服务试点】 作为省委农村改革领导小组确定的2016年供销社综合改革重点任务之一，土地托管服务试点是供销社开展农业社会化服务的重要形式。2016年，市供销联社组织实施全国土地托管试点项目，该项目总投资1441万元，其中中央财政补助500万元、省级财政配套200万元。在崇州10万亩粮食高产稳产综合示范区，与土地股份合作社、农机专业合作社合作建设为农服务中心，开展土地托管服务试点，为崇州市土地股份合作社、家庭农场、农业企业等新型经营主体提供育秧栽插、田间管理、机收烘储等各个环节的保姆式、机械化服务。土地托管服务试点作为提升和完善崇州“农业共营制”的重要措施，在构建新型农业社会化服务方面取得了显著的成效，破解粮食规模化生产中水稻育秧环节的短板，推动土地的适度规模经营。在降低农业生产成本10%的基础上，增加农业经营主体增加10%收益，提高土地产出率、利用率和粮食产量，增加农民收入。到2016年底，试点区域实现对粮油等主要农作物开展托管服务总规模将达到800公顷，其中全托管133.33公顷。

（黄启云）

烟草专卖

【概况】 2016年，烟草专卖局四川省烟草公司成都市公司崇州分公司销售卷烟2.55万箱；销售地产烟9925箱，比上年增长1143箱，增幅13.02%，市场份额达到39.00%；单箱均价达到3.47万元/箱，比上年增长3.26%；全年实现税利2.51亿元，比上年增长10.12%。

【营销工作】 建成现代零售终端267户，参与网订客户1860户，电子结算率到97%，各项指标均达到公司要求。按照成都市公司部署，抓住销售节点，优化客户服务，强化川烟培育。分季度抓重点，确保销售有条不紊。一季度抓两节销售，强化库存管理，提升川烟份额。抓住祥云、红芙蓉、蓝时代普访的机会，引导客户大量订购，既提升川烟份额，又稳定销售总量。二三季度抓品牌培育，在川烟培育之余，不忘渝烟销售，促进市场健康方展。四季度抓状态。积极展开市场调研，客户分析，确保全年任务完成，市场状态更佳。加强川烟价格段动态分析，扎实做好红兰娇、软阳光、小天子等川烟老品牌的推荐和销售，确保老品牌销量稳定，通过新品增量川烟。按“稳准精巧”培育法，继续助推宽窄如意、祥云、格调，红芙蓉、长城传奇、黑娇、蓝时代等川烟新品“价稳量升”。确保监控数据真实性、客户订货积极性、新品价格挺、动销快、口碑佳。不断提高品牌知名度，全年川销份额达39.1%。规范终端陈列，提升川烟形象，在各乡镇建立川烟销售示范街道和示范点，确保四川中烟全国区域总监标杆市场观摩会召开。组织召开11场次1200余人次零售客户座谈会和新品上市培训会，以点带面，增强客户宣传、培育、销售川烟的积极性。

【案件查处情况】 2016年，拟定重心在终端的专卖管理思路，推进专卖工作再上新台阶。查获涉烟违法案件346起，5万元案件6起，其中区内自查5起、5万元持证案两起、国产卷烟案两起。查获持证案件151起，占43.5%，查处大户案件44起，查扣卷烟4100条，案值95万元。

【内部专卖管理监督及综合管理工作】 按照《内部专卖管理监督工作制度及标准》扎实开展

内管工作，走访调查各类零售户576户，采集零售户经营状态信息180份，处理异常预警56条。全员参与安全岗位达标工作，顺利通过省烟草专卖局验收。全年无安全责任事故发生。

（羊　双）

邮政业

【概况】 崇州邮政公司下设综合办公室、市场经营部、运行保障中心、代理金融中心、电子商务中心和发投分局，下辖羊马、怀远、元通、三郎、街子、道明、三江、隆兴、王场、唐安西路10个邮政支局，蜀州北路营业组（含西街邮政营业门市）、封发组两个班组，邮政代办所35个，村邮站222个，便民服务站95个。全市转运邮路4条，城区投递段道19条（其中汽车4条、摩托车3条、电瓶车12条），报刊亭20个。2016年，崇州邮政分公司加入电商行业协会，协助商务局拟建跨境电商产业园，力争在跨境电商仓储、物流方面提供服务，扩大邮政快递的影响力。

【包快业务】 制定《崇州分公司包裹快递业务发展奖励办法》，务实打好包裹快递业务发展攻坚战，取得一定成效，完成市公司下达目标任务的313%，比上年增长291.15%。实现新增协议快递包裹客户数两户、唤醒原有流失大客户两户；新增协议国内标快客户3户。

【函件专业】 将媒体广告平台的建设与运营作为函件专业工作的重点。在平台建设方面加强与政府宣传部门汇报或与物业公司合作，确保85个阅报栏的顺利建设；加强商演会展市场的开发，联合市公安局禁毒大队开发商演；高度重视传媒类业务的发展，开发“大美乡村”3户，开发各类招商手册客户13户。

【集邮专业】 按照市公司“集邮文化季”的要求，积极抓好日常邮品的销售工作，充分利用集邮协会平台，以发行的“川大120周年”“玄奘”“奥运”“红军长征胜利80周年”等题材邮票为契机，开展首发活动、品鉴活动、集邮展活动，带动邮品的营销工作；继续梳理目标市场，捕捉信息，继续加大“一县一品”项目的开发，分公司实现邮品开发；持续推进集邮协会健康发展，支撑协会活动，提高集邮品牌影响力和社会关注度，抓好协会工作，把集邮知识进校园、进军营工作形成常态化开展，充分利用协会平台，推进集邮文化建设，提高集邮品牌影响力和社会关注度，培育集邮队伍。

【电商分销专业】 抓好“中秋”“端午”项目营销；在短信业务发展发扬多说一句话的精神，保证酬金及时、足额发放到柜员，提高柜员积极性，实现短信的增加加办量；充分利用城乡医保卡开卡的机会，宣传短信业务，实现短信加办5000余户；邮政公司一代办交管业务网点进行成功转制，该网点转制后通过延长服务时间，增加台席等举措，增加收入近30万元；继续加大车险业务的宣传、营销力度，2016年与保险公司联合开展活动两次；抓好熊猫邮局“鲜味送”的品牌推广及营销工作，充分利用节假日加强企事业单位工会礼品采购市场、福利市场的拓展营销力度，开展水果卡的营销工作，2016年实现福利市场销售20万元。

【报刊业务】 继续抓好日常收订工作，做到天天都是收订日，坚持开展上门工作；重点做好“图书销售季”专项活动，要抓时政热点，继续做好《中国共产党的九十年》《曹文轩纪念套书》《大学新生》等图书销售工作；以学校作为2016年邮政公司报刊增长的重点，安排投递员、营销员、支局长进行一对一的对接重点开发，确保校园教辅、报刊增量增收；利用假期推动相关动漫期刊的亭点零售工作；充分发动员工拓展社区、校园及高端群体，抓好重点畅销报刊、商务图书的开发及订阅工作。

【渠道平台工作】 按照市公司的整体安排和布置，成立专项工作推进领导小组，并制定相关实施方案，健全组织架构，成立渠道平台中心，配齐部门人员，全面启动“农村电商＋金融”的专项工作，开展农村电商平台的建设，2016年圆满完成市公司下达的农村电商十大指标目标任务。实现邮掌柜注册平台户数93户，月销售额约3～5万元左右，邮乐小店全面完成注册63户。完成包装三统一网点35个，着手完善工作的整体规划、实施，引导商家使用电商平台的N项叠加业务为各项业务联动发展，特别是金融的发展作好铺垫及支撑。

（骆　帆）

旅游业

【概况】 崇州是“中国优秀旅游城市”“四川省乡村旅游示范市”“四川省旅游标准化示范市”“四川省乡村旅游强市”“省级历史文化名城”。崇州市历史悠久，自古人杰地灵，生态、古迹保护良好，境内有全国重点文物保护单位罨画池博物馆（罨画池公园、陆游祠、州文庙三部分组成）、四川省重点文物保护单位崇州市博物馆、紫竹古城遗址、双河古城遗址与风格各异的主题广场、五彩缤纷的文井江生态旅游度假区、异国情调的文锦江温泉旅游度假区、川西宝镜白塔湖以及明帝遗踪凤栖山、国家AAAA级旅游景区街子古镇和元通古镇、四川大熊猫栖息地世界自然遗产鸡冠山—九龙沟风景名胜区、中国最美乡村公路重庆路以及稻乡旅游环线等，它们构成崇州丰富的旅游资源。2016年，全市旅游投资快速增长，达41.5亿元。全年接待游客980.68万人次；实现综合旅游收入29.86亿元，比上年增长5.02%。崇州成功入选全国第二批全域旅游示范区创建单位，旅游业发展开启新的机遇期。崇州市党代会确立“一区四板块”的全域旅游发展目标，将全域旅游放到全市中心工作的重要位置。

【重点旅游项目推进】 崇州加大旅游项目招引力度，总投资106亿元的陇海三郎国际旅游度假区成功签约，实施集休闲、会议、购物、娱乐、居住为一体的嘉裕酒店、嘉裕会所、湿地公园等项目；引进鲁能项目、青城马术俱乐部、陶巴巴家庭农场等“一三”互动项目，与街子古镇景区、凤栖山景区形成连片发展、互为补充，有效实现生态、形态、文态和业态“四态融合”，提升产业发展水平；引进圣沅“中国青城国际颐养中心”高端康养、颐养项目，与解放军总医院合作，总投资30亿元，占地900余亩，项目综合大楼建设完成，形成接待能力；康疗大楼基础完成。羊马湿地公园一期600亩正式开园迎客；街子围绕“青城街子、道养小镇”定位，构筑经济发展优势平台，实现承载AAAAA级旅游景区产业发展的能力；省级湿地公园桤木河湿地（北段）长约14千米、宽200米的生态湿地初步形成。确立怀远以藤文化为特色的错位发展思路，挖掘藤编历史文化对新时期藤编艺术进行升级转型，以藤文化为特色，打造宜居、宜业、宜旅的中国藤艺古镇。结合北部水乡示范线建设，对示范线上的锦江乡乌尤村、崇平镇熊家院子、观胜镇严家院子，以及稻香环线上的白头镇和乐村、道明镇竹艺小村等5个林盘进行打造。

【旅游供给侧结构性改革】 加快推进旅游供给

侧结构性改革，创新旅游业发展方式，积极探索旅游+产业投资融合新模式，实施豪芸航空体育休闲旅游、街子青城国际马术休闲旅游、大型实景旅游演艺项目《蜀歌·蜀嫁》创演、登山健身步道等“旅游+体育”“旅游+文化”发展融合项目。旅游行业管理规范化有序，实现“安全、秩序、质量、效益”四统一目标。

【乡村旅游品牌建设】 将乡村旅游作为探索经济新增长点的重要举措，全力推进完善服务功能和提高服务质量。全市有“四川省乡村旅游示范镇”两个；“成都市旅游特色村”15个；省级示范休闲农庄2家；星级农家乐/乡村酒店34家；规模以上农家乐150余家。其中，2016年新评定星级农家乐6家、星级乡村酒店3家、精品特色业态7家、特色业态11家。道明竹编村乡村文化旅游基地成功创建四川省乡村旅游创客示范基地，白头镇五星村被评为“中国最美休闲乡村”，鸡冠山森林公园被评为国家级森林公园，街子镇古寺村被评选为“中国乡村旅游模范村”，味江味花园酒店被评选为“中国乡村旅游模范户”，三郎镇欢喜村王加永、街子镇古寺村卞永强、怀远镇青峰岭社区白瑞根、白头镇五星村孙献忠、土而奇农庄冉启斌被评选为“中国乡村旅游致富带头人”，青城园酒店、凤栖山酒店、东亭园林酒店被评选为“中国乡村旅游金牌农家乐”。乡村旅游逐步成为崇州农村经济发展新的支撑点，旅游产业发展新的关注点、城市居民休闲消费新的兴奋点、农民收入新的增长点。

【旅游服务配套】 旅游服务公共配套体系更加完善。崇州新建和改建旅游厕所3座；积极推进智慧旅游景区建设，街子古镇景区、元通古镇景区积极引入互联网新技术，从智慧管理、智慧服务、智慧营销等方面提升景区旅游信息化水平，成功实现与省、市旅游平台数据对接；加快推进并完成稻香旅游环线、川西民俗文化区停车场、羊马湿地游客中心等旅游公共配套设施建设。旅游度假区、主题公园、影视城、文化创意村、康养基地、生态旅游项目、航空运动旅游、营地等新业态不断丰富。

（罗云霞　康德义）

【街子古镇和元通古镇管理】 街子古镇景区面积1.21平方千米，古镇核心区拥有酒吧、特色名小吃等外来经营户50余家，特色餐饮、酒店和客栈228家，床位4825个，形成特色餐饮、地方名小吃、客栈、酒吧、兰花交易等特色街区。元通古镇规划区面积1.10平方千米，核心区面积0.38平方千米，拥有各级文物保护单位12处。2016年，街子古镇共接待游客515.22万人次，旅游收入96613万元，元通古镇共接待游客130万人次，旅游收入15872万元。街子景区管理局完成省外到位资金2.02亿元，新项目两个，有效备案项目6个。技改投资完成1亿元。“鸾飞凤舞”生态公园和梅驿广场建设完工，“青城阳光”安置房三期加快建设，“黄藤巷、井水街”改造项目完成主体建设。街子古镇顺利通过成都市“镇容镇貌示范镇”验收。在景区主要道路、街道、公共场所等建设高清视频监控系统。景区智慧业态（酒店）系统上线运行，为电商预定提供有力的技术支撑，也为景区业态监控和调整提供数据支持。由成都传媒集团在街子古镇乐园内部重点打造的中国最有文化魅力和运营活力的首个传统文化创客小镇于10月29日开街。由川西民歌村在街子古镇农耕园内打造的《蜀歌·蜀嫁》大型婚俗实景剧是在崇州市打造的第一台旅游实景演出，于9月28日首映成功。11月6日，街子古镇在第二届“全国生态文明建设高峰论坛暨城市与景区评选活动”中喜获“中国最美休闲胜地”奖。

（杨超群）

【景区创建工作】 街子古镇成功创建省级旅游

度假区；金盆地酒文化博览园成功创建 AAA 级旅游景区；白塔湖成功创建 AA 级旅游景区；街子古镇通过国家 AAAA 级旅游景区年度复核。

【旅游节庆活动】 3 月，成功举办 2016 四川花卉（果类）生态旅游节主会场暨第四届四川国际自驾赏花节。赏花节期间，接待游客 211.13 万人次，比上年增长 38.45%；实现旅游综合收入 47544.3 万元，比上年增长 86.2%。先后举办街子古镇元旦跨年复古派对；“古镇乐园游玩季——环游街子，健康骑行活动”；“乡”约青春主题活动；古镇乐园暨字库酒店参展威尼斯建筑双年展发布会；四川首档“零门槛”群众舞蹈创意电视竞技秀节目《耀舞扬威》走进街子；“街子古镇杯”2016 成都导游大赛；青城文创硅谷示范区启动等活动，彰显街子特有的魅力和文化气息。

【精品文化旅游线路】 结合罨画池博物馆、崇州市博物馆、崇州市文化馆、图书馆、元通陶艺文化博览馆、街子古玩一条街、古寺宗教文化、川西民歌村文化演艺和一批非遗资源丰富的历史文化村落等资源，着力整合打造文化旅游产品体系；结合元通、怀远、街子“古镇金三角”、沿山片区、10 万亩稻香旅游环线、重庆路沿线和历史文化名城推出精品文化旅游线路。

【主要旅游资源】 街子古镇：古镇距今有一千多年的历史，是国家 AAAA 级旅游景区、全球低碳生态景区、四川省历史文化名镇、四川最美古镇、成都市“五大天府古镇”之一，也是驰名全国的“兰花之乡”。街子古镇和青城山同属青城三十六峰，是成都大青城国际旅游度假区的重要组成部分。古镇背靠道教文化发源地青城山，北连世界遗产都江堰，东距成都 57 千米、双流国际机场 45 千米，位于龙门山生态旅游带、川西旅游环线交汇处。不管从成都市区还是从双流机场出发，都是全程高等级公路，只需 50 分钟车程就可到达。街子古镇自然环境优美、文化底蕴深厚，境内有被称为晋代古刹的光严禅院、凤栖山景区、千亩原始森林、千年银杏、千年古楠、唐代“一瓢诗人”唐求故居、北宋农民起义领袖王小波起义遗址、清代古塔、清末民初古建一条街、有神奇传说的古龙潭、五柜沱、云雾洞等，全镇各种文物古迹 20 余处。街子古镇古风盎然、设施完善、游人如织、一片繁华。道养文化、佛教文化、隐士文化、诗歌文化、农耕文化、茶马文化等多元交融，民歌表演、农耕体验、酒吧休闲等，为游客提供丰富的旅游互动体验，清新空气、清澈水系和青葱山林组成的良好生态，为游客提供健康环保的健身旅行。

元通古镇：景区位于四川省崇州市元通镇，距成都市区 36 千米，距崇州城区 11 千米。与街子古镇、怀远古镇相互间的距离不超过 10 千米，形成崇州“古镇金三角”。元通古镇有着 1600 余年的历史，是川西文物保护单位最多的场镇，同时也是川西地区著名的“土陶之乡”“仁里义乡”“水运之乡”，2004 年被列为第三批省级历史文化名镇。古镇地处文井江、泊江、味江汇流之处，因水而兴，历来商贾云集、会馆林立，成就其“川西第一水岸”的美誉，浓厚的码头文化延伸出商贸文化、仁义文化、会馆文化、宗教文化以及民俗文化等多种文化形态，多元文化的融合又塑造古镇前店后院、街巷贯通的民居特色。古镇至今保留 11.9 万平方米的川西民居建筑，同时也形成“川西三大会之一”的元通清明会，并延续至今，极大地丰富元通民俗乡村文化内涵，清末明初更是被誉为“小成都”和“清明上河图”。2015 年，元通古镇成功创建国家 AAAA 级旅游景区。

罨画池博物馆：由罨画池公园、陆游祠、州文庙组成，是三位一体的全国重点文物保护单位，位于城区中心。罨画池公园素有川西名园之称，始建于唐，盛景成于宋。园中散落陆游祠镌刻数十处，池畔廊、桥、榭、轩、亭，假山疏密相间，步移景换，具有江南园林玲珑秀雅的韵味。陆游祠，为纪念曾任蜀州通判的爱国诗人陆游而建，是除陆游家乡浙江绍兴外，全国仅有的纪念陆游的专祠。祠内文物史料丰富，被国内专家学者誉为“中华陆游诗歌文化第一祠”。州文庙，是四川省保存最完好的四座文庙之一。始建于明洪武初，是供奉孔子的庙堂，在成都地区独一无二。

崇州市博物馆：作为崇州市首座公益性综合博物馆，依托四川省文物保护单位——杨遇春宫保府进行陈列布展，展厅分别由主题为“钟灵毓秀·人文崇州”的序厅和主题为“蜀中之蜀·千载遗珍”的文物展厅构成，分设刻画、钱币、陶瓷、雕塑、文房等若干展区，展出精品文物255件，其中，战国错金银青铜带钩、西汉虎纹铜小刀、东汉谒见画像砖、明鹏路铭文铜镜等均属十分珍贵的国家一级文物，也是博物馆的镇馆之宝。崇州市博物馆采用图文并茂、实物陈列、场景再现等展示手法，通过多媒体等现代科技手法与参观者互动。其展品精美丰富、环境幽静古朴，是对崇州历史文化积累与呈现、保护与传承的重要载体。

重庆路：途经街子镇、三郎镇、怀远镇、公议乡、道明镇、王场镇、白头镇等。重庆路东连成（都）青（城山）旅游快速通道，南接成温邛高速公路，路线全长42千米，成为崇州乡村旅游发展的“黄金走廊”。从2013年春起，崇州市在重庆路连续举办四届四川自驾赏花节，吸引众多游客到此观赏道明、王场的油菜花，公议乡花果山的桃李梨花，怀远的万亩青梅花，三郎的万亩樱花等，带动沿线群众发展旅游产业。重庆路像一条美丽的丝带，连接着崇州西北部最具魅力的山水田园风光，被网友誉为“中国最美乡村公路”。游客不仅可以“胜日寻芳重庆路”，感受“无边光景一时新”，还可以参与重庆路沿线的自行车骑行，观赏田园花海，体验崇州的道明竹编、怀远藤编艺术等极具崇州特色的特色商品生产制作过程，可以品尝道明火锅鸡、街子汤麻饼、“怀远三绝”——冻糕、叶儿粑、豆腐帘子以及沿线的乡村特色饮食。

鸡冠山——九龙沟风景名胜区：是世界自然遗产大熊猫栖息地的重要组成部分，由鸡冠山景区、九龙沟景区、凤栖山景区三部分组成。景区内拥有盆周风景区游人可达的最高最大的雪山草甸（海拔3868米，草甸面积4800亩，坡度7%）和第四纪冰川遗迹景区；景区还拥有龙门山脉规模最大、数量最多、蔚为壮观的瀑布群及漂流河段，拥有川西旅游环线风景区中面积最大、品种最多、最为集中的枫槭林、桂花林、芍药林和高山杜鹃林，加上丰富的动物景观和迷幻的高山天象景观，构成熊猫生态环境的全方位展示。位于景区内的鞍子河自然保护区是全国14个大熊猫保护区中大熊猫数量最多、距大都市最近（距成都80千米）的大熊猫保护区，是卧龙和蜂桶寨两大熊猫种群交流繁衍的关键走廊，是成都大熊猫人工繁育基地的野外放生园，被专家们视为“中国大熊猫故乡”。2015年，鸡冠山国家级森林公园设立获批。

稻乡旅游环线：全程58千米，依托光华大道、西集路、燎集路、道桤路等交通干道，形成串接区内水网、路网、乡村绿道且具有“川西坝子”田园风情的通达全域的交通大环线，其涵盖高标准农田，推广现代农业，以乡村旅行和养生休闲度假发展区为主，将10万亩粮食高产稳产高效综合示范基地、桤木河湿地公园、藏羌风情小寨多禾寨、红提荷花基地等旅游景点串联起来，一派川西新农村风光。

桤木河湿地公园：位于成温邛高速以南，至崇王路南侧约400米处，主要由14公里桤木河、老河槽、低洼地、鱼塘、丰富的原始植被进行支撑，并在现状的基础上规划水系、水网、水域，形成“湿地”的资源和文化氛围；“健康食地”主要由10万亩粮食高产稳产高效综合示范区、丰富且健康的特色餐饮、一体化的农产品加工流通构成，并以此构建“健康食地”乡村产品体系，从而形成最具川西平原地域文化特质的“生态湿地·健康食地”。2015年，桤木河湿地公园成功创建省级生态旅游示范区。

怀远古镇：位于崇州市西北部，早为汉原，后称分州再名怀远。自古为成都市西北部山区重要交通枢纽和物资集散地，是四川省历史文化名镇、成都市有名的书画之乡，素有“蜀门”之称。境内山川秀美、气候宜人、雨量充沛、土地肥沃、物产丰富。尤其是以美食“怀远三绝”和传统特色工艺“怀远三编”闻名于世。怀远镇有保存比较完好的古街道，有林氏宗祠、马氏大院、石牌坊、洄澜塔等古迹。

（罗云霞　康德义）

金融业

【概况】 2016年，全市有银行业金融机构12家，保险公司7家，小额贷款公司1家，证券公司1家。2016年末，全市金融机构各项存款余额440.54亿元，比去年同期增长11.11%，其中储蓄存款余款314.18亿元，比去年同期增长10.03%；各项贷款余额194.64亿元，比去年同期增长10.48%。

【落实稳健货币政策】 人民银行崇州市支行制定《中国人民银行崇州市支行关于金融支持崇州市经济稳步发展的指导意见》，引导金融机构加大对地方重点项目、“三农”、中小微企业等重点领域和薄弱环节的支持力度。结合辖内农商银行、村镇银行共计1.2亿元央行支农再贷款的投放使用，引导银行机构将定向支持的政策红利惠及到“三农”实体经济。

【加大实体经济支持力度】 人民银行崇州市支行积极支持中小微企业发展，完善和推动崇州市银政企担对接合作机制，引导各银行业金融机构创新推出“科创贷”、应收账款融资服务等信贷产品，加大对崇州市中小微企业的信贷支持力度。2016年7月，召开崇州市政银企对接会议，会议现场6家银行与13家企业代表签订2.3亿元的意向协议。全年，各银行业金融机构向实体经济新增贷款投放15.78亿元。

【推动农村金融服务综合改革】 人民银行崇州市支行主动承担农村承包土地的经营权抵押贷款试点工作任务，推进农村金融服务综合改革工作。成立崇州市农村产权抵押融资工作领导小组，建立农村产权抵押融资工作联席会议制度，全程参与制定《崇州市进一步深化农村产权制度抵押融资试点的实施意见》《崇州市农村产权抵押融资风险基金使用实施细则（试行）》《崇州市农村土地经营权流转管理实施办法（试行）》等系列文件，为崇州市农村金融综合服务改革试点工作打下扎实基础。坚持先行先试，切实加大农村金融创新产品推进力度。继续推动非林地上林（竹、果）权抵押贷款、林地经营权抵押贷款以及农村养殖水面经营权抵押贷款的增量扩面工作。截至12月底，崇州金融机构累计发放各类农村产权抵押创新贷款1014笔8.08亿元，比年初增加0.74亿元。推动农村金融综合服务站（村级）建设，坚持高起点示范、充实完善各类功能、所有行政村全覆盖的原则，逐步实现为农民提供便捷高效金融服务的目标。

【推进农村信用体系建设】 人民银行崇州市支行制定《崇州市加快推进“互联网+农村金融”

发展实施方案》，以开发建设“崇州市农村金融综合服务平台”为依托，创新推动农村信用体系建设。该平台自2016年7月初试运行，至年底共收集347户农村新型经营主体相关信息，受理农户及各类农村新型经营主体的贷款申请147笔，发放贷款115笔，5945万元。同时，继续开展信用评定，截至2016年底，共评定信用乡镇23个，信用村167个，信用专业合作社36个，信用家庭农场26个，信用职业经理人131个，信用户1.2万个。继续推动信用激励考核评价，推动涉农银行业金融机构加大对信用主体的信贷优惠政策的落地。

【加强金融管理】 人民银行崇州市支行按照“两综合、两管理、一保护”工作要求，分机构印发2015年度综合评估情况通报，指出各金融机构具体存在的问题，要求及时整改。下发《中国人民银行崇州市支行关于进一步加强银行业金融机构重大事项报告工作的通知》，要求金融机构严格执行重大事项报告制度，切实维护地方金融稳定。对全辖金融机构逐一走访，有效落实相关法规政策和管理要求。加强对存款保险制度准备实施情况的监测。严格依法行政，对金融机构金融统计、人民币管理、支付结算、征信管理等实施监督检查。认真开展人民币管理工作。持续推进反假货币网络建设。做好新版人民币发行机具升级工作。组织开展辖内金融机构从业人员反假货币资格证书考试，全年参考人数489人，合格率80%。开展人民币净化工程工作、人民币收付量化考评，督促金融机构规范操作业务，净化人民币流通环境。认真做好金融消费权益保护工作，切实维护消费者合法权益。

【提升金融服务水平】 2016年末，崇州市各金融机构累计发放农村“两权一房”和农业职业经理人贷款等创新产品959笔7.34亿元，比上年增加2.57亿元，增长53.88%。继续推进“迅通工程”建设，督促金融机构加大对乡镇、农民集中新居等地的ATM布放，至2016年12月底，全辖安装ATM机具296台，比年初增加29台，增幅9.74%；安装POS机具1550台，比年初减少509台，减幅24.72%。持续开展刷卡无障碍示范区打造，创建崇州市大东街商区为省级刷卡无障碍规范区。开展“支付惠农示范点”创建工作，白头镇五星村青年创业超市荣获省级“支付惠农示范点”称号。继续推进财税库银横向联网工作，加大横向联网宣传力度，不断提高联网扣税率，截至12月末，崇州辖区横向联网扣税笔数占比99.37%，地税纸质税票1368份，较上年减少6591份，扣税金额占比81.76%。全年开展直拨业务4次，笔数3635笔、金额955万元，业务量比上年增加2.8倍。积极引导金融机构开展国债到期自动转存和自动终端销售国债业务。自动终端销售国债5笔、金额45.5万元，自动转存签约5笔、金额27.3万元。

（人　行）

【融资担保】 2016年，崇州中小企业融资担保有限公司（12月更名为“崇州市蜀兴融资担保有限公司”）在保82笔，金额3.57亿元，新增67笔，金额3.023亿元。公司项目类在保71笔，金额1.16亿元，新增80笔，金额1.03亿元。政策性小额担保贷款（妇女小贷、下岗再就业担保贷款、职业经理人担保贷款）共计在保22笔，在保余额232万元；灾后重建担保贷款在保19户，在保余额92.96万元。为缓解中小微企业融资难、融资贵问题，解决企业临时性资金周转困难，公司成功为企业提供“应急周转金”贷款担保2520万元。公司为推进农村产权抵押融资工作，根据《崇州市农村产权抵押融资风险基金使用实施细则（试行）的通知》，成功受理三方协议备案登记55笔3747万元，有效解决困扰农村发展的资金问题，为农村产权抵押融资工作作出了贡献。

（刘　萍）

电　信

【概况】　中国电信崇州分公司大力推进智慧城市信息化建设和宽带乡村建设，以信息化手段助力当地特色经济发展，推动农村产业结构升级，丰富群众生活，切实改善民生，促进经济平稳增长与社会和谐发展。全年宽带用户净增2.5万户，移动用户净增3.5万户。截至2016年底，宽带用户达到13万户，手机用户达到24万户，电信电视用户达到15万户，固话用到达量为14万户。

【渠道建设】　加强渠道建设，建立健全以直销、实体为主，电子、社会渠道为辅的渠道体系，建天翼专营渠道150家、益农社57个、豪华商超12个，实现渠道全覆盖，方便广大群众办理包括宽带移动业务在内的中国电信业务。

【网络建设与维护】　作为崇州市信息化建设主力军，大力推进智慧城市和宽带乡村建设，对当地通信基础设施高投入、快建设，将重点资源投向全光纤网络和4G网络建设，搭建适应经济发展要求的信息化高速公路。城市、乡镇实现100%全光纤覆盖；行政村实现100%以上全光纤覆盖；4G网络实现90%以上覆盖。完成鸡冠山、九龙沟等防洪通信工程。

【情系客户】　以促进信息惠民为目的，将宽带提速工作纳入民生工作目标，2016年底169用户提升至200兆，同时对老用户进行免费提速，让城乡居民都能享受到百兆高带宽上网和分辨率为4K的超高清电视等丰富多彩的信息化应用，满足市民信息化需求，助推崇州经济发展。

（彭　庆）

移动通信

【概况】　中国移动通信四川有限公司崇州分公司依托崇州经济的快速发展，按照省、市公司工作部署，秉承“正德厚生、臻于至善”的核心价值观，全力做好崇州移动网络建设工作，为广大客户提供语音、数据、IP电话、互联网、手机终端等信息化产品与服务。移动崇州分公司将生产经营与企业文化相结合，全力推进学习型企业建设，树立典型，传播正能量。持续开展“满意100”服务提升活动，重点抓好4G网络运营，持续提升“发展、创新、和谐”能力，努力开创移动互联网时代发展新局面。2016年，移动崇州分公司用户数突破55万。

【业务拓展】　宽带规模突破10万户。公司推动“智慧城市”项目、崇州电子政务外网项目、街子古镇WLAN项目等重点信息化项目，涵盖崇州市25个乡镇及200余个行政村。同时，优化渠道布局，提升网点规模，2016年服务网点建设突破400余家，实现渠道全覆盖。

【优质服务】　围绕营业厅现场管理、集团客户服务、网络质量满意度、服务质量满意度等方面推动服务工作落地执行。响应李克强总理号召，在行业内部率先提出“提速降费”，通过免费更换4G卡、流量不清零等举措提升客户感知。通过短信评价、满意度外呼、交叉检查、10086对外投诉窗口等多种手段为依托，收集和处理客户咨询、业务办理和问题反馈，做好闭环管控，全面提升营销服务能力。2016年，移动崇州分公司荣获崇州市级“青年文明号”称号，昌明路营业厅荣获成都市级“青年文明号”称号。

【网络建设与维护】 推动TD－LTE发展，提升网络基础能力。重点推动载波聚合（CA）技术应用，加速VoLTE高清语音推广，应用于所有LTE基站，进一步巩固4G为核心的网络领先优势。全年为鸡冠山森林公园、道明樱桃沟、10万亩良田等盲点区域新建基站88个，全面提升崇州的网络通信质量，为崇州旅游服务做好支撑。全年新建传输光缆873皮长千米，BRAS上行端口从20G提升至60G，实现对城区的优质覆盖和所有乡镇（场）的全面覆盖。

（杨　聃）

联合网络通信

【概况】 中国联通崇州分公司秉承“真诚相联，真情沟通”的服务理念，完善服务制度，大力缩减服务流程，以客户需求为导向，为用户提供优质的服务，进一步提升公司品牌形象。LTE制式4G网络覆盖全市主城区、乡镇以及重要公路沿线和旅游景区，主城区商业体、大型小区采用室内覆盖微基站，解决4G室内弱覆盖。小区光纤宽带建设迅速，全年建设光纤宽带项目14个，覆盖城区26个小区以及元通镇、观胜镇、大划镇、街子镇、怀远镇等乡镇主场镇。先后建设元通镇、白头镇、街子镇、怀远镇智慧小镇WIFI覆盖项目。

【业务发展】 深化体制改革，根据客户类型不同分为5条渠道线，从5个维度针对不同的渠道拓展销售工作；提升渠道产能，以“大力发展新用户，持续维系老用户”的方针，在发展新用户的同时，加大维系老用户。2016年，积极响应和投身崇州智慧城市建设，与崇州市残联等市机关单位开展了多个智慧应用项目。

【网络建设与维护】 投资1400多万元，完成4G基站补点新建，光纤物理网光缆敷设5.8皮长千米（1137芯千米）、完成小区宽带14个项目，新增端口1.1万线，完成崇州网络的IP化改造，为4G的发展储备足够的网络资源，为崇州智慧城市建设保驾护航。

（胡椰杉）

能　源

CHONGZHOU YEARBOOK

电　力

【概况】 国网四川省电力公司崇州市供电分公司担负着崇州市25个乡镇（街道）的供电任务，供电区域1090平方千米，供电人口67万人，供电客户数29.6万户。2016年，崇州地区有35千伏及以上变电站17座，总容量186.1万千伏安，其中：220千伏变电站2座，主变容量78万千伏安；110千伏变电站9座，主变容量94.7万千伏安；35千伏变电站7座，主变容量14.4万千伏安。35千伏及以上线路29条，316.3千米，其中110千伏线路16条，192.4千米；35千伏线路13条，123.8千米；10千伏配网线路141条，1941.2千米。

【电网建设】 持续推进电网建设，建成投运35千伏文井江变电站，新增变电容量1万千伏安。完成电网规划滚动修编，电网“十三五”规划纳入城市发展规划“一张图”。开展新一轮农网改造，储备井井通、中心村、西部农网项目69个。高效推进，完成崇州经开区220千伏输变电工程前期工作，进入核准阶段；积极争取，大划110千伏输变电工程成功纳入2017年前期计划。

【优质服务】 全面强化员工市场意识和服务意识，严抓服务行为，服务投诉比上年减少24%，“百万客户属实投诉率”10次/百万户，居成都区（市、县）较好水平。全面落实业扩新政，深化业扩环境整治，严格执行“一证受理”“同城异地受理”政策。落实资金开展59个老旧院落电力设施改造。大力推广“掌上川电”APP，注册用户14万户，供电服务进入“互联网+”时代。快速推进农村缴费点建设，全面实现农村缴费“村村有点”。成立7支农电党员服务小分队，深入乡镇、村、社区，零距离服务春灌、抗旱、秋收和新农村建设。完成李家岩水库开工仪式、西博会、余旭烈士公祭等重点保电任务62次，获得政府及社会各界一致好评。以文井江供电所供电服务优秀事迹改编的歌舞剧《我愿意，谢谢你》登上中央电视台，面向全国展示国网电力人的风采。

（吴　颖）

天然气

【概况】 全市有天然气公司4家，分别是崇州市天然气有限公司、崇州市东部天然气有限公司、四川江油川北恒丰天然气有限公司崇州分公司、成都中能能源开发有限公司，全年天然气供应总量达9325万立方米，供应居民户数10.97万户。

（袁　兵）

【崇州市天然气有限公司】 全公司有用户6.5万余户。加强施工各环节的监督力度，提前部署施工任务，加大施工规划设计方面人力、物力的投入，按照工程建设施工企业质量管理体系GB/T50430规范管理施工、质检工作。统一城乡两地工程设计和造价标准，规范工程设计文件，让各施工队在施工中有统一的执行标准。2016年在施工组织设计、施工进场、材料验收、土建收方等环节严格执行制度、操作指引以及工程建设企业质量管理体系，杜绝工程施工中的随意性，材料、工程量的验收和核算工作在时效性、准确性上有很大改观。施工管理、安全管理、工作效率等方面有很大提升。年内，加大探漏工作在人力和物力方面的投入，探漏组按照管道腐蚀年限、施工工艺以及地理环境等因素开展探漏工作。对查找出的漏点立即进行应急抢险，采取临时堵漏计划性补修的方式修复，既不影响用户用气又安全可靠。全年探漏组共查出中压漏点13处、低压漏点27处，立即进行修复更换。因天然气用户的类型增多，统规自建房用户增多，私拉乱接现象越来越多，加之商业用户违规用气现象越来越重，用户的安全管理工作难度越来越大。加大用户安全管理力度，加强入户安全检查和各类故障处置。抄表员在安全检查时发现用户室内安全问题立即向表检所传递信息，表检所当即解决安全问题。全年表检所处理漏气926户，更换超期气表2744户，更换软管2024户，处理安全问题类信息单4800多件。安全管理部会同各行政主管部门对城乡天然气用户的燃气安全使用情况进行多次排查和整治，从根本上防范和遏制燃气安全事故。全年无安全事故发生。年内，服务工作最大的改进是信息的传递更高速、准确。公司在《管理制度》中明确信息传递的途径、时限等要素。办公室、服务大厅、抄表员在收到用户反馈的各类信息后，按规定在当日就将信息传递到相关部门，由接收部门在规定时间内进行处置，并对处置结果进行反馈。通过改进服务流程，减少用户投诉，提升用户的满意度。组织开展春季快乐行竞走赛，增强公司员工的凝聚力。9月，公司和崇州市慈善会共同承办“崇州市燃气帮困助学金”项目顺利结束，帮助贫困大学生32人，10年累计帮助500余名家境贫困的学生圆了大学梦。

（李　季）

沼　气

【概况】 崇州市沼气办公室内设科室有综合科、项目办，下属国有企业崇州市华天环境建设有限公司（原崇州市沼气技术服务部），积极参与崇州市城乡沼气建设，内设业务部、工程部、财务室、施工项目部。公司有资质开展沼气工程、市政工程设计、施工，环保工程服务，污水处理建筑设施施工经营服务。

【项目资金投入】 2016年崇州市农村沼气项目总投入资金325.18万元。农村户用沼气项目总投资资金51万元，其中成都市财政补助资金24

万元，崇州市财政配套资金 6 万元，农户自筹资金 21 万元。项目补助资金除去政府集中采购的炉具配件及玻璃钢拱盖外，全部补贴到位给建池农户。沼气池综合保险项目总投入资金 1800 元，其中，成都市财政补助资金 1500 元，崇州市财政配套资金 300 元，沼气池竣工验收合格后，全部购买沼气池综合保险。大中型养殖场沼气工程总投入资金 64 万元，其中成都市财政补助资金 25.6 万元，崇州市财政配套资金 6.4 万元，业主自筹资金 32 万元。农村面源污染治理种养结合农业循环经济建设项目总投入资金 210 万元，其中成都市财政补助资金 100 万元，业主自筹资金 110 万元。项目经监察、审计、财政、农发、沼气办等部门联合检查验收合格后，项目补助资金全部补贴到位给养殖业主。

【农村户用沼气池建设】 结合崇州市幸福美丽新村建设、林盘保护、百村容貌整治、“三美”创建、“四入”活动等工作，在 5 个乡镇实施农村户用沼气池建设，严格执行“一池三改”（改厨、改厕、改圈）建池标准。年内新建农村户用沼气池 150 口，完成成都市下达的“民生工程”项目目标任务，有效防控面源污染，改善农村居家生活环境和卫生状况。

【大中型养殖场沼气工程项目建设】 为贯彻落实《成都市畜禽养殖管理办法》，围绕农村面源污染治理、河流水环境治理等工作，在 6 个乡镇开展养殖场沼气工程治污建设，强化面源污染源防控，支持养殖场发展“畜——沼——粮”“畜——沼——菜”等农业循环经济模式。2016 年，新建大中型沼气工程 8 座，800 立方米，完成成都市下达的农村面源污染治理养殖场大中型沼气工程建设项目 800 立方米目标任务，实现养殖场畜禽粪便的无害化处理、资源化利用和废弃物零排放。

【种养结合农业循环经济项目建设】 围绕崇州市都市现代农业发展、幸福美丽新村建设、扶贫开发等工作，项目采取“养殖业——种植业——沼气工程”三结合的物质循环利用处理模式，在家庭农场内配套新建大型沼气工程、沼渣堆场、沼液储存、田间管网等粪污处理系统、沼渣沼液综合利用系统、沼气综合利用系统，场内实施智能化滴灌、喷灌控制系统，将养殖业与种植业有机结合，实现循环利用，促进农场养殖业种植业健康发展，提升农场综合效益，促进企业增产增收。年内完成新建种养结合农业循环经济示范项目两个。

【城乡生活污水净化沼气池建设】 市沼气办围绕崇州市加强城乡生态环境、城市水环境保护、城市建设管理专项治理等工作，在城市开发区、城镇化规划、新农村集中安置、风景旅游区开发保护、棚户区改造等建设中推广净化沼气池处理生活污水。2016 年，完成新建生活污水净化沼气池 6 处，2300 立方米，形成年处理城乡生活污水 28.3 万吨的能力，切实从源头上治理餐饮、住宅小区、学校、厂矿企业等住户的生活污水。

【沼气安全生产监管】 市沼气办严格落实“一岗双责”和责任追究制，切实做好行业安全生产管理。加强乡镇工作合作，保持信息畅通，抓好新建沼气池施工建设和报废池填埋管理，采取定期和不定期检查督促隐患治理、廉政跟踪项目的实施，全程监管建设质量、安全生产、施工进度、使用管理、竣工验收、资金使用安全等工作，确保无安全事故发生。强化市沼气协会和乡镇沼气服务站功能作用，加强有偿服务运营，做好安全用气、出料出肥和设施的维修维护管理工作，提高服务水平。

（唐崇君）

财政·税务

CHONGZHOU YEARBOOK

财　政

【概况】 2016年，市财政局加强国家重大财政落实监督检查，强化督查保障，深入开展专项治理工作，全面推进财政支出绩效管理，创新融资方法，扶贫工作精准发力，创新扶贫新模式，公共财政惠民政策体系不断完善，财政完成总收入42.85亿元，总支出51.48亿元。

【财政收入】 全年市财政总收入完成42.85亿元。地方财政收入完成28.55亿元，其中：地方一般公共预算收入完成16.99亿元，占预算目标的105.52%，比上年增长13.98%，增加2.08亿元；政府性基金收入完成11.56亿元。

【财政支出】 全年市财政支出51.48亿元，其中：一般公共预算支出37.13亿元，占调整预算的95.31%，比上年增长1.34%，增加4896.39万元；政府性基金支出14.35亿元，占调整预算的91.78%。严控“三公”经费，全市“三公”经费支出下降21%以上。公共财政惠民政策体系不断完善，一般公共预算民生支出占比达到73.5%，公共财政取向进一步凸显。

【财政资金精准扶贫】 市财政保障扶贫资金精准投入，其中投入近亿元，用于相对贫困村基础设施建设；投入184万元，用于460户精准贫困户发展家庭畜牧业和农业技术培训等；投入160万元，用于扶持相对贫困村发展现代农业，壮大集体经济。

【支农资金股权量化】 探索贫困户脱贫致富新路径，创新财政投资收益扶贫新模式。启动清源土地股份合作社改革试点，通过把财政资金形成的资产以股权方式量化到合作社社员，让农民成为财政投入项目的股东，特别为贫困户设立优先股，赋予贫困户更多财产权利。2月，每户贫困户额外领到优先股红利285元，贫困户分红收入为一般农户的2.3倍，有效增加贫困户财产性收入。

【绩效管理】 全面推进财政支出绩效管理，继续完善支撑体系，健全考核体系，强化结果应用。2016年市级重点支出绩效评价项目达到35个，涉及资金规模1.63亿元，较上年增长

63.2%，同时开展部门整体支出绩效评价和政府购买服务专项绩效评价，实现绩效评价部门（单位）全覆盖。

【政府采购监管】 全市政府采购258批次，预算采购资金2.52亿元，实际采购合同支出2.24亿元（其中政府购买公共服务0.65亿元），节约资金0.28亿元，节约率为11.1%。

【国有资产监管】 2016年，在全市开展行政事业单位国有资产大清查，国有净资产总量43.45亿元。逐步对资产购置、资产出租出借、资产收益等事项实现网上申报。全市盘活存量资金10.67亿元，统筹调整用于全市经济社会发展亟需支持的重点项目，资金使用效益稳步提高，确保国有资产保值增值。

【金融服务】 创新融资方法，通过信托、债券、融资租赁、保理等进行融资；降低融资成本，通过发行债券、设立基金等方式融资，逐步降低资金成本，节约资金4.3亿元；开展拨改租、政府购买服务、PPP等方式筹集资金。确保资金链条完整，维护政府信誉。拟设立"崇州市民营企业应急周转资金"，首期规模1亿元，草拟《崇州市民营企业应急周转金管理暂行办法》；设立总规模12亿元"贵银平滑基金"，到位资金11.98亿元。

【严肃财经纪律】 根据《中华人民共和国会计法》《财政违法行为处罚处分条例》《财政部门实施会计监督办法》《财政检查工作办法》等法律法规，加强国家重大财政落实监督检查，强化督查保障，深入开展内部监督、"三公"经费和公务卡管理专项治理工作。2016年，纠正问题资金629.2万元，补缴税款1.1万元，清退违规发放资金20.1万元。

（杨　月）

国家税务

【概况】 2016年，市国家税务局统筹兼顾各项税收工作，全面完成各项任务。累计组织税收收入14.21亿元，比上年增收3.09亿元，增长27.78%，在"三圈层"中排第三位，增幅排第四位。除去扩围的"四大行业"增值税入库1.83亿元，实现增收1.26亿元，增长11.34%。其中完成中央级收入8.46亿元，增收4055万元，增长5.03%；完成地方级收入5.75亿元，增收2.68亿元，增长87.66%。组织崇州市本级收入3.63亿元（财政口径为3.71亿元），比上年增收1.64亿元，增长82.56%。

【依法治税】 牢固树立法治观念，提高执法用法能力水平。严格落实税收优惠政策，积极办理涉税优惠事项，增值税政策性优惠退税（不含出口退税）962.46万元；办理出口退免税7.45亿元；减免各项所得税优惠9464.13万元；843户纳税人享受小型微利企业所得税优惠政策，受惠面保持100%。严格按规范流程落实风险提示、纳税评估等工作，抓牢漏征漏管户清理，针对家具行业、塑胶行业、珠宝行业、所得税税种等开展专项评估，评估补税2943万元。严厉打击各类涉税违法行为，稽查补税1750万元。认真开展法治大讲堂和法治专题培训，制定普法工作计划，明确内容、时间、责任单位等。营造浓厚法治文化氛围。制定法治文化方案，征集法治文化作品，办公大楼底楼文化展示区设置法治文化专栏。

【征管体制改革】 持续深入强化国地税合作，确立基本合作事项35项、创新合作事项9项和重点创新合作事项1项，明确每项合作事项的责任部门及责任人、目标要求和落实措施，实现“点对点”“项对项”的承接落实，基本合作事项35项全部落实完毕，创新合作事项9项按要求落实8项。

【税制改革】 顺应国家深化财税体制改革的总体要求，协同财政、地税及相关部门，凝心聚力，勇挑重担，打赢“开好票、报好税、分析好、改进好”四场战役，保证本地区营业税改征增值税税制成功转换。通过调研“营改增”四大行业，熟悉行业特点，设置行业风险指标，加强日常数据监控，打通各类企业增值税抵扣链条，增强企业竞争力和市场活力，为地方经济发展作出贡献。全年纳入“营改增”试点纳税人3965户，分别实现税收：建筑业8120万元，房地产业5054万元，金融业3516万元，生活服务业及其他1596万元。

【规范征管工作】 规范各类涉税事项的办理流程，规范完善注销流程，加强普通发票代开管理。加大欠税清理力度，累计清理新增欠税987.9万元。加强征管档案管理。2016年，累计税务登记户12766户，比上年增加68.20%。严格落实总局《征管规范2.0》，同时携手地税创新开展个体工商户联合征管；制定《崇州市建筑行业管理办法》，明确纳税人办理报验登记等事项。加强风险防控，强化日常风险分析和专项风险应对，结合崇州市行业特点重点开展橡胶和塑料制品业、珠宝行业专项风险应对，持续深入抓实家具行业产业链风险应对项目，实现风险应对收入2942.97万元，应对收入占税收收入比例为2.27%，风险应对收入创历史新高，应对质量不断提升。

【纳税服务】 贯彻落实《纳服规范2.3版》。积极组织开展专题学习；印发宣传册供纳税人翻阅、查询；推行公开阳光服务，公开公示税务机关和纳税人的权责，切实维护纳税人合法权益。持续深入推进便民办税春风行动。加强国地合作，打造国税地税“一站式”服务，实现名称、常用业务、服务制度、人力资源、宣传平台、采集报表资料等“六统一”。推行多元化办税，打造“云端上的税务局”。大力推行网上发票申领，开启税务发票“即时申请+及时送达”的“网购”模式。全年网上申领发票总计62户，发放发票5144份。推行实名办税，优化办税质效。抓好培训，普及办理流程及相关风险防范，优化办税程序；规范软硬件配置，为推行实名办税提供支撑；将“实名办税”列入督查督办事项，明确工作要求及完成时限，牵头单位每天统计实名登记进度，通报督促，保证按时完成。组织纳税信用等级评定。推动纳税信用资源与银行信用资源的有效对接，与建设银行建立税银服务战略合作关系，开展“税易贷”融资服务，银行方向4户小微企业纳税人提供贷款198万元。

（徐国锋）

地方税务

【概况】 市地方税务局主要负责个人所得税、企业所得税等11个税种以及教育费附加等5种基金（附加）征收管理和代征工作；管理纳税户27214户，其中单位纳税户10181户，个体工商户17033户。面对经济新常态背景和经济下行压力增大，市地税局强化税收分析，细化任务分解，通过组织实施“营改增”税收专项清理、“房土”两税清理、强化土地增值税清算、个人所得税清理等专项行动，不断提升征管质效，确保应收尽收，全面完成组织收入目标任务。2016年，累计组织各项收入14.94亿元，其中税收收入13.97亿元；地方本级税收收入94044万元。

【税收征管】 推进税制改革，建立“营改增”工作领导小组，组建数据清理团队，强化与国税、财政等部门的合作，完成5590户营改增纳税人数据移交；做好个人存量房交易和出租不动产委托代征，2016年代开增值税发票2237份，代征税款371.4万元，确保“营改增”的顺利过渡；通过强化宣传辅导和政策解读，确保资源税从价计征改革稳步落地，全年入库资源税58.37万元，比上年下降26.58%。强化信息管税，做好“金三”系统基础数据补录和修正工作，推进“四川省城镇土地使用税地理信息管理系统”软件运用和“非住宅房地产批量评估系统”建设工作，提升税收信息化水平；推进税收风险管理，建立健全风险管理常态机制，成立风险管理专业团队，加强涉税风险识别与应对工作，全年应对上级风险数据4260条，查补税款254.04万元，自主推送风险数据1475条，查补税款税款495.41万元；依托《崇州市涉税信息交换目录》，与崇州市35个部门建立信息交换机制，全年获取第三方数据62272条，数据来源更加丰富。

【纳税服务】 推进“便民办税春风行动”，认真贯彻纳税服务规范，广泛开展“问需求、优服务、促改革”专项活动，广泛收集纳税人意见建议；积极推广网上办税厅、“天府e税”办税app、12366热线等便民举措，促进纳税人“多走网路，少跑马路”，纳税人网上申报覆盖面达96.13%；畅通税企沟通渠道，强化纳税人学校建设，开办纳税人学堂22期，参与培训纳税人1252名，培训满意率达100%；开展“局长进大厅”“科所长值守日”“征纳互换体验活动”，倾听纳税人意见建议。认真开展纳税信用评价工作，推动“银税互动”项目，积极向中国建设银行股份有限公司崇州支行推送纳税信用评价信息，通过“银税互动”，建行向纳税信用良好的4家企业发放贷款198万元，为崇州市诚信企业建设添砖加瓦。主动对接供给侧结构性改革，严格落实各项税收优惠政策，促进经济发展和结构转型，确保受惠面达100%。年内累计减免各类税收12443万元。

【国地税合作】 以《国地税征管体制改革方案》为基础，按照《国家税务局地方税务局合作规范3.0》要求，不断完善国地税联席会议制度，进一步强化工作沟通协作；启动个体纳税人联合税收征管工作，制订《崇州市国地税个体纳税人共管工作方案》，联合国税设置个体纳税人办税点3个，以统一标准为全市个体纳税人8000余户办理受理实施停歇业登记、定额核定和调整、非正常户认定和解除、税务行政处罚、注销税务登记等各类涉税事项，实时共享涉税信息，防范个体征管税收风险，成效逐步显现。月定额3万以上纳税人由年初的619户增加至1139户，提升个体纳税征管面84%；全年入库个体工商业户个人所得税563.95万元，比上年增长77.3%。打造“国地税联合办税厅”，利用共同入住政务中心优势，统一内部标识，共同设置办税服务区、咨询服务区等标准化功能分区，提升资源利用率；突破国地税机构分设界限，联合设立纳税申报、代开发票、二手房交易、车购税、综合征收等5类窗口，实现纳税人“进一家门、办两家事”；推进干部挂职锻炼，互派两名办税服务厅人员进行相互挂职，为国地税合作工作提供人才保障；推进国地税联合稽查，共同制定税务稽查联合检查计划，在共同管辖名录库中协商联合抽查对象，确定联合稽查对象，成立联合检查组，通过联合查前分析、查前辅导、联合入户检查等开展联合检查，2016年国地税稽查局联合检查案件两起，查补入库税款、滞纳金、罚款89.38万元。

（李　曦）

CHONGZHOU YEARBOOK

综合管理

宏观经济指导

【概况】 2016年，市发展和改革局充分发挥综合协调职能，及时掌握世界经济和国内经济发展动向，将世界经济、国内经济发展同崇州市经济发展有机结合，注重研究全市经济运行特点，定期开展经济运行分析，及时提出解决问题的对策和建议，做到深入浅出、实事求是，既能抓住亮点，又能找到不足。市发改局积极开展调研，深入分析崇州市国民经济和社会发展的热点、难点和焦点问题，编制《崇州市2015年国民经济和社会发展计划执行情况报告》《成都市崇州市对口帮扶阿坝州马尔康市规划》（2017—2021），完成《崇州市粮食产业链发展研究》《崇州市藤器产业发展研究》《探索李家岩水库与怀远镇旅游协同开发研究》等课题研究，为市委、市政府决策出谋划策，有效促进全市经济持续稳定增长。地区生产总值（按经济普查调整口径计算）完成254亿元，增长11.3%，其中：第一产业增加值完成33.6亿元，增长4.5%，第二产业增加值123.4亿元，增长13.1%，规模以上工业增加值完成75.3亿元，增长17.9%，第三产业增加值97元，增长11.5%。地方一般公共预算收入完成17亿元，增长16.3%。全社会固定资产投资完成253.9亿元，增长17.6%。社会消费品零售总额76.5亿元，增长9%。三次产业结构比为13.2∶48.6∶38.2。

【项目管理】 全面统筹管理全市政府投资项目。年初，通过收集、整理，初步筛选出全市重大建设项目，报请市委、市政府审定，梳理出全市重大项目306个，完成投资255亿元。其中：农业项目53个，完成投资23.4亿元；工业项目76个，完成投资94.5亿元；服务业项目177个，完成投资137.7元。41个省市重点项目，完成年度投资92.4亿元，占年度投资计划的155.7%。

【立项审批与对上争取】 2016年全市完成立项审批项目349个，审批投资总额为189.95亿元（政府投资）；完成备案项目426个，投资总额348.99亿元，核准项目两个，总投资5100万元。按时完成政务中心交办的各项工作，严格遵守政务中心各项规章制度，及时将市发改局所有行政审批事项录入政务中心接办件系统和省发改委固定资产投资管理系统。市发展和改革局着力加强与上级部门的联系与沟通，千方百计谋划项目，坚持经常化、多层次、全方位的汇报请示制度，为崇州市争取项目和资金创造良好的条件。对上争取中央预算内资金3682万元，省级资金550万元，成都市级资金1175万元，合计5407万元。

【建设工程招投标管理】 着力加强对全市工程建设项目招标投标的监督检查，对项目招标方案、投标、资格预审、开标、评标、中标等工作，实施事前、事中和事后全过程有效监管；查处规避招标、违反招标事项核准规定和核准事项、违规发布招标公告或资格预审公告等违法行为；受理投诉人和其他利害关系人的投诉。引导全市建立统一的招标投标、项目比选、政府采购信息发布平台，充分引入有效的市场竞争机制，建立招投标行业自律机制，加强社会舆论监督。2016年，全市公开招标（比选）192个标次（其中公开招标117个标次，代理机构比选75个标次，施工比选8个标次）。完成招投标项目79个，招标控制价共计20.21亿元，中标金额共计19.51亿元，节约资金7077万元。

【项目评审工作】 年内控制价送审项目448个，审结419个。其中审结项目送审金额26.99亿元，审结金额24.68亿元，审减金额2.31亿元，审减率8.56%。推动崇州市工程建设项目建设工作的顺利开展，有效节约政府建设资金。2016年度工程变更送审项目90个，审结83个，其中审结项目送审金额3.25亿元，审结金额2.45亿元，审减金额7906万元，审减率24.36%。

【PPP服务中心】 起草《崇州市规范有序推行政府与社会资本合作模式（试行）》。收集储备项目66个，总投资199亿元，其中11个项目有序推进，总投资64.8亿元。

【对外开放】 深入细致地开展招商引资前期准备工作，加强宣传力度，广泛开展了联络对接工作。全年引进市外资金2亿元，新引进项目8个。

【价格管理】 清理全市行政事业性收费工作，重点清理涉农、涉企收费，及时更新《崇州市涉农收费公示表》；清理、印发《崇州市2015年行政事业性收费目录》。加强价格管理，开展旅游、殡葬、机动车停车、教育收费、涉农价格和收费等各项价格专项检查，坚持节日市场检查和日常检查。调整居民用水基准价，完成崇州市居民用水和天然气阶梯价格改革。

【价格认定】 全年刑事案件涉案财物价格鉴证642件，涉及标的金额506万余元；深入现场进行实地勘察534余人次；进行市场价格调查1164余人次；整理各类档案500余宗；接受价格咨询180人次。

【粮食仓储】 全年收购稻谷71007.5吨，小麦36412.2吨，销售小麦26568.1吨，稻谷38290.5吨。

【军粮（油）供应】 坚持将军粮供应工作纳入目标管理，健全和完善各项管理制度，明确目标责任，搞好优质服务。严把军供质量关，坚持定期和不定期走访部队，征求意见，不断改进服务质量，完善服务设施，2016年，军粮合格率100%。坚持慰问和开展军民联谊活动，扎实做好双拥工作。利用“八一”建军节时机，到77115部队、77193部队、78098部队进行慰问活动，到77108部队外训基地看望慰问。

（何　飞）

市场监管

【概况】 市市场监管局于2016年2月22日更名为崇州市市场和质量监督管理局（简称市市场质量监管局）。2016年，市市场质量监管局推进企业“五证合一、一照一码”和个体工商户“两证整合”商事登记改革。全年办理各类行政审批事项17361件，比上年增长45.42%，其中新登记市场主体5360户，比上年增长33.31%。农业共营制登记备受关注，资阳、广汉等7家兄弟单位先后到崇州交流学习。推行企业集群注册模式，登记企业孵化器公司两户，登记入驻企业239户。与政务服务中心联合建立“双告知”机制，发布“双告知”信息914条。市市场质量监督局获“成都市市场主体发展先进单位”称号。

【企业信用监管】 企业、个体工商户和农民专业合作社2015年度年报率分别为98.92%、95.96%和95.7%。创建企业信用信息公示示范单位2个。9月，在全市食药行业中开展“亮身份 作表率”和诚信服务标兵“示范行动”活动，引领行业生产经营讲诚信求质量保安全。崇州市65户企业顺利通过“守合同、重信用”考核验收工作。其中，四川蜀羊防水材料有限公司和崇州市岷江塑胶有限公司被评为国家级“守合同、重信用”企业。市市场质量监督局被成都市工商局评为“2015年度年报工作先进单位”，获成都市“守合同重信用”企业组织工作先进集体一等奖。

【质量强市】 培育认定成都市著名商标两件，四川省著名商标两件。40家企业的44个品牌获第十二届四川省名牌。大力推动“地下管廊”产业联盟标准制订。“更新种养殖综合示范”“白头铁皮石斛”“崇州牛尾笋”3个项目获省级农业标准化示范项目立项。5月9日，四川省副省长甘霖到成都全友家私有限公司、成都美高家居用品有限责任公司、国家家具产品质量监督检验中心（成都）调研指导崇州市质量对标提升行动工作。7月15日，国家标准化管理委员会主任田世宏率领质检总局消费品质量提升专项督查组到崇州市开展专项督查，对崇州市创建国家级家具产品质量提升示范区的工作给予肯定。

【食品药品安全】 全力争创国家食品安全示范城市。开展多形式食品药品应急演练，面向全国征集创建宣传用语，发放宣传购物袋10万条。建立食品风险监测哨点10个，新增饮食用药安全科普宣传站5个。区域内食品流通企业持有有效许可证比例达90%。食品生产企业有效许可证持证率100%，建立产品召回制度100%。3家规模以上食品生产企业全部落实食品生产企业质量授权人制度，建立9家蔬菜制品生产企业、10家肉制品生产企业追溯体系。制定出台崇州市食品药品风险防控规范性文件《崇州市食品风险防控制度》《崇州市药品质量风险防控实施办法》，这是食品药品安全风险防控方面的崇州实践，为成都市最先出台两个规范性文件的区县级政府。食用农产品抽检及食品抽检监测系统应用工作，代表省、成都市接受检查，受到国家食药总局检查组高度评价。市市场质量监管局食品安全监管工作受到各级领导的高度肯定，被省人社厅、食药监局评为“先进集体”，获成都市食安办“创建中期迎检工作先进单位”、获成都市“食品安全抽检检测工作先进单位”“白酒专项整治工作先进单位”等荣誉。成都创建国家食品安全示范城市第一次民意调查综合得分为成都市区（市、县）第一。坚守“两品一械”安全，检查药品、化妆品、医疗器械生产、经营、使用企业1467家/次。对全市药械生产企业监督检查覆盖率达100%。组织抽验药品185批次，抽验化妆品15批次，抽验保健食品15批次。推进药械质量溯源管理，切实抓好风险监测预警。

【行政执法】 全市立案查处各类一般程序案件272件，结案195件，罚没金额148万余元。获成都市工商局“红盾春雷行动2016”先进集体、成都市食药监局“2016年度提前完成稽查执法工作先进集体”。其中，家具行业“假牌匾、假证书”回头查专项整治行动，重点突出、成效明显，得到成都市委书记唐良智的肯定，唐良智批示“积极开展的家具行业专项整治，助推了家居产业健康发展”。

【消费维权】 沃尔玛超市、永辉超市建立“12315消费维权服务站”。2016年受理各类投诉举报件1267件，受理率100%，为消费者挽回直接经济损失275余万元。其中，成功调解眉山地区17户菌种养殖户投诉，挽回种植户直接经济损失48万元。消费者回访满意率连续5个季度达100%，名列成都市区（市、县）第一名。

【民生实事】 拓宽计量器具监管覆盖面。对6家集贸市场在用计量器具、26家基层医疗卫生机构4种常用计量器具开展免费周期计量检定，受检率100%，合格率100%。巡查基层医疗卫生机构104次，巡查固定集贸市场72次。崇州市实现区域内在用电梯身份标识粘贴全覆盖。检查特种设备使用单位350家，对检查发现存在重大安全隐患的151家单位下达安全检查指令书，全部整改完成。广告监管服务并举。借助广告监测数据处置平台，强化日常监管指导，实现媒体广告违法率下降。清查核实崇州市广告业法人单位115户基本信息。强化专项行动，重点开展打击非法集资、高息揽储虚假广告专项行动，集中检查“傍华西”民营医疗及医疗研究机构。查处擅自使用苹果商标标识作虚假标识的案件4件。

【宣传引导】 在元旦、春节、“3·15”消费者权益日等重要时节，开展食品安全科普系列活动，药品医疗器械、特种设备安全和质量认证科普活动。重点突出全国食品安全宣传周活动、“五整治”“回头看”期间医疗器械科普活动、住宅小区电梯和民用液化气瓶科普活动、全国质量月科普活动。充分利用媒体宣传，完成新闻报道35条，其中在省级以上媒体宣传报道8条。利用微博微信策划保健食品消费提示、婴儿配方食品的消费提示、“两证合一”等主题宣传。新浪微博、腾讯微博政务微博发布信息1000余条，政务微信公众号推送文章54篇。

【规范化监管所建设】 着力建设规范化监管所。投入150万元为10个一类监管所配置行政执法仪器和快检设备，并着手探索全域食药品安全电子监管大数据平台建设，全面推行实施监管职责、制度、标准、台账、装备的“五统一”。被评为“四川省食药系统基层监管所建设工作先进单位”。

（张　羽）

安全生产监管

【概况】 2016年，全市发生各类事故253起，死亡35人（道路交通34人，建筑施工1人），直接经济损失52.56万元。事故起数比上年下降42.76%、死亡人数上升9.37%，直接经济损失下降17.28%，非煤矿山、危险化学品、烟花爆竹、特种设备、消防、农机、商贸等7行业领域实现零死亡，未发生一起较大事故，安全生产形势较为稳定。

【安全生产基础建设】 印发《崇州市各级领导干部安全生产责任清单》为各级领导干部照单履职、照单追责提供制度依据；安监局制定《崇州市安全生产“十三五”规划》全面规划全市安全生产工作发展方向和奋斗目标。市委、市政府主要领导带头落实党政同责制度，带队检查安全生产工作9次，召开各类会议研究安全生产工作12次，部署安全生产重点工作，解决安全生产重点问题。市委、市政府各领导按照“一岗双责”的要求，带队检查分管行业领域和联系点的安全生产工作98次。组织企业召开“落实企业主体责任千人会议”等各类会议8次，开展粉尘涉爆安全专项治理、集体约谈建筑行业三方负责人、实施安全生产大检查和专项整治行动，进一步深化落实企业安全生产主体责任三年行动。开展季度综合督查4次，汛期和重点行业领域常态化专项督查19次，印发综合督查通报5期，规范督查制度。实施隐患大数据管理办法，全市生产经营单位1380家在隐患排查治理动态监管系统上自查自报隐患32854条，并整改销号，占目标任务197%；强化职业卫生安全生产一体化监管，完成职业病危害新增申报企业580家，职业卫生基础建设示范企业50家，职业卫生预控服务系统上线533家，分别占全年目标任务的1450%、100%和101%，持续开展涉爆粉尘安全专项治理，检查涉爆粉尘企业30家；分片区开展1000余家企业风险管理培训推进工作。各乡镇（街道）确定1家试点企业开展风险辨识工作。全市工贸、危险化学品企业分别完成风险管理试点两家，52家企业通过三级标准化达标，占目标任务的162.5%，唐人街购物中心和街子古镇专项标准化达标；实施安全生产民生工程，构建安全健康和谐人居环境。白头镇、崇阳街道建成“四川省安全社区”，占目标任务的200%。

【重点行业领域专项整治】 以安全生产大检查为抓手，着力整治消除各类安全生产隐患，防范事故，确保安全。开展道路交通、消防、非煤矿山、特种设备、危险化学品和烟花爆竹、建筑施工、学校、景区景点、电力等重点行业领域专项整治。年内检查企业、隐患点位2400余家（处），实施断电处理生产经营单位54家，停产57家，关闭25家。完成成都市挂牌督办的道路交通3处和电力安全隐患20处，省挂牌督办天道影城火灾隐患提前销号。排查老旧居民住宅1775幢，78.53万平方米，存在安全隐患房屋166幢，3.61万平方米。需拆除新建、改建（扩建、翻新）的危险房屋经过鉴定确认为危险房屋16户，0.24万平方米，均拆除重建。对12处D级危房制定整改措施，7处完成重建。

【安全生产宣传教育】 强化安全生产创新宣传力度，拓宽宣传途径。充分发挥新闻媒体安全生产宣传教育和舆论监督作用，开设安全生产专题专栏，扩大社会宣传面。扎实开展安全生产月活动，大力推进安全社区建设，崇阳街道、鸡冠山乡、梓潼镇建成“四川省安全社区”，多种形式开展公益宣传教育活动，让安全知识进企业、进社区、进农村、进学校、进家庭。发放安全生产宣传资料53000余份，宣传品30000余件，在崇州电视台播出“安全生产崇州行”专栏节目30期，户外设置路牌、灯箱和LED屏20余个宣传安全生产工作，在10个乡镇设立安全生产公益宣传栏。举办各类安全培训43期（次），培训特种作业人员、安全管理人员、危险化学品从业人员共计9769人（次）。

（余建科）

审 计

【概况】 2016 年，市审计局完成审计项目 175 个，发现问题金额 2.01 亿元，节约财政资金 1.93 亿元。提交审计要情、信息、专题报告 78 篇，向有关部门提供审计建议 32 条均被采纳，向检察机关和纪委移送案件 3 件。

【财政预（决）算审计】 重点关注预算收支真实性、预（决）算执行严肃性、资金使用合法性，促进财政提高科学化、精细化管理水平。将本级财政预算执行和其他财政收支、市地税局税收征管情况等纳入年度审计项目计划，推进财政审计监督“全覆盖”。坚持部门预算执行审计与领导干部经济责任、专项资金、政策措施落实情况跟踪、政府投资决算审计等内容结合，实行同步安排、协同实施、成果共用。加强审计“三公”经费、会议费和楼堂馆所建设等，促进厉行节约和规范管理。完成环保局、民政局等 4 个部门预算执行审计和锦江乡、白头镇两个乡镇财政决算审计。

【政府投资审计】 切实规范政府投资审计行为，制定《崇州市审计局政府投资（拆迁）项目审计实施办法》《崇州市审计局委托社会中介机构参与政府投资项目审计管理办法（试行）》，在强化监督中加强外聘社会审计中介机构监管考核，并推行由不同领导分管政府投资一审、二审程序，坚持一、二审分离审计，防范审计风险。进一步加大政府投资建设项目审计力度，围绕项目运行、实施、监管等情况，关注项目资金是否超预算、招投标程序是否严格执行、结算是否超合同金额、实施效果是否达到预期等情况，在节支增效、提高工程建设管理水平等方面发挥审计“促规范、强管理”积极作用，全年审减节约财政资金 1.93 亿元。认真开展重大项目跟踪审计，变事后审计为过程监督，全程监督李家岩、“三绕”等重大建设项目征地拆迁实施，跟踪完成“二绕”“成温邛快速通道”专项审计调查项目，督促项目管理或建设单位整改相关问题 26 个。

【经济责任审计】 促进完善经济责任审计联度会议制度和成员单位职责，加强审计监督合力。制定《崇州市市管领导干部经济责任审计工作规划（2016—2018 年）》《崇州市经济责任审计分类管理办法（试行）》，实行任中审计与离任审计相结合，加大重点单位（部门）、关键岗位领导干部任中审计力度，深入反映被审计单位及领导干部履行经济政策执行权、决策权、管理权、监督权、个人廉洁自律、落实中央“八项规定”等情况，加强对政府债务、国有土地出让、政府投资项目建设和管理、资产资源等方面的监督，促进领导干部依法行权、规范用权，并合理评定领导干部履行经济责任情况，为市委考核任用领导干部提供决策依据。全年完成交通局、环保局、政府投资公司等 14 个单位 19 名领导干部经济责任审计任务，提出建议 28 条均被采纳，促进建章立制 19 项。

【专项资金审计（调查）】 重点审计（调查）稳增长政策落实、“村公”资金、土地出让、政府采购等情况，并着力改善专项审计（调查）方式，施行资金、项目、政策三者结合审计，探索财政、经责、投资、政策等审计专业融合方式，以专项审计为依托推进审计监督“全覆盖”。深刻揭示和反映政策落实不到位、目标任务未实现以及资金分配、管理方面存在的问题，促保惠民政策落实落地、民生资金发挥绩效、行政运行规范高效、资源配置更加合理。全年完成专项审计（调查）8 个。

（李安敏）

统 计

【概况】 2016年，市统计局完成农业统计、规模以上工业统计、能源统计、固定资产投资统计、房地产统计、建筑业统计、批发零售贸易住宿餐饮业统计、综合统计、国民经济核算、劳动情况统计等专业的月报、季报、年报工作。严格按照国家制度要求开展民营经济监测、采购经理人指数调查、工业生产价格指数调查、规模以下工业抽样调查、限额以下商贸和服务业调查、妇女儿童监测、文化产业调查、人才调查、规模养殖户，生猪畜禽月度监测、城乡统筹考核指标体系等工作以及重点镇监测工作。完成城镇居民住户监测和农村居民住户的监测工作。

【主要统计数据】 2016年，全市实现地区生产总值254.04亿万元，按可比价计算（下同），比上年增长11.3%，其中：第一产业实现增加值33.64亿元，增长4.5%；第二产业实现增加值123.40亿元，增长13.1%；第三产业实现增加值97亿元，增长11.5%。完成规模以上工业总产值287.22亿元，实现工业增加值75.34亿元，增长17.9%；完成固定资产投资253.86亿元，增长17.6%。全年实现社会消费品零售总额76.45亿元，增长9.0%。全市完成财政总收入42.85亿元，增长22.7%，其中：地方财政收入完成28.55亿元，增长24.4%，其中地方一般公共预算收入完成16.99亿元，增长16.3%。全市金融机构各项存款余额达到440.54亿元，增长11.1%，其中居民储蓄存款余额314.18亿元，增长10.0%。各项贷款余额194.64亿元，增长10.5%。

【统计服务】 围绕市委、市政府中心工作加大监测力度，对部分经济指标进行动态检测，及时通报市委、市政府及有关部门。围绕年初市政府确定的预期目标，定期、不定期地向市委、市政府主要领导提供经济运行预警监测报告，并提出针对性措施意见，全年报送统计分析与各类信息160余篇，其中3篇分析获市级主要领导批示。继续实施统计监测联席会议制度，由市政府主要领导任组长，按季召开，听取有关部门对经济运行情况的报告，及时与部门沟通有疑问的的指标，取得共识，共商对策。对社会各界查询的统计数据，市统计局严格按照《崇州市统计资料发布制度》要求，做到热情接待，并按照有关规定认真负责地给予答复，受到社会的好评。

【统计资料开发应用】 加强月度资料的整理编印工作，适时调整指标，季度增加全国、省、成都市等主要指标，方便领导和需求者的查阅。2016年对月报进行改版和完善，改进封面设计，丰富内容，编印的《崇州月度经济快讯》因其装帧精美、编发及时、便于携带等特点，广受各级党政领导、有关单位的欢迎和好评。在编好进度资料的同时，注重对年度统计资料进行深加工，增加资料的实用性。编印的《崇州统计年鉴2015》全面改版，由原来的简装本提升为精装本，内容上进一步丰富、完善，集美观性、实用性、可读性为一体，受到领导及有关单位的肯定和欢迎。5月，在《今日崇州》上发布《崇州市2015年经济和社会发展统计公报》，从十三个方面，用丰富翔实的统计数据展示2015年崇州市在经济和社会事业等方面的发展状况和取得的成就。

【统计法制建设和统计执法】 开展基层统计法制宣传教育，举行专题统计法律讲座3场，组织深入学习《统计法实施细则》《四川省统计管理条例》等法律法规基础知识。开展统计巡查与数据异常企业统计联网直报检查工作，全年抽查统计调查单位30家，有效遏制少数单位的统计违法行为的发生。开展基层统计业务培训，组织全市性的业务培训两次，开展专题业务培训5次。

【普查工作】 成立崇州市农业普查领导小组，制定《崇州市农业普查实施方案》，对普查工作内容和时间进度进行详密安排，并落实工作细则和责任。充分借鉴历次普查的经验，选调政治素质高、业务能力强和身体健康的普查员和普查指导员，确保普查工作人员质量。充分利用电视、大屏幕、电信语音、公交站台，发放传单等多种宣传形式，开展广泛性、针对性的普查宣传，营造良好普查氛围。完成农业普查遥感测量和试点工作，做好基础资料收集工作。按时开展入户普查登记，严格按时间要求稳步推进。

（董亚凯）

公共资源交易服务

【概况】 2016年，市公共资源交易服务中心完成公共资源项目交易699个，交易金额9.61亿元。其中，完成建设工程项目交易170个，中标金额6.57亿元，节约资金3248.22万元，节约率4.71%；完成政府采购项目交易458个，成交金额1.16亿元，节约资金1434万元，节约率11.04%；完成国有资产类项目交易9个，成交金额259.93万元，溢价金额45万元，溢价率21.16%，资源类项目交易62个，成交金额1.86亿元。

【交易场馆提档升级】 新增交易场馆400平方米，合理划设各业务功能区，提档升级电子门禁系统，增加电子监控点位，实现交易区域监管“无盲区”，交易环节监管“无盲点”，进一步提升交易硬环境。

【电子交易平台建设】 电子交易平台建设一直是交易中心的“短板”，2016年以政府采购电子竞价建设为“突破口”，及时建成政府采购电子竞价系统，全年完成竞价项目交易280个，节约资金率较传统模式高出8个百分点，初步实现通用产品采购电子化。

【农村产权业务剥离】 筹建成都农村产权交易所崇州分公司，交易中心逐步将农村产权交易工作向公司移交，加快农村产权交易从交易中心剥离，纯化公共资源交易本职职能。

（杨　波）

CHONGZHOU YEARBOOK

社会事业

教　育

【概况】　2016年，全市有幼儿园110所（其中民办78所），小学31所，初中9所，九年制学校6所，特殊教育学校1所，普通高（完）中3所，直属事业单位5个，职教中心1个（崇州市政府直属事业单位），民办职业中学1所。在校学生7.18万人，其中幼儿1.80万人（含民办9587人），小学生2.89万人，初中生1.18万人，普通高中生9374人，职业高中生3591人（含民办737人），特殊教育学校学生73人。在职教职工6523人，其中幼儿教师2024人（含民办1291人），小学教师1757人，初中教师1007人，九年制学校教师594人，特殊教育学校教师23人，完全中学教师627人，普通高中教师293人，职业高中教师198人（含民办58人）。

【学前教育】　继续推进公办幼儿园标准化建设工作，根据规划，在三年内完成30所公办标准化幼儿园建设，分三批次实施。到2016年底，第一批次金鸡幼儿园等9所幼儿园竣工验收，第二批次街子幼儿园等16所幼儿园完工14所，两所进行装饰和总平工程，第三批次元通幼儿园等5所幼儿园开工建设。全年新增公益性幼儿园5所，公办和公益性幼儿园总计61所，新增学位1419个，全市学前教育入园率98.51%，普惠性幼儿园学位覆盖率85.2%。

【义务教育】　推进义务教育均衡发展，完善义务教育就近入学实施细则。3月，市教育局、编委、公安、财政、人社、住建、质监等7部门联合印发《关于印发〈崇州市关于做好2016年进城务工人员随迁子女接受义务教育的实施意见〉的通知》，合理调整进城务工随迁子女入学政策，统筹安排学校新接收进城务工人员随迁子女1994人，占全市新生总人数9485名的21%。5月，印发《崇州市教育局关于做好2016年小学一年级新生入学工作的通知》《崇州市教育局关于2016年小学毕业初中入学工作的意见》，完善义务教育段招生办法，规范学校招生行为，小学一年级新生划片入学，初中一年级新生划片和微机排位相结合，免试就近入学。2016年，全市小学一年级招收5505人，适龄儿童入学率100%，小学毕业生升学率100%，辍学率0；初中招收3980人，毕业率99.1%，辍学率0.23%。严格义务教育学校的班额管理，起始年级小学班额控制在45人以内，初中班额控制在50人以内。11月，向义务教育阶段的40780名在校学生发放《成都市义务教育阶段学生学籍信息告知书》，告知每一位家长孩子的学籍信息，做到“一人一籍、人籍一致”。

【普通高中教育】 2016年高中一年级招生2537人，高中阶段毛入学率98.52%。普通高中毕业3266人，毕业率97.32%，毕业年级三年巩固率99.52%。2016年参加高考2776人，一次性本科上线1275人，上线率45.93%，相比上年提高4.26个百分点。一本上线381人，一本上线率13.72%，比上年提高3.63个百分点。二本上线1275人，上线率45.93%，比上年净增4.26个百分点。艺体飞特长生专业本专科上线人数351人，比上年净增106人。高中毕业生国外留学18人。

【职业教育】 2016年招收新生1506人，在籍学生3591人。全年投入1000万元，用于校舍外墙装修、学生宿舍改造、智慧校园建设、电子商务、机械、计算机等基础设施和专业建设。加强校企合作，做好岗位储备，与4家企业签订校企合作协议，为学生提供新的实习和就业渠道。以“3+2”和五年一贯制调整学生学制年限，提升学历层次。开展“职业教育宣传周”主题体验、校园开放日、技能成果巡回展、毕业生双选会等活动，宣传职业教育政策、学校改革发展动态，展示职业教育成果。强化学生技能训练，以赛促学，参加省市学生技能大赛和校园文明风采大赛，获得成都市一等奖5个、二等奖9个、三等奖19个。计算机专业代表成都市参加省中职学生技能大赛，获网络搭建二等奖两个。毕业生就业率98%，对口就业率72%，148名学生通过对口高考、单招等升入高校学习。

【特殊教育】 市政府成立特殊教育资源中心工作领导小组，投入30万元用于特殊教育随班就读标准化资源教室11个的建设，全市有特殊教育随班就读标准化资源教室17个。开展为义务教育阶段适龄重度残疾儿童少年“送教、送康上门”服务，把中度、多重残疾儿童少年纳入学籍管理，探索开展“医教结合”，与崇州市第二人民医院联合对智障儿童进行康复训练。12月14日，崇州市特殊教育学校接受成都市对崇州市特殊教育三年提升计划专项督导评估。全市义务教育阶段各类残疾儿童少年总数211人，入学201人，入学率95.2%。

【社区教育】 开展“非物质文化遗产”进校园、进村（社区）活动，参加《怀远藤编文化与传承》《道明竹编》培训的社区居民和学生共2200人次。依托面向社区群众的公益性罨画讲坛平台，邀请周鼎、封龙、阙海等知名中青年学者围绕祖国优秀历史文化举办讲座，先后开设《国学源流》《中国香文化》《中古时期核心价值观孝文化》《细说孔子》等讲座14期。依托“丙申年州文庙祭孔大典”“成都名校学生冠礼仪式”等群众性公益文化活动，开展传统文化教育。开展初、中、高级创业失业培训、新型职业农民培训、大学生创业培训，返乡农民工创业+技能培训、在职职工技能等级培训、中式烹饪技能培训等各类短期职业技能培训，培训3450人次，技能鉴定1800人次。12月，成都市教育局确定观胜镇社区教育学校为2016年成都市规范化社区教育学校；确定元通镇麒麟社区、燎原乡崇德社区、廖家镇廖场社区为2016年成都市示范社区教育工作站。全市有成都市规范化社区教育学校10所，成都市示范社区教育工作站17个。

【义教均衡监测】 2015年崇州市义务教育校际均衡总指数为0.38，比2014年均衡总指数增加0.15。其中，小学和初中的教育部“县域内义务教育校际均衡8项指标差异系数平均值”，分别为0.39和0.33，全部低于小学0.65、初中0.55的国家标准。在城乡差异上，小学、初中分别有92.31%和84.62%的监测指标农村学校高于或等于城镇学校。在区域差异上，小学、初中分别有61.54%和53.85%的监测指标值高于或等于成都市均值。

【教育现代化达成度】 2015年崇州市教育现代化发展水平的目标总达成度是92.75%，比2014年增加4.37个百分点。其中，A级指标的平均达成度为91.46%；有6个指标的达成度均在90%以上，有A7“学习型社会建设水平”1项指标的达成度为100%，另有两个指标的达成度均在90%以下，分别是A4“办学条件及教育信息化水平”和A6“教育国际化水平”，达成度分别为89.51%和61.16%。2015年崇州市A级指标的平均达成度比上年增长4.87个百分点，有7个A级指标的达成度实现增长或保持不变，其中A3“教育经费投入”和A6“教育国际化水平”分别增加16.13和14.85个百分点；有A1“教育事业发展水平”1项A级指标达成度降低0.74个百分点。

【教育信息化应用】 以101网校和“猿题库”为平台，扩大信息化推广试点工作。七一实验小学、廖家镇小学、蜀城中学成为成都市数字校园试点学校。崇庆中学、江源镇小学、三江镇中学、王场镇东关小学为“电子书包进校园”试点学校。全市中小学4000名教师参加微课、优质课比赛，收集、整理参评课例243份153G，推荐90节微课、100节优秀课例参加成都市比赛。举办第一届、第二届崇州市电子白板赛课比赛，开展电子白板应用教研活动100余次；9个教研共同体开展信息化推进教研活动40余次。参加成都市“一师一优课”活动，91人次获奖，教培中心荣获团体二等奖。6月10日中央电视台《朝闻天下》节目以《互联网+时代，影响高考新生态》为题专题报道崇州市教育信息化工作取得的成绩。

【教育国际化】 4月，韩国檀国大学国际处主任曹成铉访问崇州，商谈与崇州合作事宜。7月，韩国檀国大学对外副总长（副校长）姜大植、国际处主任曹成铉、体育学院教授陈昇泰再次访问崇州；市教育局与韩国檀国大学签订战略合作协议；七一实验小学65名师生、实验中学27名师生分别赴韩游学。10月21—27日，英国爱德华七世国王科学与体育学院英国友好等4所英国友好学校贵宾6人访问实验中学、七一实验小学、蜀南小学。2016年全市学校有国（境）外友好学校12所，境外高校录取学生15名，市教育局聘任外教6名在12所学校任教，外派专任教师参与境外培训5人。崇庆中学、实验中学成为成都市教育国际化窗口学校。

【德育活动】 3月，参加成都市原创校园心理剧本大赛，获得一等奖1篇、二等奖2篇、三等奖4篇。蜀城中学根据自身原创剧本拍摄的心理剧《未生》，参加成都市教科院心理剧巡回展演。5月，与成都电视台“热线188”栏目联合开展“寻找感动学生心灵的老师”活动，先后报道10名老师的感人事迹。6月，各校（园）开展“花开有声”“童心绽放”等为主题的艺术节、庆祝“六一”活动55场次，展出绘画、手工、剪纸、书法等作品2100件。开展德育科研成果评选活动，评选优秀德育科研成果315篇，编辑《崇州市中小学德育科研成果集》（第23期），收录德育论文、教育叙事、教育案例、班会课设计方案、心理剧本65篇。10月，锦江乡小学、怀远镇小学代表崇州市参加2016年成都市乡村学校少年宫艺术展示活动，情景剧《相亲相爱的一家人》获得三等奖、藤编作品获得优秀奖。11月，参加成都市创意成都活动周展演活动，七一实验小学长卷作品《轻轨开到崇州》》获得一等奖，崇庆中学创意作品获得三等奖。通过举办知识讲座，开展留守儿童心理辅导，家庭教育现场咨询，在崇阳街道毛桥社区开展“邻里守望·伴随成长——‘亲子沟通’主题社区活动”。23所学校参与“品格教育”研究，16所学校成为第一批“实验示范学校”。组织学生参加四川省中小学生“三爱”教育征文活动和“图说价值观　童心绘文明”校园绘画创评活动，获得优秀组织奖。

【教育资助】 全年投入资金1559万元，资助各类学生26139人次。其中，学前教育有符合条件的“三儿”（家庭经济困难儿童、孤儿和残疾儿童）3390人享受减免保教费的资助，补助资金113.38万元。按照标准对义务教育阶段家庭经济困难寄宿生6247人次予以生活补助，资助金额346.45万元。普通高中家庭经济困难学生6250人次享受国家助学金补助，补助金额625万元，免除家庭经济困难普通高中学生4371人次学费，免学费金额167.93万元，对城乡低保家庭的普高学生实施免课本费资助306人次，资助金额7.74万元。全面免除公办和民办中等职业教育一、二、三年级学生学费，其中教育部门办的中职学校受助学生4913人次，补助资金285.27万元。对符合条件的家庭经济困难的中职一、二年级住校生662人实施减免住宿费，减免金额13.24万元。

【乡村教师支持计划】 8月10日，市政府第75次常务会议讨论通过《崇州市乡村教师支持计划实施细则（2015—2020）》。9月5日，市政府办公室印发《崇州市乡村教师支持计划实施细则（2015—2020）》。该实施细则包括九个方面：大力加强师德师风建设、拓宽乡村教师补充渠道，提高乡村教师生活待遇，优化乡村学校编制管理，优化乡村教师职称结构，促进乡村教师均衡配置，支持乡村教师专业发展，大力支持乡村教师职业荣誉，确保政府主体责任落到实处。

【干部管理】 7月28日印发《崇州市教育局关于进一步加强中小学幼儿园干部队伍建设的实施意见（试行）》，从干部聘任的条件和资格、聘任办法、管理制度等方面规范界定校（园）级干部、书记、督学、校长助理、中层干部，明确干部管理要求，强化干部培训纪律，健全干部考核机制，建立后备干部培养机制。2016年全市调整校级干部（含校长助理）77人，同时建立150人的校（园）级后备干部库。12月制定并印发《崇州市教育局关于加强中小学（幼儿园）内设机构负责人聘任管理工作的通知》，规范校（园）内设机构负责人聘任流程及管理工作，严格学校中层干部的选拔调整及管理。全年轮岗交流校级干部（含副校长）20名，占全市义务教育学校校长（含副校长）总数的19.6%。

【县管校用】 按照《崇州市义务教育阶段学校教师“县管校聘”实施办法（试行）》，坚持“按岗定员”“竞岗聘用”“转岗调配”的原则，立足个人实际，打破用人方式，实现“县管校用”。明确人事科主管政策制定，教育人才服务中心负责组织实施的工作模式。完善全市教职工基础信息库。与招聘入编的80名新教师签订人事合同，补充学科教师缺科问题。落实教职工退出机制，办理6名教职工退出手续。7月，印发《崇州市教育局关于开展2016年中小学教师交流工作的通知》和《崇州市教育局关于印发〈崇州市教育局关于2016年公开竞聘城区学校交流岗位人选实施办法〉》的通知》文件，通过竞聘交流等7种形式，全年交流教师157名。

【教师培训】 组织学校（园）干部参加各级培训380人次，其中境外培训4人次，四川省级培训30人次，成都市级培训18人次，崇州市级培训328人次。组织农村学校教师培训3519人次，其中重庆援助培训56人次，文翁大讲堂120人次，国培第二阶段培训2909人次，高中教师继续教育菜单培训121人次，其他培训76人次，达到成都市乡村教师规范性培训和信息技术应用能力培训目标要求。

【教育督导】 2016年全市有政府督学38名，其中总督学1名，副总督学5名，督学顾问9名，特约督学7名，专兼职督学22名。中小学责任区6个，聘任挂牌督学24人，其中政府督学12名，市教育局和市教育督导办聘请专职挂牌督学12名。3月启动全国中小学责任督学挂牌督导创新县创建。5月，结合责任区督学交流需要，调整责任区划分，把原有7个责任区按地域特点调整为6个，增补4名挂牌督学，在6个责任区聘请6名兼职督学。责任区督学全年主要进行规范办学行为、素质教育、校园欺凌专项治理、学校（园）月度安全工作以及治理教师有偿补课专项督导。8月，按照《教育督导条例》要求，成立崇州市人民政府教育督导委员会，分管副市长任主任，市发改局、财政局、人社局等13个单位相关负责人作为委员会成员。督导委负责研究制定全市教育督导政策措施，审议全市教育督导总规划和重大事项；统筹指导全市教育督导工作；聘任市政府督学；发布教育督导报告。10月，建立崇州市全国中小学责任督学挂牌督导工作平台，全面开展全国中小学责任督学挂牌督导创新县创建工作。

【教育科研】 5月20日，在七一实验小学举行崇州市2016年度第一批教育科研课题立项答辩，聘请省、成都市专家4人、崇州市专家6人担任答辩评委。35个申报单位参加立项答辩，市教育教学研究培训中心组织专家对申报材料进行复审，确定2016年度第一批立项课题20项，其中重点课题11项，一般课题9项，同意备案校级课题7项。11月14日，在学府街小学举行崇州市2016年度第二批课题立项答辩，8个申报单位参加答辩，同意立项6项，同意备案1个。经过学校（园）自主申报，教育教学研究培训中心推荐，成都市教育科学规划办组织专家评审、答辩等环节，全市3项课题立项为成都市2016年度教育科研课题，其中崇庆中学附属初中《名师送教促进薄弱学校课堂变革的实践与研究》立项为重点课题（崇州市首次承担成都市重点课题）；教培中心《沙盘游戏咨询技术在留守儿童心里成长中的运用研究》立项为一般课题，崇平镇小学《构建小学生态课堂的研究》立项为农村教育专项课题。到2016年底，全市各学校（园）实现校校有课题。

【现代学校制度建设】 开展现代学校制度建设试点工作，确定羊马学校、江源中学、中山小学、绿色实验幼儿园为首批4个试点学校，制定试点工作实施方案，启动试点工作。10月，启动第二批次试点学校，12个学校进入全面试点阶段。《学校民主管理、民主参与、民主监督》课题被列入成都市试点课题。开展成都市厂务（校务）公开民主管理A、B、C三级单位的创建工作。崇庆中学接受成都市厂务（校务）公开民主管理A级单位的验收检查；济协乡小学、元通镇幼儿园接受B级单位的验收检查；实验幼儿园、三江镇小学接受成都市厂务（校务）公开民主管理标准化建设C级单位的验收检查。全市有厂务（校务）公开民主管理省级先进单位1个，有成都市级校务公开A级达标单位12个。加强中小学章程建设，核准29所学校办学章程。开展依法治校创建工作，省级依法治校示范学校两所、成都市级依法治校示范学校8所和崇州市级依法治校示范学校32所通过复查。全市有依法治校示范学校省级两所，成都市级11所，崇州市级（含成都市、省级）41所。

【崇庆中学创国重】 3月16日至17日，四川省政府教育督导团派出专家评估组现场评审崇庆中学创建四川省一级示范性普通高中（国重）工作。专家组对照《四川省示范性普通高中评审细则》严格检查，反复讨论，逐项打分，学校评估得分481分，且各项得分率均在85%以上，专家组一致认为崇庆中学在队伍建设、办学条件、学校管理、办学效益等方面达到《四川省示范性普通高中管理办法》中一级示范性普通高中的标准，并提交省教育厅评审委员会审定。9月2日，四川省教育厅发文，认定崇州市崇庆中学为四川省一级示范性普通高中。

【联姻省优质教育促进会】 3月，市政府与四川省优质教育促进会签订教育战略合作框架协议。同时，市教育局与四川省优质教育促进会教科院签订“中小学校长课程领导力提升培训项目协议”。省优质教育促进会为崇州市中小学教育搭建专家引领、教育科研、信息技术等学习交流平台，培训干部教师、进行实践研究，推进成果生成。省优质教育促进会举办崇州市中小学学校课程领导力建设培训班，全年集中培训干部教师14次，学科培训（同课异构等方式）6次，自主研修1次，参训校长、骨干教师267人次。

（杨成云）

传 媒

【概况】 2016年，市新闻中心编辑出版《今日崇州》48期，编辑播出《崇州新闻》280期，制作播出专题节目231期，广播节目400余期。全年围绕崇州市“十三五”规划，宣传全域旅游、新型城镇化建设、智慧城市、生态文明建设等方面，报道开展“两学一做”、“廉洁崇州”、依法治市、大数据产业、创建国家食品安全城市等，先后开辟“暖冬行　爱传递”“第一书记”“我和我的年”“走读督查”“花海自由人”“寻找美德少年”“展青春风采　谱崇梦华章”　“两学一做　党旗飘扬”等系列报道、专栏。

【采编策划】 每周召开编前会，总结分析报、台、网出现的问题。主动策划，改进节目形态。结合市委、市政府重大活动和时间节点主动策划专题，如自驾赏花节系列报道；《政风行风面对面》把节目现场搬到田间地头、深入基层，贴近群众，贴近民生。继续与崇州市人民医院联合推出大型公益性健康栏目《健康崇州》，把镜头从演播室移到室外多角度进行系列报道和专题报道。积极探索联办节目形式，进一步提升宣传创新能力。与团市委策划“展青春风采　谱崇梦华章”活动。该活动从前期的策划报道到最后以舞台的形式结束都受到了市委、市政府相关领导和合作单位的充分认可。利用全媒体平台与文明办、教育局、妇联、团市委开展“寻找美德少年”活动。该活动在微信平台有近7.8万人次的投票，点击浏览38万人次。

【对外宣传】 坚持“以外宣思维做好内宣，以内宣实绩支撑外宣”的理念，在各级主流媒体刊播、刊发信息1100余条，其中国家级权威媒体报道达到171条，省级主流媒体报道达360余条，依法治市、“四川自驾赏花节”、“大数据”等城市名片有了“崇州定位”，形成“墙内开花内外皆香”的势头，大大提升崇州对外宣传影响力。新华社、《人民日报》、《光明日报》、

《经济日报》、《法制日报》报道“依法治理”近10篇，尤其是创新开展的综合行政执法体制改革被誉为“解决了执法监管‘最后一公里’的难题”。崇州本土打造、覆盖四川的旅游盛事“四川自驾赏花节”通过中央电视台体育频道和《人民日报》的报道，明确“全国规模最大的业余自行车赛”“最美乡村路”两个旅游定位。崇州创新开展文化院坝“托管”模式，一院一主题的做法受到社会极高关注度，尤其是桤泉镇余花龙门子以廉政为主题的讲堂模式，被中央电视台综合频道《晚间新闻》《朝闻天下》誉为“把工作做到家门口了”。

表3　　2016年崇州市在中央级媒体外宣稿件统计表

日期	发文媒体	标题
2月27日	新华社	《成都：精准扶贫 共建共享》
2月29日	农民日报	《让农业农村焕然一新》头版头条
3月1日	《瞭望》新闻周刊	《成都：补足公共服务短板》头版
3月2日	《新华每日电讯》	《成都：将“共享”发展理念落到实处》头版
3月10日	中央电视2套《五年规划》	第六集五年之后
3月20日	中央电视5套《体育新闻》	崇州“最美乡村路”打造车迷健身节
3月27日	人民日报	骑行，骑行，飞驰的身影
3月31日	中国公路网	《成都副市长刘守成视察中铁八局崇州琴鹤大桥项目工地》
4月5日	农民日报	《好吃好玩一举多得》
4月5日	农民日报	《背靠产业园 一个镇子红火起来了》
4月6日	人民日报海外版	细微之处见成效
5月25日	人民日报海外版	《有声有色的特色小镇》
5月25日	人民日报海外版	《特色小镇“繁星点缀”锦官城》
6月3日	新华网	成都崇州市发展远程教育 助力农民脱贫致富
6月6日	新华网	数据创造未来“创业天府 菁蓉汇·崇州”大数据创新发展专场召开
6月6日	新华网	促进式营销 区块链技术现身崇州大数据论坛
6月9日	中央电视4套《中国新闻》	四川：大数据引领成都通向创业天府新高地
6月10日	中央电视1套《生活圈》	独特端午味
6月10日	中央电视1套《朝闻天下》	互联网+时代 影响高考新生态
6月16日	中央电视1套《朝闻天下》	走基层·成都巡察报告
6月28日	中国网	崇州市元通中学：宣传毒品危害 增强法律意识
6月28日	中国网	崇州市树德怀远中学举行“美德少年”表彰大会
7月7日	人民网	31个省市代表齐聚崇州 学习农业发展经
7月7日	光明网	全国农村产业融合发展试点示范县专题培训崇州开班
7月12日	中国网	崇州市江源中学：“固定党日活动”推进“两学一做”
7月14日	新华网	共话大数据转型升级 成都崇州市举行智慧城市高端沙龙
7月15日	人民网	“‘一水两用 粮渔共赢’崇州市稻渔综合种养获专家肯定”

续表

日期	发文媒体	标题
7月15日	新华网	点赞稻渔共赢 72名行业代表参观成都崇州综合种养示范点
7月18日	中国网	美联信公司到崇州考察智慧教育投资建设项目
7月18日	中国网	崇州蜀城中学学子勇夺成都运动会射击比赛10金
7月22日	中国网	“荷风廉韵”崇州廉洁文化助推乡村旅游
7月22日	新华网	成都崇州打造文化乡村旅游 游荷塘景色学廉洁文化
7月22日	中国文明网	成都崇州打造文化乡村旅游 游荷塘景色学廉洁文化
7月22日	中国网	崇州：“樱花屋”为留守儿童寻找精神家园
7月28日	中国网	崇州市教育局与美国机场教育局达成合作意向
8月3日	中央电视台新闻频道	四川崇州：山洪突发 一人垂钓被困河中心
8月8日	新华网	崇州桤泉镇第十三届葡萄采摘节开幕 千亩红提邀你体验尝鲜
8月8日	半月谈生态环保	
8月9日	人民网	成都崇州桤泉千亩葡萄成熟 游客当果农
8月9日	新华网	小伙侵入高校教务系统 为学生“改分洗底”
8月9日	中央电视4套《走遍中国》	种田新把式
8月14日	中央电视1套《晚间新闻》	基层政府 把服务做到百姓身边
8月15日	新华网	崇州市以专业社工做引领 激发农集区社区文化新活力
8月17日	中国网	崇州市蜀城中学新生军训：历练意志 洗礼精神
8月18日	中国网	崇州市教育局传达学习省委十届八次全会精神
8月22日	中央电视1套《新闻联播》	全方位全周期 健康优先融入全局
8月22日	新华网	产业搭台旅游唱戏 崇州廖家镇以紫薇花节推动乡村旅游发展
8月29日	人民网	政府扶持，借力市场，大规模绿化全川
9月8日	人民日报	市场监管一体化 营商环境法治化
9月8日	人民网	创新“五大”党建工程 引领园区科学发展
9月13日	农民日报	“绿色音阶”奏出兴农曲
9月13日	中国农业网	成都崇州：“绿色音阶”奏出兴农曲
9月14日	中电新闻网	廉政建设丨崇州供电全面了解意见建议
9月14日	人民网	全国科普日 崇州师生市民走进科普基地
9月21日	中国环境报	成都环保扶贫扮靓新农村
9月22日	中国网	崇州市教研活动在蜀城中学开展
9月25日	检察日报	四川崇州市检察院联合四单位加强亲职教育落实
10月9日	新华社、中国政府网	四川省李家岩水库开工建设
10月11日	中国网四川	崇州市崇庆中学组织志愿者开展敬老活动
10月11日	中国网四川	崇州梓潼镇小学举行“培育和践行社会主义核心价值观”合唱比赛
10月17日	中国网	军民鱼水情 解放军驻崇州某部资助驻地贫困学生
10月18日	新华网	成都崇州打造“崇耕”农产品公共品牌

续表

日期	发文媒体	标题
10 月 18 日	中国新闻网	崇州："崇耕"农产品公共品牌发布
10 月 20 日	人民网	即日起到下月底去崇州体验生态游 惊喜不断
10 月 21 日	新华网	13 支创业团队激烈角逐 成都崇州市举办中国网安创新创业大赛
10 月 23 日	中央电视 2 套	长征财经密码
10 月 27 日	光明网	高标准打造产业新城 为建设国家中心城市贡献力量
10 月 27 日	新华网	中共崇州市第十三次代表大会 10 月 27 日开幕
10 月 28 日	中国经济导报	共营融合让崇州农业"火了"
10 月 28 日	新华社	四川崇州试水行政执法改革 一支队伍"管全部"
11 月 3 日	光明网	崇州家具打入南亚市场
11 月 3 日	新华网	拓展国际市场空间 2016 南亚产能合作（成都）对话会走进崇州
11 月 3 日	中国新闻网	2016 南亚产能合作（成都）对话会走进崇州
11 月 3 日	环球网	2016 南亚产能合作（成都）对话会走进崇州
11 月 7 日	中国网	"成都农村电商发展论坛"在崇州成功举办
11 月 10 日	中国网四川	崇州市举行中小学课程建设培训
11 月 10 日	中国证券网	华英农业达成两项合作加码养鸭业
11 月 10 日	中央电视 4 套《中国新闻》	西博会南亚产能推介会在四川崇州举行
11 月 13 日	新华网	崇州 让未成年人如向日葵般健康成长
11 月 13 日	中央电视台 1 套《晚间新闻》	空军歼－10 战机女飞行员余旭牺牲
11 月 13 日	中央电视台 7 套《军事报道》	空军歼－10 女飞行员余旭：选择蓝天 选择挑战
11 月 15 日	中央电视台 1 套《晚间新闻》	飞行员余旭被批准为革命烈士
11 月 15 日	中央电视台 7 套《军事报道》	空军飞行员余旭被批准为革命烈士
11 月 16 日	新华社每日电讯	首位歼－10 女飞行员余旭被批准为革命烈士
11 月 16 日	人民日报	余旭被批准为革命烈士
11 月 17 日	中央电视台 1 套《晚间新闻》	11 月 17 日余旭　我们为你送行
11 月 17 日	中央电视台 1 套《晚间新闻》	余旭：蓝天犹在 为梦飞翔
11 月 17 日	中央电视台 7 套《军事报道》	余旭：我们为您送行
11 月 18 日	中央电视台 1 套《晚间新闻》	11 月 18 日余旭回家　金孔雀永远飞翔
11 月 19 日	中央电视台 1 套《新闻联播》	新闻特写：余旭回家"金孔雀"永远飞翔
11 月 19 日	中央电视台 7 套《军事报道》	飞行员余旭"金孔雀"魂系蓝天
11 月 20 日	中央电视台 7 套《军事报道》	余旭烈士骨灰安放崇州革命烈士陵园
11 月 21 日	新华社	"崇州让未成年人如向日葵般健康成长"
11 月 21 日	新华社	"崇州让未成年人如向日葵般健康成长"
11 月 23 日	人民日报	图片新闻：崇州市检察院向日葵工作室
11 月 23 日	光明日报	"向日葵工作室"关爱未成年人
11 月 27 日	人民日报	看土地整治如何升级

续表

日期	发文媒体	标题
11 月 23 日	农民日报	“小组微生”模式下的美丽新村
11 月 28 日	新华社	四川崇州试水行政执法改革 一支队伍“管全部”
11 月 30 日	新华网	助推大数据发展应用 崇州大数据产业平台正式上线
11 月 30 日	人民网	云润助力崇州打造大面向全国的大数据服务中心
11 月 30 日	中国新闻网	URUN——大数据应用及大数据产业发展发布会在四川崇州市举行
11 月 30 日	国际在线	四川崇州：打造一站式大数据综合服务平台
12 月 4 日	人民网	崇州一惠民工程今日动工 三年内建成新川西风格低碳小镇
12 月 4 日	新华网	崇州市白头镇土地综合整治项目开工
12 月 7 日	中国青年网	金孔雀”余旭：万里长空舞聘婷　有梦青春终不悔
12 月 9 日	人民日报	打通电商入村“断头路”
12 月 9 日	中央电视 2 套《经济半小时》	从共营到共赢
12 月 9 日	人民日报	打通电商入村“断头路”
12 月 9 日	经济半小时	从共营到共赢
12 月 20 日	中国军网	画家笔下的余旭：让我们再看一看你的眉眼

【作品创优】 市新闻中心 10 件作品获得省市奖项。《今日崇州》有 3 篇稿件分别获得成都市新闻工作者协会消息、通讯、标题类优秀奖，1 篇稿件获成都市区（市、县）专项奖。《解码农业共营制》《五星村里的“五星级”酒店》《为村民“众筹”建新村模式叫好》分别获得成都新闻奖三等奖、成都市广播电视奖优秀奖、提名奖等奖项。

【特色工作】 做好舆论正面宣传引导，传播社会正能量。2016 年 11 月 12 日，崇州籍歼－10 女飞行员余旭在飞行训练中不幸牺牲。12 日下午，在社交媒体平台上，各类消息迅速传播。尤其是在崇州人的朋友圈，各类消息速度发酵。为了做好纪念英雄的舆论引导，弘扬正能量、传播主流价值观，崇州市新闻中心在市委宣传部和成都市委宣传部指导下，依托《今日崇州》微信、手机客户端、《今日崇州》报、电视台、户外 LED 等全媒体平台，主动抢占舆论阵地，通过媒体第一时间发布权威消息，遏制负面信息的发生甚至发酵，敏锐洞悉群众的思想情感，及时疏导和引导，成功管控虚假负面信息，营造积极、正面的舆论氛围，得到西部战区空军政治工作部宣传处高度肯定和空军发言人孙进科“顾大局、讲规矩”的高度评价，提升崇州的影响力、美誉度。新闻中心及时将崇州市群众自发悼念的新闻素材报中央电视台，由于中央电视台充分认可新闻中心所做工作，采用崇州电视台上送的大量素材，在《新闻联播》刊播余旭烈士的报道中，破例将崇州电视台列入供稿单位，为崇州外宣工作再添光彩。

【新媒体发展】 抓好新媒体与传统媒体融合，推动全媒体发展。调整崇州新闻网网站首页构架，新开辟“廉洁崇州”“两学一做”“法治崇州”“安全生产”等专题栏目，全年报道时政新闻 600 余条、经济社会类新闻 300 余条，特别关注、专题新闻及深度报道近 200 条。以活动为引领，提高“今日崇州”公众微信平台粉丝数量。策划“崇州这一周”“健康崇州”“便民服务”等固定原创栏目；通过“美德少年评选”、赏花节活动，实现与受众的有效互动，关注人数达9000余人。通过“今日崇州”手机客户端（APP），及时更新全市各项政务工作动态信息，让“今日崇州”手机客户端（APP）成为全市多个媒体中“反应最快”的媒体平台。

【安全播出】 时刻绷紧安全这根弦，排除前期摄录设备、制作设备、播出设备硬件故障80余起，技术监控到故障征兆100余次并及时排除安全隐患，保证全中心设备的正常运行。落实影视剧及广告节目引进、审查、播出、技术维护各个环节的责任，明确责任人员和责任追究制度。

（刘艳梅）

文化·体育

【公共文化服务体系建设】 出台崇州市《关于加快构建现代公共文化服务体系实施意见》。“两项试点”工作全面完成。新增“公共文化服务标准化建设”“基层综合性文化服务中心建设”示范点位20个。创新基层公共文化服务，深入开展文化院坝建设，探索形成“文化管家”新模式，受到文化部和省市主管部门的高度认可，分别在四川省文化厅、成都市文广新局作经验交流，被中央电视台综合频道和省市主要媒体宣传报道。

【非物质文化遗产保护】 元通清明春台会成功申报为成都市第五批非遗代表性项目；新增国家级传承人1名、成都市级传承人2名；道明丁知竹竹编馆、道明继军竹编制品厂、道明思进竹艺馆（竹艺苑）、成都茂祥竹木藤器工艺有限公司成功申报为成都市第三批非物质文化遗产传习所。成功承办2016年第四届中国非遗博览会传统工艺竹编大赛，汇集全国12个国家级非遗竹编项目、60余位竹编传承人和艺人参展参赛。由中央美术学院师生和道明竹编非遗传承人共同完成的“蜀州艺进”项目参展作品荣获第二届武汉国际家具展览会“黄鹤杯”最佳创意奖。建立以非遗保护为内涵的成都市版权服务工作站两个。

【文物保护】 完成昙云寺（东厢房）、崇阳街道天主堂维修工程；完成九龙寺、大明寺维修保护及上元宫厨房、厕所改造设计方案，上报成都市文广新局并获批复通过；配合完成并报送黄氏宗祠、元通天主堂、永利桥等各级文物保护单位保护范围及建设控制地带内施工的施工方案；完成《市博物馆馆藏纸质文物保护修复方案》，通过省文物局批复；上报《市博物馆可移动文物预防性保护方案》，获国家文物局批复通过并下达项目资金；完成第一次全国可移动文物普查工作清库、总结阶段工作，至此，“一普”工作圆满完成；完成崇州市10处文化地标和地标数字化建设，完成“文博崇州”微信公众号平台的搭建；完善崇州市41处各级文保单位“四有”工作，对其保护范围及建控地带进行测绘，并报送上级部门；划定崇庆州城墙等17处崇州市级文保单位保护范围及控制地带，并获城乡规划委员会评议通过；新增崇州市级文物保护单位1处——万福楼；完成王场镇莲花村、西街宫保里工地、唐安西路百伦广场工地等建设项目的地下文物勘探工作，并配合成都市文物考古工作队开展李家岩水库（淹没区）的发掘工作。

【文化品牌建设】 培育“出彩崇州人”“崇图沙龙”“罨画讲坛”等一批有影响的文化活动品牌，不断丰富群众文化生活。大力发展音乐产业。依托街子川西民歌村，打造大型实景剧

《蜀歌·蜀嫁》，填补川西文旅民俗演艺空白，丰富街子文旅产品内涵。

【新闻出版管理】 加强对全市出版单位、印刷企业的管理工作，完成对全市出版单位、印刷企业年检工作。深入推进版权示范城市建设，建立版权服务工作站两个，完成版权作品登记200余件。积极推进政府机关使用正版软件工作的深入开展。大力开展“扫黄打非”工作，先后开展“秋风”“清源”“净网”“固边”“护苗”五大专项行动以及“扫黄打非”进社区活动，为崇州市创造良好的社会文化环境。持续开展全民阅读活动。以“共享全面阅读，共筑书香崇州”为主题，举办2016崇州市全民阅读活动启动仪式。IPTV（交互式网络电视）广播电视服务试点工作在崇州得以落实。

【社会体育工作】 推进体育公共设施建设，完善体育公共服务体系建设。培训三级社会体育指导员186名。组织开展全市全民健身活动50多次，指导各乡镇因地制宜开展形式多样的健身活动30多次。积极向省、市体育局争取民生工程体育器材5套为街子镇画景兰香社区、街子镇天顺村、大划镇石桥村、江源镇石鱼村、羊马镇白鸽村更换，争取资金50万元提档升级改造元通镇综合文体中心。自行投资安装健身设施16套。在体育中心改建11人制足球场1处，在街子镇上元村新建5人制足球场1处。为2000多名市民开展免费国民体质体质测试，出具“运动处方”，指导市民科学健身。实施为民办实事目标，在道明、王场两镇新建42.5千米登山健身步道并投入使用。组团参加成都市第十三届运动会，团体总分、金牌数、奖牌数名列成都市“三圈层”第一名。

【体育赛事承办】 举办中国·成都第七届自行车车迷健身节暨第五届公路自行车国际精英赛。赛事于3月18日举行，成都市直机关代表队74支、区（市）县代表队25支和崇州代表队25支，以及国内外的自行车爱好者近3000人参加比赛。《人民日报》、中央电视台体育频道、中新社、《中国体育报》等中央、省、市近30家主流媒体关注和报道赛事。成功举办2016年全国动力悬挂滑翔国家集训队选拔赛。

（罗云霞）

卫生和计划生育

【概况】 全市卫生计生系统有各类公立医疗卫生机构34家，其中：乡镇卫生院及社区卫生服务中心26家，专业公共卫生机构两家、市级医疗机构两家、其他4家（120指挥调度中心、医院事务服务中心、流动人口管理中心、计划生育管理服务中心）。全系统公立医疗卫生机构有卫生专业技术人员2852人。2016年，市卫计局以加快建设人民满意的卫生计生事业为目标，紧扣民生工程和重点工作，确保各项目标任务全面完成。3月10日中央电视台新闻频道《聚焦两会》、8月22日中央电视台《新闻联播》先后两次对崇州市落实分级诊疗工作予以报道。2016年，崇州市成功创建“四川省妇幼健康优质服务示范市”。

【医疗设施建设】 市人民医院综合培训中心项目主楼封顶，开始实施二装挂网招标；市中医医院迁建项目地下车库施工完成，进入地上施工阶段。第二医院迁建项目进入地勘及方案设计阶段。市卫计局规划实施“十三五”期间基层医疗卫生机构硬件提升工程，投入建设资金2.27亿元，“十三五”期间将分批次对乡镇卫生院迁建6家；选址新建社区卫生服务中心1家；征地扩建卫生院2家；原址扩建卫生院12家；

进行风貌改造（内外墙粉刷翻新）卫生院13家；与国土、规划、环保等部门逐一落实211个村卫生室公有化和标准化建设，涉及项目用地107亩。完成白头镇农村无害化卫生厕所300个改造任务。投入专项经费30万元在怀远镇和街子镇实施急救站、在鸡冠山乡和文井江镇实施急救点建设，急救站点具备先期急救能力。完成城北社区卫生服务中心、三江卫生院两家“示范中医馆”及城北社区卫生服务中心“示范社区卫生服务中心”建设的评审验收。

【县级公立医院综合改革】 县级公立医院综合改革稳步推进。市卫计局围绕国家、省、成都市关于深化医药卫生体制改革的一系列精神，深入研究制定深化医改专项方案，把握保基本、强基层、建机制的基本原则，以破除以药养医和取消县级公立医院药品加成为重点突破口，落实政府投入政策，积极推进落实公立医院补偿机制、价格机制、采购机制、运行机制、人事薪酬等综合改革，实施上级医院托管枢纽医院，探索建立公立医院与基层医疗机构多种形式的对口帮扶机制，深入推进与四川省人民医院、成都大学附属医院、成都市妇女儿童中心医院、成都市第四人民医院组建的综合及专科医联体建设，明显提升崇州市公立医院看大病、解难症水平，区域内就诊率85%左右，初步形成基层首诊、双向转诊、急慢分治、上下联动的分级诊疗就医格局。

【基层医疗卫生机构改革】 按照国务院《关于巩固完善基本医药制度和基层运行新机制的意见》精神，崇州市全面建立基本药物制度和基层运行新机制，积极落实财政投入政策，将基层医疗卫生机构收支差额纳入财政综合预算。全市基层医疗卫生机构26家及村卫生站231家，药品全部实行零差率销售并实现乡、村一体化配送管理。通过推进第三方医学检验工作，购买医疗责任险，实施远程PACS系统试点和区域心电中心建设，全面推进全科医生执业方式和服务模式的改变，极大提升基层医疗卫生机构服务能力。2016年，崇州市基层医院门诊诊疗量占全市公立医疗机构诊疗量比例52%，住院病人量占全市公立医疗机构住院比例61.15%，区域内就诊率85%左右。根据成都市卫计委、财政局、人社局联合制定的《关于建立乡村医生准入和退出机制，落实乡村医生保障性待遇的指导意见》，市委、市政府主要领导召集相关部门专题研究作出部署后，市卫计局及时制定《落实乡村医生准入和退出机制实施乡村医生保障性待遇的操作方案》。

【医疗卫生服务体系规划】 完成《崇州市医疗卫生服务体系规划（2015—2020年）》，通过优化医疗资源配置，明确各级各类医院功能定位，逐步建立体制合理、机制灵活、功能完善、效率较高的医疗卫生服务体系。

【医疗惠民】 开展农村妇女“两癌”筛查、贫困学生“阳光爱心助学”、“困难大学生圆梦工程”、贫困白内障患者免费实施复明手术等民生工程，完成年度目标任务。完成居民健康卡发行量占户籍常住人口60%的目标任务。崇州市居民健康卡发放51.87万张，在成都市20个区（市、县）中位列第二。

【人口和计划生育】 全面加强人口和计划生育、妇幼卫生工作，努力提高人口素质。强化人口计生工作综合治理，进一步完善人口计生目标考核责任制，2016年全市符合政策生育率98.04%，人口自然增长率2.15‰；加强育龄妇女生殖健康服务。规范运行免费婚检和免费孕检项目，降低出生缺陷发生率；加强流动人口计划生育服务与管理。流动人口登记率、流动人口计划生育基本公共服务均等化服务率均达

95%以上；加强妇幼保健工作，所有指标均在控制范围以内；全年确认奖励扶助对象4.39万人，特别扶助对象1743人。市妇幼保健院与市计划生育服务站合并，成立崇州市妇幼保健计划生育服务中心。崇州市妇幼保健院顺利通过三级乙等妇幼保健机构省级复审。　（石　斌）

党史·地方志

【概况】　市委党史研究室及地方志办公室始终将史志征编研作为主业，在深入学习贯彻中央、省、成都市党史、地方志工作会议精神的基础上，着力编纂史志精品。编纂出版《中共崇州市委执政实录2015》《崇州年鉴（2016）》《成都史志·崇州专辑》《蜀州纵横》《乡土要览》《崇州彭云生》；完成《成都年鉴》2016年卷崇州部分组稿工作和地方志资料年报工作；完成《四川省乡镇简志》崇州部分组稿工作；乡镇志工作有序开展，《三郎镇志》《鸡冠山乡志》编纂工作启动，《怀远镇志》进入资料搜集阶段。全年完成编辑任务170余万字。

【启动执政实录编纂工作】　3月，启动执政实录编纂工作。《中共崇州市委执政实录》是记述中共崇州市委执政实践的一套大型综合性、资料性工具书。该书由崇州市委主办、市委党史研究室主编，从2015年开始，逐年编纂。《中共崇州市委执政实录（2015年卷）》为总第一卷，以市委重要会议、重要决策、重要文件、重要事件、重要经验为主线，忠实地记述中共崇州市委带领全市广大干部群众贯彻落实党的路线、方针、政策和中央、省委、成都市委的战略部署，领导全市经济建设、政治建设、文化建设、社会建设和生态文明建设的历程。全书按照政务活动、执政方略、执政实践、执政论坛、大事记五大部分进行分类编辑。11月，由中共党史出版社出版。

【地情资源开发利用】　从《崇庆县志》增订版书中将广大读者最为关注的社会人文部分内容抽取出来，以“提供乡土教材”为视角，节选成册，定名为《乡土要览》。《乡土要览》一书全面覆盖崇州的历史、地理、人物、风俗、名胜古迹、遗闻轶事等诸多方面，展现崇州深厚的文化内涵和历史底蕴，提供崇州乡土文化教育教材，也是拓展地方志工作在读志用志上的全新尝试。以崇州民国时期的著名文人彭举为研究对象，为其撰写传记。彭举，字云生，崇州人，民国时期四川著名学者、诗人、书法家、版本学家、目录学家、方志学家，精通宋明理学，在杜甫和薛涛研究领域卓有贡献，被学界誉为“蜀中大儒”。然而由于历史的原因，彭举之名鲜为人知。通过翻阅大量史料、多方查访，形成人物传记《崇州彭云生》30余万字，呈现彭举的人生经历和学术贡献，展示民国时期崇州文人风采。《成都史志·崇州专辑》全面展现崇州两千余年的历史文化、历史人物、奇珍异宝、风土人情、恢弘建筑，内容详细、图文并茂，对在成都市范围内展示崇州历史文化、人文精神，扩大地方志宣传教育覆盖面，做好成都市和崇州市文化建设、旅游事业、乡土教育和爱国教育，增强崇州人民热爱家乡、建设家乡的热情具有重要作用。

【乡镇志编纂】　《三郎镇志》《鸡冠山乡志》编纂工作陆续启动，《街子镇志》进入资料搜集阶段。市地方志办按照《地方志工作条例》等要求，充分发挥组织、统筹、指导职能，在修志等工作中为乡镇提供业务指导10余次，确保乡镇修志工作科学、规范、合法。

【年鉴编纂出版】　2016年卷《崇州年鉴》于

12月出版，设有概况、特载、专文、大事记、中共崇州市委员会、崇州市人民代表大会、崇州市人民政府、政协崇州市委员会、纪检·监察、民主党派、社会团体、法治、国防、城建·环保、城乡管理、工业、农业·林业、商贸服务、交通·邮政、广电通信、能源、金融·投资、财政·税务、经济监督管理、教育·文化·体育·旅游·卫生、人民生活、乡镇（街道）和附录共28个类目，共57.2万字，全面系统地记载2015年度崇州自然、政治、经济、文化、社会等方面的基本情况和发展变化及大事要闻。

【史志宣传与信息化】 在中国共产党成立95周年之际，邀请重庆红岩革命历史博物馆前馆长厉华教授为全市党员干部作《信仰的力量》专题讲座。以原崇庆县委书记张林超实事求是、忠诚为民的真实经历为基础，创作故事《我们的好书记——张林超》参加“百姓故事会”比赛，获得崇州市三等奖，并被选送至成都市参赛。为纪念抗战胜利70周年，以抗战纪念文集《崇州抗战烽火的记忆》为蓝本，创作演讲《崇州抗战烽火的记忆》参加崇州市2015年“走基层”优秀宣传案例评选活动，获得三等奖。在成都市委宣传部主办的《先锋杂志》上发表党史研究文章《分州兵变：武装起义壮大革命声势》《巾帼英雄张露萍》。为燎原红色文化馆建设、中国共产党成立90周年、纪念红军长征胜利80周年等方面提供资料10余次。以送书下乡、座谈交流、赠阅等方式开展好《成都精览》宣传，将书送进机关、送进社区、送到基层。依托移动信息平台，以周五短信的形式让全市领导干部共享崇州历史文化地情资料及重要研究成果，丰富地方志宣传教育内容，2016年短信发送覆盖17424人次。依托崇州史志微博公众号，宣传崇州历史文化，全年发送原创微博220余条。完成成都党史网站崇州党史网页、中国成都政府网站崇州地方志网页、崇州市公众信息网崇州史志办网页的信息发布工作，全年更新信息68条。

表4 2016年史志工作编研成果

获奖项目	获奖称号	获奖时间	颁奖单位
《崇庆县志》增订版	四川省第十七次地方志优秀成果志书类二等奖	2016年12月	四川省地方志编纂委员会 四川省地方志学会
《汶川特大地震崇州抗震救灾志》	四川省第十七次地方志优秀成果志书类二等奖	2016年12月	四川省地方志编纂委员会 四川省地方志学会

（高　雅）

人民生活

劳动和社会保障

【公共服务】 全市基层平台机构（窗口）建成率100%；基层平台机构（窗口）综合达标率100%；劳动就业社会保障服务中心（站）278所，其硬件标准化建设、软件业务延伸达标率100%；12333电话咨询接通率96.76%。市人社局坚持落实行政审批“两集中，两到位”，事项入驻政务中心（分中心）率100%，事项授权率100%，网上预审率90%，限时办结率100%。完成工伤认定462件，劳动能力鉴定312件，劳务派遣行政许可1家，审批特殊工种提前退休15人（其中因病提前退休1人）、审批民办培训学校1家，确定定点培训机构两家，审查集体合同36户。

【人才管理】 2016年6月，成都市崇州现代农业和旅游业人才工作站被人社部确定为国家级专家服务基地，成为成都市唯一、四川省第二个国家级专家服务基地。成都市崇州现代农业和旅游业人才工作站拥有集科研、办公、生活为一体的专家大院及科研用地3000余亩、工厂化标准化大棚167座和专业服务团队1000余人，逐步建成“1个专家大院+1个专家智力供需平台+4个产学研基地”的“1+1+4”综合服务载体。该基地聘任专家168名，合作的科研院校由最初的3个扩大到34个，覆盖领域从单纯的农业延伸到旅游、文化、大数据等多个领域，实现多领域专家抱团合力推动地方经济发展。2016年，市人社局组织专家开展智力咨询、技术指导和讲座100人次；进行“知识更新工程”培训和专业技术人才培训4500人；高技能人才考评合格500人。

【就业促进】 2016年，全市城镇新增就业人数9578人，失业人员再就业1513人（就业困难人员再就业744人），城填登记失业率3.2%；农村富余劳动力新增转移就业8002人，青年劳动者技能培训509人，新增吸纳大学生就业创业1376人，促进大学生实现创业131人；藏区“9+3”毕业生初次就业率100%。全力推进创新创业工作。持续开展多种形式创新创业活动，成功举办“创业天府·菁蓉汇”崇州大数据专场主题活动等创新创业品牌活动17次，开展创新创业项目路演5期。建立“创业之星”评选推荐制度，成都市乐学乐创教育咨询有限公司获得“优秀创业之星”荣誉称号。2000余平方米的“互联网+众创空间”被列入四川省“互联网+”重点工作方案，吸引签约入驻企业24家。通过发放大学生创业实体补贴、开设大学生创业培训班，大力推进高校毕业生创新创业服务工作。2016年，全市发放大学生创业实体补贴131万元，开办在校全日制大学生创业培训班27期、培训840人。市人社局和四川水利职业技术学院、四川文化传媒职业学院联合组建创新创业项目评审专家团队，并与四川水利职业技术学院联合举办第二届中国“互联网+”大学生创新创业大赛，吸引“秘密陶园陶艺馆”“月菇凉野生菌”“宅易购”等20个创业团队参赛。开展实用性强的创客活动，在大学生创业园举办“阅创·派对”9场，企业财税及中小微企业财税政策剖析两场，企业专利知识讲座两场，2016年政策及经济形势分析会议3场，各类沙龙活动4场。继续开展高校毕业生创业就业服务月活动，鼓励高校毕业生积极参加创业实践活动，全年帮助高校毕业生就业1376人，就业率97%。深入实施就业援助工程。全年安置就业困难人员520人，发放社保补贴357.32万元、岗位补贴537万元。全年农村富余劳动力转移12.98万人，实现劳务收入23亿元。2016年发放失业保险金2247余万元，代缴医疗保险745余万元。加大就业培训力度，全年开班25个、培训1370人、颁发培训合格证1193本，其中青年技能培训509人。深入实施就业精准扶贫。深入摸底16个相对贫困村，针对致贫原因、就业创业能力、劳动技能等实施“一户一策”，做到分类扶贫、分层扶贫、分策扶贫，全年开展就业巡回服务活动8场、吸引2100余人参加，开发公益性岗位52个，培训就业困难人员50名，实现“造血式”扶贫。扎实做好李家岩库区移民就业保障工作。组织企业多次到怀远镇青峰岭社区、文井江镇马家社区开展“李家岩库区就业巡回服务活动”、提供就业岗位600余个，为2010名群众提供咨询服务。

【劳动关系调整】 企业职工劳动合同签订率94.4%；企业集体合同签订率92%；企业薪酬调查工作19户；劳动者举报投诉案件处理率100%；劳动人事争议仲裁结案率95%；《仲裁办案信息系统》办案率100%；劳动监察“两网化”（网络化网格化）建设纳入网格动态管理的用工单位数量占参保单位的85%，劳动监察网格化管理覆盖率82%；100人以上企业采集比例101.42%，与社保系统指标比对成功数95.7%，信息完整度90%；本年度每名专职监察员检查用人单位达到60户。

【劳动执法服务一体化】 整合资源外延职能，强化监督服务力量。整合就业局、劳动监察大队、仲裁院、劳动关系科、人才开发科及四川现代人力资源服务公司等资源，联合工会、工商联、经信、住建、公安、交通、水务、国资办、工商和工会等部门，形成集查处打击、调解矛盾、服务解困于一体的支付农民工工资监督服务队伍。同时，探索建立由政府、社会组织、企业共同参与的“三方协商”机制，健全乡镇（街道）劳动争议调解委员会和企业调解机构，完善法律援助机制、调解仲裁衔接机制、裁审衔接机制，为劳动争议纠纷矛盾化解在基层提供机制保障。有70余家企业参与“三方协商”机制。构建“智慧预警”机制，实时监管企业动态。建成“崇州市企业用工信息库”，建立“红黄蓝”三色预警机制，列出监管重点行业、区域和企业，形成全面监管和重点监控结合的格局。根据“智慧预警”结果，巡视有关重点企业50余次，及时查处违法行为，将劳动纠纷矛盾有效化解在萌芽状态。创新服务机制，提升监督服务质量。制定崇州市劳动关系和谐企业（工业园区、乡镇）创建标准，成功创建劳动关系和谐企业43个、劳动关系和谐工业园区1个和劳动关系和谐乡镇25个；依托乡镇社保服务中心，大力推进“两网化”建设，建成一级劳动监察网格25个，配齐劳动保障协管员，将服务机构延伸到基层，实现全覆盖；成立“劳动监察流动服务站”，联合公安、法院、工会、妇联建立快速反应机制，拉网式排查全市企业和谐劳动关系建设情况，大力宣传劳动保障有关法律和政策；建立“巡回仲裁庭”，为劳动纠纷处理提供绿色通道，做到“申请、立案、调解、结案”四环节一日毕。立足人才人力支撑，支持企业创新发展。针对人力资源成本高、中小企业融资困难、科技创新不足等制约企业发展瓶颈问题，推进专家服务基地建设，推进企业与科研院所合作，开展科技创新合作项目，实施产业工人技能提升项目，帮助企业建立现代人力资源管理制度，实现企业增效、民工增收。同时，对重点企业实施“一对一”全程跟踪服务，依托2016年成功创建的国家级专家服务基地，成功引导企业组建四川塑胶管道创新联盟和崇州大数据产业新盟，新建产学研联合实验室3个、博士工作站两个，推动科技企业自主创新27项，成功帮助一批企业规避拖欠农民工资的风险。

【社会保险征缴】 全市城镇职工养老保险参保人数达17.35万人（含城镇职工基本养老保险退休人员5.70万人，机关事业单位养老保险退休人员0.63万人），在职职工新增扩面1.23万人，基金征缴10亿元（其中清欠1480万元）。全市机关事业单位养老保险在职职工参保人数达1.2万人，领取养老金人员6255人；养老保险基金征缴1.56亿元，职业年金征缴1.13亿元。全市城镇职工基本医疗保险参保人数达19.01万人（含退休人员），新增扩面0.91万人，基金征缴5亿元。全市失业保险参保人数达7.20万人，新增扩面1.99万人，基金征缴5866.29万元。全市工伤保险参保人数达7.54万人，新增扩面1.74万人，基金征缴1606.14万元。全市生育保险参保人数达8.36万人，新增扩面0.23万人，基金征缴1702.48万元。全市城乡居民养老保险参保人数达29.50万人，缴费人数达10.99万人。城乡居民基本医疗保险参保率达98%，银行代扣签约率达87.6%；新农合制度参合农民住院医疗费用政策范围报销比例达75%。每月采集各定点医疗机构业务运行数据，进行运行分析，按月、季、年度形成《医疗保险基金运行通报》并按规定上报。

【社会保险基金监管】 立足于“畅”“精”“专”，不断创新沟通交流机制和平台，强化稽核队伍建设，深入研究制度设计、技术防控、指标分析、预警机制等防控手段，做到事前化解风险，确保社保基金的安全完整，为风险防控工作奠定坚实基础。立足于“畅”，构建“三个一”沟通对接体系。为提升全市医保业务知识水平，畅通与医疗机构的沟通渠道，借助“互联网+”思维模式，将传统模式与新模式相结合，构建一个线上交流平台、一套线下沟通机制、一场知识竞赛的“三个一”沟通对接体系。立足于“精”，创新建立“红黄预警”机制。为了将事后发现风险转移为事前化解风险，引入交通管理信号灯原理，制定《崇州市基本医疗保险基金运行预警制度》，对次均支付、就诊人次、总控费用、在床率等重点指标数据实施“红黄”预警。2016年，黄色指标比上年减少4家医院、7个指标，红色指标比上年减少7家医院、37个指标，崇州市定点医疗机构住院人次、次均支付费用、统筹支付费用等重点指标呈明显下降。立足于“专”，打造一支专业化稽核队伍。该局将新组建的稽核队伍分为信息、现场、药品、财务、审核等5个专项小组，对“两定”医疗机构展开全方位精准稽核检查，有效提高了稽核工作效率。2016年度，开展日常巡查定点医疗机构109家次，限期整改91家次，暂停拨付74家次，中止医保服务协议5家次，解除医保服务协议1家，共追回违规金额226.24万元，扣减保证金146.54万元。巡查定点零售药店71家次，暂停医保服务协议34家次，共计追回违规金额8055.90元。

住房公积金管理

【概况】 全年，住房公积金新增归集4.26亿元，比上年增加1亿元，增长30.00%；新增缴存单位60个单位，新增缴存职工5889人。职工支取住房公积金1.99亿元，比上年增加4494.02万元，增长29.16%。全年发放职工住房公积金贷款3.39亿元，比上年增加546.40万元，增长1.64%。全年回收贷款1.28亿元，比上年增长29.68%，贷款回收率为99.97%。

【加强归集扩面】 贯彻落实成都市政府办公厅《关于进一步扩大住房公积金制度覆盖面的实施意见》精神，协调联系当地人社、民政、城管、财政、社区、卫生和教育等相关部门调查机关事业单位聘用人员、社区工作人员、环卫工人、卫生系统聘用人员的用工情况和住房公积金缴存情况，协调经开区管委会、经信局等单位了解民营企业数量和建制情况，建立台账，有的放矢地开展工作。加强与地方政府联系领导工作汇报，管理部负责人多次向崇州市分管领导就扩面建制对支持地方房地产市场所起的作用和维护职工合法权益作专题汇报，市委、市政府高度重视扩面工作，将此项工作作为民生工作的重要组成部分，组成由分管市长牵头组成的扩面联合工作小组。11月，按照督查要求，形成《关于住房公积金制度扩面工作推进情况的自查报告》，计划将机关事业单位聘用人员及劳务派遣人员、“一村一个大学生”、社区工作人员、三支一扶（支农、支教、支医、扶贫）人员分批纳入财政预算，实现部分职工2017年开始缴存住房公积金。加强对民营企业建制进行宣传，针对收集民营企业数量和建制情况，管理部利用经信局对企业政策大讲堂培训宣传住房公积金政策，加强后续跟踪，对通过宣传后有意愿建制的企业保持与经办人的联系，上门一对一为企业指导开户、缴存等相关手续及网厅操作培训。通过QQ、微博网络平台等进行宣传和培训，不断扩大住房公积金影响力和群众知晓度。

【开展骗提套取专项整治】 采取各种措施追回前期套取资金，对不法分子（中介）和缴存职工套取公积金的猖獗行为从源头上进行抑制。对应追回的10笔骗提套取，资金82.6万元，安排专人负责追回工作，建立工作台账。截至12月31日，追回8笔，追回金额64.95万元。

【强化贷款管理】 每季度开展合作项目集中巡查一次，摸清房源库存量、销售情况，跟踪检查合作项目开工及工程建设进度，收集相关意见建议，并建立项目巡查台账，防范项目烂尾风险。积极拓展合作项目覆盖面，组织开展合作企业的贷款政策、业务操作和网厅培训，截至12月31日，新增合作项目11个。积极拓展贷款业务品种，按照中心“公转商”贴息贷款业务工作推进要求，管理部组织召开辖区受托银行、合作开发企业的工作协调推进会，详细讲解“公转商”业务涉及相关事项，并提出相关工作要求，截至12月31日，成功建立“公转商”贷款合作项目3个。

（梁　鹏）

民　政

【概况】 2016年，围绕“以民为本、为民解困、为民服务”的民政工作理念，夯实基础加强自身建设，认真履行保障基本民生、创新社会管理、支持国防建设、强化社会服务的基本职能，完成各项任务。

【提高城乡低保保障标准】 全面完成城乡低保核查工作，全市有低保5132户、8649人，比上年减少10.93%、14.64%，累计发放低保金3922万元。城镇低保累计月人均补助378.14元，比上年增长13.21%；农村低保累计月人均补助333.64元，比上年增长11.18%，超额完成成都市下达的民生目标任务。印发《崇州市民政局关于进一步加强民政对象管理的通知》《崇州市困难群众主动发现机制》《崇州市民政局社会救助信息公开实施方案》等文件，逐步建立以制度管人管权管事的防治机制，取消低保1120户、2442人，追回38人违规领取低保金3.7万元，实现低保领域应保尽保、应退尽退，动态管理。

【医疗和临时救助】 完善以城乡居民基本医疗保险为主体，以大病救助为补充的城乡医疗救助制度，严格把关救助范围和救助程序，扩大困难群众救助面，全面落实民政对象政策范围内住院自负费用在年度救助限额内救助比例不低于75%。全市累计门诊救助14016人次，发放救助金171.63万元；住院医疗救助8191人次，发放救助金605.39万元；大病补充医疗救助159人，发放救助金115.26万元；临时救助223户、722人次，发放临时救助金137.2万元；社区（村）快速救助1214户、3059人次，发放快速救助金57.015万元。全年救助流浪乞讨人员197人。

【社会力量参与社会救助】 崇州寿康老年病医院惠及城乡低保等困难群众827人，减免医疗费、生活费74.5万元。崇州第二医院积极参与社会关爱援助，免费体检惠及困难群众1500余人；实施医疗救助惠及城乡低保、农村五保、城镇三无等困难群众217人，救助金额达17万余元。崇州市老年病医院为困难群众实施医疗救助惠及城乡低保、农村五保、困难优抚对象等1547人，减免金额达72.23万元。崇州花果山寿康护理院主动免费护理困难群众中失能、半失能人员，开展社会关爱援助工作，惠及有意愿实施护理的城乡低保对象等困难群众16人，免收护理费近20万余元。动员社会组织采取助医、助学、助就业等方式参与精准扶贫，有13家社会组织与17户贫困户结成“一对一”帮扶对子，帮扶资金两万余元。

【留守儿童关爱保护】 全面完成“三留守人员”摸底排查工作，摸底排查农村留守儿童816人、农村留守妇女1381人、农村留守老人1894人，受到成都市民政局的通报表扬。开展各项关爱保护活动，启动关爱留守儿童“想家”计划公益项目试点和全市农村留守儿童“合力监护、相伴成长”关爱保护专项行动，开展“大手牵小手，陪你一起走”志愿者活动。

【残疾人两项补贴审批】 扎实开展残疾人两项补贴中低保对象及低收入家庭认定工作，全年完成2803名残疾人两项补贴审批工作。

【确保困难群众安全温暖过冬】 印发《崇州市民政局关于切实做好困难群众安全温暖过冬工作的通知》《崇州市民政局关于开展困难群众安全温暖过冬摸底排查工作的紧急通知》等文件，

提供政策保障。在高寒山区文井江镇储备大米2吨、菜油0.5吨，鸡冠山乡储备大米1吨、菜油0.5吨，三郎镇储备大米1吨、菜油0.5吨；在大西南面粉厂储备面粉10吨，做好物资储备。筹措资金111.6万元，为城乡低保、建档立卡贫困户等困难群众购置棉衣2200件、棉被（6斤/床）2260床，为11所农村标准化敬老院2000余名五保老人购置棉衣裤2031余套。开展"寒冬送温暖"专项救助行动，对流浪乞讨人员实施街面巡查救助，确保求助有门、受助及时、应助尽助。

【完善社会救助机制】 建立并充实困难群众数据库，在原有城乡低保对象、城镇三无、农村五保、困难优抚对象等困难群众数据库基础上，排查出因病致贫、因残致贫、因学致贫及其他特殊情况致贫的"支出型"贫困家庭478户（因重病致贫356户，占74.5%）；排查出全市城乡低保对象、城镇三无、农村五保、困难优抚对象等民政对象及经乡镇人民政府、街道办事处认定的其他困难群众中生活不能自理的人员1355人（完全失能生活不能自理困难群众517人），全市困难群众数据15000余条。编制困难群众帮扶救助政策汇编，汇编全市各部门涉及困难群众帮扶救助政策，涉及教育资助、住房救助、残疾人政策、城乡低保、医疗救助等民生政策60多项。多渠道公开社会救助电话，通过官方网站、政务微博、崇州电视台等公开社会救助热线电话、城乡低保热线电话及市民政局监督电话。

【防灾减灾工作】 建成综合减灾标准化社区（村）10个，分别位于羊马镇中华村、崇平镇明珠社区、梓潼镇兴裕社区、街子镇双河社区、崇阳街道白石村、大划镇场镇社区、江源镇唐兴社区、樬泉镇中和社区、白头镇天竺社区、集贤乡华兴村。新增Ⅱ类应急避难场所两个：羊马学校和三江中学校。在崇州市文井江镇大同村举办成都地震综合减灾应急演练，受到《成都日报》《成都晚报》及成都电视台经济频道等多家媒体关注报道。主办2016年国际减灾日防灾减灾知识宣传主题活动。

【慈善福利事业】 认真贯彻落实《中华人民共和国慈善法》，开展"一张纸献爱心"活动，年内收到来自全市95个单位的捐助7万余元。在"阳光圆梦工程""燃气帮困助学""福彩助学金""阳光育苗工程""阳光宏志工程"慈善活动中，资助304名贫困家庭学生59万余元。全面落实困境儿童和孤儿保障工作。出台《崇州市人民政府办公室关于建立困境儿童分类保障制度的实施意见》，为困境儿童27名按一类二类对象补助225元和524元，全年为困境儿童发放补助4万余元；孤儿24名（分散21名，集中3名），按供养标准每人每月748元和1246元，全年为孤儿发放20余万元。

【老龄工作】 基本形成以居家为基础、社区为依托、机构为支撑的社会养老服务体系。出台《崇州市政府购买居家养老服务实施细则》《崇州市城乡社区日间照料中心建设方案》等文件，养老服务有章可循。全市养老机构19所，城乡日间照料中心（含微型养老机构、居家养老服务中心）101个，批准筹建养老机构3所，养老服务点位涵盖全市所有乡镇（街道），全市各类养老机构床位约6000张。全年分批次对崇州市养老机构、日间照料中心管理人员、护理人员进行专业培训50人次。为适应供给侧结构性改革要求，探索公办养老机构管办分离新途径，创新敬老院管理服务模式，于9月30日签订崇州市敬老院托管实施协议，将全市11所敬老院托管给民营养老机构，并在3所敬老院进行首批试点。全面开创老龄工作新局面。以各乡镇政府、街道办事处为购买主体，对自愿申请符合政府购买居家养老服务条件的老人（60周岁以上散居城镇“三无”老人、散居农村“五保”供养老人，60周岁以上居家养老城乡低收入家庭中的失能老人、残疾老人和独居老人，城乡低收入家庭中80周岁以上居家养老的老人）4810人提供助餐、助浴、助洁、助急、助医、护理等政府购买养老服务144.3万元。加强对老年人补贴力度，为崇州市60周岁以上低保老年人3191名提供经济困难失能半失能护理补贴和经济困难养老服务补贴201.7万元。兑现社会化养老机构床位补贴133.02万元。

【创新社会管理】 制定《崇州市2016年农民集中居住区村民自治改革试点工作方案》。增加羊马镇安阜新居、三郎镇龙翔六顶小区、集贤乡集凤苑和廖家镇二绕拆迁安置点4个农民集中居住区为改革试验点位，以农集区党组织地位和作用发挥为核心，以自治组织、社会组织、村民主体等多元主体作用发挥为重点，探索创新白头镇五星村“1+3+6”和羊马镇安阜新村“多村合一”的农集区治理体系，充分发挥群众主体作用，社会参与更加广泛。7月接受农业部委托南京农业大学评估专家组对崇州市桤泉镇“荷风水村”开展的中期评估，受到专家组一致好评。推进村（社区）减负工作。印发《崇州市推进村（社区）服务事项准入制度实施方案》，进一步规范村（社区）服务事项准入制度的要求，明确推进工作分为签订协助工作协议、履行协议、履约评估和总结提高4个阶段，制定《基层群众自治组织协助政府工作协议书（样本）》。各乡镇（街道）与村（社区）签订“一揽子”协议，全面废止各项目标责任书。鼓励社会组织协同共治，深化“三社联动”（社工、社会组织、社区互动）机制。出台《崇州市城乡社区可持续总体营造行动资金使用管理办法》，明确规定城乡社区可持续总体营造行动专项资金的适用对象、使用范围、实施原则、资助标准、资金管理、档案管理等。通过指导乡镇（街道）以政府购买服务的方式，在以农集区为单位的村民自治改革试验点位引进专业社工组织，分别在桤泉镇荷风水村、千功小区、胡碾小区，白头镇五星村，崇阳街道三和馨居，三郎镇龙翔六顶小区，集贤乡集凤苑小区，羊马镇安阜新村等农集区开展社区总体营造项目。开展“三社联动”及社区总体营造项目27个，争取成都市级以上补助资金58万余元，本级项目资金212万余元，乡镇、村（社区）公服经费自主投入40万余元。培育孵化社工类社会组织3个。崇州市“新荷人家”农村家庭发展项目荣获全国首届“最具影响力社工项目”百强；《如何让“散沙”社区其乐融融？社工巧安排 拉近邻里情》被《四川农村日报》报道；《成都日报》记者采访五星村引进专业社工激发社区活力，并作了《借“外力”练“内功”社会力量参与激发公共文化服务新活力》的报道。组织400余人参加全国社会工作者职业水平考试和成都市社工员考试。全市持证人才198人（中级社工员31人，初级社工员146人，社工员21人）。《崇州市村（社区）自治组织换届选举工作实施方案》，鼓励支持社会工作专业人才积极参选村（居）民委员会成员，提升村（居）民委员会成员帮助村（居）民解决实际问题的专业技能。全市20%的社区（涉农社区）至少配备社会工作专业人才两名，20%的建制村至少配备社会工作专业人才1名。启动崇州市社会工作专业人才（机构）服务记录管理工作，组织本市社工机构和社工人才进行社会工作专业人才执业注册，按规定和要求实行服务过程记录，规范社会工作专业人才执业和机构服务管理活动。加强推进村（社区）活动场所“提档升级”。完成崇州市112个村（社区）活动场所“提档升级”建设项目基础建设任务。推进社会组织登记管理制度改革，启动社会组织统一社会信用代码制度改革，实施社会组织直接登记，推动行业协会商会与行政机关脱钩工作。创新社会组织评估机制，通过引入第三方专业机构的方式，对26家社会组织进行等级评估，评定5A级社会组织3家、4A级社会组织6家、3A级社会组织12家、3A级以下社会组织5家。制定《崇州市民政局关于民政领域标准化工作实施意见》，按标准规范建设城乡日间照料中心、区域性养老中心、社区养老院、综合减灾标准化社区、村（社区）活动场所"提档升级"等，规范设立标识标牌。开展标准化建设示范活动，委托第三方机构制定崇州市日间照料中心等级评定标准，对全市2014—2015年已建日间照料中心49家进行等级评定；委托第三方机构对崇州市实施的社工类项目进行评估。开展民政标准化业务培训18期、1948人次。印发民政领域相关标准宣传资料6万余份，在全市中心城区和各乡镇（街道）宣传30余次。

【社会服务】 实地查勘全市新建成（规划）的49条街（路）、139条巷、14个农民集中居住区、1个公园和6条改道路长度（起止点）街（路）的地名名称、逐一审核修改，并报经成都市民政局区划地名处审核后，提交市政府常务会议审批。办理建筑物名称备案26例。开展第二次全国地名普查工作，顺利完成县级检查验收，并清理不规范地名790条。抓好社会组织登记管理工作，依法成立登记社会组织48家；及时启动社会组织年检，年检率95%以上。编制市民政局行政权力责任清单，清理行政权力平台，梳理民政领域政务服务事项、行政审批事项，取消"全市性社会团体筹备审批"事项，精简行业协会商会类、科技类、公益慈善类、城乡社区服务类4类社会组织审批环节，清理、规范下放至乡镇（街道）、村（社区）政务服务事项11项。认真做好婚姻收养登记和殡葬工作。办理结婚登记5988对，补办结婚登记5849对，离婚登记2798对，补办离婚登记236对，出具无婚姻记录证明3条，婚姻登记合格率100%。收养登记12例，登记合格率100%。火化遗体6180具，火化率98%以上。全面推进节地生态安葬、绿色殡葬，惠民殡葬政策，为全市471位群众减免基本费用376800元。民政对象经费全部实现金融机构直发，确保民政经费及时、准确发放。

【社会组织党建】 加大社会组织党建工作力度，通过电话询访、实地调查等方式对全市300余家存量社会组织党员分布情况进行调查摸底，制定社会组织集中组建党组织活动方案，全面启动社会组织集中组建党组织工作，推动组建社会组织党组织27个，全市社会组织党组织达43个。

（贾站茜）

乡镇（街道）

CHONGZHOU YEARBOOK

崇阳街道

【概况】 崇阳街道是崇州市委、市政府所在地，崇州市政治、经济、文化、信息中心；东距成都25千米，面积约75.9平方千米，其中，包括工业区在内的城镇建成区约22平方千米。全街道辖城市社区13个、涉农社区8个、行政村17个、村（居）民小组361个，城区内现有大小街、路、巷100多条。

【城市发展】 围绕“崇阳新城”建设和产业结构调整两大重心，全力做好项目保障工作。全面完成琴鹤大桥的征地工作，完成三和社区、西桥社区、仁里社区、水陆村等多个区域的征地扫尾工作，保障江源北路、凤栖路、兴盛路、幸福路、团结路道路、崇阳新城及捷普的自来水管网、崇州万达、中胜项目、导航站安置区、栖木河湿地公园等多个重大项目建设的顺利推进。

【城市环境】 完成50个老旧院落改造任务，试点开展“海绵城市”建设。深化城乡环境综合治理。全年关闭养殖场4家、处理环保投诉60余件，完成200多家企业环评备案，促进街道城乡治理持续改进。

【农业转型】 继续深化农村产权制度改革，完成清平村农村集体资产股权量化工作，完善辖区农村产权管理服务体系和农村产权纠纷调处机制，全年调处农村产权纠纷10起、规范新增土地流转2宗、实现农村房屋抵押贷款7宗共581.66万元。建设“清平村火龙果基地”，服务农业转型升级；保证区域内农业农村正常发展，辖区内所有灌溉渠系、提灌设备等农田水利设施全部正常使用。

【民生事业】 抓好安置区建设管理。解决了天顺花苑B区、石羊苑、长城苑等多个安置点的物管设施建设，成功化解多个统建安置点物业补贴到期后的难题，拆迁群众实现“安居梦”。大力投入民生事业。全面完成12个日间照料中心的建设，逐步投入营运。顺利完成各类民政救助事项，并对5户、17人特殊困难人群实施精准扶贫。开展安全社区创建，构建“大安全”体系，统筹抓好安全生产、食药品安全监管，成功接受四川省“安全社区”验收。

【基层治理】 完善矛盾纠纷排查调解机制。全年受理并办结各类来信来访700余件，化解二绕征地、天顺A区安置、罗墩、红桥失地农民社保等重大历史遗留积案15件。全面推进依法治理。对“万人小区”群众饮用水困难及其他重大涉稳问题及时进行风险评估并积极设法化解、稳控，街道依法治市工作通过成都市考核。开展“精准化”社区服务。依托146个社会管理网格，推动“区域大党委”为居民提供多样化服务。2016年，社区区域大党委开展“免费卫生医疗咨询”“投资风险教育”等多种便民服务，受到群众好评。

【基层党组织建设】 强化基层党建。扎实开展“两学一做”活动，积极推进“大工委制”和“大党委制”建设，大力开展“党员示范行动”，实施“双强六好”“新乡贤”等创新党建项目；全面完成村（社区）组织活动阵地提档升级、党群活动中心规范化建设及崇阳“大群团”中心建设。借力党建督查，夯实基层党建工作。下辖各基层党组织普遍开展“补课”行动，认真开展“三会一课”，领导干部带头讲党课，以普通党员身份深入村、社区参加基层党支部活动成为各级党组织的“标准动作”。加强组织建设。新组建私营企业党支部1个、社会组织党支部5个。全面完成村、社区换届调研工作，全面增强基层党组织的政治功能和服务功能。顺利完成换届选举。街道高度重视崇州市党代会、人代会、三级党代表选举、村（社区）换届选举，精心组织，严肃换届纪律，营造风清气正的换届环境，不断提高选人用人公信度，圆满完成换届工作。

（伍　岳）

羊马镇

【概况】 羊马镇交通发达，属崇州市东大门，东距成都市中心29千米，距外环路19千米，南距双流机场26千米，西距崇州市区5千米，北距都江堰市47千米。交通大动脉318国道、成温邛公路、光华大道横贯全境。全镇地域面积41.1平方千米，城镇建成区面积3.175平方千米。辖行政村12个、社区4个（居）民小组279个村，人口4.93万人。2016年，羊马镇再次被住建部等多部委评为国家重点镇。

【现代农业】 深化农村产权制度改革，调解产改纠纷8宗，常态化变更88宗。定期在全镇16个村（社区）开展产改“回头看”，覆盖率100%。推进农村土地“三权分置”改革，测绘并上报农业生产设施用地23宗，面积4公顷。促进生产要素流动，对北部撂荒土地133.33公顷实施流转，通过公共交易平台与成都佳泰源农业开发有限公司成功签约，在该宗土地建立蔬菜基地，投入约1000万元。扎实推进农业共营制规范化建设，全镇建立土地股份合作社5个，经营面积233.33公顷，完成省级示范合作培育1个，崇州市级示范合作社1个。注册规范化管理家庭农场4家，其中自在家庭农场、云霞家庭农场获得成都市市级示范家庭农场称号。

【重点项目进展】 成都健生堂蜂产品加工基地、王一食品生猪屠宰场建成投产。建筑面积20万平方米的西蜀御景、嘉裕P5、P6地块房地产项目建成销售。投资100亿元的成都润恒物流城项目完成签约并启动征地拆迁工作。占地约6.33公顷、建筑面积6.41万平方米的省重点项目省民政厅养老实训基地开工。洲际·银海湖项目一期项目招商中心完成建设，13 万平方米住宅开始主体施工。湿地公园一期完成堆坡造型、绿化及游道建设，公园入口广场和停车场建设，正式开园迎客。嘉裕 P4 房地产项目进行一期主体建设。羊马公立幼儿园完成主体建设。乌木博物馆综合开发项目一期主体博物馆、部分博物馆街区和商业配套启动建设，总建筑面积 2.9 万平方米，进行招商中心、博物馆主体施工。

【城乡环境综合整治】 先后出台《羊马镇环境保护现场巡查工作指南》《羊马镇辖区污染源分布图》《羊马镇环境保护工作目标考核办法》等文件，结合环境保护三级督查体系及网格化监管体系，定期巡查辖区内相关企业，清理环保违法违规建设项目 210 个，其中工业企业 125 家，餐饮、农家乐 19 家，养殖场 16 家，洗车场 14 家，汽车修理厂 36 家，按照“规范一批、整改一批、关停一批”的整体要求进行分类处理，明确具体清理措施，确保清理整顿工作落到实处。采取政府购买服务的方式，建立一支 120 余人的保洁员队伍，划分包干责任区域，人居环境有效改善。

【基础设施建设】 成温邛快速路崇州羊马段形成通车能力，建设方加紧完善绿化、交安、标线、照明等附属设施；羊马镇东平、猫渡、菩提、安阜 4 个村（社区）完成新建道路约 3318.7 米，投入资金 123.32 万元。镇域公路总里程达 138.6 千米，公路网密度达到 3.4 千米/平方千米。全年新增完成安阜社区、菩提村天然气供气户通工程，凌翔至廖家镇主管网施工，清洁能源使用率 75%；完成羊马场镇和原安阜场镇至污水处理厂污水主干管约 6 千米建设。

【平安建设】 响应市综治办要求，率先成立综治工作中心。完善矛盾纠纷联调、突出问题联治、社会治安联防、重点工作联动、平安建设联创、社会治理联抓机制。全年排查矛盾 56 件，调处 56 件，结案率 100%。接收各类信访 377 件，回复 377 件，完成率 100%。依托“雪亮工程”，构建立体化治安防控体系，在全镇范围安装天眼 108 个。投入资金近百万元，实现场镇路灯照明、交通指示灯的全覆盖。2016 年荣获“四川省安全社区”荣誉称号。

【安全生产】 全年印发《灭火 10 招》《安全知识手册》《用气安全须知》等宣传单 4600 张，《灭火器使用方法》不干胶 1000 张，手提袋 1200 余只，宣传扇子 300 余把。组织各类安全知识培训 5 次，参加培训人员 300 余人次，开展大型消防应急演练 1 次，居民安全知识水平和安全意识进一步提升。全年检查各类单位 97 家次，查找安全隐患 241 处，对检查不合格的单位严格进行复查，复查 85 家次。邀请市安监局执法大队开展联合执法检查，重点复查隐患较重的 4 家单位，并约谈 1 家企业，停业整顿 1 家企业。

【教育】 全年发放“阳光爱心助学”“困难大学生圆梦”助学金帮助困难学生 52 人次，联系全友家私、市环保局、市机要保密局等资助企业和单位为贫困学子筹集助学金 17 万元。全年开展送法律、送教育、送服务进社区志愿服务活动 30 余场次，居民社区教育年参与率 50%以上，从业人员年继续教育率 65%。学前教育入园率、三残入学率完成目标任务，辍学率控制在目标以内。建成成都市级示范社区教育工作站——泗安村“童伴之家”关爱留守学生特色社区教育工作站，建成崇州市级示范社区教育工作站——漕溪村社区教育工作站。

（申　杨）

廖家镇

【概况】 廖家镇位于崇州市东北部，距崇州市区10千米。东隔金马河与温江区和盛镇相邻，南与羊马镇、崇平镇相联，西接观胜镇、锦江乡，北与梓潼镇、都江堰市顺江乡接壤。全镇地域面积24.68平方千米，辖行政村8个、社区1个、村民小组143个。2016年，全镇耕地面积1698.5公顷，总户数7473户，总人口2.28万人。廖家镇有“楠木之乡”美誉，主导产业有花卉苗木、木雕、艺雕。

【发展规划】 围绕建设“产业新城、品质崇州”发展定位，立足实际，按照以生态文明建设融入贯穿到经济、政治、文化、社会建设各个方面全过程的工作思路和以“新十万亩粮经旅示范区”全域乡村旅游发展为路径，实现百姓富裕、乡风文明、廖家美丽的发展规划，以“七大行动”为抓手，以第二绕城高速出口为载体，以“新十万亩粮经旅示范区”建设为重点，实施环线道路等基础设施建设，夯实生态现代农业发展基础，不断优化发展环境，扎实推进廖家新农村综合体示范建设。改革创新，转型升级，为全面打造“水韵花乡，艺雕廖家”努力奋斗。

【产业结构转型升级】 苗木市场低迷，严重影响农民收入，针对原70%的土地种植花卉苗木，以市场为导向，不断调整农业结构，淘汰低端产品，发展高端苗木，发展林下经济种植，引导群众退林还田，发展粮食生产，实现群众稳定持续增收。共计发展高端楠木600公顷、高端花卉153.33公顷，林下种植麦冬、魔芋、冬油菜53.33公顷，种植烟叶、蔬菜、川芎80公顷。积极引导扶持古建艺雕产业发展，有古建艺雕企业40余家，年产值达2.4亿元，转移农村富余劳动力800余人。2016年农民人均可支配收入从2011年的8080元提高到1.55万元，年均增长12%，人民生活质量明显提高。

【现代农业发展】 年内粮食产量7256吨，蔬菜产量6090吨，肉类产量2510吨，全镇农民人均可支配收入1.57万元。完成新型农民培训11人，完成职业经理人知识更新培训4人，新增农业职业经理人培训8人；建设农村电商示范村两个、建设农村电商服务站两个、培育农村电商职业经理人6人、培训农村电商新型农民100人。招商引资，策划包装项目两个，农艺高科完成注册资金1亿元、攀氏集团（高庆村、龙福村、新桃村、詹湾村）羊马河沿线5000公顷。落地农业项目海川水景，完成6000万元省外资金。农业固定资产投资目标5000万元，紫薇花海项目1650万元、红豆杉园项目1180万元、龙马艺雕项目3150万元，完成5980万元。

【特色农业发展】 鼓励和支持农村土地承包地经营权向专业大户、家庭农场、土地股份合作社流转，促进全镇农业生产方式转变；调整花卉苗木产业结构，注重引进新品种、新技术，搭建花卉苗木物流交易平台。8月20日成功举办“亲近廖家、玩乐自然”为主题的首届紫薇文化嘉年华暨廖家慢生活体验季，接待旅游社大巴352辆，游客1.3万余人，各地散客7.5万人次，直接旅游收入53万元，四川电视台、《成都日报》、新华网等多家媒体予以报道，自编自导自演的情景音乐剧《紫薇花开》荣获崇州市2016年度基层宣传优秀案例展演三等奖。按照“整镇规划、分步实施、以点带面、整体推进”的思路，充分利用紫薇花海、红豆杉休闲园、刘家仓民俗文化、怀庐、千年银杏、瘟祖庙等旅游资源，在农业观光旅游上多做文章，做出特色。廖家镇抓住崇州市打造北部十万亩粮经旅综合示范区农业旅游环线的机遇，逐步规划、打造以羊马河沿线无公害蔬菜基地建设，促进农业生产规模经营快速发展。继续加大农业开发，增加基础设施投入，实施龙岗、民和、高庆、龙福高标准农田项目建设，切实提高现代农业发展水平。

【农村精准扶贫】 年内精准扶贫工作主要包括两个相对贫困村及32户相对贫困户和贫困村以外的20户"插花"相对贫困户的脱贫任务。其中相对贫困村两个，增幅达到30%以上，精准扶贫户52户，增收达到60%以上。实施扶贫项目两个（民和村精品花卉产业、龙福村精品楠木种植）；完成民和、龙福集体经济改造。筹集扶贫帮困资金532.2万元，其中设施类项目资金501.2万元，养殖业扶持资金31.2万元，社会捐助资金37870元。

【幸福美丽新村建设】 按照"培育中心村、整治自然村、提升特色村"的要求，新建幸福美丽新村两个，加快建设新村聚居点两个，启动建设新村聚居点1个。开展市级"四好村"创建；加大投入做好全村环境整治工作，丰富群众文化生活，确保幸福美丽新村建设工作稳步推进。高庆村、龙岗村高标准农田建设项目进入实施阶段；高庆村、龙岗村、新桃村、龙福村、建华村聚居点农户入住；完成成都市第二绕城高速高庆村安置点小区风貌提升建设项目施工设计；实施北部十万亩粮经旅综合示范基地旅游环线道路2.1千米和支线1.7千米路基铺设；第一、第二、第三绕城高速公路连接线高庆村段完成前期准备工作；规划设计刘家仓拆院并院土地综合整理建设项目；申报胥家林川西林盘建设改造项目林盘内道路、沟渠基础设施建设；龙福村、詹湾村高速公路沿线"小组微生"项目前期宣传、入户调查。

【社会事业建设】 加强劳动就业、社会保障公共服务体系建设，实现劳动就业、社会保障公共服务项目向村（社区）服务平台延伸。全镇有劳动力12008人，其中农村劳动力11370人，城镇劳动力638人。目前转移到第二、第三产业劳动力8400余人，全镇就业率97%以上。全年城乡居民医疗保险入保14937人，其中少儿互助金824人、小额人身意外保险2924人。加强帮扶救助工作，组织开展农村低保提标扩面工作，实行动态管理，做到应保尽保。全年新申请低保户38户，取消低保户15户，不符合条件劝回6户，现低保户为147户263人，每月发放低保金79985元。全面推行新型农村合作医疗、新型农村养老保险等各项惠农政策，城乡居民基本医疗保险参保率99%以上，养老保险参保率80%以上。全面推进残疾人工作，积极开展"量服"试点工作，为665名残疾人开展"量体裁衣服务"，全镇残疾人安装APP率99%。做好重度残疾人49人的城乡职工养老保险宣传、申请、办理、领取养老金等相关工作，新办理发放残疾人证100余册。

【深化农村改革试点】 全年完成农村土地经营权流转确权颁证14宗，林权登记两宗、集体经济改革试点1个，农村产权抵押贷款完成12宗。

【农业共营制工作】 抓好农业共营制、林业共营制工作。发展建华村紫薇文化旅游合作社、崇州市幸福桢楠种植专业合作社、詹湾村农村股份经济合作社、崇州市廖家鑫杰家庭农场、崇州市廖家立程家庭农场，注册崇州市博金生态养殖有限公司。

（周春林）

梓潼镇

【概况】 梓潼镇位于崇州市东北角，距崇州市城区12.5千米。东距温江区通平镇2.5千米，南与廖家镇接壤，西与观胜镇比邻，北与都江堰市柳街镇、沿江乡为邻。全镇面积约16.3平方千米，辖行政村5个、社区1个、村（居）民小组102个。2016年，全镇总户数4334人，总人口1.42万人，其中非农业人口数399人，场镇面积约为1.1平方千米。兴裕社区入选四川省科普示范社区，自公村入选四川省卫生村。

【产业发展】 特色产业逐步提档升级，现代农业产业基础逐步增强，特色蔬菜种植进一步发展，韭菜、大葱等特色蔬菜种植面积约46.67公顷，年产值1200万元。以市场需求为导向引导群众走珍稀珍贵花卉苗木培育的种植转型之路，全镇珍稀珍贵苗木品种达17种，种植面积286.67公顷，年产值5500余万元。

【重点项目】 抢抓“北部十万亩粮经旅综合示范区”建设机遇，按照“生态梓潼·多彩水乡”的发展定位，以“粮经主导，产游互动、景农一体”为发展主线，镇域范围内6.8千米环线道路建设全线贯通，启动实施整理高标准农田100公顷。幸福美丽新农村建设有序推进，完成林盘整治项目6个，受益农户300余户，自公村“百村容貌整治”试点林盘工作获成都市好评。完成安置小区“1+8+N”配套项目建设。廖梓路道路扩宽工程加快推进；一般场镇改造启动实施；启动新一轮土地整理项目，天府村、城白村土地整理项目立项批复。

【扶贫攻坚】 深化村企党组织共建机制，助力脱贫攻坚。天府村党支部与全友家私党委通过“活动同抓、困难互帮、资源共享”，开展集中学习4次，扶贫专题调研3次，投入140余万元建设天府村标准化党群活动服务中心，资助贫困学生38人，推进林下养殖产业发展，有效保障成都市级天府村扶贫项目工作推进名列全市前茅。9户精准扶贫户，6户采取生猪养殖方式帮扶，3户相对贫困户采取肉鸡养殖产业模式帮扶。两户相对贫困户人均可支配收入12700元以上，实现脱贫，7户人均可支配收入达全市农民人均可支配收入同期水平的60%以上。

【民生福祉】 全面落实各项惠民工程，各项低保、救灾救济和社会福利等资金按时足额发放到位，为441名办证残疾人提供“量体裁衣”个性化服务；上报120名重度残疾人护理补贴、9名残疾人阳光家园居家托养补贴、58名低保残疾人特困补助。城乡居民养老参保人数9000人，完成9822人。续保费目标人数3808人，征缴金额1057.2万元，完成3810人，完成目标任务的100%。完成真武村、自公村日间照料中心建设并投入使用。畅通信访渠道，有效化解各类矛盾纠纷、历史遗留问题，不断增强矛盾纠纷排查调处能力，有序推进依法治市工作，全力维护社会治安稳定。健全安全生产长效机制，启动“安全社区”建设。抓好社会治安综合治理，打击各类违法违规行为，人民群众满意度和安全感显著提高，公共服务满意度测评由2015年全市第22位跃升到第8位。

【基层党的建设】 扎实推进党建责任、组织覆盖、制度落实、示范建设、党员先锋、基础治理、党建保障“七大提升工程”，自筹180余万元新建兴裕社区党群活动服务中心和群众文体活动广场，整合资金90余万元促进4个“提档升级”项目按期投入使用。深入开展“走基层”活动，走访群众2666户次，建立台账78个，竭力解决群众关心的难点问题。以党建促扶贫攻坚，深化村企党组织共建机制，通过“活动同抓、困难互帮、资源共享”，建立党员干部互助互动的扶贫攻坚模式。以“党小组+工作队”模式促基层治理，推进城白、自公林盘整治、“桑梓人家”小区管理，采取林盘“党小组”主导，受益群众推选“工作队”进场的方式，让基层党组织最小细胞“动”起来。

（张登贵）

崇平镇

【概况】 崇平镇紧临羊马镇，镇域面积18.83平方千米，场镇面积1平方千米。辖村4个、社区1个、村民小组111个。2016年，全镇总人口1.78万人，其中农业人口1.67万人，城镇人口1100人（包括失地农转非），总户数5333户。耕地面积1428.53公顷，承包面积1294.8公顷。2016年农民人均纯收入1.66万元。

【经济发展】 完成税收3122万元，实现劳动力就业9707人，率先实现充分就业，农民人均纯收入达16575元。深化农村产权制度改革，流转土地548.67公顷，签订流转合同1532份。组建农民土地股份合作社5个，入社面积达666.67公顷，示范社面积达90公顷，入社农户922户。建成崇平镇春风村农村电子商务服务站，召开全市电子商务现场会。引进键生堂、中北君茂生态园林两个农业项目，推进西藏成办崇平服务基地、君渡村土地综合整治、高标准农田建设3个农业项目建设。

【基础设施建设】 实施场镇弱电管网下地和4条道路的路灯安装，完善场镇服务功能。结合“三美示范村”“法治示范村”打造，创建省级“四好村”1个，卫生村1个，荣获成都市级文明单位。通过实施“1+9+N”公共服务设施标准化建设、土地整理、川西林盘整治、百村容貌整治等项目，改善居住环境，提升生活水平。启动中南街的修建工作和春风村、明珠社区土地整理包装立项工作。完成北部十万亩粮经旅综合示范区建设前期腾地和准备工作。

【社会事业】 城乡居民医疗和养老保险参保率100%，完成两所日间照料中心建设，完成村（社区）老年协会建设，完成安居工程和土坯房改造。为全镇重度残疾人140多名购买城镇职工社会保险，“量体裁衣”式个性化服务工作被评为全省“量服”示范乡镇。切实开展安全生产专项整治行动和安全生产大检查活动，着力抓好安全生产各项工作的落实，加强农村家宴管理日常巡查。举办第四届百姓艺术节暨群众文化展演活动和第三届全民健身运动会，承接上级各类文艺下乡活动等。落实流动人口“幸福港湾”和留守儿童“阳光乐园”活动中心每日开放制度，广受老百姓喜爱。

【基层党建】 坚持推行“一线工作法”，建立“党代表工作室”，完善党代表每月定期接待群众制度，做到党代表与群众“零距离”交流。全面完成5个村（社区）党群活动室提档升级和标准化建设工作，召开全市基层党建工作现场会。持续开展“走基层”活动，结对群众1490户4586人，走访群众11961人次，动态管理“走基层”三本台账，办结台账372条，销账率100%。开展“两学一做”学习教育，荣获成都市首批“美丽成都·党员示范行动”“党员示范标兵”1个，“党员示范团队”1个。

（王利娟）

三江镇

【概况】 三江镇位于崇州市境东南，属崇州市东南际边陲重镇。东过金马河同双流县金桥接壤，南和新津县兴义、万和、文井毗邻，西隔文井江与大邑县沙渠、龙凤相望，北与大划、江源连壤，是传统型的四县（市）商贸、文化集市中心。镇域面积 47.12 平方千米，其中耕地面积 3657 公顷，全镇 1.58 万户，总人口 5.44 万人，其中非农人口 956 户，3890 人。辖集镇两处，社区 3 个、行政村 17 个、居民小组 24 个，村民小组 292 个。

【产业项目建设】 完成九江 500 千伏线路农户拆迁；完成牂牁村农田水利整治工程，整治渠道 28.79 千米，重建机耕桥 6 座；启动崇州市农产品商品化处理中心建设项目的征地拆迁工作；崇州市三江镇沿河村、富国村等 4 个村城乡建设用地增减挂钩试点项目，通过规委会审议；听江村、皂角村等 10 个村农民集中建房整理项目，6 个村的小区完成主体建设，4 个村的小区完成主体一层建设；建成投运听江村、仁和村日间照料中心，顺金社区等 4 所日间照料中心主体完工；三江、听江两所公立幼儿园主体工程完工。

【重点工作】 全年拆除卫片宗地 63 宗，还耕 50 宗，验收 49 宗；强化安全生产日常监管，全年未发生重大安全责任事故；积极开展城乡环境综合整治工作，完成三江广场道路硬化，国土所、雁乐广场节点优化，推进仁和村“千家林盘”和顺金社区“百村容貌”示范村（社区）建设；实施环境污染治理“大气、水、土壤”三大战役攻坚行动，深入开展环保违法违规建设项目清理整顿行动，2016 年上报企业 443 家，撤离或关闭 66 家，完善备案 375 家，完善备案企业签订整治协议 352 家，完成环保验收通过 179 家，搬离 23 家；开展畜禽粪污和企业乱排乱放专项治理，关停并转养殖场 138 家，整改企业 260 家，环境污染治理取得一定成效；全面完成 2016 年“一标三实”基础数据采集工作，全年采集、制作标准地址 2.42 万条，实有房屋采集 22964 条，实有人口登记 5.86 万人以上，年内实有人口净增数 1.6 万人，从业人员 1.89 万人以上，年内从业人员净增 1.56 万人；获创成都市“三星级”平安乡镇；社区戒毒（康复）工作站注册人员 34 人，执行率 84.4 %，进行尿检查人员 27 人，管控率 84.4 %，有相对固定工作的 27 人，就业率 84.4 %；接收电话信访 325 条、信件信访 32 条、网上信访 45 条，回复率和办结率均达 100%。

【社会事业】 修缮破损河渠 2.43 万米，淤塞河渠清淤 2.2 万米，村组道路建设 1.04 万米，便民桥 1 座；城乡居民养老保险和医疗保险参保率 99%以上；为相对贫困户 23 户 73 人提供每户 8000 元的生产资料。通过帮扶，至年底，23 户贫困户年收入 1.1 万元以上，蒙渡、富国两个相对贫困村基础设施建设项目（其中蒙渡村 120 万元，富国村 130 万元）进入招投标阶段；积极改造农村土坯房两户，阳光爱心助学 33 人。

【党建工作】 明确“抓党建、治违建、优环境、促发展”。到村到企业调研党建工作 30 次，圆满完成党组织换届工作；扎实开展“两学一做”学习教育，以“两学一做”学习教育为主线，严格落实“三会一课”制度，开展党务专题培训两期、104 人次，多形式开展“党员示范行动”“党员义工日”“固定党日”活动，创新学习教育方式，利用微信、短信、流动党员 QQ

群等现代媒体，以特色亮点工作结合起来，把学习教育抓深抓实抓出成效；严格执行党规党纪，协调解决群众反映热点难点问题36个，信访突出案件8件，群众满意度明显上升，公共服务满意度第三方测评名列全市第7名；持续优化党员队伍结构，培养入党积极分子45名，发展新党员9名；带头“走基层”，机关干部结对走访群众3253户，更新“三本台账”188件，销账185件，解决民生问题103个。

（张　力）

大划镇

【概况】 大划镇位于市境东南，全镇几呈梯形状，东连江源镇，南接三江镇，西临西河与大邑沙渠镇、董场镇、崇州集贤乡相望，北靠崇阳街道和羊马镇，辖行政村8个、场镇社区1个，地域面积22.48千米。2016年，全镇总人口2.36万人，其中非农业人口6700人，农业人口1.69万人，少数民族55人。

【经济发展】 全年财政收入2500万元，农民人均纯收入1.55万元；粮食产量8304吨、蔬菜产量6912吨、肉类产量2018吨；捷普项目实现产值74亿元。

【农业】 规范化土地合作社面积达633.33公顷，白马河合作社粮食烘储中心建成投产，全镇土地适度规模经营面积133.33公顷，占20%。探索推广农业共营制，新组建土地股份合作社6个，粮经产能提升、农业发展转型，推动农民持续增收。新增以王湾仲犁为代表的家庭农场5家，新增万丰菌业等农业产业化企业3家，农业适度规模经营面积633.33公顷。

【乡村旅游】 培育发展蜀南湖旅游观光农业，沿黑石河乡村观光特色农业，蜀南湖乡村旅游观光农业初具规模。围绕场镇1.5万名外来产业工人的“衣食住行用”，场镇新增餐饮、商场、旅店、网吧等服务业主体216家，农村新增私人定制为代表的乡村酒店、农家乐6家、加勒比水上娱乐项目1个。

【招商引资】 围绕崇州电子信息产业园建设，抢抓机遇、攻坚克难，完成征地拆迁433.33公顷，保障捷普等电子信息产业龙头项目落户。2016年，镇域电子信息产业产值预计达74亿元，实现从零起步。

【生态文明建设】 编制《大划镇总体规划》《德寿村村庄规划》《白果村村庄规划》，城乡建设逐步规范。青年公寓一期建成投用，二期加快建设。城镇危房改造有序推进，城镇建成区面积扩展至2.26平方千米，比2011年增长24%。加快幸福美丽新村建设，打造李家大院、宋家林、王家林等示范院落5个，提升民心苑、戚家湾、小渔村3个农民集中区公共服务配套设施，城镇带新村发展格局初步形成。“二绕”“三通道”建成投用，成蒲铁路完成主体建设，与成都中心城区“半小时交通网”基本成型，大划交通主节点区位凸显。新建、改建农村道路25.7千米，基本实现“组组通”水泥路目标。修缮黑石河、白马河病险河堤7.2千米，新建生产、生活提灌机井35口。新建、改建万丰路、金花路等城镇街道10条。实施城镇截污管网、城镇亮化、节点绿化工程。

【城乡环境综合治理】 深入开展“七乱”“四清”治理，完善城镇停车线、红绿灯、隔离栏等交通安全标线和设施158处，配套果屑箱、垃圾房、花箱等环卫设施500余处。淘汰关闭直排养殖场75家，完成黑石河干渠、七支二斗支、斗、农渠清淤 83 千米，完成泉水河、李家堰等黑臭沟渠治理 12 千米。狠抓镇村保洁、积存垃圾清理和秸秆禁烧工作，保持清爽、整洁的人居环境。新建生产、生活提灌机井 35 口，实施城镇截污管网、城镇亮化、节点绿化工程。

【民生事业】 德寿村脱贫攻坚取得阶段性成效。23 户精准脱贫户预计较上年增收 4160 元。实施“阳光爱心助学”“困难大学生圆梦”工程，帮扶困难学生 236 人次。实施农村特困家庭“安居工程”8 户。对 160 余户低保家庭实施动态管理、常态关爱。为 662 户残疾人家庭提供个性化服务。年均培训农村劳动力 3000 余人次，年均向第二第三产业转移就业 1.1 万余人次，实现由劳务输出乡镇向劳务输入大镇的转变，群众就业增收渠道更加畅通。农村合作医疗参合率常年保持 99%以上。办理失地农民养老保险 2020 人、城乡居民养老保险 9753 人。完成机关事业单位养老保险制度改革。教育教学环境不断改善，师德师风明显提高，教学质量稳中有升。完成大划公立幼儿园建设。镇公立卫生院软硬件建设上新台阶，与成都市第五医院、成都市中西医结合医院等 5 家市（县）级医院开展双向转诊、对口协作和远程会诊，实现门诊量倍翻。完成“1＋9”镇村标准化医疗卫生体系建设。建成标准化村（社区）活动中心 9 个、群众文体广场 15 个，群众文体活动更加丰富。加强老年人关怀，建成老年人日间照料中心 4 个。

（简双双）

江源镇

【概况】 江源镇位于崇州市境内东南方，距崇州市区 12 千米，地处崇州市、温江区和双流县三县市交界处，东临温江区金马镇，南靠双流县金桥镇，北接羊马新城，西连崇州市经开区，幅员面积 27.1 平方千米，辖行政村 8 个、社区 2 个，村民小组 168 个。光华大道延伸段、崇双货运大道穿境而过，成蒲快铁、成温邛快速通道横贯江源，第二绕城高速将江源全部纳入“二绕”范围，江源进入成都“半小时经济圈”。

【产业发展】 加快从传统农业向“一三产业互动”的都市现代农业方向发展，确定文旅融合，产城一体，以“红黄绿三色”（党建、食用菇产业、蔬菜产业）为引领，奋力实现江源发展新跨越的发展思路。以党建为核心，以土地股份合作社发展为基础，挖掘古江源历史文化，融合发展食用菌、蔬菜产业，以土地整理、扶贫攻坚、场镇建设为抓手，建成一批农民新型集中居住区。成立土地股份合作社 8 家，家庭农场 5 家，农机、劳力等合作社 2 家，种植专业合作社 23 家，统一经营面积 2.4 万多亩，其中土地股份合作社统一经营面积 1.6 万多亩；邓镶土地股份合作社 198 万元分红现场会受到媒体广泛报道，同时被中央电视台录入专题纪录片，合作社的“超奖短补”经营模式在成都市推广。明绿蔬菜种植专业合作社被评为国家级示范社；绿科蔬菜种植专业合作社和邓镶土地股份合作社被评为省级示范社。

【农村产权制度改革】 颁发土地承包经营权证 8441 本，农村房屋所有权证 8131 本，集体土地使用权证 8131 本，股权证 6707 本，新型集体经营组织土地经营权证 8 本。成立江源镇农村产权常态化管理办公室，化解各类产权纠纷 30 多起。

【健全完善村级公共服务】 推进城乡基本公共服务均等化，严格按照“四步工作法”要求使用资金。实施设施类项目 80 个，金额 420 万元；管理类项目160个，金额810万元；其他项目30个，金额48万元。完成50.4千米的村组道路硬化，28.2千米沟渠三面光工程，全面提档升级农业基础设施。

【加强城乡环境综合治理】 统筹城乡环境治理经费900余万元，实行日常保洁及垃圾清运项目外包；建立城乡环境督导考核机制，代表崇州市接受检查并通过成都市“百村容貌”考核验收。重拳打击违法占地、违法建设行为，关闭不达标养殖场127家，拆除整改违法建设46家，违法乱建现象和面源污染得到有效遏制。

【基础设施建设】 投入资金1700多万元，建成2.3千米绕场镇新路，安装场镇路灯，实施“小三线”下地，改造旧危桥3座，完成文观村李家大院林盘保护综合整治，全面提升场镇绿化水平；引进民间资金1100余万元，新建江源镇综合农贸市场；引导社会资本150余万元，启动市民广场建设；投资1200余万元全面完成羊江路、江邓路路面改造工程。

【社会事业】 劳动就业、社会保障、教育卫生、精准扶贫、计生奖励、农业补贴等一系列民生惠民政策公开、公平、公正执行，确保社会公正。全镇1782个网上录入劳动力，实现就业1.5万人；全镇7868位领取养老金待遇人员的年审。国家、省、成都市奖励扶助的独生子女户和双女户人数2100人，特别扶助93人，享受18周岁以下独生子女父母奖励4550人，金额40万余元，发放耕地地力保护补贴139.43万元。城乡居民养老保险覆盖率100%，城乡居民基本医疗保险参保率100%，争取民政、计生、残联等部门支持，确保弱势群体新合参保率100%目标。全面建成村（社区）日间照料中心10个，服务村民就近养老。扎实开展精准扶贫，落实一对一帮扶措施，精准识贫，充分调动贫困户的积极性，加强产业扶贫，针对精准识别精准扶贫户24户，落实对口帮扶单位、帮扶责任人、帮扶措施。

（周　玲）

王场镇

【概况】 王场镇位于崇州市西大门，全镇地域面积29.41平方千米。东与白头镇相连，南与燎原乡接壤，西与大邑县晋原镇、青霞镇毗邻，北与道明镇相接。辖社区2个、行政村8个、村（居）民小组138个。镇政府驻地义兴中路107号，距崇州市区9千米，距大邑县城5千米。

【产业结构调整】 大力推行农业共营制。组建土地股份合作社10个，实行规范化经营，其中建成示范社6个（含省级示范社1个），入社面积1.84万亩，占全镇耕地面积的85%；组建林业旅游股份合作社3个。结合市委、市政府对南部10万亩及崇王路沿线的规划布局安排，4月正式启动张家林东风里新村安置点建设项目。该项目位于崇王路与东桤路交汇处，项目占地62亩，规划安置132户，主要用于安置崇王路、东桤路沿线和高标准农田3个项目的安置户，选址东风村18、19组的张家林进行林盘再造建设。完成75户315人搬迁和规划审批，进行蓝图编制和承建方优选等工作。稳步推进重大项目，继续推进成蒲铁路安置点建设工作，一期55户全部完工，启动12.9千米长游山步道建设项目，完成东桤路6户22人拆迁安置工作，完成崇王路王场段稻香旅游环线800余座坟墓搬迁及土地平整。

【乡村旅游发展】 生态游山步道初步建成12.9

千米，成为重庆路沿线乡村旅游和带动群众增收的致富路；华川公司莲花生态园项目投资5000万元，15栋主体工程将全面竣工；重庆路沿线形成竹海听涛、老渔塘、二号营地等近20家各类特色乡村旅游接待点位；规划在板槽村9组建设的“中国鸡鸣谷·川西桃花源”，一期工程完工，实现开门迎客。

【基础设施建设】 利用公服资金完成农村道路10.2千米建设、沟渠5千米；利用十万亩高标准农田整治契机，完成格田整理8000余亩、修建田间道路68.1千米，整治沟渠96.5千米；利用财政补助形成资产交由农民合作社持有和管护，完成清源土地股份合作社烘储中心建设及配套农田水利设施建设；利用“一事一议”资金完成五福、清明近4千米的道路建设；利用扶贫对口资金在大雨村新建桥梁1座、完成大雨、清明两村道路建设6千米、解决大雨村两个村民小组的用水困难；利用发改项目资金完成中心社区富康路改扩建道路2.7千米；争取一般场镇改造资金1200万元完成场镇雨污分流、路灯安装、绿化和街面黑白化；积极争取国家农业开发办关于财政资金补助形成资产交由合作社持有和管护的试点项目资金450万元，补助烘干设备，新建沟渠14.76千米，新建道路7.77千米。

【依法治理】 采取社会治安综合治理与普法教育相结合、与依法治镇相结合的工作方式，以“法律七进”为载体，在全镇范围内开展法制宣传教育，特别抓好青少年法制教育，把学校、家庭、社会教育紧密结合起来。全年发放各类宣传资料近4000册，制作法律宣传展板20多面，设置法律标识标牌，法律宣传布标近100幅，公益广告30多幅，灯箱广告100幅，与司法所、派出所到各村（社区）、学校开展普法讲座，广泛宣传法律法规，受教育群众及师生近1000人次；全年未发生群体越级上访现象，未发生影响社会稳定的突发事件，一些群众内部矛盾纠纷得到及时调解，调解成功率100%，依法治理效果得到进一步巩固。

【一村一品】 抓住十万亩高标准农田建设和稻田养虾建设契机，大力做好特色农业和优势产业发展。建成桂花村21.2公顷葡萄园产业基地、东风村25.33公顷蔬菜产业基地、莱花村26.67公顷黄菜籽种植基地；申报清明村41.33公顷、大雨村40公顷、东风村73.33公顷稻田养虾，即将启动。

【扶贫开发工作】 坚持因地制宜、生态发展，统一规划、分步实施，以点带面、滚动推进，精准扶贫与产业扶贫相结合的原则，积极开展精准扶贫工作和产业发展项目建设。2016年，大雨、清明两个扶贫村到位扶贫资金619万元：其中专项财政扶贫资金379万元（含财政扶贫资金150万元、水利扶贫资金50万元、新农村建设扶贫资金30万元、道路交通补助资金149万元）；成都农职学院、成都银行等对口部门帮扶资金240余万元。抓紧实施各扶贫项目，其中清明村完成日间照料中心和张巷子林盘基础改造两个项目，大雨村村口桥梁加宽、11组村道加宽项目完工。全镇精准扶贫户23户，在市人大、农职学院、成都银行及其他8家对口单位关心支持下，通过养殖、技能培育、转移就业等方式，有8户实现脱贫。

【民生保障】 为困难群众发放快速临时救助、困难群众救助及低保救助482户171余万元，为342位低保人员购买新合医疗，为34个低保家庭儿童购买少儿互助金；新型农村合作医疗参保率99.5%，农村、城镇低保实现应保尽保。复查8个村、2个社区238户、375名城乡低保家庭，采取村（社区）干部入户调查、城乡低保平台信息核查、村（社区）议事会成员评议的方法逐一过堂，取消不符合条件的城乡低保家庭 4 户，调整 21 户收入变化家庭的低保金。实施计生特困家庭“安居工程”1 户；“阳光爱心助学”受助贫困学子 61 位，发放助学金 24 万余元；在市老龄办指导下，抓好为老养老服务建设，完成东风、清明两个村老年人日间照料中心建设项目。投入 200 余万元，加快菜花村、党皇村、东风村村级活动场所提档升级。

【社会事业】 加快推进村委提档升级，优化便民为民措施。加强便民服务中心（便民室）人员业务素质培训，建立健全首问责任制、一次性告知制等规章制度；更加完善村级便民服务室便民为民举措。通过代办员代办事务、延迟半小时服务、开通 E 信通等便民措施，切实加强便民利民服务；规范各村（社区）活动中心用房，做到“一室多用”，增大便民为民服务空间，提供群众开展活动场所。围绕改革、发展、稳定大局，树立以稳定促发展的思路，深入推进“法治王场”建设，开创社会管理新局面。落实“七五”普法规划，深入开展“法律七进”活动，累计开展宣传培训 10 余场（次），化解信访积案难案两件。开展群众基层自治，引导村民制定村规民约，引导村民自我管理。开展“平安王场”建设，加强治保巡逻，有效遏制犯罪行为，建立“月查月报”制度，定期分析不稳定因素，全年排查纠纷 42 件，调解成功率 98%。开展打非治违专项行动 10 次，积极推进隐患排查体系建设，完成安全生产标准化企业 1 家；完成违章建筑拆除 5 宗。

【环境治理】 开展城乡环境治理，重点推进百村容貌治理工作。以“政府引导、群众参与”模式落实责任制，完善和实施垃圾分类、星级评比等各项规章制度。加强环保巡查监督力度。广泛宣传《中华人民共和国环境保护法》，做到全民动员，齐抓共管。全年协助上级查处环保投诉 7 起，“三无”企业 3 宗。开展环保违法违规建设项目整治，全镇纳入整治范围的 62 家（其中工业企业 30 家、农家乐 18 家、养殖业 3 家、农机修理站 1 家，整改 42 家，淘汰关闭 10 家），整改 52 家，整改率 100%。扎实做好秸秆禁烧暨综合利用工作。动员 300 余人集中开展禁烧宣传工作。以散发宣传单，签订承诺书，广播宣传等途径，切实做到“无黑斑、无烟雾、无火光”。

【党建工作】 发挥党建引领，精准实施“一户一策”，推进大雨、清明两村的脱贫攻坚工作；以“每日任务清单”为抓手，严实程序，完成 10 个村（社区）党组织换届工作，新一届班子成员平均年龄 38 岁。修订完善《王场镇机关工作人员管理制度》；新任提拔中层干部 4 名，村（社区）后备干部到机关跟岗锻炼；镇村干部密切关注“生态王场”官方微博、微信号，了解工作动态和党建工作信息；刚性实施“学时制”党员学习教育，规范党员管理。深入推广“1+N”党建工作模式，依托旅游合作社党小组，完成大雨、莲花、板槽 12.9 千米游山步道建设；以中心社区群团服务站为载体，通过“1+1+N”工作模式开发出“幸福夕阳红”“330 儿童学校”等项目，形成“党建+群团”的工作格局。

（乐正勇）

白头镇

【概况】 白头镇是崇州市西部片区一个纯农业镇，处于成温邛高速崇州到大邑的中心点上，距崇州市区 6 千米，地域面积 16.7 平方千米，辖行政村 5 个、社区 1 个、村民小组 107 个。

总户数4801户，总人口1.54万人。全镇耕地1066.67公顷，主产水稻、小麦、油菜等作物，2016年，农民人均可支配收入1.65万元；有土地股份合作社6家，耕地规模经营度88%；特色农产品主要有“白头五星”品牌的优质大米、生态菜籽油、健康猪肉等及“土而奇”虫草鸡蛋、有机蔬菜、铁皮石斛。白头镇以“亮点镇精品村”建设为主线，以“生态湿地，健康食地”的理念，精心打造桤木河生态湿地，建立省级湿地公园，创建省级生态旅游示范区。2016年成功创建“成都市法治示范镇”“成都市二星级平安街道”“成都市科普示范镇”，获评“四川省年度环境优美示范乡镇”，通过“四川省安全社区”现场评定。五星村土地股份合作社被评为“农民合作社省级示范社”，五星村党支部获评“全省先进基层党组织”。

【镇村规划】 坚持“五规合一”，建立科学规划体系，始终坚持规划先行，统筹协调发展。通过编制或修编土地利用总体规划、产业发展规划、公服配套规划、生态保护规划，形成与总规高度契合的规划体系。2016年，编制《白头镇场镇新区修建性乡规》《高笕村细水里设计方案》，为进一步建成川西地区新型城镇化亮点镇奠定坚实基础。

【新农村建设】 总结运用“五星经验”，同步启动其余4村1社区土地综合整治项目。该项目是崇州市委、市政府2016年引进的重大惠民工程，涉及全镇天竺社区、三洞村、和乐村、高笕村、甘泉村1000余户群众，分为新场镇和高笕村两个项目区，项目计划总投资2.6亿元，占地面积约为430公顷，建筑面积约18万平方米。接受群众报名800户，规划方案通过规委会审查。

【生态惠民】 按照“统一规划、资源整合、市场参与”的思路，在桤木河沿线加快建设“生态湿地、健康食地”，为崇州以西培育一个生态“绿肺”。完成示范段2.8千米打造，并引进专业公司进行管理运营。湿地北段、南段骑游道建成，桤木河路北段建成。完成黑臭河渠整治工作，共清淘沟渠4600米。

【产业发展】 深化农业共营制，推进现代农业发展。全镇5个土地股份合作社入社面积10391亩，耕地规模经营率88%，农民组织化程度85%。建成高标准农田8000公顷，农业生产能力持续增强。建成稻田养虾养鱼示范基地200公顷、铁皮石斛种植基地180公顷，种养循环示范场4个、智能化育秧中心1个、粮食烘储加工中心两个、农民职业经理人实训基地1个，现有职业经理人35人；建成惠丰农业智能化管理系统。围绕“生态湿地，健康食地”建设，注册“白头五星”农产品品牌，向市场推出优质大米、生态菜籽油、健康猪肉等农产品并取得一定效益。大力发展乡村旅游，促进一、三产业有效互动发展。租用农民空闲房屋打造的闲来民宿、五星春天酒店、染舍等，2016年接待游客1万余人次。依托乡村旅游发展，组建安定旅游合作社，利用村民空闲房屋入股，大力发展民宿旅游。按照“一三互动，产村相融”的思路，把生态农业基地景观化、新村建设标准化、农业产业品牌化，实现“农区变景区、田园变公园、农房变客房、产品变礼品”。

【社会事业全面推进】 坚持“保基本、兜底线、促公平”的原则，大力保障和改善民生，有力推动各项社会事业的健康发展，人民群众获得感不断增强。支持高校毕业生、被征地农民、返乡农民工等重点群体就业创业，城镇充分就业率98%以上；城乡居民养老保险实现全覆盖，基本医疗保险参保率99%；全镇有低保99户，145人，“五保”96人；全年为困难群众申请临时救助13户，为困难群众提供医疗救助25人次，为临时突发困难群众提供快速救助62户，为低保老人和失能半失能老人提供基本养老服务462人次，提供政府购买居家养老服务240人；资助27名残疾儿童参加少儿互助金，发放轮椅等辅助器具27人，救助特困残疾人51户，困难精神智力残疾人居家托养12人，为重度残疾人提供护理补贴144人，申请4名贫困精神病患者免费服药及4名残疾人重症精神病患者住院治疗，提供6名家庭困难残疾人学生及残疾家庭自强助学金，为49户困难残疾人自主创业提供资金扶持，为14户困难残疾人提供特困供养，春节慰问困难残疾人109户；开展关爱留守儿童、空巢老人计划；救助“阳光助学”项目贫困学子14人；精准定位，细化方案，争取33户精准扶贫户尽快实现脱贫；完善村级图书室，制定图书借阅卡，提高村民读书意识，提升村民素养；完成镇综合文化站标准配备，组织各村（社区）开展丰富多彩的文化活动百余次。

【加强城乡环境保护工作】 为提高广大群众的环保意识，宣传开展城乡环境综合治理的目的意义，设计制作大型环境卫生公益广告1处，垃圾分类宣传两处，垃圾分类宣传栏6个，垃圾分类宣传标语20条，印发《四川省城乡环境综合治理条例》宣传单3000份，垃圾分类宣传画2000份，利用白头镇赶集的机会散发宣传单1000余份。3月5日学雷锋纪念日，与驻崇部队、中小学、镇政府全体工作人员140余人，对拥军路、绕营路和场镇进行大清扫。全镇投入资金集中统一制定垃圾房的标牌标识。对保洁员进行垃圾分类收集处理培训，全部配发垃圾可回收袋。通过政府采购不锈钢果壳桶400个，垃圾桶280个，电动保洁车37辆，投资约95万元。在场镇建200平方米的垃圾中转房1个，在高笕村、甘泉村各建1个中转房100平方米。在场镇和五星新村各修建公厕1座，场镇修1座公厕。

【深化改革】 全力推进财政投入资金形成资产股份量化试点、财政投资收益扶贫试点、崇州市白头镇农业生产设施所有权登记颁证试点、农民集中居住区村民自治试验试点4项深化改革工作。白头镇完成崇州市白头镇农业生产设施所有权登记颁证试点工作，有序推进其余3个试点工作。开展农民合作社放活经营权工作5宗，办理农村产权抵押贷款3宗。

【基层法治治理】 坚持村（社区）自治，依托较好的硬件设施，整合各级法律服务资源，联合崇州市司法行政机关、镇、村（社区）各部门、各级志愿者队伍，建立完善法律服务之家工作制度、协调机制；通过培训建立具有较强法律素质的普法志愿者团队，有效发挥法律服务工作职能；为让群众身边有法律明白人，提高群众参与经济活动、社会事务的积极性，全镇在各村（社区）配备一名“法治副主任”，形成“党委主导、司法主推、村（社区）主体”的推行模式。

【党建工作】 按照“红色引领绿色”和全要素发展思路，开办无职党员学院、农民夜校，全方位提升党员群众素质，进一步统一党员群众思想、凝聚发展共识；探索合作社党建组团成员参与自愿、组团运行自主、党建工作自觉和组织联建、党员联管、文化联创、产业联手、区域联动的“三自五联”模式，以组织凝聚力提升产业竞争力；实施村报入户、微信互动，零距离互通党情民意，打造农民素质提升、集体经济壮大、信息沟通顺畅的全要素新型基层治理格局。先后举办无职党员培训、农民培训600余人次，“蓉城先锋”党员教育平台现场直播“做一名合格的五星村村民”授课；设立村刊月报，畅通政策宣传和民情反馈渠道。探索村企支部结对帮困模式。

（舒　莹）

道明镇

【概况】 道明镇位于崇州市市区之西偏北，东与济协乡接壤，南与白头镇、王场镇为邻，西与怀远镇和大邑县青霞乡毗邻，北与公议乡紧连，东北隔西河与锦江乡相望，面积36.1平方千米。下辖行政村10个、社区2个、村（居）民小组141个。

【经济发展】 2016年，完成农村基础设施建设类项目42个，金额220.37万元；完成社会管理类项目55个，金额310.76万元；完成文体类项目14个，金额35.83万元；完成其他类项目18个，金额62.2万元。粮食产量1.28万吨、蔬菜产量1.4万吨、肉类产量3770吨；新引进农业项目两个；实施幸福美丽新村建设两个。成立林业股份合作社两个，社会化服务组织1个，培训林业职业经理人4人，林业新型职业农民15人。道明镇为全省林业工作会现场参观点。2016年全镇生产总值为4.6亿元，农民人均可支配收入1.6万元。

【重大项目建设】 大力发展“道明竹编”，2016年中国非遗博览会传统工艺竹编大赛在道明召开；完成土地整理集中安置区建设及分房工作；崇中展业“道明竹艺”项目成功入驻道明镇“竹艺村”；启动国家级健身步道道明段建设工作；完成严家院子林盘整治；完成3个日间照料中心建设并验收；完成5个村级活动室提档升级建设。

【脱贫攻坚】 完成25户精准扶贫户脱贫任务，扎实推进两个相对贫困村脱贫工作，引进农业发展项目两个，完成集体股权量化工作，启动两个电商平台建设。

【统筹城乡发展】 颁发土地经营权证12宗推进2宗大棚确权工作。全年完成58户农户的农村土地承包经营权证变更工作。抓好农村产权纠纷调处和法律援助工作，共接受群众咨询150余次，受理纠纷11次，实行产权咨询当场办结，实现办结率100%。伊锐蓝莓家庭农场林果权证贷款30万元、季崧林地合作社林地经营权证贷款20万元、崇州市志成土地合作社土地经营权证贷款61万元。全镇成立农村产权交易服务站1个，村级农村产权交易服务点11个。各站点每月按时上报拟流转交易信息，实现流转土地26323公顷。1个林地合作社、两个家庭农场、两个农业龙头企业申报“一线一品”打造项目。完成村级公共服务项目130项，涉及金额632.05万元。土地整理项目安置小区完成分房工作，成立业主委员会并引进三和物业管理公司管理小区日常工作。集体资产股份量化发展壮大新型集体经济组织，两个相对贫困村永乐村和天水村确立为该镇试点村，清查村集体资产清查，并完成股份量化到每个社员，进入工商注册阶段。

（张贵昌）

济协乡

【概况】 济协乡地处崇州市城郊，南临成温邛高速公路，距成都38千米。全乡地域面积16.3平方千米，耕地面积907公顷，总人口1.32万人。全乡辖行政村4个、社区1个村民小组100个。

【重点项目建设】 崇州市济协济民农业休闲观光项目、崇州市济协乡现代农业科技园项目，按照目标工作进度全面完成建设。崇济协济民农业休闲观光项目总用地163.33公顷，项目建设内容主要为：体验立体种养80公顷，观赏荷花种植6.67公顷，绿色、无公害种植等。完成项目区立体种养沟设施建设，田间道路基础修筑完善，厂房搭建完成，设备安装完成，其他配套设备完成，基本投入使用。崇州市济协乡现代农业科技园项目位于文昌村，总用地约146.67公顷，其中集体建设用地约13.33公顷，农用地约133.33公顷；包括农业科普文化长廊，农产品生产、展示、销售区域，对外服务、培训、体验区域。完成核心区域46.67公顷隔离围栏、完成大棚搭建、完成13.33公顷果蔬种植架设，投入使用。

【小镇建设工作】 积极吸引民间资金盘活利用现有集体建设用地。吸引成都济供粮酒贸易有限公司，投资1.1亿元，在文昌村双凤村搬迁农户26户，结余建设用地2.67余公顷用于济供粮酒贸易有限公司农产品加工储藏项目建设，文昌双凤项目建设完工。土地综合整治项目由专人负责，切实加强领导，全力抓紧抓好，上级部门配合。

【网格化服务管理】 构建以乡、社（村）、网格为单位的三级管理网络体系，构成一级抓一级、层层抓落实的工作格式。成立由乡党委书记任组长，分管领导和部分负责人为成员的济协乡网格化服务管理工作领导小组。下设办公室，负责日常各项工作。各村成立网格管理服务站，由村主任任站长，每个站点设立网格。

【城乡环境综合治理】 全面深化城乡环境治理工作，以“四改六治理”、整治“城市病”“牛皮癣”“违规标识牌”等专项治理和门前“五包”、院落保洁、背街小巷、农村整治为重点狠抓落实，集中力量攻坚克难，治理工作成效明显。场镇和农村面貌得到很大的改观，“百村容貌”整治工作进度顺利。

【环保工作】 清理整顿全乡违法违规建设项目59个，涉及工业项目、餐饮场所、养殖项目、汽车修理厂、洗车场，并组织各行业业主进行环保备案培训，全面完成环保备案工作。及时上报大气防治工作，该采取积极应对，加强巡逻，及时发现并处理问题等手段及时把大气污染降到最低。上级部门处理群众举报投诉的环保案件6件，天宫村1件，文昌村4件，济民村1件。

【就业工作】 城镇新增就业90人，完成目标任务的113%；失业人员和失地农民实现再就业34人，完成目标任务的300%；农村富余劳动力向非农产业新增转移就业300人，完成目标任务的120%；城填登记失业率控制在3%以内。农村劳动力7750人（男：3984人、女：3766人）其中在校学生346人，已经向二、三产业转移6980人，转移率90%。开展城乡居民医疗保险代扣，参保8316人，医保覆盖率98%以上。城乡居民养老保险参保7518人，比上年新增参保181人，单独办理农村中央财政基础养老金补贴（每月80元）30人。

【社会保障】 组织城乡居民养老保险参保工作，为符合参保条件人员提供参保、查询等服务，60周岁以上人员养老保险参保率覆盖率100%。做好企业退休人员社会化管理服务工作，认证核查退休人员养老金资格等服务。做好城乡居民医保筹资参保工作，做好大病统筹的宣传参保工作，参加大病医疗人数为2446人，切实做好患重大疾病申请“关爱拯救行动”医疗救助人员及困难家庭个人负担医疗费2万元以上情况统计申报工作，避免因病返贫情况发生，真正将关爱拯救行动落到实处。

【教育工作】 小学学龄儿童入学率100%，小学毕业生升学率达到100%，三残入学率100%。各年级测试或统考及格率、平均分、优秀生率达到要求。所有学生免试就近入学，所有年级班额控制在45人以内，无重点班、快慢班等情况。按教育部颁布标准开齐开足课程，不挤占、挪用学校“音、体、美”课程，监测学生学业质量和课业负担，切实减轻学生课业负担，教育教学质量提升明显。

【安全生产工作】 结合开展“安全生产大检查大整治活动”，重点加强对道路交通、建筑、危险化学爆炸物品、企业、消防安全、打非治违等进行专项整治，彻底消除安全隐患，确保人民群众的生命财产安全，维护社会稳定。

【党建工作】 全面完成4个村级活动中心提档升级工作，规范辖区内所有村（社区）党群服务中心标识标牌。整顿提升软弱涣散党组织，按照“分管领导协调负责、第一书记具体落实、社区两委班子通力配合”的原则，加大对软弱涣散党组织的指导力度。加大脱贫攻坚帮扶力度，建立困难党员群众台账，落实帮扶资金和具体帮扶责任人，全年落实扶贫资金10.7万元，为全乡15户精准扶贫户购买生产生活所需资料，走访慰问34名贫困党员。乡干部每人结对联系30余户，定期进行走访慰问，全年调节矛盾纠纷15起，收集群众反映的问题和建议125条，解决问题65个。

（罗　敏）

隆兴镇

【概况】 隆兴镇位于市境南部，东邻集贤乡，南接桤泉镇，西与燎原乡相连，北与崇阳镇毗邻，西北紧靠王场军事基地，并与白头镇接壤。镇域面积18公顷，辖村6个、社区1个、村民小组106个、居民小组9个。常住户数6166户，常住人口1.68万人，户籍人口1.67万人。镇政府设在隆兴镇府青路113号（原111号），距崇州市区8千米。

【交通】 隆兴镇是川西旅游环线通往刘氏庄园和建川博物馆必经之地，与成都至温江、邛崃的318国道相接；是隆兴片区的交通枢纽和物资集散地，与崇州市区、桤泉镇、燎原乡等均有道路相连。全镇农村道路长度约35.1千米全部实施标准化水泥路面硬化，115个村（居）民小组实现水泥路面网格化连接。

【经济发展】 全镇农业人均纯收入由2015年的1.42万元增长到1.55万元，增幅约为9.4%；农业招商引资完成项目3个，引入省外资金800万元，完成固定资产投资3000万元。组织合作社、职业经理人对接农商银行等金融部门5次，利用土地经营权、农业设施抵押贷款14宗，授信金额1640万元、贷款金额583万元；农业职业经理人信用贷款4宗，贷款80万元。

【农业共营制】 组建土地股份合作社10家，入社农户0.39万户，入社面积1.36万亩，占全镇耕地总面积的90%，农业规模经营率95%。完成10个股份合作社的446.13公顷土地确权颁证工作；2016年完成经济林木（果）

权确权5宗27.33公顷；水面经营权确权1宗3.33公顷；家庭农场4家经营权确权25.33公顷；农业设施所有权确权11宗，推进全镇农村土地“三权分置”工作。农户办理《农村土地承包经营权》死亡变更、离婚分户、继承合户126宗，深化农村产权“长久不变”。在青桥、黎坝村进行农村集体资产股份化改革试点，确保新型农村集体经济组织成员的集体财产权和收益分配权得到有效落实。

【规范化服务型政府建设】 受理和办结代办服务事项3771件，其中通过政务审批服务平台办理1283件。窗口现场办结率95%以上，政务审批服务平台办件非常满意率99%以上。全面落实首问责任制、责任追究制、限时办结制、社会评议制和服务承诺等制度。

【村级公共服务和社会管理】 完成35岁至64岁妇女“两癌”检查750人次；912名妇女参加安康保险，5人获达安康保险赔付。办理生育服务证202例，其中办理流动人口婚育证明4例；开展城乡环境和水环境治理，完成桤木河南段景观工程。推进电力铁塔、天然气管道等能源项目建设，实现高塔、青桥村级活动中心提档升级，完成青桥村日间照料中心建设任务；全年涉及道路、沟渠、城乡环境、治保巡逻、便民代办、文化活动、党群建设等项目97个，投入资金344.28万元，完成项目90个。

【食品安全】 开展各项食品安全检查工作18次，严格实施食品质量安全准入制度、对生猪屠宰户严格实行检疫检验、建立健全各项管理制度；针对农村流动厨师和食品安全协管员进行集中食品安全培训两次；开展食品安全宣传活动，通过现场咨询和派发宣传资料等形式形式进行宣传动员，悬挂横幅8条，派发宣传环保袋2000份，制作散发宣传资料2000余份；开展食安全检查工作，及时向上级部门汇报方案、信息和总结。

【道路建设】 完成顺江村——丰乐村绕场道路建设，长4285米，宽6米；完成街安路（加油站—鸡公洞段2.1千米；顺江—桤泉段1.3千米）沥青路面铺筑；完成农村公路建设和养护任务，改建村道、组道、穿林路21.99千米；将巡查发现的7座危桥纳入成都市“十三五”危旧桥改造计划。

【环境治理】 建立突发环境事件应急响应机制；严格执行影响评价和“三同时”制度，执行率100%；处理各类环保投诉18起。加大整治全镇各餐饮店油烟、废水污染；加大整治镇域河道环境，重点治理桤木河水环境，确保水环境质量稳定达到3类水域标准；加大治理畜禽养殖场污染，2016年新建和改扩建沼气池2600多立方米。查处排放不达标养殖场2家，并要求整改；加强对集中式水源地的管理和日常巡逻工作，集中式水源地水质达标100%；加强秸秆禁烧和综合利用工作，农作物秸秆综合利用率97.79；加大推广和建设清洁能源，使用清洁能源的居民户占83%；清理泉水河沿线200米范围养殖户19家，整顿3家；清查环保违法违规建设项目60家，完成备案30家，通过环评4家；完成锅炉整治2台，关停2台。

【安全生产】 召开党委安全生产专题会议6次，传达学习全国、省、成都市安全生产电视电话会议和市委、市政府安全生产会议精神；开展安全宣传活动，散发宣传资料500余份，悬挂宣传标语横幅20余幅，利用宣传栏主办安全生产宣传栏目两期；对全镇危化品、烟花爆竹、粉尘、职业危害、消防、道路交通、建筑施工、水利、电力、燃气、农业机械、特种设备、食品加工、木器加工等重点行业领域和学校、医院、小旅馆、商场市场、餐饮场所、在建工地等开展安全生产隐患检查16次，及时处理存在的安全隐患部分企业。查出安全隐患5起，及时整改3起，限期整改2起；按时上报烟花爆竹报表（每旬1次）、危化品季度表（每月1次）；与各村（社区）签订2016年安全生产目标责任书。与辖区内生产企业签订安全生产承诺书；开展辖区内职业危害系统的申报，申报两家；开展安全隐患排查系统，录入信息26条；开展木质家具制造职业危害调查，调查企业4家。

【民政残联】 对符合低保条件的11户23人办理低保手续，对已脱贫不再符合低保政策的46户106人完成退出低保手续，确保低保政策的公开、公正、公平。完成高龄补贴的审核、发放；协助完成失能半失能老人鉴定。组织党员干部与重点优抚对象帮扶结队活动，定期召开优抚座谈会，听取和收集意见和建议。对镇域内残疾人开展“量体裁衣”服务工作，对持证残疾人的服务率100%。

【基层党建】 开展“三亮、三评、三比”等党员示范系列活动，营造创先争优氛围。开展换届换届选举工作，制定《换届风气监督方案》，明确责任主体、划分工作任务；成立工作督导组实行节点控制、分片监管，落实工作安排、加强风气监督；通过全覆盖开展谈心谈话、组织观看《镜鉴》、签订换届纪律承诺书、发放宣传资料等方式，加强警示教育、强化责任担当。加强党风廉政建设，落实干部工作日志制度，开展公务员平时考核试点工作；加大纪律审查力度，2016年查处违纪党员4名；在全镇各村（社区）设立廉政建设宣传栏、发放廉政宣传资料；规范村级财务管理制度，强化村公资金等重点领域监管。

（夏　爽）

桤泉镇

【概况】 桤泉镇地处崇州市西南部，街安路和安仁连接线穿境而过，东接集贤乡，南连大邑县董场镇，西临大邑县安仁镇，北与燎原乡接壤，全镇地域面积18.09平方千米。下辖行政村4个、村民小组96个。全镇总户数5784户，总人口1.59万人，其中非农业人口3406人，城镇居民人均可支配年收入为3.41万元、农村居民人均纯收入1.78万元，固定资产投资完成10.2亿元。耕地面积1333.33公顷，农业作为主导产业，所占比重约70%。“三千”产业（千亩葡萄、千亩荷花、千亩优质蔬菜）初具形态，是崇州市现代农业园区核心区。2016年，桤泉镇实现国内生产总值16.5亿元。

【高新现代农业核心区】 加快打造高新现代农业核心区，位于桤泉镇的四川农业大学现代农业研发基地包括小麦研发示范区、水稻研发示范区、玉米研发示范区、农学科研试验区、畜禽育种研发试验区、畜禽营养与饲料研发试验区、草学科研试验区、资环科研试验区、园艺科研试验区、风景园林科研试验区、林学科研试验区和国际合作研发区12个试验示范区。完成一期投入2.5亿元，预算总投资4亿元。

【“产村相融”】 加大政策、资金支持力度，通过土地股份合作社经营、引进业主规模经营、“大园区、小业主”、“托管”经营等多种经营模式，引导群众、农村土地股份合作社、业主按照规划实施调整种植业结构，着力打造连片的农业风光。2016年，加强合作社规范，整合后的11个土地股份合作社，统一经营面积400公顷，入社农户1500多户，全部完成工商注册登记。以严格林盘保护为取向，形成“产村相融”的和谐景象，推进低碳生态观光农业示范区建设。坚持一、三产业互融发展，着力打造“三公园一走廊”农业观光旅游产业。余花龙门林盘整治第四期全部完成、余湾岛旅游开发加紧打造，桤木河生态观光走廊、街安路泉水河田园风光走廊初步形成，促进以“农家乐”为主的乡村旅游业发展。启动“三千”产业（千亩葡萄、千亩荷花、千亩优质蔬菜）、录超公司形象提档升级。红提产业形成产值效应，以节造势，促进节会活动型向市场消费型提升，引导城市居民观光、旅游、采摘、体验，促进农业休闲旅游业发展，自2004年以来园区连续举办十三届“红提葡萄采摘节”，接待游客70多万人次，带动园区农民增收850余万元。坚持融合思维，优化空间布局，做大产业本底，综合发展红提、荷花等生态农业，通过引入汉美农庄等旅游养老项目，围绕余湾竹海以及桤木河、茅草河生态湿地，进一步打造集餐饮、娱乐、休闲养老于一体的观光旅游度假区；依托农产品加工区，培育“桤泉生态大米”“一壶清涟”等农产品品牌；结合桤泉科技支撑、政策支撑优势，着力打造万亩粮食高产稳产核心区；依托“三千”产业，推动廉洁文化、民俗文化和产业文化有机融合，将余花龙门子荷风水村成功建成成都市廉洁文化教育基地。

【农副产品加工】 以发展加工物流为载体，做长做深农业产业链。农副产品加工园区按照“区域化布局、标准化生产、一体化经营、社会化服务”思路，坚持用抓工业的理念抓农业，着力推进农产品加工企业集中发展，提高农业综合附加值。实施桤泉农产品加工园建设，发展农业附加值高、产业链长、外向型创汇农业，着力推进农业招商引资，制定园区招商引资扶持政策，捆绑使用农业综合开发、财政支农、新农村建设资金，配套完善园区道路、供电、供排水、通讯、绿化等基础设施。着力发展现代农业新型流通业态，优化园区资源配置，运用市场化运作机制，实施桤泉农产品物流中心及农产品展销中心建设。园区农产品加工集聚集群发展初具规模。

【农村产改】 积极探索生产要素在城乡之间的自由流动试点。全镇应确尽确96个村民小组自留地4574宗，集体建设用地309宗，农业配套设施用地65宗，填发股权证5265本。2016年底集体建设用地挂牌流转出让1宗集体建设用地0.252公顷。

【社会事业】 2016年，参加农民养老保险9989人，参加城乡居民医疗保险率99%以上，区域内统筹的城乡社会养老机构覆盖率100%，新增就业230余人。加大村容镇貌整治工作的力度，制定落实保洁员保洁问责制度，采取各村（社区）保洁员划区域作业，镇治理办不定时抽查卫生情况，确保保洁工作有效开展。按照承包地范围划分给各合作社与种植户，实行农田外延线门前三包制度，有效保障稻香环线路面环境卫生。针对夏季旅游旺季“人多、垃圾多”问题，加大环卫设施基础投入，确保小范围垃圾入篓、大范围垃圾盛装。

【基础设施】 紧贴民生需求，完善基础设施。硬化村级道路6千米，埋设城乡供水管网10千米，埋设天然气管网4千米，完成老街安路改造工程，成温邛第三快速通道桤泉段建成通车。建成居家养老服务中心1所，日间照料中心1所，新建公立幼儿园1所。通过实施乡镇文化惠民工程，丰富群众文化生活。

【基层组织建设】 坚持红色引领绿色，巩固党员“双向培养”和争创“双强六好”支部，绿聚源红提专业合作社党支部获得上级表彰嘉奖。

多点延伸、多极发力、多元服务，扎实开展大群团工作试点工作，建成示范点1个，“骆学林讲堂”多次被中央电视台和省、市媒体报道，并接受中央宣传部、文化部调研；探索千功小区“镇村+领袖+社工+居民”参与式社区自治的农集区党组织服务模式。建立“走基层”“三本问题台账”85个，解决73个，待解决12个。

（尹婷婷）

集贤乡

【概况】 集贤乡位于市境南部，东与大划镇、金鸡隔河相望，西与大邑县龙凤镇、董场填接壤，西南与桤泉镇、隆兴镇毗邻，北与崇阳街道相连。辖华兴、梁景、山泉3个行政村和文锦社区，村民小组72个。乡域面积15.95平方千米，场镇建成区面积0.4平方千米，有街道8条。总户数4286户，总人口1.33万人。耕地面积1034.67公顷，主产水稻、小麦、油菜等作物。有土地股份合作社5个，入社面积419.2公顷；有铸造企业9家、规模酿酒企业11家。乡政府内设党政办、经发办、群众工作办、财政所、综治办、安办、环保所、食药所8个科室，下设事业管理服务中心，另设综合便民服务中心服务窗口。2016年度被评为崇州市“三农工作”先进单位。

【基础设施建设】 年内完成2.4千米成温邛快速路辅道建设，完成生产作业道改配设计和建设，完成唐石桥至十万亩环线道路扩建、沥青路面改造1.85千米，完成山泉村余湾半岛外联通道1.7千米。完成山泉村、梁景村境内铁溪河清淤治理。

【美丽新村建设】 新建余湾半岛农民新村，安置农户50户，房屋主体工程完工，总平和风貌进场施工。成温邛快速路拆迁安置点修建安置房83套，启动配套基础设施建设，完成污水管网预埋，天然气进场施工。探索实践铁溪澜庭、徐家渡林盘、集凤苑等农民集中居住小区村民自治管理，初步形成“一核多元、多措并举”的新农村管理模式。

【现代农业发展】 土地股份合作社规范化建设率、电商经营率、土地经营权证办理率均为100%。涌泉合作社新获省级示范合作称号，被成都市农委列为“廉洁社会示范单元”。粮油规模化经营面积466.67公顷以上，规模化经营率93.3%。发展壮大锦程农业、更新农业、梁景农业等现代农业产业项目。其中更新农业项目获崇州市科普示范基地称号，锦程农业项目正创建成都市级科普示范基地。创新实施公益性农业服务和社会化服务结合模式，接待各类参观考察200次以上。成功举办第四届自驾赏花节集贤分会场活动，接待游客近2万人次，实现旅游综合收入180万元。

【统筹城乡综合改革】 加强农村产权管理服务中心建设，建立完整的农村产权确权颁证原始电子档案资料，完成农村产权变更登记代办服务36宗。完成“新四权”确权颁证16宗。在山泉村试点集体经济股份量化，进行股份量化后的成果运用。

【社会事业】 实现社会保险全覆盖，成温邛快速通道征地社保指标完成匹配，分解落实到个人，并开始缴费征集。城乡低收入家庭、农村“五保”对象、城镇特困户及优抚对象全部建档救助，实现应保尽保。持续开展百村容貌治理，向成都市科技局争取20万元资金支持，用于铁溪澜庭和山泉村林盘综合整治，新建垃圾房两座。华兴村、山泉村通过省级卫生村创建验收。

创建集凤苑、铁溪澜庭等 12 个农村星级院落。新建山泉村日间照料中心。

（蔡晓琴）

燎原乡

【概况】 燎原乡位于市境西南，光华大道穿境而过，东临桤泉镇和大邑县安仁镇，南接大邑县苏家镇，西接大邑县晋原镇，北接王场镇、隆兴镇。乡域面积 27.9 平方千米。辖铧头、紫竹、梓乐、七洞、壁山、回龙 6 个行政村和安顺、崇德两个社区，村民小组 161 个。总户数 7822 户，总人口 2.48 万人，其中非农业人口 1343 人，耕地面积 1715.1 公顷。菜花河（三合堰支渠）、千功堰支渠、前螺沟、党皇堰支渠贯穿全境。乡政府内设党政办公室（目督办）、经济发展办公室、社会管理与公共服务办公室、财政所、群众工作办公室（综治办）、安全生产管理办公室 6 个职能科室，下设事业管理服务中心，开设便民服务中心、劳动保障所、司法所等服务窗口。

【产业发展】 成功举办“宝石梨采摘体验季”宣传活动，以新闻发布、文艺汇演、采摘体验、果园寻宝活动为载体，形成宝石梨采摘体验季宣传品牌，提升产品品牌形象和基地示范效应。创新“互联网＋农业”经营模式，通过电商平台、互联网销售，宝石梨年销售额超 2000 万元。引进四川普润生农业科技有限公司在铧头村投资建设中国羊肚菌研发生产基地，计划投资 2 亿元。首期投入 5000 万元，先行试种 10 公顷。

【都市现代农业】 持续推进农业共营制，发展土地股份合作社和专业种植合作社 12 个，入社面积 1133.33 公顷。培育农业职业经理人 97 人，发展家庭农场 4 个、专业大户 3 户、龙头企业两家，农业共营制进一步提质增效，农村经营方式不断创新。

【社会事业】 落实民生保障工作，按时足额为 321 名优抚对象发放生活补贴，完成优抚对象医疗救助 17 人次，落实低保 294 户 459 人，发放困难群众医疗救助金 29 人次，完成临时生活救助 9 户。完成 677 名残疾人个性化服务方案，落实帮扶项目。推进安顺革命纪念馆建设，完成设计方案。举办为期两天的纪念中国共产党建党 95 周年暨中国工农红军长征胜利 80 周年和抗日战争胜利 71 周年图片展。

【生态文明建设】 严格管控畜禽面源污染，推进畜禽环保养殖，禁止生产生活污水直排，关停排放不达标企业 3 家、养殖户两家。有 19 家养殖户、6 家餐饮企业、18 家工业企业完成环评。

【基层党的建设】 “两学一做”学习教育活动中，创新开展“红色先锋引领示范”活动，结合十万亩区域党建组团、宝石梨采摘节、稻香旅游环线优势，发挥康红果蔬专业合作社党支部战斗堡垒作用，以订单农业和 O2O 电商模式为依托，扩大产品知名度和美誉度，促进农民增收。

（王梦丽）

元通镇

【概况】 元通镇位于市境中部偏北，是四川省历史文化名镇，素有“水乡小成都”之称。镇域面积 23.12 平方千米，东与观胜镇相连，南与锦江乡、公议乡接壤，西临怀远镇，北靠街子镇和都江堰市安龙镇。辖行政村7个、社区两个、村民小组95个。总户数6530户，总人口2.21万人，其中农业人口1.94万人。境内西河、味江河、泊江河三江汇注。东北部粘土资源丰富，土陶业有2000多年历史。

【人文资源】 有省级文物保护单位陈家大院、黄氏宗祠、麒麟街民居，有市级文物保护单位天主堂、王国英故居、永利桥；有古当铺、广东会馆、江西会馆遗址和张家大院、夏家走马转角楼、汇江桥等景观。2016年11月，素有“川西第一大盛会”美名的元通清明春台会获批成都市非物质文化遗产。

【古镇建设】 元通古镇核心区项目进展顺利，楠木广场项目主体工程完工，供销社项目完工并投入运营，黄家大院提档升级项目顺利推进。核心区二期元通塔主体工程封顶，永利桥片区完成拆迁。完成大罗村、三宝村总体景观规划设计，完成聚源片区道路、平安小区综合整治提档升级项目立项。聚源村“幸福美丽新村”项目方案进入总评设计阶段。

【农村基础设施】 利用村民自建项目资金、水利扶贫资金、专项资金，实施聚源村村民自建项目、大罗村水利扶贫项目、黑臭河渠清淤项目，投入资金413.9万元浆砌斗渠3200米、毛渠8700米，清淘农毛渠5000米，新建机井1口，完成沙沟河、人民堰等6条黑臭河渠清淤，改善灌溉面积1066.67公顷。

【现代农业发展】 有土地股份合作社13家、家庭农场17家、农业龙头企业两家，统一经营面积800公顷。建成莲藕种植观光基地、小龙虾养殖基地。培育新型职业农民29人。建成电商服务站1个、特色农产品电子商务试点村两个。组织农业电商培训20人次。农村电子商务实现线上线下销售额78.39万元。开展农业项目招商引资，策划包装项目5个，总投资1.81亿元，新落地项目两个，到位省外资金5000万元。农业固定资产投资5000万元。建成农产品质量安全检测室5个，完成农产品样品抽检440组。粮食产量1.37万吨，蔬菜产量1.01万吨，肉类产量4449吨，农村居民人均收入2.31万元，比上年增长58.5%。成都市重大项目、都市现代农业“一线一品”打造项目龙腾居完成二期建设，年度投资8000万元。聚源村、禹王村成功申报四川省级、成都市级“四好村”。

【农村集体经济】 完成通顺村集体资产股份化改革试点工作，完成通顺村集体经济组织股份量化工作。办理农村产权登记26宗、抵押贷款12宗，融资600余万元。

【乡村旅游发展】 新增古镇核心区滨河二期风貌改造项目、元通塔及永利桥片区建设项目、龙腾居休闲农业旅游农庄项目。拆迁并改造滨河二期风貌改造项目涉及的住户5户，滨河商业旅游线初步形成，带动沿线餐饮、娱乐、休闲产业发展。元通塔及永利桥片区建设项目投资4204万元，建设内容包括仿古塔、服务用房、休闲广场、拱桥及栏杆修复和连廊等。2016年投资2800万元，拱桥修复建设完工，仿古塔主体完工。龙腾居休闲农业旅游农庄项目是2016年成都市重大建设项目，主要打造集观光旅游、休闲度假、生态农业于一体的综合性现代生态农业旅游产业园区，规划占地680亩，建成200亩。年内接待游客80万人次，其中龙腾居休闲农业旅游农庄接待游客25万人次，实现旅游带动收入4.32亿元、旅游带动就业岗位1000余个。

【城乡环境综合治理】 清除怀华路、街安路各类垃圾3.6吨，清理杂物68处，清除杂草135处，修复水泥路面640平方米，清理“牛皮癣”1500余处，查处非法张贴广告行为6起。新建临时停车场两个，拆除并替换景区核心区和街安路店招200余个，清理完成核心区及缓冲区建渣、广告牌、彩钢棚50余处。大罗村、清溪村、怀华路等区域新增林盘10余处，种植树木1.1万株。成立场镇城乡环境治理工作老年志愿服务队，出动3600余人次进行环境治理。在综合农贸市场外建设逢场临时占道摊位200个，总长201米。

【民生事业建设】 发放低保金170.97万元，办理困难群众临时救助申请20户57人，办理困难群众快速救助110户308人。发放重点优抚对象生活补助192.29万元，完成城乡社保1.41万人，参保率98%。发放重度残疾人护理费用补贴193人19.78万元，发放低保残疾人困难生活补助金148人17.76万元。资助重度残疾人参加城镇职工养老保险78人95.58万元。12户精准扶贫对象实现脱贫。

【基层党的建设】 召开党建专题党委会6次，做到凡例会必讲党建；党委中心组党建专题学习5次，听取村（社区）党建工作汇报3次，专题调研基层党建工作5次，党委班子成员到所联系党支部讲党课30余次。做好党员组织关系排查工作，完成791名党员档案清理和党费补缴工作。加强活动阵地建设，新建村级阵地两个。加强村级后备干部选拔培养，公开遴选14名优秀村级后备干部到村（社区）跟岗锻炼。选拔3名年轻村干部到镇机关跟班学习，组织村干部参加各级培训86人次。发展新党员8名，培养入党积极分子20名。抓实党风廉政建设，立案并给予党纪处分5人，约谈、诫勉谈话20人次。开通基层党建微信公众号“小成都元通”。

【法治政府建设】 制定《法治建设工作实施细则》，化解信访积案难案两件、村民劳动纠纷45件。回复市长公开电话、市长信箱信件53件。调解回复崇州公众信息网反映的问题55件，规范上级交办的信访案件108件。镇党委研究依法治理工作4次，党委中心组学法4次。做好法律七进工作，先后在聚源村和麒麟、双凤社区开展以案说法警示教育，在大罗、三宝、清溪、通顺、禹王、景汇六村进行现场宣传，发放宣传资料、法治书籍、法律服务便民卡1000余份，在惜字宫广场、综合农贸市场开展现场法律宣讲及涉农法律法规宣传解释活动，发放宣传资料2000余份，接待咨询群众2000余人次。

（宿慧敏）

观胜镇

【概况】 观胜镇位于市境北部，北与都江堰市柳街镇、安龙乡为邻。镇域面积23.67平方千米，基本农田1785.3公顷，总人口2.11万人。辖八角、五桥、青柳、联义、白鹤、池塘6个行政村和天胜路社区，有农民集中居住区5个。观胜镇是崇州市塑胶和铸造业基地，有川汇、川胜、川一、辉利达、都得利等龙头企业。有酿造、制革、皮鞋、板鸭、大田种植、养殖等多种农村经营增长点。镇政府内设党政办、经济发展办、劳动保障所、土地整理办、财政所、综治办、安办、农业产改办、环保办、司法所10个职能科室，下设事业管理服务中心，另设综合便民服务中心、民情服务中心。

【经济发展】 实施“基础设施驱动、产业升级拉动、生态文明互动、民生兜底保障、党建引领带动”五大联动工程，发挥粮经旅环线带动效应，把“严家弯湾”打造成为北部粮经旅环线精品示范点。实施青柳村王家大院中国红色乡土林盘、水木北部花海、千亩红叶石楠、果蔬田园采摘、乡土特色林盘等点位打造，挖掘红色文化资源，带动绿色经济发展。探索发展农业共营制，推进以花卉、苗木、西瓜、猕猴桃、蔬菜为特色的种植基地建设和农林合作社发展。城镇新增就业及下岗失业人员、失地农民再就业 98 人，就业困难人员再就业 5 人，劳务输出 4576 人。完成劳动力向非农产业新增转移就业 250 人。完成城乡居民养老保险、少儿互助保险、农村新合医疗保险参保工作。

【基础设施】 按照“1＋9＋N”标准配套完善基础设施和公共服务项目，完善场镇和农村社区服务功能。实施农村饮用水和天然气改造工程，实现场镇居民区和农民集中居住区生活用水、用气户户通。依托“三美”示范村创建，完善池塘村文化风尚打造，提高新区居民幸福指数。争取交通、“一事一议”、扶贫等项目开发资金 772.1 万元，修建水泥道路 38.14 千米，城乡环境投入 650 余万元，环保投入 100 余万元，成功创建国家级生态乡镇。

【乡镇企业】 工业企业实现产销两旺，以川汇塑胶、川胜、川一、辉利达、都得利、柯涵精铸、环都汽配、川胜管道、胜利皮革厂为代表的 10 余家骨干企业吸纳大量农村富余劳动力，解决农民务工难题，促进农民增收。另有重庆展弘园林有限公司、龙湖集团苗木公司、成都大千苗木有限公司、成都天驿农业公司等 10 余家公司。

【文化旅游】 加强社会主义核心价值观教育，开展送文化下乡 20 余活动。在全镇开展“文明户”“清洁户”评选活动及“三美”示范村创建活动，并通过验收。交通发达，启动修建北部片区乡村旅游环线和二绕至街子连接线。围绕建设“崇州北部休闲农业示范镇”目标，打造“严家弯湾”北部粮经旅环线精品示范点，“四季有景、四季有节”的休闲旅游圣地。

【基层组织建设】 创新探索以“党建＋精准扶贫”五步工作法，实现基层党建与精准扶贫、基层社会治理共同推进。推行依法治村、村民自治，在 5 个小区全面推广“一四五”民主管理模式。

（邹媛妙）

锦江乡

【概况】 锦江乡位于市境北部，东与崇平镇、廖家镇相邻，南与崇阳街道接壤，西与济协乡隔河相望，北与元通镇、观胜镇相连，镇域面积 18.69 平方千米。2016 年，辖区常住户 4998 户，总人口 1.61 万人，有少量婚迁藏族、羌族、白族、侗族、回族居民。辖行政村 4 个、社区 1 个、村民小组 90 个。

【经济发展】 2016 年，财政收入 1626.73 万元。工业企业主要有四川金盆地集团有限公司、川兴酒厂、金元昊酒业集团、科华通阀门有限公司、安华公司等。全年粮食总产量 9845 吨、油菜籽总产量 949 吨、蔬菜产量 8577 吨、肉类产量 1860 吨。

【项目建设】 加速推进粮经旅示范区建设，率先完成境内 4 个村 50 多户群众拆迁任务。9 月环线道路进场施工。推进高标准农田建设，完成格田 26.67 公顷，苗木腾退 80 公顷。计划打造土地整理项目 4 个，涉及 5 个村（社区）1500 余户群众。其中新华村 3 组项目通过成都市审定启动总体规划，另3个项目报成都市相关部门审定。

【现代农业】 注册土地股份合作社、家庭农场等新型农业经营主体11家、农机专业合作社1家。全乡土地股份合作社入社面积611.05公顷，其中粮油经营面积529.78公顷。完成合作社财务规范建设全覆盖，每个合作社均聘请会计从业人员，对合作社账务进行专业管理。2016年，完成规范合作社建设6个，开展合作社产权抵押贷款3宗，开展家庭农场产权抵押贷款两宗。完成新型职业农民培训25人、职业经理人知识更新培训18人、新增职业经理人培训11人。培育农村电商职业经理人5人，培训农村电商新型农民27人。建立电商示范村两个、农村电商服务站两个。

【新农村建设】 依托民俗文化村打造，投入200余万元，在乌尤村率先进行“小组微生”新农村综合体建设，打造乌尤民俗文化村。完成风貌改造、雨污下地、院落整治、旧房改造等工作，12户农户完成房屋改建，另有12户完成风貌改造，初步形成“产村相融、景农一体”形态。

【文化建设】 开展“喜迎国庆，舞动乡村”文化活动，“干群心连心”系列文化活动，满足群众文化需求。以北部十万亩粮经旅环线建设为题材的原创小品《铁算盘》，获得崇州市基层优秀案例展演二等奖。

【社会事业】 2016年，新增就业2982人，就业率保持在96%左右；农村富余劳动力转移就业新增350人；失业人员再就业10人。城乡基本医疗保险基金征缴998.56万元。实施24户精准扶贫户扶贫工作，实现16户45人“脱贫摘帽”。乌尤村、余塘村、白马社区、新华村4个日间照料中心、天民村居家养老中心建成并投入运行。

【基层党建】 加快推进村（社区）活动中心“提档升级”，白马社区、新华村、天民村3个村（社区）活动室按要求建设完成并投入使用。分批次培训党员干部500余人次，发展新党员4人。强化监督执纪问责，给予党纪处分2人、戒勉谈话6人，营造好风清气正、干净干事的政治生态。

（徐　阳）

公议乡

【概况】 公议乡位于市境西北，地处无根山脉边缘中段，属西河河西地区。全乡半山半坝，乡域面积27.18平方千米，其中山区面积11平方千米。辖涉农社区2个、行政村3个、居民小组40个、村民小组47个。总户数4250户，总人口1.44万人，其中党员583人。境内有万亩灌木林、成片松林、川西农家、崇文教育基地、高山寺等自然人文景观。水果资源丰富，以猕猴桃为主的优质水果种类多、规模大。

【幸福美丽新村建设】 加快打造幸福美丽新村，进一步完善花果山小区、晋康小区、桃子坪旅游小村、三溪丽景4个农民集中居住区配套设施提升。天秀花园建成完工。

【落实惠民政策】 按政策发放耕保金、种粮补助，兑现计生奖励扶助和各类民政优抚对象扶持。完成城乡劳动者培训计划，实现城镇新增就业1000余人，新合医疗参保率98%以上。深入开展关爱拯救行动，开展阳光助学工程，按照“应保尽保”的原则，将符合条件的困难家庭纳入低保范围。

【办好民生实事】 深化村级公共服务和社会管理，完善涉农社区及村（农民集中居住区）“1+9+N”标准化设施配置。加大住房保障力度，加快推进村级活动中心“提档升级”。继续实行空巢老人巡查服务制度，为全乡29户空巢老人确定巡查责任人，实行定期巡查。为困难家庭失能半失能老人和80岁以上老人提供居家养老服务，落实80岁以上老人的高龄津贴。

【保障平安稳定】 解决好垃圾填埋场隐患问题。切实维护群众利益，积极引导垃圾填埋场500米范围外386户农户参与土地整理项目。抓好安全监督和检查。落实安全生产责任“五级五覆盖”工作，组织安全生产大检查100多次，开展消防、防汛、道路交通、建筑施工、地质灾害等主题宣传活动11次，发放宣传资料1万余份，发送手机短信2万余条。5月12日，在晋康小区组织开展防震减灾演练，160余户700余人参加演练。

【城乡环境治理】 深入实施场镇和新村聚居点美化、亮化工程，按照“1+27”的标准，对场镇进行规划配套；按照“1+9+N”的标准，对新村聚居点进行规划配套。

【猕猴桃基地建设项目】 成都康源农业开发有限公司计划在花果山社区、天冬堰村建设200公顷猕猴桃核心种植区，配套建设调储贮藏库和集产品分选、清洗、包装等商品化处理为一体的生产线。2016年，完成猕猴桃种植100公顷，一期20公顷出产的猕猴桃销售一空，实现销售收入上百万元，猕猴桃产业初见成效。建设沟渠、田间作业道等基础设施，并进行办公、仓储、商品化处理设施建设用地协调。

【城乡建设用地增减挂钩试点项目】 街子镇与公议乡林秀村、花果山社区城乡建设用地增减挂钩试点项目，计划整理建设用地31.37公顷，节约建设用地指标28.2公顷；街子镇与公议乡天冬堰村城乡建设用地增减挂钩试点项目，计划整理建设用地35公顷，预计节约建设用地指标29.582公顷。12月30日，安置点场地平整完工，主体工程完工。

【崇州市蜀西玉泉·翠微谷项目】 四川省玉泉森林旅游开发有限公司计划在翠微谷建设1000亩森林旅游项目开发区。年内完成固定资产投资2500万元。启动接待中心建设和外联道路节点景观建设，5号地96套房屋封顶，6号地完成场地平整。

【崇州市颐福林度假基地项目】 内蒙古泰成基业工贸有限责任公司计划的公议乡建设一座占地20公顷，集老年疗养、休闲度假、生态农业及园林景观为一体的颐福林休闲度假基地。启动老年疗养及休闲度假中心主体工程修建。

【公议花果山抗旱水源工程项目】 花果山抗旱水源工程项目，原计划从文井江青峰岭到龙潭寺花果山修建长约10.52千米的输水线路。由于李家岩水库修建的影响，启动方案调整。

【省级小型农田水利重点县项目】 计划新建、改造渠道102.758千米，新建涵管369处、人行桥340处，投资1450万元。主要涉及桤木河、花果山、天冬堰、三合堰村4个村（社区），受益人数1.38万人，受益耕地面积1.3万亩。建设采取民办公助方式，9月全部开工，年底修建完成。

【“五权”工作法织密“微权力”防控网】 年内开展“微权力”治理试点，从源头上规范基层权力运行，探索形成梳权、亮权、用权、督权、问权“五权”工作法，有效防住管好群众身边的“微权力”。汇编《公议乡微权力治理手册》，将“微权力”关权入笼。试点工作受到市纪委书记陈波的好评和肯定，经验做法在全市范围内转发，并在《今日崇州》刊载。

【基层党的建设】 严格落实从严治党责任，强化干部队伍作风建设，扎实开展“两学一做”学习教育活动，大力推行“雷厉风行、令行禁止、认真细致、踏实苦干”的工作作风。抓好活动阵地建设，全面启动桤木河、天冬堰、三合堰、林秀、花果山5个村（社区）活动场所提档升级工作；建立村级班子结对帮扶机制，大力整顿软弱涣散党组织；建立后备干部储备机制，选择优秀的党员后备干部参与村“两委”日常工作，为村级组织注入源头活水。

【“党建+项目”土地整理工作模式】 天秀花园项目是公议乡天冬堰、林秀、花果山3个村（社区）集体建设用地增减挂钩试点项目。在项目实施过程中，突出党建引领作用，融入党员监督和群众监督管理，创新“党建+项目”土地整理工作模式，以党员示范延伸岗位示范，以岗位示范推动项目建设科学化、规范化和制度化发展。“党建+项目”土地整理工作模式，发挥党员先锋模范作用和党组织战斗堡垒作用，将天秀花园项目做成“人民满意工程”，坚定群众“同频共振”跟党走的信心和决心。

【创新发放“荣誉津贴”】 结合中国共产党成立95周年和“两学一做”学习教育活动，切实关心关爱关怀老党员，创新实行老党员“荣誉津贴”，向党龄60周年以上的老党员、80周岁以上的离职村干部按月发放荣誉津贴50元。组织引导广大党员向老党员、老村干部学习，把对马克思主义和共产主义的信仰、对中国特色社会主义的信念作为终身不变的坚守。2016年，全乡符合条件的老党员有22人，符合条件的离职村干部有24人，符合双重标准的老同志享受双重津贴，全年累计发放荣誉津贴24100元。

（周明强）

怀远镇

【概况】 怀远镇地处邛崃山脉前沿，位于市境西北，东与元通镇毗邻，南与大邑县青霞镇接壤，西南与大邑县金星乡相邻，西北与三郎镇相接，东北与街子镇相连。镇域面积82.25平方千米，总人口6.5万人。辖富丽、福桥、黎店、龙潭、前锋、枫南、宝峰、三官、黄鹤、德通、共和、玉圭、二江、富强、和平、石子、清江17个行政村，定江桥、泉水、文井江、天泉、安乐、青峰岭6个涉农社区和大顺街、洄澜街两个街道社区，共282个村（居）民小组。

【现代农业】 有土地股份合作社21个，规模经营面积353.33公顷，核心示范面积86.67公顷；有家庭农场8家、农民专业合作社16个、农民科技协会两个。完成农业招商引资和农业固定资产投资任务，引导土地合作社、家庭农场和养殖场办理土地经营权证和农业用设施用地证。推进新一轮农村产权登记颁证，完成新“五权”登记颁证10余宗。

【农村基础设施建设】 投资4亿元，实施4个建设用地增减挂钩项目、7个农民集中居住区项目建设。“天泉别院”成为崇州市新村建设示范点位。2011至2016年，投入农村基础设施建设、社会管理、文化体育设施等专项资金近4000万元。

【特色镇建设】 2016年被列为成都市十大特色小城镇之一，启动新一轮规划修编，场镇规划面积由2.32平方千米扩大到3.75平方千米。完成青藤谷项目、藤艺文化村项目策划。完成藤艺文化主题小区、藤艺文化农庄、藤艺主题文化酒店建设。

【李家岩水库项目】 青峰岭社区、富强村有11个村民小组545户住户涉及李家岩水库项目拆迁。截至11月21日，签订拆迁协议502户，占92%，提前45天实现签约率90%以上的工作目标，创造项目拆迁工作的“怀远速度”。水库导流洞、贝雷桥等工程开始施工。

【乡村旅游发展】 举办第五届“我们养猪吧”活动，年猪节成为怀远“三绝”以外的又一张旅游文化名片。三官村创建成都市旅游特色村，瑞祥园农家乐创建四川省三星级乡村酒店，品味轩生态农庄创建四川省餐饮名店。实施重庆路沿线城乡环境综合整治，配合做好自驾赏花节期间旅游工作。启动银杏大道建设。投资3.75亿元的怀远水厂竣工投产。

【樱之谷文创农业体验园】 启动樱之谷文创农业体验园项目建设。项目位于宝峰村，是集户外拓展、游园观光、农耕体验、住宿度假、餐饮娱乐为一体的多功能绿色农业生态园。占地166.67公顷，其中一期占地66.67公顷。主要内容为山谷花海、农耕体验、丛林探险、餐饮酒店及延伸产品，计划投资10000万元。

【城乡环境综合治理】 确定泉水社区、石子村、宝峰村3个村（社区）为百村容貌整治试点村。制定镇、村两级百村容貌整治方案，制作百村容貌整治宣传展板，组织坝坝宴群众宣传活动10余次，整修村组道路5千米，提档升级垃圾房100余个，新增果屑箱26个、垃圾小桶125个。集中开展怀鸡路沿线环境综合治理，拆除“一店多招”160余处，拆除屋顶水箱127个，提档升级垃圾房22个，补植沿线绿植5000平方米，修复破损墙面4000平方米。

【法治建设】 年内举办法律知识讲座、法治文艺演出、法律知识竞赛78场次，采用展板展示、法治大讲堂宣传栏、播放法治微电影、LED、发放宣传资料、现场解答法律咨询、模拟法庭等形式开展“法律七进”活动200余次。每个村（社区）配备法治宣传志愿者队伍，每个村民小组配备法律明白人，初步形成办事依法、遇事找法、解决问题用法、化解矛盾靠法的工作方法。回复成都市长公开电话、市长信箱210条，办理成都市网上信访30条、镇政府上访案件110个，用法治思维解决老上访户信访问题。

【扶贫开发】 全镇有相对贫困户43户148人，涉及8个村（社区）。年内成都市确定黎店村、安乐社区为第三轮第二批相对扶贫村，黎店村由成都市检察院、崇州市检察院、崇州市红十字会对口帮扶，安乐社区由成都市人社局、崇州市综合执法局对口帮扶，黎店村精准扶贫对象15户55人，安乐社区4户12人。

表5 **2016年上级部门对口帮扶黎店村、安乐社区扶贫资金及项目情况**

扶贫项目	建成情况	对口扶贫单位	资金情况
黎店村粮食烘储中心	主体工程完工，预计2017年5月正式投产	成都市检察院	总投资328万元，其中配套扶持资金200万元
安乐社区安装路灯30个	完成	崇州市顺安液化气公司	

续表

扶贫项目	建成情况	对口扶贫单位	资金情况
黎店村、安乐社区新建、扩建3条主干道共计5.9千米	已立项，取得评审报告，处于招标、比选阶段	市烟草专卖局	
黎店村、安乐社区新建“组组通”道路9条共4.34千米	已立项，取得评审报告，处于招标阶段		
修缮整治黎店、安乐社区灌溉渠共4千米	完工		
共和村12组相对贫困户吴朝伟危旧房重建	完成		
“关爱拯救”行动	完成	崇州市医保局	2.9万元

【基层党的建设】 年内对1926名党员实行建卡动态管理，补办完善133名党员缺失档案资料，处置1名失联党员，督促369名党员补交2008年至2016年党费5.95万元。培养入党积极分子24名，新发展党员12名。“两新”组织组建党支部两个。持续开展“走基层”活动，机关党员走访群众2857户，建立困难群众台账258条、民生诉求台账179条，其他台账13条，销账414条。配套财政资金40多万元走访慰问精准扶贫户和贫困群众，对9户党员精准扶贫户实施“造血式”帮扶，5户脱贫。

（朱　莹　王　娜）

街子镇

【概况】 街子镇位于市境西北，处于“青城三十六峰”之一的凤栖山下，镇域面积41.18平方千米。辖行政村9个、社区两个、村民小组182个，总户数10014户，总人口33827人。街子镇自然环境优美，民俗民风独具特色，历史遗迹众多，先后获评国家AAAA景区、四川省历史文化名镇、四川最美古镇、四川十大最具价值旅游村落、全球低碳生态景区、四川十大名镇、四川省乡村旅游特色乡镇、智慧旅游景区建设示范单位、中国最美休闲胜地、国家卫生乡镇。古寺村获评全国乡村旅游示范村，缘道家庭农场获评省级精品乡村旅游特色业态，省级街子·三郎旅游度假区通过初步检收。

【经济发展】 街子古镇是成都古镇旅游重要目的地之一，品牌优势明显。年内接待游客956万人次，比上年增长41%，其中乡村旅游点位接待游客374万人次，实现旅游收入1.25亿元。全镇税收3880万元，其中一般性税收1139万元，比上年增长8.79%；房地产税收2741万元，占税收总额的70.6%。区域内房价每平方米7500元。年人均可支配收入1.84万元，比上年增长11.5%。

【重大项目】 年内承担重大项目26个，计划投资39.65亿元，实际投资43.7亿元。金惠源、神龙五谷、七彩玫瑰园、情歌村、杜鹃观光园、兰花博览园、路之书邸民宿、陶巴巴生态农庄等15个项目进入储备项目库。强化圣沅国际颐养中心、字库酒店、青城神韵、蜀山栖镇等项目引领，提振房地产行业发展信心。以圣沅青城国际颐养中心、成都传媒字库酒店等项目为支撑，构建高端度假产业链条。以味江景区改造、酒水吧二期工程、古镇景区客栈业态提升工程为依托，完善基础配套，完成闲置土地清理180公顷。

【乡村旅游】 引进民间资金8000万元，破解乡村旅游发展中人才、资金、经营体制三大难题，减少古镇发展的同质化影响，实现群众增收、社会稳定和景区分流“三个减压”。初步建成以古镇景区为“核”，周边特色乡村旅游景点为“星”的“全域景区”空间格局，建成景区间15分钟周转景区路网，创新智慧旅游网络平台，推出健步康体、民宿休闲、家庭农庄、果蔬采摘、马术体验、川剧小剧场以及情歌村文艺驻演等乡村主题特色旅游项目。借智互联网，做大做强旅游产业链条，设立街子古镇旅游门户网、乡村旅游微信各种平台，提供乡村旅游网络预定、信息查询、交通路线等服务。制定休闲农业与乡村旅游十大提升计划，打造多条观光旅游带，实现“田园变景区、产品变礼品、农房变客房”的农旅结合全域旅游。发展白圣樱花主题公园、上元香岛葡萄农庄、七彩玫瑰园、味江西蜀巧妹生态农业园、双河甘家院子林盘特色餐饮、陶巴巴农庄、卡兰美朵情歌村、青城马业、兰花博览园、路之书邸民宿等特色旅游乡村项目。通过组建旅游合作社联合成立乡村旅游发展股份公司，以农户参与、众筹资金、整体运作方式，提升古镇乡村旅游品质。注重本土农产品品牌效应，引导全镇288家农家乐改造升级，优化旅游综合环境。特色农产品代表崇州参加中央电视台魅力农产品嘉年华活动，受到全国各地农业专家、企业代表好评和肯定，中央电视台《每日农经》录制专题节目《街子古镇上的“老味道”》1月21日播出后极大地提升街子知名度。

【民生工作】 年内完成主要道路建设2.2千米，改建村级道路4.5千米；疏通和新建沟渠、农毛渠80千米，生产作业道65千米，筑砌田埂60千米。开展安全生产大检查等重点工作排查120余次。完成“百村容貌”整治并通过验收。开展古镇景区整体提升工程，治理摆摊设点、环境污染等顽疾。为900名高龄老人办理高龄补贴，为473名老人提供居家养老服务，建成日间照料中心两个。为5户困难家庭实施精准扶贫。帮助39名贫困家庭失学儿童解决入学难问题。帮助280名残疾人实现居家灵活就业。

【首届乡村旅游体验季】 2016年3月，举办首届乡村旅游体验季，推出味江河畔的金色节拍、“乡村骑缘·樱爱而来”复古相亲骑行、“听樱花绽放·让候鸟飞翔”关爱留守儿童等8个主题活动，打造1314爱情大道、心远文化创意村樱花公园，推出具有浓郁乡愁的百年老屋和修身静养的上元宫。体验季接待游客近30万人次，实现旅游收入360万元。

【樱花屋】 设立成都市首个“樱花屋关爱留守儿童基金”，募集爱心资金11.9万元，专项从事留守儿童关爱活动。依托白圣村闲置公建配套管理用房，建立街子镇留守儿童关爱中心——樱花屋，将童伴之家、生命绿岛·阳光乐园、妇女儿童之家、向日葵工作室等公益功能融入留守儿童关爱中心，搭建综合功能性更强的留守儿童关爱平台。举办“小小艺术家培训营”，开设书法、美术、音乐、舞蹈、应急救援、菜园实践6门专题课堂，吸收110名留守儿童参与培训（占全镇留守儿童的82%），游乐区接待学龄前儿童1200余人次。承办崇州市法治夏令营、成都市儿童跳蚤市场、美丽成都随手拍等活动，为留守儿童茁壮成长贡献力量。

【党建特色】 依托双河党员“爱心超市”，搭建党员义工积分兑换平台，固化党员义工常态长效机制。2016 年，“爱心超市”实现盈利 12500 余元，帮助困难党员群众 17 人。依托樱花屋留守儿童关爱中心，建立“1+4+6”党员志愿服务体系，吸引留守儿童参与学习培训 1200 余人次。推行“党员角色体验日”活动，化解基层矛盾诉求 23 件。借力“品质崇州党员示范”行动，开展景区党员经营户“亮承诺、比服务”诚信经营评选活动，提升景区服务质量。开展景区党员结对行动，班子成员联系党员经营户，党员经营户联系普通经营户，协助解决产品销售、经营资金等方面的实际困难。组建 12 支党员志愿服务队，将“黄金周”确定为“党员志愿服务周”，在交通要道、核心景点等重要功能区，设立党员驿站、党员义务咨询台，破解党员作用难发挥、价值难体现、管理难考核问题。创新成立崇州市首个应急救援党支部，为抢险救援、知识推广、技能普及提供新型组织力量。

（税　佳）

三郎镇

【概况】　三郎镇位于市境西北，处于山区与坝区交接地带，东与街子镇为邻，南与怀远镇相连，西与文井江镇、鸡冠山乡相连，北与都江堰两河乡、汶川县白石乡接壤，处于山坝结合部。辖行政村 7 个、社区 1 个、村民小组 100 个。镇域面积 104.18 平方千米，其中山区面积占 95%，丘陵和平原占 5%。最高处为崇汶交界处的大崩槽老顶，海拔 2591 米。2016 年，辖区总人口 1.52 万人，人均可支配收入 1.46 万元。

【项目建设】　发挥村（社区）和群众在项目拆迁过程中的主体作用，发动议事会、监事会参与协调解决少数群众思想不通、不理解拆迁工作的问题，确保重点项目顺利推进。完成山生院、裸心源、乐园区安置房一期、停车场一期等项目征地拆迁工作；完成九龙圣地、乐园区、意境区等“坚定户”的拆迁工作；完成三郎镇老 106 线景观打造及征地赔付工作；完成陇海起步区征地拆迁；启动李家岩水库道路征地拆迁；完成大熊猫森林公园摸底调查。初步形成项目推进工作的良好体制机制。

【产业发展】　扎实开展“新六权”登记颁证工作，完成登记颁证 6 宗。开展茶园村集体资产股份化改革工作，颁发股权证 562 本。开展林权改革试点，在茶园村成立全市首家林地股份互助合作社，率先开展全省首例林地经营权抵押融资，获崇州上银村镇银行授信 200 万元，解决樱花产业发展资金难题，规范发展林业专业合作社。培育成都市级示范合作社 1 家、家庭林场 1 家、农民合作社 1 家。建成金凤山林地股份合作社和樱花旅游合作社两个“林业共营制”合作社。樱花合作社借助社会资金参与合作，举办第四届樱花节，社员每户分红 160 元。探索集体建设用地开发利用，引进社会资金 2 亿元，参与天国村林盘保护开发。开展财补股改改革，利用财政补助资金 190 万元，引导益善村九龙川芎苓种种植专业合作社社员自筹资金 310 万元修建气调库，工程竣工审计后将移交合作社使用管护，并将资产全部股份量化到合作社成员，实现集体资产的保值增值和社员的持续增收。

【土地整理】　天国村 10 组、11 组 58 户农户以 13.33 公顷左右集体建设用地入股，成立祥泰致富土地股份合作社。祥泰合作社与哲宇集团投资公司合作开展土地整理，按照每人“35 平方米住房+8 平方米配套用房”标准安置农户。农户入住安置房后，原住房统一交由公司经营管理。联合开发节余的 4.53 公顷集体建设用地，收益实行按股分红。

【民生工程】 新建标准化农村道路6.8千米，完善标准化农村道路基础部分建设6.4千米。增设樱花观光路沿线邻崖、急弯、陡坡路段交通安全设施15处。新建山区安全用水蓄水池7座，配套管网建设。实施大明寺排洪沟（全长近6千米）市级农田水利设施综合治理。综合治理龙翔六顶小区、三郎镇老场镇和四公桩场镇排污管网，对镇内4条河道、6条关联河渠实施“黑臭河渠”专项治理，配套完善基础设施，解决群众反映的热点难点问题。

【名胜古迹】 大明寺历史悠久，始建于隋代大业元年（公元605年），初名万年寺，隋炀帝杨广曾敕名“化成”，故又名“化成院”，是崇州市重要文化遗产之一。该寺北接青城，属无根山脉，与街子古寺、三郎九龙寺、苟万山区连成一线，文化底蕴丰富，是龙门山系旅游带的重要节点，位于凤鸣村化成山中，寺院古木参天，面积12.67公顷。大明古刹门前有双楠拔地而起，秀茂非常，是大明寺的奇异景观，诗人陆游曾题诗吟诵。清朝时，由府衙出面发布护双楠告示，刻成石碑两道，存寺内。大明寺双楠在2004年“搜寻四川省省树暨评选天府树王”活动中，获评天府十大树王之一。

（廖　勇）

文井江镇

【概况】 文井江镇位于市境西北，因文井江穿境而过而得名，是国家级生态镇。镇域面积50.63平方千米，森林覆盖率95%以上。辖大坪、清泉、铁索、大同4个行政村和万家、马家两个社区，户籍人口7605人。镇政府内设党政办公室、经济发展与社会管理和公共服务办公室、群众工作办公室、财政所4个职能科室，下设事业服务管理中心。

【李家岩水库项目】 遵循“时间服从质量、稳定贯穿始终、慎终如始力戒侥幸、政策从严从实、预研判预处理、可持续发展”六项原则，做好李家岩水库项目搬迁、信访稳定等工作，提前完成市委下达的“3个月内完成合同签约”目标任务。紧扣山区旅游发展区、水源涵养保障区、生态屏障保护区的功能区定位，统筹“四区”联动发展，促进资源有效利用，推动项目顺利实施，做好相关协调工作，建立第三方服务平台，提升群众对项目严肃性和规范性的认同，转变镇、村干部项目工作角色，形成相互促进、相互制约的项目工作体制。该做法被崇州市检察院作为预防职务犯罪的经验上报给四川省高级检察院。10月9日，四川省李家岩水库工程开工仪式在文井江镇举行，李家岩水库工程正式动工实施。

【产业发展】 发展“生态+旅游”“生态+茶竹”等新兴业态，成功举办“舌尖上的牛尾笋”厨艺大赛、茶文化体验等系列活动，扩大“牛尾笋”和“枇杷茶”国家地理标志保护产品的品牌效应。“牛尾笋”种植面积333.33公顷，实现销售收入3750余万元。年内新增培育牛尾竹500公顷、新增枇杷茶种植13.33公顷，枇杷茶园总计200公顷。农村居民人均可支配收入1.63万元。立足“春游、夏品、秋悟、冬泡”4个主题载体，推动产业发展方式转变，打造以怡养休闲、农事体验、山地观光、有氧运动为主的6个精品乡村旅游品牌和以清泉隐佛岩、大同神仙洞、铁索熊猫爱情道为景点的4条穿越线路。全国首个花田农耕学院落户文井江，“成都小丹巴”知名度扩大。资源优势逐步凸显，与四川农业大学旅游学院合作，创建大学生社会实践基地，与成都市科技青年联合会合作，创建博士专家创新服务团示范基地。围绕文井江镇特色资源和成都市饮用水保护课题，编辑《乡村自然科普导览手册》，绘制《动植物资源分布图》，建立区域生态资源库，研发与深化乡村生态资源，开发乡村产业多项运营功能。

【民生实事】 组织开展各种职业技能培训，促进劳务输出和农村劳动力转移就业，城乡居民基本医疗保险参保率99%以上，养老保险参保率90%以上。严格落实低保、救灾救济和社会福利各项政策，各项奖扶资金按时足额发放，深入开展"阳光爱心助学""困难大学生圆梦"工程和计生帮扶工作。在全市率先实现山区天然气畅通工程，破解山区清洁能源使用难题。以建设"书香校园""平安校园"为抓手，提升学校综合办学质量与水平。加大乡村文化基础设施和服务体系建设，挖掘文井江山歌文化，培养产业发展技能应用型人才和本土文艺人才。

【深化集体林权制度改革】 探索实践以林地股份合作社为主体的林业经营主体+林业职业经理人+林业综合服务"三位一体"的林业共营制新型经营体系。先后承办崇州市、成都市、四川省深化集体林权制度改革工作现场会，为崇州市农业共营制能否具有复制性，能否在其他区域有效运用作出积极探索。

【传统村落保护】 加强传统村落保护和利用，保护和传承文井江镇独具地方特色的传统农耕文化和民居院落建筑文化。年内文井江镇大坪村列入成都市第一批传统村落名录。

【基层党建】 设立党员公益岗，示范引领志愿服务，带动党员组建党员志愿服务队、党员义工队，将机关党支部分为6个党小组，结对帮扶各村（社区）支部推动示范建设。重点以深化集体林权制度改革为载体，为群众办好事、办实事。夯实基层党建根基，从机关支部选派支部副书记，强化村（社区）基层党组织建设。开展"强基工程"，建成一批市级党建示范点和党建活动阵地。完善村级组织"四议两公开"机制，建成标准化村级便民服务站6个。

（余　平）

鸡冠山乡

【概况】 鸡冠山乡位于市境西北，在邛崃山脉东部边缘，属龙门山系，全境为大山区，两端宽、中段略狭，地势由东向西次第升高，海拔最高达3868米，最低900米。乡域面积301平方千米。辖行政村6个、社区1个、村民小组35个。总户数963户，总人口3518人，常住人口2995人。乡政府驻地鞍子河场镇，距崇州市城区45千米。动植物资源丰富，境内有鸡冠山森林公园和鞍子河大熊猫自然保护区。

【生态文明建设】 按照生态涵养功能区建设要求，严格森林管护网格化机制，健全林木采伐与抚育工作机制，完善全乡林木台账，植树造林14.8万株，新增造林面积112.13公顷，森林覆盖率98%。坚持"管控与保护"相结合的原则，全面禁止新建规模养殖场和新上污染项目，关闭污染养殖场两家，制止新上规模养殖场两家。完成28家农家乐和乡村酒店生化池改造，杜绝污水直排。清理整顿辖区内违法违规建设项目38个。

【产业结构】 坚持一、三产业互动，创新林业发展机制，组建林地股份合作社8家，入社成员284户，入社林地423.07公顷；组建家庭农场14家，有职业经理人12名，流转面积

540.28 公顷。完成确权颁证 38 宗，完成农业招商引资 1000 万元。实施“森林色彩”工程，发展林下种养殖业，培育彩色植物 3 万株，彩叶植物种植面积近 33.33 公顷、反季节樱桃种植 10.67 公顷 1.6 万株。林下中药材种植 1.2 万公顷，其中白芨 80 公顷、重楼 53.33 公顷、黄莲 66.67 公顷。高山蔬菜种植 38.67 公顷。冷水鱼养殖 5000 平方米。年出栏生态跑山鸡 2 万余羽。整合资金 50 万元，举办“走进文井源、寻梦鸡冠山”2016 成都·鸡冠山四季风大型主题系列活动。推动乡村旅游提档升级，完成 1 家三星级农家乐认定。全年接待游客 45 万人次，实现经济收入 2000 余万元。

【社会事业】 年内开展就业咨询、培训服务 550 人次，提供岗位 78 个。城乡居民养老保险和基本医疗保险参保率均为 100%。投入 9.3 万元，帮扶 61 户贫困家庭。新建日间照料中心 1 个，为 129 名老人提供老年人能力评估和居家养老服务。新建村级道路 2.8 千米，改扩建村道 6 千米，新增护栏 1200 余米。新建蓄水池、过滤池 4 个，铺设管道 2500 米，解决 139 户农户饮水问题。举办崇州市地质灾害暨防洪应急避险演练，强化民众安全意识。加强全乡 70 个地质灾害点位监测，连续 7 年汛期未发生人员伤亡事件。强化农村家宴申报备案制度，登记备案率 100%，全年未发生食品药品安全事故。实施“文化大繁荣”工程，开展文化体育活动 70 余次，参与群众 3000 余人次，丰富群众文体生活。

【城乡环境综合治理】 年内投入 200 余万元，采取市场化运作方式开展城乡环境综合治理，完成场镇出入口、滨河沿线 1500 米道路维护和绿化工程建设及场镇路灯维修更换。创新综合治理方式，发挥“一元钱”效应，完成琉璃村百村容貌示范点建设，规范林盘、院落 10 个，基本实现全乡环境干净、整洁、清爽、有序。

【公共服务和社会管理】 创新便民服务机制，推广应用“1+10+N”（1 本便民服务手册，10 项规章制度，N 个项目组团式服务）村级便民服务和信访“代办代理”制度，形成“群众张嘴、干部跑腿”的工作机制。年内为群众代办业务 136 件，其中为“老弱病残孤”贴心代办相关事项 14 件。受理群众信访代理 6 件，受理各类纠纷 27 件，调解成功 25 件，成功率 92.6%。以“百姓裁判团裁判百姓事”方式，成功调解矛盾纠纷 18 件。完善村规民约，推进依法治村工作。开展乡、村两级社会协商，收到议题 55 件，上会协商议题 5 件。

【基层党建】 压实党建责任，年内制定责任清单和问题清单 17 件，细化整改措施，整改完成率 100%。开展以“结对心连心、我们在一起”为载体的“走基层”活动，走访联系群众 1247 人次。夯实党建基础，新发展党员 4 名，全乡 7 个村（社区）均建立党群活动中心。推进基层党建 11 项重点工作，更新维护全乡 213 名党员“一表一卡一册”，清理规范 31 名党员档案，清查补缴党费 7599 元，开展“固定党日”活动 96 次。成立防汛防灾、便民代办、精准扶贫、志愿者服务 4 支党员示范队伍，搭建个性化服务平台。防汛防灾服务队被成都市评为首批“美丽成都·党员示范行动”示范团队。厚植“红色引领绿色”理念，将党支部建在产业链上，成立社会组织党组织两个，依托“党建+产业”模式，推动彩叶林观赏基地、中药材基地和高山反季节樱桃基地建设。

（万晓伟）

人物

CHONGZHOU YEARBOOK

余旭烈士生平

余旭，女，1986年出生于四川崇州，中国共产党党员，空军上尉，二级飞行员，曾任空军八一飞行表演队中队长。2016年11月12日，她所在的八一飞行表演队在河北省唐山市玉田县进行飞行训练中发生一等事故，余旭跳伞失败，壮烈牺牲。

余旭，生长在崇州市崇阳街道的一个普通家庭。2005年从崇庆中学考入中国人民解放军空军航空大学，成为第八批女飞行学员，中国首批歼击机女飞行员，也是中国第一位歼10战斗机女飞行员。2005年，考入中国人民解放军空军航空大学。2007年12月20日，加入中国共产党。2009年4月2日，空军第三飞行学院隆重举行首批歼击机女飞行学员毕业典礼，余旭和另外15名女飞行学员被授予空军中尉军衔和军事学学士学位，同时获得空军三级飞行员等级证章和证书。毕业5天之后，受命参与组建教－8梯队，参加国庆60周年阅兵。2009年4月，北京军区空军某部飞行员。2009年10月1日，参加中华人民共和国国庆60周年阅兵，担任教－8梯队三中队右二僚机。2010年2月28日上午10时至11时，余旭及其战友张晓佳、周帅三名歼击机女飞行员在人民网演播室，接受独家专访并现场回答网友提问，这也是中国空军歼击机女飞行员第一次与网民、军迷在线直接交流。2012年7月29日，驾驭中国自主研发的三代战机首次单飞。在八一飞行表演队中，余旭的代号是“金孔雀”，是全中国仅有的几名具备表演机飞行资格的女飞行员之一。2016年11月12日，八一飞行表演队在河北唐山玉田县进行飞行训练中发生一等事故，余旭跳伞失败，壮烈牺牲。11月13日，余旭被中部战区空军批准为革命烈士。

链接：

最美的青春在蓝天绽放

11 月 12 日，歼—10 首批女飞行员余旭在飞行训练中不幸牺牲

记者　倪光辉　卢晓琳

11 月 12 日，空军 67 岁生日的第二天，一个噩耗传来：空军八一飞行表演队女飞行员、歼—10 首批女飞行员余旭在飞行训练中不幸牺牲。余旭的生命永远定格在了 30 岁，她的朋友圈永远停在了 11 月 11 日，“人民空军！ 67 岁生日快乐”这是她更新的最后一条信息。

“如有来世，愿你每一次起落都顺利平安！”“永远的‘金孔雀’一路走好！”“若你换羽归来，定如初见般爱你”“愿你在另一片星河里飞翔”……震惊、哀恸、惋惜，弥漫在微信朋友圈里。一个个关于这个美丽的“金孔雀”的时光片段重回人们的思绪。透过对余旭的追怀，她所在的中国女飞行员群体在长空万里展现的使命担当让人感动。

青春乐章的华丽音符

“每个人的青春乐章中，总会留下动人的旋律和音符。女军人、女飞行学员，是我在自己生命乐章中留下的一笔，我期待在飞翔之路上能多添几笔，把每一笔都当作书签，收藏在我生命中的每一页。”

这是余旭曾写下的一段话。她的生命乐章虽然不长，却跳跃着震撼人心的节拍。

余旭 1986 年出生于四川崇州，2005 年 9 月入伍，空军八一飞行表演队中队长，空军上尉，二级飞行员。

2009 年 10 月 1 日，在国庆 60 周年阅兵式上，余旭担任教—8 梯队三中队右二僚机。在这个万众瞩目的时刻，她以娴熟的技术翱翔天空，接受庄严检阅。

2012 年 7 月 29 日，余旭驾驶歼—10 战斗机轰然飞起、翩然落地，成为中国歼—10 首批女飞行员，这也是首批歼击机女飞行员驾驭我国自主研发的三代战机首次单飞。目前我国能驾驶三代作战机的女飞行员仅有 4 名，余旭便是其中之一。

2014 年珠海航展，6 架红、蓝、白三色涂装的歼—10 表演机分别以单机、双机、三机编队依次拔地而起，直入云霄。6 机超密集三角队形迎着朝阳，如一支利箭从天空划过。转瞬之间，两架战机脱离编队，以极限坡度回转，从跑道两侧高速对头交叉，就在即将相撞的一刹那，战机突然上升横滚分开，引起现场观众一片惊呼。余旭就是驾驶战机的一员。

2015 年 3 月 17 日，第十三届马来西亚兰卡

威国际海事与航空展，中国首批歼击机女飞行员首次进行海外飞行表演，向世界展现中国力量和精神。4名歼击机女飞行员中，也有余旭。

今年11月初的第十一届中国（珠海）航展上，余旭驾驶战鹰的飒爽英姿给人们留下了难忘的印象，这个与观众亲切合影、交谈的邻家女孩也让中国空军“圈粉”无数。在航展开幕当天，余旭驾驶2号机升空参加飞行表演，“我是最先起飞的一架，在空中23分钟，表演了全部动作。第一次在那么多观众面前表演，我感到既新奇，又激动。”这是余旭生前最后一次公开亮相，也是她面对镜头最后一次自信地说：“我会驾驶双座型号的歼—10，把最好的状态展现给大家。”

从12日下午起，当社交媒体上传出余旭在飞行训练中不幸牺牲的消息，与她熟识的人都不愿意相信这是事实，直至官方发布了这一消息：11月12日，余旭在飞行训练中不幸牺牲。

乐章在这一刻戛然而止，但曾经创造的悦耳旋律依然回荡耳畔。

快乐无悔的飞行人生

在八一飞行表演队里，余旭有着“金孔雀”的美誉，因为她有个特长——跳孔雀舞。

“川妹子”余旭对于飞行的感觉就是“无悔、快乐”。翻开她的工作日记，一个女孩的积极乐观以及超出大多数同龄人的责任与担当跃然纸上：“我觉得做飞行员是一件很快乐的事，在从事飞行这么长时间以来，我一直都没有后悔过。尤其是天气好的时候，可以看到很远，那种心境不一样，我什么都不用想，就是飞行。”“有时候也会羡慕身边同龄人，但那只是瞬间的一种感觉。因为选择的生活方式不一样，职业不一样，可能我们追求的东西也不一样。对于选择飞行事业，我还没有感到后悔。”……

在战友心目中，余旭热爱空军飞行事业，善于钻研学习，勇于挑战自我。余旭生前曾这么描述自己的飞行训练：“要‘各种使劲’把操纵杆拉到极限，空中从头到尾保持最紧张状态，不能有一刻松懈。”

“不管每次训练多么辛苦，我好像从来没有真正退缩过，从来没有。”回忆起飞行训练的点点滴滴，余旭曾这样说。在正式成为中国第八批女飞行学员的第一个月里，余旭就意识到自己选择的绝不是一条轻松的路。跑步是每天都要训练的项目，一跑就是3000米，“我很难受，因为从来没有跑过那么远。”冬天，每次训练完哈口气，围脖就会结冰，“我根本受不了那种冷，腿跑得不听使唤，但还是咬牙坚持下来。”

“金孔雀”蓝天折翼，带给人们巨大的悲痛和惋惜，但年轻的生命在祖国蓝天划出的美丽弧线永远留存。

绽放碧空的铿锵玫瑰

2014年11月11日，珠海。伴随着巨大的引擎轰鸣声，6架红、蓝、白三色涂装的歼—10表演机分别以单机、双机、三机编队依次拔地而起，直入云霄。俯冲、盘旋、开花、滚转、筋斗……20余分钟的表演，衔接紧凑、干净利索。

当战机落地，飞行员摘掉头盔、取下墨镜，观众惊奇地发现其中有两位女性——飞行员陶佳莉和余旭，她俩和盛懿绯、何晓莉，同为中国空军首批歼击机女飞行员，飞行时间都在800小时以上。

她们柔，但不弱。

2005年5月，中国空军作出重大战略决策：在第八批女飞行学员中选拔培养歼击机女飞行员。余旭看到招飞信息后决心报考，回去和爸爸妈妈商量时，他们很吃惊：女儿怎么会坚定地选择这份神秘又富有挑战性的职业？陶佳莉本来高三毕业后想考警校，后来在报纸上看到招女飞行员时，她觉得这个职业是为自己量身定做的。回忆起当年飞行员选拔程序时，盛懿绯仍然印象深刻。除了全面细致的身体检查，心理考核和体能考核也是很重要的参照，当时为抗眩晕测试而设置的电转椅，转久了会产生错觉。2005年7月25日，经过层层选拔，包括余旭在内的35个女孩正式成为中国第八批女飞行学员。

经过一次次的残酷淘汰和严格遴选，蓝天终于向她们敞开了怀抱。余旭和15名姐妹接受为期4年的大学文化、航空理论学习和飞行技术训练后顺利毕业，于2009年4月成为中国第一批战斗机女飞行员，使中国成为第八个拥有战斗机女飞行员的国家。

相比男性，女飞行员在飞行训练中要克服更多的困难。

歼击机超音速飞行，机动性能强，操作技术难度大。目前，世界上仅有美、英等几个国家培养了少数歼击机女飞行员。与男性相比，驾驶歼击机对女性身体、心理素质和操作技能等方面都提出了更加严峻的挑战。女飞行员们也承认，女性在独立驾驶单机特别是表演机时，相对于男性，对体能和毅力要求更高。

空中过载是飞行员在高空高难度飞行时，必须要克服的挑战之一。飞机在做转弯、拉升、俯冲、倒飞等机动动作时会受到发动机推力、空气阻力、升力和重力的综合作用。这就好像我们平常在坐过山车时会感觉身体不适，执行高难度飞行时的过载力可想而知。据介绍，在专业抗载荷训练中，飞行员的达标标准是相当于7倍的体重加在人身上，长时间承受如此大的压力是很难受的，对人的身体素质要求非常高。一旦过载量超过可承受范围，便会出现“灰视”甚至“黑视”的现象。何晓莉说，如果持续时间短是可以承受的，但因为女性的大脑供血量比男性要低，时间稍长，难受的感觉就很明显。

在日常训练过程中，男女飞行员的训练科目和要求基本一致，因此即使在空中过载过量，也必须想办法克服。盛懿绯告诉记者，一般她会采用短促呼吸，使肌肉紧张，降低血管压缩能力，当脑袋回流血液的速度减慢时，就不容易出现“灰视”或者“黑视”。飞行过程中的另一大危险是出现错觉，即在复杂的气象环境下，能见度低，人极易出现错觉。

中国女飞行员们以忠诚使命的责任与担当，践行军人对祖国和人民立下的誓言。直到今日，每当看到战友们的飞机一架架起飞，何晓莉的内心仍很激动，“发动机巨大的轰鸣声对我而言，是动听的音符。”

（《人民日报》2016年11月14日11版）

附　录

2016 年领导名录

中国共产党崇州市委员会
书记、副书记、常委名录

书　　记：赵浩宇
副 书 记：欧　昭　杨火清（8 月离任）　骆良云（8 月任职）
常　　委：郑继良（10 月离任）　付卫东（10 月离任）　王峻昆（10 月离任）
赵卫东　廖冬雪　牟家忠（8 月离任）　陈　波
张大伟（10 月离任）　毛向阳（10 月任职）
张泽林（10 月任职）　王成龙（10 月任职）
余家洪（8 月任职）

崇州市人民代表大会常务委员会
主任、副主任名录

主　　任：柳　宁（12 月离任）　易孔盛（12 月任职）
副 主 任：周水全（12 月离任）　陈志贤（12 月任职）
谢艳华（12 月离任）　邓雅兴（4 月离任）
张年福（12 月离任）　兰　宏（12 月离任）

张志新（12 月任职）　李文明（12 月任职）
李　超（12 月任职）　丁加武（12 月任职）

崇州市人民政府
市长、副市长名录

市　　长：欧　昭
常务副市长：赵卫东
副 市 长：冯卫康　杨文良（12 月离任）
朱　军（12 月离任）　毛向阳（12 月离任）
王成龙（12 月离任）　肖　瑶（12 月离任）
文国洪（12 月任职）　叶志俊（12 月任职）
程志宏（12 月任职）　郑厚君（12 月任职）

中国人民政治协商会议崇州市委员会
主席、副主席名录

主　　席：杨学明（8 月离任）　杨火清（12 月任职）
副 主 席：陈　刚　黄志文（12 月离任）　罗红蕾（12 月离任）
王　伟　张志新（12 月离任）　李文明（12 月离任）
陈启舟（12 月任职）　朱泽军（12 月任职）
马　灵（12 月任职）

中共崇州市纪律检查委员会
书记、副书记、常委名录

书　　记：陈　波
副 书 记：马绍议（10 月离任）　袁红跃（4 月离任）　向　斌（10 月任职）
张远春（10 月任职）
常　　委：张远春（10 月离任）　仪明学（4 月离任）　侯仁国（7 月离任）
秦　瑶　张　建（10 月任职）　彭　斌（10 月任职）
高　波（10 月任职）

崇州市部门领导干部名录

表 6

单　位	职　务	姓　名	备　注
市委办公室	主　任	廖　庆	
	副主任	曹　艳	
	副主任	乔亚梅	1 月离任
	副主任	张春福	2 月离任
	副主任	刘　毅	1 月任职
	副主任	杨成军	1 月任职
	副主任	向　斌	4 月任职，12 月离任
	副主任	帅建军	12 月任职
	纪检组长	刘　进	
市人大常委会办公室	主　任	张　林	
	副主任	李建刚	
	副主任	刘　彬	
	副主任	汪　涵	
	副主任	杜　红	5 月离任
	纪检组长	夷志彬	
市人大常委会研究室	主　任	李建刚	
市人大常委会信访办公室	主　任	张春文	
市人大常委会人事代表联络工作委员会	主　任	黄友丽	12 月离任
市人大常委会人事代表联络工作委员会	主　任	王　伟	12 月任职
市人大常委会预算审查委员会	主　任	万朝银	12 月任职
市人大法制工作委员会	主　任	袁仕洪	12 月离任
市人大财经工作委员会	主　任	白银刚	12 月离任
市人大教科文卫工作委员会	主　任	屈世梁	12 月离任
市人大城建环保工作委员会	主　任	陈德全	12 月离任
市人大法制委员会	主　任	袁仕洪	12 月任职
市人大财政经济委员会	主　任	白银刚	12 月任职
市人大社会事业委员会	主　任	屈世梁	12 月任职
市人大城乡建设和环境保护委员会	主　任	陈德全	12 月任职
市人大农业委员会	主　任	许绍安	12 月任职

续表

单 位	职 务	姓 名	备 注
市政府办公室	主 任	姜德尧	
	副主任	且 直	
	副主任	刘加宏	
	副主任	黄 进	
	副主任	宋通凯	6月离任
	副主任	陈文宇	12月任职
	纪检组长	陈红霞	
市政协办公室	秘书长	刘天全	
	副秘书长	郑继东	2月离任
	副秘书长	张春福	12月任职
	副秘书长	胡崇林	2月离任
	副秘书长	王云辉	12月任职
	副秘书长	沈玉彬	
	纪检组长	董 静	
市政协委组工作办公室	主 任	李惠君	
市政协经济农业委员会	主 任	秦世革	
市政协提案委员会	主 任	陈有智	
市政协社会法制委员会	主 任	刘 艳	
市政协民族宗教联谊委员会	主 任	雷成杰	
市政协文史学习委员会	主 任	余成茜	
市政协教科文卫体委员会	主 任	朱志宏	
市人民法院	院 长	马长明	8月离任
	院 长	张 静	12月任职
	副院长	靳崇伟	
	副院长	王 春	
	副院长	马春彦	5月离任
	纪检组长	张 强	
	政治处主任	陈 杨	
	执行局局长	刘海涛	
	专职审委会委员	谭德全	
市人民检察院	检察长	龚亚明	
	副检察长	余远军	
	副检察长	张 燕	
	副检察长	刘 侨	11月离任
	副检察长	杨辉刚	11月任职
	纪检组长	刘忠文	
	反贪局局长	宋 净	
	政治处主任	杨辉刚	11月离任

续表

单　　位	职　　务	姓　　名	备　　注
中国人民解放军崇州市人民武装部	部　长	张大伟	
	政　委	冯中力	
	副部长	王永余	
市委组织部	部　长	牟家忠	8月离任
	部　长	余家洪	8月任职
	常务副部长	方　敏	
	副部长	文国洪	12月离任
	副部长	李世清	12月任职
	副部长	杨　林	
	副部长	赵泽君	
	副部长	康　翔	
	部务委员	伍建光	6月任职
	部务委员	粟天建	6月任职
	纪检组长	张　雄	5月离任
市委宣传部	部　长	廖冬雪	
	常务副部长	舒文星	
	副部长	丁强武	
	副部长	刘　丹	
	纪检组长	杨发成	
市委统战部	部　长	郑继良	10月离任
	部　长	毛向阳	10月任职
	常务副部长	杨康虎	
	副部长	李家志	
	副部长	杨行勇	
	副部长	吴　敏	
	副部长	甘建成	
	纪检组长	万　敏	
市委政法委员会	书　记	付卫东	10月离任
	书　记	张泽林	10月任职
	常务副书记	谭　勇	
	副书记	陈家强	
	副书记	李　智	
	纪检组长	田　勇	
	政治处主任	周　伟	

续表

单　　位	职　　务	姓　　名	备　　注
市委机构编制委员会办公室	主　任	杨　林	
	副主任	唐汝贵	
	副主任、纪检组长	陈文雅	4月离任
	副主任、纪检组长	郭建鑫	4月任职
市委统筹城乡工作委员会	主　任	李世清	12月离任
	副主任	王世通	
	副主任	陈　剑	
	纪检组长	张　建	12月离任
市委直属机关工作委员会	书　记	刘启蓉	
	副书记	李　斌	4月离任
	副书记	王晓宏	4月任职
	副书记	丁丽娟	
	副书记	杨　婷	4月离任
市委、市人民政府信访和群众工作局	局　长	刘　毅	
	副局长	姜素群	
	副局长	余永江	4月离任
	副局长	王　浩	4月任职
	纪检组长	詹显中	
市委、市人民政府目标管理督查办公室	主　任	王晓梅	4月离任
	主　任	万国威	4月任职
	副主任	李卫彬	
	副主任	杨　波	
市委机要保密局	局　长	叶春江	
	副局长	张文洪	
	副局长、纪检组长	杨小芬	
市外台侨事务办公室	主　任	李家志	
	副主任	杨　华	
市民族宗教事务局	局　长	甘建成	
	副局长	王明星	6月任职
市委政研室	主　任	张春福	兼职，2月离任
	主　任	沈贵川	5月任职
	副主任	沈贵川	5月离任
	副主任	冯龙庆	
市委党史研究室（市地方志办公室）	主　任	雷庆龄	
	副主任	谢东强	
	副主任、纪检组长	周　莉	

续表

单　位	职　务	姓　名	备　注
市委老干部局	局　长	赵泽君	
	副局长	王忠文	1月离任
	副局长	杨　萍	1月任职
市委党校 （市行政学校）	校　长	牟家忠	8月离任
	校　长	余家洪	8月任职
	常务副校长	李正鹏	
	副校长、纪检组长	王征宇	
	副校长	门秀琴	3月任职
成都崇州经济开发区管理委员会	书记（主任）	毛向阳	兼职
	副主任	胡林川	
	副主任	王　能	
	副主任	陈文宇	兼职，12月离任
	纪工委书记	吴　强	
	副主任	黄　勇	
市监察局	局　长	马绍议	
	副局长	方志勇	2月离任
	副局长	张远春	10月离任
	副局长	仪明学	4月离任
市发展和改革局 （市粮食局）	局　长	俞冬梅	
	副局长	王涌俨	
	副局长	杨　万	
	副局长	邬　波	
	纪检组长	邓蓉刚	
市经济科技和信息化局	局　长	陈文宇	12月离任
	局　长	黄晓琴	12月任职
	副局长	方　驰	
	副局长	周艳红	7月离任
	副局长	涂洪溥	7月任职
	纪检组长	许　健	
市教育局	局　长	罗小明	12月离任
	局　长	吕　鹏	12月任职
	副局长	苏红良	5月离任
	副局长	王　凯	
	副局长	赵　强	3月任职
	纪检组长	刘　艳	
	机关党委书记	苏红良	5月任职

续表

单　　位	职　　务	姓　　名	备　　注
市公安局	局　长	杨文良	
	副局长、政委	胡　诚	
	副局长	罗艳琼	
	副局长	贺智军	
	副局长	屈继忠	
	副局长	汪　海	
	纪委书记	梁　武	
	副局长	杨　亚	
	副局长	罗　航	挂职，5 月任职
市民政局（市社会组织管理局）	局　长	王　勇	12 月离任
	副局长	黄庆明	
	副局长	吴春雪	
	纪检组长	张志勇	
	机关党委书记	罗裕斌	
	老龄办主任	樊发根	4 月离任
	老龄办主任	余富全	4 月任职
市司法局	局　长	戚　斌	兼职
	陈榆明	副局长	4 月任职
	副局长	方启涛	
	副局长	杨良玉	3 月离任
	党组成员、政工科长	冯　凌	4 月离任
	党组成员、政工科长	石正洪	4 月任职
	纪检组长	林　晓	
市财政局	局　长	丁加武	12 月离任
	局　长	罗小明	12 月任职
	副局长	罗加红	
	副局长	任福强	4 月离任
	副局长	苏琦琦	4 月任职
	纪检组长	晏碧如	
	机关党委书记	任福强	4 月任职
	总会计师	宋志宏	
	国库集中收付中心主任	刘　永	8 月任职
	票据监管中心主任	段毅君	5 月任职

续表

单　位	职　务	姓　名	备　注
市人力资源和社会保障局	局　长	文国洪	12月离任
	局　长	李世清	12月任职
	副局长	陶　陶	4月离任
	副局长	王　祥	4月任职
	副局长	李茂清	5月离任
	副局长	胡青卿	5月离任
	副局长	王志良	5月任职
	副局长	李卫彬	12月任职
	纪检组长	王　器	
	就业局局长	蔺成俊	5月离任
	就业局局长	寇　斌	6月任职
	机关党委书记	冯君健	
	军转办主任	刘志强	
市国土资源局	局　长	徐达泉	2月离任
	局　长	张春阳	4月任职
	副局长	宋建兴	
	副局长	曾　燕	
	副局长	张春阳	4月离任
	纪检组长	李　军	
	机关党委书记	谢小琴	12月任职
市环境保护局	局　长	谢建明	
	副局长	刘亚平	10月离任
	副局长	王永忠	10月任职
	副局长	蒲　豪	
	纪检组长	曹行力	
市住房和建设局	局　长	李　超	12月离任
	局　长	周　华	12月任职
	副局长	宿益友	12月离任
	副局长	吴德强	2月离任
	副局长	何术伟	
	副局长	杨建辉	
	副局长	易　惰	5月任职
	纪检组长	杨　敏	
	机关党委书记	杜　海	
	总工程师	何　丽	

续表

单　　位	职　　务	姓　　名	备　　注
市城乡规划管理局	局　长	周　华	12月离任
	局　长	钟有君	12月任职
	副局长	陈文学	
	副局长	徐　宁	
	纪检组长	常茂元	6月离任
	总规划师	刘明俊	
市城乡管理局	局　长	马绍宏	
	副局长	魏　崇	
	副局长	余富全	4月离任
	副局长	黄春江	4月任职
	副局长	陈　钊	
	纪检组长	彭　斌	11月离任
	机关党委书记	王永忠	12月离任
市交通局	局　长	陈　权	
	副局长	李　军	
	副局长	朱海军	4月离任
	副局长	殷继先	4月任职
	纪检组长	吴浩英	
	机关党委书记	高明刚	
	总工程师	朱明鉴	
市水务局	局　长	马永忠	
	副局长	张其祥	
	副局长	秦　忆	
	副局长	余艳清	
	纪检组长	孙永江	
	机关党委书记	郑　英	
市农村发展局	局　长	陈启舟	12月离任
	局　长	李建强	12月任职
	副局长	张格华	3月任职
	副局长	胡佑群	
	副局长	王志良	5月离任
	副局长	李　毅	
	纪检组长	王振锋	
	机关党委书记	陈正学	
	执法大队大队长	黎炳辉	

续表

单　位	职　务	姓　名	备　注
市商务和投资促进局	局　长	徐　剑	
	副局长	余　健	
	副局长	李海鹏	
	纪检组长	孙光文	
市文化体育旅游局	局　长	陈　玲	
	副局长	何　慧	
	副局长	石　奕	
	副局长	赵　强	5月离任
	副局长	干　昆	5月任职
	副局长	杨志远	5月离任
	副局长	王　林	
	纪检组长	舒象爱	5月离任
	纪检组长	姚建强	5月任职
市新闻中心	主　任	丁强武	兼职
	副主任	余　鹏	6月离任
	副主任	杨建宇	6月任职
	副主任	夏海英	6月任职
	副主任	李远鹏	6月任职
市卫生和计划生育局	局　长	胡　川	
	副局长	何　涛	
	副局长	杨　勇	
	副局长	周艳琼	
	副局长	戴幼群	
	纪检组长	石世民	
	机关党委书记	孙　权	5月离任
	机关党委书记	王新骥	5月任职
市审计局	局　长	张学如	
	副局长	罗　遥	
	副局长	张碧波	
	纪检组长	闵　健	
	经责审计分局局长	杨　超	
	总审计师	陈　伟	
市安全生产监督管理局	局　长	宋志斌	12月离任
	副局长	陈先强	
	副局长	陆　永	5月离任
	副局长	仪明学	4月任职
	纪检组长	陶兴福	

续表

单　位	职　务	姓　名	备　注
市市场和质量监督管理局	局　长	余文祥	
	副局长	李小强	
	副局长	陈华板	4月离任
	副局长	王　庆	10月离任
	副局长	徐根国	
	副局长	刘　侨	10月任职
	纪检组长	易志新	4月任职
	机关党委书记	蒋孟良	
	执法大队大队长	郑友根	
市市场服务中心	主　任	杨　强	
	副主任	邓世兵	
	副主任	倪志军	5月任职
	纪检组长	涂洪博	9月离任
市供销联社	主　任	万朝银	10月离任
	副主任	雷　伟	
市档案局（馆）	局　长	杨　刘	4月离任
	局　长	高志芳	4月任职
	副局长	余志刚	
	副局长、纪检组长	杨文全	
市政务服务管理办公室	主　任	尧　兰	
	副主任	姚建强	5月离任
	副主任	李成云	5月任职
	机关党委书记	周　萍	
市法制办公室	主　任	杨成毅	
	副主任	向　阳	2月离任
	副主任	蒋　玉	4月任职
市防震减灾局	局　长	王　伟	10月离任
	局　长	王　勇	12月任职
	副局长	张海林	
	纪检组长	雷林伟	
市统计局	局　长	万　敏	
	副局长	高　伟	
	副局长	卫　兵	
	纪检组长	田华丽	

续表

单　　位	职　　务	姓　　名	备　　注
市综合执法局	局　长	代会明	2月任职
	副局长	吴德强	2月任职
	副局长	杨　曦	2月任职
	纪检组长	刘　勇	2月任职
	机关党委书记	刘桂英	2月任职
市沼气办公室	主　任	陈志全	
市街子景区管理局	局　长	黄　勇	
	副局长	李倩漪	
	副局长	朱志伟	
	纪检组长	季　刚	
市公共资源交易服务中心	主　任	温故新	12月离任
	副主任	陈　丽	
	副主任	龚克华	
	纪检组长	郑玉华	
市总工会	主　席	郑继良	兼职，10月离任
	主　席	王成龙	兼职，10月任职
	常务副主席	许绍安	11月离任
	常务副主席	马绍议	11月任职
	副主席	张伦全	
	副主席	何　静	
	职工服务中心主任	徐晓斌	
中国共产主义青年团崇州市委员会	书　记	张　智	4月离任
	书　记	廖　强	4月任职，7月离任
	书　记	罗艳丽	7月任职
	副书记	孔苓慧	
	副书记	吕　刚	
	书记助理	牟方志	挂职，10月任职
市妇女联合会	主　席	谢　莉	4月离任
	主　席	袁红跃	4月任职
	副主席	王旭芳	4月离任
	副主席	胡香君	4月任职
	副主席	陈桂书	
市科学技术协会	主　席	杨　建	1月任职
	副主席	王忠文	3月任职

续表

单　　位	职　　务	姓　　名	备　　注
市残疾人联合会	理事长	黄来远	
	副理事长	余淑玲	4月离任
	副理事长	李　斌	4月任职
	纪检组长	陈　翔	
市红十字会	会　长	肖　瑶	兼职，10月离任
	会　长	郑厚君	兼职，10月任职
	常务副会长	晏　雪	1月任职
	副会长	陈文竹	5月离任
	副会长	赵怀志	5月任职
市社会科学界联合会	主　席	姜孝云	12月离任
	主　席	温故新	12月任职
市文学艺术界联合会	主　席	廖冬雪	兼职
	常务副主席	马　灵	12月离任
	常务副主席	姜孝云	12月任职
	副主席	邓　伟	4月任职
市关心下一代工作委员会	主　任	郑继良	兼职，10月离任
	执行主任	张年福	兼职
	常务副主任	孔祥文	
	常务副主任	任宗贵	
	常务副主任、秘书长	常开明	
市工商业联合会	主　席	游　刚	
	常务副主席	吴　敏	
	副主席	寿　江	
	副主席、纪检组长	王　沛	

崇州市乡镇（街道）领导干部名录

表 7

单　位	职　务		姓　名	备　注
崇阳街道	党工委	书　记	陈　刚	
		副书记	罗文良	
		副书记、纪工委书记	罗艳丽	8 月离任
		副书记、纪工委书记	胡青卿	8 月任职
		副书记、武装部长	王周贵	
	办事处	主　任	罗文良	
		副主任	李旭飞	
		副主任	安俊明	
		副主任	陈树昌	
		副主任	胡香君	5 月离任
		副主任	刘　铀	5 月任职
羊马镇	党委	书　记	代会明	2 月离任
		书　记	何　彬	6 月任职
		副书记	杨从伦	7 月离任
		副书记	廖　强	8 月任职
		副书记	朱海军	5 月任职
		副书记、纪委书记	秦玉梅	6 月离任
		副书记、纪委书记	宿　红	6 月任职
	政府	镇　长	杨从伦	7 月离任
		镇　长	廖　强	8 月任职
		副镇长	刘义刚	
		副镇长	宿　红	6 月离任
		副镇长	鞠艳霞	6 月任职
		副镇长	向凤君	5 月离任
		副镇长	胡　刚	6 月任职
		副镇长	刘　彤	7 月离任
		副镇长	宋曦敏	8 月任职
崇平镇	党委	书　记	谭凤君	
		副书记	张　冬	
		副书记、纪委书记	常　敏	4 月离任
		副书记、纪委书记	杨　勇	5 月任职
		副书记	付　敏	6 月任职

续表

单　位	职　务		姓　名	备　注
	政府	镇　长	张　冬	
		副镇长	肖　丽	5月离任
		副镇长	付　敏	6月任职
		副镇长	陈汉中	
		副镇长	刘　铀	5月离任
		副镇长	罗巡虎	6月任职
梓潼镇	党委	书　记	陈榆明	4月离任
		书　记	王晓梅	4月任职
		副书记	张红良	
		副书记、纪委书记	尹朝红	
		副书记、武装部长	王世勇	5月任职
	政府	镇　长	张红良	
		副镇长	王世勇	5月任职
		副镇长	冯　波	
		副镇长	沈　莉	5月离任
		副镇长	邓　豪	5月任职
廖家镇	党委	书　记	李　刚	
		副书记	郭建鑫	4月离任
		副书记	任献波	4月任职
		副书记	刘学鹏	
		副书记	刘　文	5月任职
	政府	镇　长	郭建鑫	4月离任
		镇　长	任献波	4月任职
		副镇长	刘　文	
		副镇长	马晓茂	4月离任
		副镇长	杨　建	4月任职
		副镇长	张家强	4月离任
		副镇长	马洪泉	6月任职
三江镇	党委	书　记	万国威	4月离任
		书　记	粟崇泽	4月任职
		副书记	粟崇泽	4月离任
		副书记	吴　霞	4月任职
		副书记、纪委书记	刘　冬	4月离任
		副书记、纪委书记	陈加勇	4月任职
		副书记	万　宏	5月任职

续表

单位	职务		姓名	备注
	政府	镇长	粟崇泽	4月离任
		镇长	吴霞	4月任职
		副镇长	万宏	
		副镇长	雷红	1月离任
		副镇长	杨建	4月离任
		副镇长	闫斌	4月离任
		副镇长	匡志能	5月离任
		副镇长	邓倔	5月任职
		副镇长	张金明	5月任职
		副镇长	张华舟	5月任职
江源镇	党委	书记	陈孟常	1月任职
		副书记	王建根	
		副书记、纪委书记	王波	5月离任
		副书记、纪委书记	黄樟	4月任职
		副书记	张舜阳	4月任职
	政府	镇长	王建根	
		副镇长	黄斌	1月任职
		副镇长	黄樟	4月离任
		副镇长	胡云青	
		副镇长	张舜阳	4月任职
		副镇长	袁肖霞	5月任职
大划镇	党委	书记	雷文全	
		副书记	华斌	
		副书记、纪委书记	吴霞	4月离任
		副书记、纪委书记	陈文雅	6月任职
		副书记	闫斌	6月任职
	政府	镇长	华斌	
		副镇长	闫斌	6月任职
		副镇长	萧钧铭	
		副镇长	刘绍良	4月离任
		副镇长	易强	4月离任
		副镇长	王涛	6月任职

续表

单　位	职　务		姓　名	备　注
王场镇	党委	书　记	任恩志	
		副书记	刘乾富	4月离任
		副书记	张　智	4月任职
		副书记、纪委书记	杨　萍	1月离任
		副书记、纪委书记	帅建军	1月任职
		副书记	胡　亮	4月任职
	政府	镇　长	刘乾富	4月离任
		镇　长	张　智	4月任职
		副镇长	胡　亮	
		副镇长	倪志军	4月离任
		副镇长	张金明	5月离任
		副镇长	陈　斌	4月任职
		副镇长	乐　明	5月任职
白头镇	党委	书　记	李铭剑	
		副书记	黄　荣	
		副书记	胥　伟	
		副书记、纪委书记	李成云	4月离任
		副书记、纪委书记	秦　婧	5月任职
		副书记	乐忠云	4月任职
	政府	镇　长	黄　荣	4月离任
		镇　长	胥　伟	5月任职
		副镇长	张德海	3月离任
		副镇长	易　惰	5月离任
		副镇长	秦　婧	5月离任
		副镇长	乐忠云	4月任职
		副镇长	张　科	6月任职
道明镇	党委	书　记	牟小刚	
		副书记、纪委书记	马　强	
		副书记	杨　毅	6月任职
	政府	镇　长	牟小刚	3月离任
		镇　长	康　蓉	3月任职
		副镇长	康　蓉	3月离任
		副镇长	杨　毅	6月任职
		副镇长	陈　斌	5月离任
		副镇长	竹　勇	
		副镇长	况汉才	6月任职

续表

单　位	职　务		姓　名	备　注
济协乡	党委	书　记	张　健	
		副书记	罗　秦	
		副书记、纪委书记	何　健	
		副书记、纪委书记	王　波	4月任职
		党委副书记	林朝刚	5月任职
	政府	乡　长	罗　秦	
		副乡长	林朝刚	
		副乡长	艾春华	5月离任
		副乡长	肖丽	5月任职
		副乡长	黄雪飞	5月任职
隆兴镇	党委	书　记	罗　巍	
		副书记	干　昆	4月离任
		副书记	黄　建	4月免兼纪委书记
		副书记	周厚彬	6月任职
		副书记、纪委书记	余永江	4月任职
	政府	镇　长	干　昆	4月离任
		镇　长	黄　建	4月任职
		副镇长	周厚彬	
		副镇长	周维松	
		副镇长	熊　艳	
桤泉镇	党委	书　记	李建强	12月离任
		副书记	易志新	4月离任
		副书记	谢　莉	4月任职
		副书记	何其伟	5月任职
		副书记、纪委书记	李艾国	
	政府	镇　长	易志新	4月离任
		镇　长	谢　莉	4月任职
		副镇长	何其伟	
		副镇长	牟崇文	6月离任
		副镇长	罗开福	6月离任
		副镇长	帅建军	1月离任
		副镇长	杨卫东	6月任职
		副镇长	谢爱华	6月任职

续表

单　位	职　务		姓　名	备　注
集贤乡	党委	书　记	吕　鹏	12月离任
		副书记	洪　浩	
		副书记、纪委书记	宿勇远	4月离任
		副书记、纪委书记	骆妍杉	4月任职
		副书记	高　庆	5月任职
	政府	乡　长	洪　浩	
		副乡长	高　庆	
		副乡长	王世勇	
		副乡长	寇　斌	
		副乡长	何福田	5月任职
		副乡长	华　卉	6月任职
燎原乡	党委	书　记	王永刚	4月离任
		书　记	刘乾富	4月任职
		副书记	徐　宏	
		副书记、纪委书记	刘长平	2月离任
		副书记、纪委书记	李向明	2月任职，5月离任
		副书记、纪委书记	张　雄	5月任职
		副书记	向凤君	5月任职
	政府	乡　长	徐　宏	12月离任
		副乡长	江　兵	12月离任
		副乡长	张海洪	5月离任
		副乡长	王修炳	5月离任
		副乡长	向凤君	6月任职
		副乡长	伍剑春	6月任职
元通镇	党委	书　记	向　斌	4月离任
		书　记	黄　荣	4月任职
		副书记	钟有君	12月离任
		副书记、纪委书记	张龙江	
		副书记	刘绍良	5月任职
	政府	镇　长	钟有君	12月离任
		副镇长	卓柯吉	
		副镇长	徐晓斌	5月离任
		副镇长	刘绍良	5月任职
		副镇长	杨　忠	4月离任
		副镇长	邓　伟	4月离任
		副镇长	马晓茂	4月任职
		副镇长	蒲国庆	5月任职

续表

单　位	职　务		姓　名	备　注
观胜镇	党委	书　记	高志芳	4月离任
		书　记	陶　陶	4月任职
		副书记	罗加勇	
		副书记	雷　雨	5月任职
		副书记、纪委书记	陈加勇	5月离任
		副书记、纪委书记	杨　婷	5月任职
	政府	镇　长	罗加勇	
		副镇长	蒋　毅	5月离任
		副镇长	雷　雨	5月离任
		副镇长	段毅君	5月离任
		副镇长	何晓刚	6月任职
		副镇长	孙明强	8月任职
锦江乡	党委	书　记	骆磅礴	
		副书记	黄春江	4月离任
		副书记	常　敏	4月任职
		副书记、纪委书记	王　浩	4月离任
		副书记、纪委书记	冯　凌	4月任职
		副书记	王大鹏	4月任职
	政府	乡　长	黄春江	4月离任
		乡　长	常　敏	4月任职
		副乡长	王大鹏	
		副乡长	宋文芳	5月离任
		副乡长	李泽全	5月离任
		副乡长	易　强	5月任职
		副乡长	李永祥	5月任职
公议乡	党委	书　记	张永志	
		副书记	肖永忠	4月离任
		副书记	王华阳	4月任职
		副书记、纪委书记	王华阳	4月离任
		副书记、纪委书记	樊发根	4月任职
		副书记	陈启康	5月任职
	政府	乡　长	肖永忠	4月离任
		乡　长	王华阳	4月任职
		副乡长	陈启康	
		副乡长	代碧琴	5月离任
		副乡长	袁峻珺	5月任职
		副乡长	王　坡	5月任职

续表

单　位	职　务		姓　名	备　注
怀远镇	党委	书　记	金红兵	
		副书记	刘桂英	2月离任
		副书记	徐　平	3月免兼纪委书记
		副书记、纪委书记	王勇强	3月任职
		副书记	寇迎宾	5月任职
	政府	镇　长	刘桂英	2月离任
		镇　长	徐　平	3月任职
		副镇长	窦迎宾	
		副镇长	王志勇	5月离任
		副镇长	杨　勇	4月离任
		副镇长	谭兆毅	6月任职
		副镇长	韩　梁	6月任职
		副镇长	陈迎东	6月任职
		副镇长	袁　江	6月任职
街子镇	党委	书　记	杨　凯	
		副书记	王　祥	4月离任
		副书记	宁志俊	
		副书记	卢仁涛	5月任职
		副书记、纪委书记	任献波	4月离任
		副书记、纪委书记	龚隐涛	4月任职
	政府	镇　长	王　祥	4月离任
		镇　长	宁志俊	5月任职
		副镇长	卢仁涛	
		副镇长	张　敏	5月离任
		副镇长	侯　彬	5月任职
		副镇长	操力伟	5月任职
		副镇长	赵　疆	5月任职
三郎镇	党委	书　记	晏云鹤	
		副书记	杨　军	
		副书记、纪委书记	陈　刚	
		副书记	陆　永	
	政府	镇　长	杨　军	
		副镇长	杨　萍	4月离任
		副镇长	陆　永	4月任职
		副镇长	王　俊	
		副镇长	方志勇	2月任职

续表

单　　位	职　　务		姓　　名	备　　注
文井江镇	党委	书　记	戴万川	
		副书记	廖　强	4月离任
		副书记	杨　忠	4月任职
		副书记、纪委书记	石正洪	4月离任
		副书记、纪委书记	舒象爱	4月任职
	政府	镇　长	廖　强	4月离任
		镇　长	杨　忠	4月任职
		副镇长	张舜阳	4月离任
		副镇长	何福田	5月离任
		副镇长	张　涌	4月任职
		副镇长	胡云青	4月任职
		副镇长	罗坚强	5月任职
鸡冠山乡	党委	书　记	刘洪彬	
		副书记	王晓宏	4月离任
		副书记	付　勇	4月免兼纪委书记
		副书记、纪委书记	李　捷	6月任职
	政府	乡　长	王晓宏	
		乡　长	付　勇	4月任职
		副乡长	岑元清	6月离任
		副乡长	李　捷	6月离任
		副乡长	刘尚福	6月任职
		副乡长	王　钰	6月任职

国有投融资公司领导干部名录

表 8

单 位	职 务	姓 名	备 注
蜀兴投资有限公司	董事长（总经理）	沈 庆	
	副总经理	吕 建	
兴蜀投资开发有限责任公司	董事长（总经理）	周 宾	
	副总经理	袁明东	
	副总经理	姚 敏	7月任职
蜀州城市建设投资有限责任公司	董事长	崔 忠	
	总经理	张 愉	12月离任
	总经理	杨 彬	12月任职
	副总经理	李 杨	
琉璃旅游投资开发有限责任公司	董事长	崔 忠	
	总经理	曾 强	
	副总经理	王彤昭	
中小企业融资担保有限公司	董事长（总经理）	杨 彬	12月离任
	董事长（总经理）	张 愉	12月任职
	副总经理	曹流星	
崇中展业投资有限公司	董事长	陈 建	
	总经理	康 瑛	
成都市蜀州兴宇城市建设有限责任公司	董事长（总经理）	宋 敏	
	副经理	张正龙	

省、成都市驻崇州单位领导干部名录

表 9

单　位	职　务	姓　名	备　注
四川国网崇州市供电有限责任公司	总经理	谭　毅	
	副总经理	白玉虎	
	副总经理	王点睛	
	副总经理	刘高明	
	纪委书记	周　坚	
市国税局	局　长	郭建智	4 月离任
	局　长	陶过彬	4 月任职
	副局长	阳　勋	
	副局长	吴自力	
	纪检组长	徐丛笑	5 月离任
	纪检组长	杨　毅	8 月任职
市地税局	局　长	徐明朗	
	副局长	许明超	
	副局长	周朝栋	
	纪检组长	叶成林	
	机关党委书记	杨红英	
	总会计师	周建刚	6 月任职
市气象局	局　长	周正斌	2 月任职
	副局长	肖　涛	
中国邮政集团四川省崇州市分公司	总经理	胡　斌	
	副总经理	邓玉洁	
四川省烟草公司成都市公司崇州分公司（市烟草专卖局）	局长（经理）	万家均	
	副局长	程　鹏	
	副经理	胡　洋	
公积金中心崇州管理部	副主任	唐　敏	8 月离任
	副主任	高　浩	8 月任职
中国人民银行崇州支行	行　长	李　卫	
	副行长	王　兵	
四川省银监会驻崇州办事处	主　任	王晓东	

经济社会发展情况表格

2016 年崇州市经济社会发展主要指标完成对比情况

表 10

指标名称	2011 年	2016 年（预计）	年均增幅
一、地区生产总值（亿元）	140.66	252	12.3%
一产业增加值（亿元）	26.24	32	4.3%
二产业增加值（亿元）	65.85	127	15.1%
规模工业增加值（亿元）	49.76	80	16.5%
三产业增加值（亿元）	48.57	93	10.3%
二、全社会固定资产投资（亿元）	140.42	255	12.5%
工业投资（亿元）	52.6	98	13.3%
三、社会消费品零售总额（亿元）	46.97	76.4	10.0%
四、地方一般公共预算收入（亿元）	8.8	16.8	13.9%
税收收入（亿元）	6.32	12.7	15.0%
五、城镇化率（%）	34.01	47	—
六、农村居民人均可支配收入（元）	9084	18060	14.7%
七、城镇居民人均可支配收入（元）	17364	30080	11.6%

2012—2016 年崇州市获得的主要荣誉

表 11

年度	项目	授予单位
2012	全国双拥模范城（县）	民政部
	全国基层中医药工作先进单位	国家中医药管理局
	2012 年度全国防震减灾先进单位	中国地震局
	四川省防震减灾示范县	省政府
	四川省建设长江上游生态屏障先进集体	省政府
	四川省防震减灾演练工作先进集体	省委办公厅、省政府办公厅
	四川省妇女儿童工作先进集体	省妇儿工委
2013	国家智慧城市试点城市	住建部
	全国科技进步县市	科技部
	全国土地纠纷调解仲裁工作先进集体	农业部
	2013 年全国义务教育发展基本均衡县（市、区）	教育部
	2013 年度全国县防震减灾工作综合考核先进	中国地震局
	国家药品安全示范县	国家食药监管总局
	国家知识产权试点城市	国家知识产权局
	2013 年度国家知识产权试点示范城市工作先进集体	国家知识产权局
2013	全国农村妇女两癌检查工作先进县	全国妇联
	2013 年度“两刊”宣传工作先进单位	中国残联
	全国书法教育实验区	中国教育学会
	2013 年县域经济发展先进县（市、区）	省委、省政府
	防震减灾示范县	省政府
	2013 年度全省“三农”工作先进市	省委农村工作领导小组
	2013 年推进依法行政先进县	省依法行政工作领导小组
	2013 年执行党风廉政建设责任制先进单位	成都市委、市政府
	2013 年目标绩效考评先进单位	成都市委、市政府
	2013 年度征兵工作先进区（市）县	成都市政府
	完成 2013 年度全市维护社会稳定工作目标优秀区（市）县	成都市委办公厅、市政府办公厅
	完成 2013 年度社会管理综合治理工作目标优秀区（市）县	成都市委办公厅、市政府办公厅
2014	“道明竹编”入选第四批国家级非物质文化遗产代表性项目名录	国务院
	国家防震减灾示范县（区）	中国地震局
	2014 年度全国县级防震减灾工作综合考核先进单位	中国地震局
	2014 年度国家知识产权试点示范城市工作先进集体	国家知识产权局
	省级生态市	省政府
	2014 年度全省“三农”工作先进市	省委农村工作领导小组
	2014 年目标绩效考评先进单位	成都市委、成都市政府

续表

年度	项目	授予单位
2014	2014 年落实党风廉政建设主体责任先进单位	成都市委、成都市政府
	成都市 2014 年安全生产先进集体	成都市政府
2015	2015 年第四届平安中国防灾宣导系列公益活动优秀组织奖	中国地震局
	2015 年度全国县级防震减灾工作综合考核先进单位	中国地震局
	电子商务示范县	中华全国供销合作总社
	政府向经营性服务组织购买农业公益性服务机制创新试点县	农业部办公厅
	实施以奖代补政策的国家现代农业示范区	农业部办公厅
	开展财政资金引导金融资本试点的国家现代农业示范区	农业部办公厅
	中国家具先进产业集群奖	中国家具协会
	十二五中国大数据发展领军城市	中国智慧城市论坛
	四川省双拥模范城	省委、省政府、省军区
	2015 年度全省“三农”工作先进市	省委农村工作领导小组
	2015 年度全省农民增收工作先进市	省委农村工作领导小组
	经开区荣获“四川省信息安全产业示范园区”	省经信委
	四川省“推进男女平等基本国策二十周年特别贡献奖”	省妇儿工委
	成都市 2015 年度开放型经济工作先进单位	成都市委、市政府
	2015 年度消防工作先进单位	成都市政府
	成都市 2015 年安全生产先进集体	成都市政府
2015	完成 2015 年度全市维护社会稳定工作目标先进区（市）县	成都市委办公厅
	完成 2015 年度社会治安综合治理工作目标优秀、良好区（市）县	成都市委办公厅
	2015 年重大赛事活动成功举办突出贡献单位	成都市政府办公厅
	完成 2015 年《政府工作报告》固定资产投资、农业投资任务、招商引资及新签约引进重大项目落地任务、促进创新创业任务成绩突出突出区（市）县	成都市政府办公厅
2016	全国双拥模范城（县）	民政部
	国家生态市	环保部
	全国农村产业融合发展试点示范县	国家发改委
	四川省粮食流通产业示范县	四川省政府
	2016 年上半年重点经济目标完成情况较好区（市）县	成都市委办公厅、市政府办公厅
	第三届成都国际都市现代农业博览会突出贡献单位	成都市政府办公厅

名词解释

一个目标、五维支撑、七大任务：简称“157”发展总体思路，是成都市委十二届七次全会确定的当前和今后一个时期，成都发展的总体思路。“一个目标”即建设国家中心城市；“五维支撑”即西部经济中心、西部科技中心、西部文创中心、西部对外交往中心和西部综合交通枢纽；“七大任务”即城市空间、城市动力、城市经济、城市文化、城市生态、城市民生、城市治理。

两区一基地：即成都重要的先进制造业基地、都市现代农业发展样板区、国家级全域旅游示范区。

蓉欧+：是指成都打造国际空港和国际铁路港，拓展国际国内陆上物流网、空中物流网和空中人流网，核心是构建“两港三网”，带动贸易发展、服务业提升、产业聚集和国际产能合作。

两不愁、三保障：即到2020年稳定实现农村贫困人口不愁吃、不愁穿，农村贫困人口义务教育、基本医疗、住房安全有保障。

四个好：即让贫困群众住上好房子、过上好日子、养成好习惯、形成好风气。

三统筹一主体：即规划统筹、资金统筹、建设统筹和农民主体。

三权分置：即农村土地所有权、承包权、经营权三权分置。

5个国家级现场会：是指在崇州召开或参观考察的5个国家级现场会，即全国都市现代农业暨“菜篮子”工程现场交流会、全国秋粮抗灾夺丰收现场会、全国加快转变农业发展方式现场会、全国农村产业融合发展现场会、中国农业经营制度创新实践研讨会。

新“九通一平”：即信息通、市场通、技术通、人才通、资金通、物流通、法规通、配套通、服务通和建设具有核心竞争力的新经济平台。

小组微生：即小规模、组团式、微田园、生态化。

智慧城市：是指新一代信息技术支撑、知识社会创新环境下的城市形态，本质在于信息化与城市化的高度融合，是新一代信息技术发展和知识社会创新2.0环境下城市信息化向更高阶段发展的表现。

海绵城市：是指城市能够像海绵一样，具有良好的“弹性”，下雨时吸水、蓄水、渗水、净水，需要时将蓄存的水释放并加以利用。通过海绵城市建设，最大限度地减少城市开发建设对生态环境的影响，将70%的降雨就地消纳和利用。

1+8+N：是指涉农社区及村（农民集中居住区）标准化设施配置，即1个涉农社区、村（农民集中居住区），8项公共服务和社会管理设施由政府必须配置，N项以市场为主按需配置。

红色引领绿色：是指崇州市依托全国第二轮农村改革试验区建设契机，通过对乡镇进行合作社党组织建设改革，创新合作社党组织的功能定位、组织设置和运行机制，形成“红色引领绿色，党建强、服务强、产业强”的基层党建创新成果。

文化管家：即文化能人团队，主要负责提供基层公共文化服务，培育群众文化队伍，开展群众文化活动，展示群众文化自信。

成都西南农产品交易所：是指在崇州布局、服务成都、面向西部、辐射全国，并具备综合类农产品价格指数发布功能的全国性农产品综合交易服务平台。

农业新“七网”：即农业田网、水网、路网、观光网、服务网、信息化网、设施农业配套用地网。

“三化”提升：即提升农业组织化、品牌化、资本化水平。

两基地两湿地：“两基地”即“川西坝子·田园记忆”幸福美丽新村示范片、“水木北部·品质崇州”粮经旅示范片；“两湿地”即羊马湿地、桤木河湿地。

古镇金三角：即国家AAAA级景区街子古镇、国家AAAA级景区元通古镇、省级历史文化名镇怀远古镇。

成都崇州物流中心：是指成都市口岸与物流办规划制定的“五园区五中心”的其中一个物流中心，功能定位是面向川西的区域分中心，辐射成都西部地区，集公路货运集散、中转分拨、仓储配送、物流信息等服务为一体的区域性综合型公路物流中心。

八纵八横两轨两站一中心：“八纵”即鸡冠山旅游公路、怀华路、重庆路、街安路及安仁连接线、第二绕城高速公路、二绕三绕街子连接线、三沿路、九冠路；“八横”即省道S106川西旅游环线、汶崇路及琉璃旅游线、元观路、成温邛高速、成都经济区环线高速、光华大道、成温邛快速路、崇双货运大道；“两轨”即成蒲铁路、成青铁路延伸线；“两站”即成蒲铁路崇州站换乘枢纽、成蒲铁路羊马站；“一中心”即成都崇州物流中心。

B2G、R2G：是指企业与政府、市民与政府之间基于互联网搭建的全天候、全方位、多元化新型互动平台。

治安防控“五张网”：是指社会面治安防控网，即重点行业、区域治安防控网，乡镇（街道）、村（社区）治安防控网，机关、企事业单位安全防控网，信息网络防控网。

两线三边三化：“两线”即道路沿线、河湖沿线；“三边”即城市周边、景区周边、新农村（集中居住区）周边；“三化”即美化、绿化、洁化。

两山两湖十河两湿地：“两山”即龙门山、无根山；“两湖”即白塔湖、李家岩水库；“十河”即文井江、黑石河、金马河、羊马河、干五里河、味江河、泊江河、干溪河、白马河、桤木河；“两湿地”即羊马湿地、桤木河湿地。

“三重”导向：即重品行、重实干、重公认。

三个六：即鲜明“六个重视选用”导向、坚持“六个坚决不能用”原则、落实“六个坚决调整”要求。

双强六好：“双强”即政治功能强、服务功能强；“六好”即领导班子好、党员干部队伍好、工作机制好、基础保障好、工作业绩好、群众反映好。

双核共兴、一城多市：是指成都将构建1个都市核心区（中心城区+天府新区+6个都市组团）+12个都市新城（卫星城）+15个特色小城市+79个特色小城镇组成的城镇体系，打造大城小镇梯次分明、结构合理、功能互补、联系便捷、城乡交融的城镇群。

医联体：是指一定区域内以三级医院为核心，联合区内二级医院、基层医疗机构组建成责任共担与利益共享的联合体，推动形成分级诊疗机制，缓解群众看病难问题。

“三生”统筹、“三产”融合、“三化”提升：即生产、生态、生活有机统筹，一产、二产、三产融合互动，提升农业组织化、品牌化、资本化。

供给侧结构性改革：是指从提高供给质量出发，用改革的办法推进结构调整，矫正要素配置扭曲，扩大有效供给，提高供给结构对需求变化的适应性和灵活性，提高全要素生产率，更好满足广大人民群众的需要，促进经济社会持续健康发展。

PPP合作模式：是指政府为增强公共产品和服务供给能力，提高供给效率，通过特许经营、购买服务、股权合作等方式，采取公开招标、邀请招标、竞争性谈判、竞争性磋商等方式择优选择具有投资、运营管理能力的社会资本，与之建立的利益共享、风险分担的长期合作关系。

全域通办：是指企业办理工商登记将不再受地域限制，可根据自我意愿选择政务服务中心或得到授权的市场和质量监督管理所办理即可。

大气十条：主要包括减少污染物排放；严控高耗能、高污染行业新增耗能；大力推行清洁生产；加快调整能源结构；强化节能环保指标约束；推行激励与约束并举的节能减排新机制，加大排污费征收力度，加大对大气污染防治的信贷支持等。

水十条：主要包括全面控制污染物排放、推动经济结构转型升级、着力节约保护水资源、强化科技支撑、充分发挥市场机制作用、严格环境执法监管、切实加强水环境管理、全力保障水生态环境安全、明确和落实各方责任、强化公众参与和社会监督等。

土十条：主要包括开展土壤污染调查，掌握土壤环境质量状况；推进土壤污染防治立法，建立健全法规标准体系；实施农用地分类管理，保障农业生产环境安全；实施建设用地准入管理，防范人居环境风险；强化未污染土壤保护，严控新增土壤污染；加强污染源监管，做好土壤污染预防工作；开展污染治理与修复，改善区域土壤环境质量；加大科技研发力度，推动环境保护产业发展；发挥政府主导作用，构建土壤环境治理体系；加强目标考核，严格责任追究等。

两线三边三化：“两线”即道路沿线、河湖沿线；“三边”即城市周边、景区周边、新农村（集中居住区）周边；“三化”即美化、绿化、洁化。

“雪亮”工程：是指以县、乡、村三级综治中心为指挥平台、以综治信息化为支撑、以网格化管理为基础、以公共安全视频监控联网应用为重点的“群众性治安防控工程”。

三到位一处理：是指信访问题要坚持“诉求合理的解决问题到位、诉求无理的思想教育到位、生活困难的帮扶救助到位、行为违法的依法处理”。

全民参保登记计划：是指依据《中华人民共和国社会保险法》等法律法规规定，以社会保险全覆盖为目标，通过信息比对、入户调查、数据集中管理和动态更新等措施，对各类群体参加社会保险情况进行记录、核查和规范管理，从而推进职工和城乡居民全面、持续参加社会保险的专项行动。

一制五化多平台：“一制”指综合柜员制；“五化”指网厅一体化、业务档案一体化、业务财务一体化、信息服务多样化、运行监控适时化；“多平台”指人工服务实体平台、自助服务网络平台。

社区总体营造：是指从社区生活出发，集合各种社会力量与资源，通过社区中人的动员和行动，社区完成自组织、自治理和自发展的过程。

两不愁三保障：“两不愁”就是稳定实现农村贫困人口不愁吃、不愁穿，“三保障”就是保障义务教育、基本医疗、住房安全。

“四个全面”战略布局：即“全面建成小康社会、全面深化改革、全面依法治国、全面从严治党”。

五大发展理念：创新、协调、绿色、开放、共享。

省委“三大发展战略”：多点多极支撑发展战略，“两化”互动、城乡统筹发展战略，创新驱动发展战略。

四改六治理：“四改六治理”中的“四改”指棚户区、城中村、老旧院落、老旧市场改造，旨在改善居民生活环境；“六治理”指大气雾霾、河渠污染、交通秩序、市容市貌、违法建设、农村环境的治理，旨在提升城乡环境品质。

“9073”养老服务体系：“9073”是指中国的养老模式，其中90％由家庭自我照顾，7％享受社区居家养老服务，3％由机构代为照顾养老。

三盗两抢一诈骗：入室盗窃、盗窃机动车、盗窃车内物品，抢劫、抢夺，诈骗等六类多发性侵财案件。

法律“七进”：法律进机关、进学校、进社区、进乡村、进寺庙、进企业、进单位。

五个坚持：坚持绝对忠诚的政治品格、坚持高度自觉的大局意识、坚持极端负责的工作作风、坚持无怨无悔的奉献精神、坚持廉洁自律的道德操守。

一岗双责：“一岗”就是一个领导干部的职务所对应的岗位；“双责”就是一个单位的领导干部应当对这个单位的业务工作和党风廉政建设负双重责任。

1＋3＋2＋N：自治管理服务机制，一个总要求，两个承诺，三个平台，N项服务。

四类人员：乡镇事业编制人员、村党组织“第一书记”、优秀村干部、在农村担任职务的具有大专以上学历的应届或往届大学毕业生等。

“三重”用人原则：“三重”是指重品行、重实干、重公认。

三个六：“六个重视选用”“六个坚决不用”“六个坚决调整”。

公务员“1+5+1”平时考核办法：第一个“1”是指制定“一份职责”，就是要求每人按照单位职能和市委、市政府下达的工作目标制定《个人岗位和工作任务认定表》，明确个人的工作职责和任务，做到考核时有“责”可对；“1+5+1”中的“5”是指落实“五个环节”，就是通过“日考勤、周记录、月对账、季考评、年终综合测评”进行过程管理；“1+5+1”中的最后一个“1”是指结合“一张清单”，就是结合《崇州市公务员考核管理“问题清单”》，对公务员出现清单中情形的，在考核评定等次时进行相应界定。

双强六好：双强——发展强、党建强；六好——生产经营好、企业文化好、劳动关系好、党组织班子好、党员队伍好、社会反映好。

“两新”组织，是指新经济组织和新社会组织。

三亮一通：亮身份、亮职责、亮承诺、讯息通。

七统一：统一标识标牌，统一配证服务，统一服饰配套，统一语言标准，统一热情服务，统一规范流程，统一廉洁高效。

三视三问：视群众为亲人　问需于民，视群众为老师　问计于民，视群众为裁判　问效于民。

“三美”示范村中“三美”：风尚新美、环境秀美、生活富美。

两化融合：信息化和工业化的高层次的深度结合。

“三无”（先进县）：无越级访、无集体访、无重复访。

双告知：企业办理登记注册时，工商登记窗口工作人员按照省级人民政府公布的《工商登记后置审批事项目录》提醒市场主体的法定代表人或其授权人，其拟从事的事项中如有需要获得有关部门批准后方可开展经营活动的，应当尽快到相应审批部门办理审批手续。市场主体的法定代表人或其授权人了解后，现场签署《承诺书》，承诺其已经清楚相关事项及审批部门，并承诺在未取得许可审批之前不开展相关经营活动。在办理登记注册后，工商部门将在内部业务系统自动生成市场主体登记注册信息，并通过企业信用信息公示系统或企业信息共享平台自动将信息告知相关审批部门。

五证合一：营业执照、组织机构代码证、税务登记证、社会保险登记证和统计登记证“五证合一”。

“3+2”学制：5年学习时间分为两段，即前3年在普通中专学习，后两年在相应的高职院校学习，教学计划由普通中专和高职院校共同制定，分段教学。

一轴双核六走廊：以城市中轴线为发展主轴，以中心城区和天府新区为双核，以成龙走廊、成青走廊、成灌走廊、成温邛走廊、成新走廊和南部走廊为纽带的多中心、组团式、网络化的城镇发展格局。

司法公开“三大平台”：完善审判流程公开、裁判文书公开、执行信息公开三大平台。

一标三实：标准地址、实有人口、实有房屋、实有单位。

“四铁”机关：具有铁一般信仰、铁一般信念、铁一般纪律、铁一般担当的中华人民共和国中央军事委员会机关。

“两个待遇”：政治待遇和生活待遇。

环保十进：进社区、进家庭、进校园、进企业、进工地、进机关、进酒店、进医院、进商场、进乡村。

大数据“三基础、三平台、三示范”：三基础：提供规划政策基础、资金技术基础、IT资源基础，三平台：数据工具平台、创新孵化平台、资源对接平台，三示范：数据应用示范、智慧城市项目应用示范、传统产业转型升级应用示范。

“五大”新型现代农业：创新高效、标准品牌、生态安全、开放合作、幸福共享的新型现代农业。

一控、两减、三基本：“一控”是要控制农业用水的总量，要划定总量的红线和利用系数率的红线。“两减”主要是把化肥、农药的施用总量减下来。“三基本”就是针对畜禽污染处理问题、地膜回收问题、秸秆焚烧的问题采取有关措施，通过资源化利用的办法从根本解决好这个问题。

“三百”行动：开展100家合作社示范建设、100家以土地经营权抵押融资为重点的农村产权抵押示范点、100家农民合作社搭建电商平台。

两不愁三保障：国家确定“十三五”期间脱贫攻坚的目标是“两不愁、三保障”：到2020年稳定实现农村贫困人口不愁吃、不愁穿，农村贫困人口义务教育、基本医疗、住房安全有保障。

8+1+N：8，即结合国家发展改革委部署的任务和成都已有的改革探索，在示范镇（片）集成推进8项改革；1，即成都在统筹城乡综合配套改革过程中，经过多年实践摸索出来的成都经验——“小组微生”新农村综合体建设模式；N，即各区（市）县根据自身实际自选确定的创新改革任务。

农村产权抵押融资“六大体系”：农村产权流转交易体系、农村产权融资担保体系、农村产权价值评估体系、农村产权风险防控体系、农村产权金融服务体系、农村产权抵押扶持体系。

新四权：农业生产设施所有权、农村土地经营权、农村养殖水面经营权和小型水利设施所有权。

新“六权”：农村承包土地的经营权、林地经营权、林木（竹、果）权、生产设施所有权、养殖水面经营权、小型水利所有权。

三个清单，四项制度：“三个清单”是权力清单、责任清单、负面清单。“四项制度”是意见听取制、合法性审查制、集体决策制、民主测评制。

1+3+6：白头镇创新实施的以村支部为核心，成立议事会、监事会、业主委员会全面负责新村管理事务和重大事件的决策和监督，同时成立6支专业队伍，以购买服务的形式引进了社工事务中心、物业管理公司，以群众自发的形成的调解委员、文艺宣传队、志愿服务队，针对项目选举出能人组成百姓智囊团，积极引导群众参与新型社区管理和服务，从而保障小区管理后续的动力与活力的管理制度。

两集中，两到位：是指为深化行政审批制度改革，建立规范高效的审批运行机制，提高行政服务效能，推进一个行政机关的审批事项向一个处室集中、行政审批处室向行政审批服务中心集中，保障进驻行政审批服务中心的审批事项到位、审批权限到位。

9+3：在9年义务教育的基础上，对藏区孩子再提供3年的免费中职教育。

大党委制：是社区工作的领导核心，由社区党组织牵头与辖区机关、企事业单位在平等基础上，以共同需要、共同利益、共同目标为纽带，建立起的社区各单位党组织相互联系，沟通信息，交流经验、研究、协调社区党建和社区工作的区域化党建组织实体。

大工委制：以地缘关系为基础，以街道党工委为核心，吸纳辖区范围内驻街驻委单位党组织负责人、居民党员代表进入街道党工委领导班子，围绕共同需求、共同利益、共同目标，通过属地化管理、平台化运作，整合街域内各种组织资源、行政资源、社会资源、文化资源、人才资源和物质资源，调动各方力量，团结凝聚广大辖区单位和居民群众，同心同德、共建共享，使党的建设和街道各项工作全面协调，力争把基层党建建设成为管理有序、服务完善、文明和谐的社会生活共同体。

双好六强：党建强、发展强，生产经营好、企业文化好、劳动关系好、党组织班子好、党员队伍好、社会评价好。

“三会一课”制度：“三会”指定期召开支部党员大会、党支部委员会和党小组会，“一课”指按时上好党课。

七大行动：产业帮扶、教育保障、医疗保障、基础设施建设、智力帮扶、机制体制帮扶、招商引资

1+N：“1”即以党委引导带动为中心，“N”即采取多种措施从基础党建管理内容出发创新党建管理模式。

三同时：建设项目中防治污染的设施，应当与主体工程同时设计、同时施工、同时投产使用。